保险公估理论与实务

BAOXIAN GONGGU LILUN YU SHIWU

尤 渊 尤德新 编著

華南理工大學出版社
SOUTH CHINA UNIVERSITY OF TECHNOLOGY PRESS
·广州·

内 容 简 介

本书分上下两篇。上篇为保险公估基础，分别介绍了保险公估人的概念及经营、保险公估理论基础，以及保险公估基本操作规程、风险评估基本操作规程、保险公估主要文件范本，重在规范性和实用性。下篇为保险公估操作，详细介绍了企业财产保险、机器损坏保险、利润损失保险、工程保险、货物运输保险、船舶保险、机动车辆保险、责任保险等常见的公估业务知识，既注重理论指导实践，解决公估实践中的会计账务处理、财务核算基础等难点和部分保险术语歧义引起的纠纷，更强调公估实践中的可操作性，其现场查勘、责任确定、理赔计算以及典型案例选择，步骤到位，重点突出，体现系统性及实用性。

本书反映了编著者深厚的金融、保险、财务理论功底及数十年的保险理赔与公估实践经验，可供保险公估人员、财产保险理赔人员以及高校金融保险专业学生参考。

图书在版编目（CIP）数据

保险公估理论与实务/尤渊，尤德新编著．—广州：华南理工大学出版社，2010.12（2020.1重印）

ISBN 978-7-5623-3088-2

Ⅰ.①保…　Ⅱ.①尤…②尤…　Ⅲ.①保险-基本知识　Ⅳ.①F84

中国版本图书馆CIP数据核字（2010）第234148号

总 发 行：华南理工大学出版社（广州五山华南理工大学17号楼，邮编510640）
营销部电话：020-87113487　87110964　22236386　87111048（传真）
E-mail：scutc13@scut.edu.cn　　http://www.scutpress.com.cn

责任编辑：庄　严
印 刷 者：虎彩印艺股份有限公司
开　　本：787mm×960mm　1/16　**印张**：20.375　**字数**：422千
版　　次：2010年12月第1版　2020年1月第4次印刷
印　　数：4 501～5 000册
定　　价：50.00元

目　录

上　篇

下　篇

上　篇

第一章　保险公估人简介

第一节　保险公估人概述

一、保险公估人概念

保险公估人，俗称“保险公估行”或“保险公证行”，也有人称之为“保险理算人”或“保险理算局”。它是指接受保险（主要为财产保险）合同一方的委托，通过其独特而完善的专家评估力量和先进的检测设备，为投保标的或受损标的提供科学、公正、合理的评估、鉴定或查勘、估损、理算，并通过与保险双方协商一致，出具保险公估（评估）报告并向委托人收取费用的保险公估机构（法人单位），包含了技术评估、保险合同解释、与保险双方协商或沟通等三方面的功能。

《保险公估人管理规定》第二条指出：“保险公估人是指经中国保险监督管理委员会批准，依照本规定设立，专门从事保险标的评估、勘验、鉴定、估损、理算等业务，并据此向保险当事人合理收取费用的公司。”

保险公估人作为一种保险中介组织，和保险代理人、保险经纪人一起构成了保险中介体系的“三大支柱”，在整个保险市场体系中发挥着无可替代的作用。

正确理解保险公估人的概念，需掌握以下四方面的内容。

第一，特许资格。保险公估人从事的是特殊性质的业务，必须满足特许的资格条件。在我国，保险公估人需要具备中国保监会规定的资格条件，并经其批准取得经营保险公估业务许可证后方可营业。

第二，服务对象。保险公估人服务于保险合同当事人，它接受保险人或被保险人或双方共同的委托为其提供保险标的评估、勘验和理算等服务。

第三，服务性质。保险公估人受保险当事人委托而提供的服务，是一种市场的公正行为。保险公估人以法律法规为准则，以科学技术为手段，以客观事实为依据，对委托业务进行公正、公开、合理的评估。

第四，业务范围。保险公估人的经营业务范围包括对保险标的评估、勘验、鉴定、估损、理算等，与保险代理人、保险经纪人相比更具专业性。

二、保险公估人的特征

1. 地位的独立性

公估是“公”与“估”两种行为的结合。“公”是公正、公平、公道的行为准则的表示；“估”是指估计、估价、估量的行为。也就是说，保险公估人是以法律法规和有关政策为准则，以科学技术为手段，以客观事实和各项数据为依据，进行客观、合理、科学的估测。

2. 立场的中立性

保险公估人依靠本身所掌握的专业知识，根据保险合同条款的规定，在公平、公正、公开的基础上，进行公估工作。同时，也会考虑保险双方的正当权益，协调保险双方当事人的关系，使得标的的承保或理赔获得双方的认可。

3. 业务的广泛性

在我国，保险公估人可以经营的业务包括：对保险标的承保前和承保后进行检测、估价及风险评估；对保险标的出险后进行查勘、检验、估损、理算及出险保险标的的残值处理；中国保监会规定的其他业务。实际上，保险公估业务涵盖了保险业务由始到终的过程。

4. 专业的技术性

保险公估人面向众多的保险人或被保险人处理不同类型的保险理赔、评估业务，因此保险公估机构必须拥有具有各种专业背景并熟悉保险业务的专业工程技术人员。与保险公司的理赔人员相比，保险公估人员具备的专业技术知识及保险知识更加丰富。

5. 结论的客观性

保险公估业务中分析和理算所采用的数据、资料必须是在现场查勘的基础上得到的客观、真实、可靠的第一手资料。在现场查勘前和查勘过程中，要进行调查了解、综合分析，实事求是地进行清点、勘验、鉴定，不得有丝毫的主观隐瞒或串通行为，出具的公估报告必须真实可信。

6. 结果的经济性

保险公估人凭借自身的专业知识和机构储备的专业人才，公正、客观地对委托业务提出科学、合理的公估结论，既可大大降低保险人的理赔成本，又能维护被保险人获得经济补偿的权利，有利于减少保险的仲裁和诉讼，最终提高整个社会的经济活动能力。

三、保险公估人的职能

保险公估人的职能，是指保险公估人内在的固有的功能，它是由保险公估人的本质和内容决定的。一般认为，保险公估人有以下四方面的职能：

1. 评估职能

评估，即评价、估算，指对某一事或物进行评判或预估。保险公估人所具有的是一种广义的（保险）评估职能，包括评估职能、勘验职能、鉴定职能、估损职能和理算职能等。评估职能是保险公估人的关键职能。保险公估人执行评估职能，可使赔案快速、科学地得以处理。

2. 公正职能

保险公估人的公正职能在于：保险公估人具有丰富的保险公估知识和技能，在保险公估结论准确与否的问题上具有权威性；保险公估人是保险合同当事人之外的第三方，以中间的立场对保险案件进行评审，能作出维护双方利益的公正的评估结论，可促成尽快结案、接受法律考验。

3. 中介职能

保险公估人的中介职能表现在：第一，保险公估人既可以受托于保险人，也可以受托于被保险人；第二，保险公估人以中间人的身份，独立地开展保险公估业务，为保险当事人提供中介服务。

4. 调整职能

保险商品经济活动导致保险法律关系的产生。保险公估人可以在一定范围内调整法人与法人之间、自然人与法人之间的保险法律关系。例如，合理、公正的公估结论往往得到保险人和被保险人双方的认可，能够有效地调整各类主体之间的法律关系。

四、保险公估人的作用

（1）有利于建立健全保险市场体系；

（2）有利于化解保险人和被保险人因保险理赔而产生的矛盾；

（3）有利于形成合理水平的保险费率；

（4）有利于促使保险理赔技术的提升；

（5）有利于实现保险的集约化经营；

（6）有利于促进保险业的发展；

(7) 有利于推动我国保险业与国际惯例接轨。

五、保险公估人的法律地位

保险公估人作为独立的市场经济主体，其独立、客观、公正的特性决定了它不能成为任何政府部门或保险公司的附属机构，必须是独立于保险人和被保险人之外拥有独立财产、自主经营、自负盈亏的中介服务机构。

保险公估合同是“委托合同”，而不是“承揽合同”。也就是说，保险公估人是独立完成而不是按照定作人的要求完成公估工作的。处理公估事务时必须遵循保险公估活动的基本原理，其公估结论是以“科学、公正、合理”为标准进行衡量的，而不是以定作人的要求进行衡量。根据保险公估合同的双务、有偿及其公估业务内容的专业性和客观公正性，可以认定保险公估机构在保险公估合同中具有独立、平等的地位。

综上所述，保险公估人具有独立的法人地位，一般只受普通法的约束，并通过市场的力量和协会自律的方式加以规范。

第二节　保险公估人经营

一、保险公估活动的原则

1. 独立性原则

独立性原则要求保险公估人员在进行保险公估活动时，要独立思考、独立判断，不依赖于他人，此乃保险公估人员取得工作成效必须具备的基本能力。独立性原则应贯穿于保险公估活动的全过程，即从接受委托，到确定标的物的风险程度、保险价值或损失程度、理赔数额的过程。

2. 客观性原则

客观性原则要求保险公估人员在处理保险公估业务时，必须秉持公正的立场，对委托人所委托的公估事项进行科学的调查、测定和分析，如实地、客观地反映实际情况，既不迁就任何个人或集体的片面要求，也不受外界的影响，使之得出的结论公正。

3. 科学性原则

科学性原则要求保险公估人员在进行保险公估活动时，必须坚持采用科学的技术手段进行深入细致的调查分析，在纷繁复杂的关系中找出事故发生的近因，正确核定损失项目、损失程度及损失金额，不凭借主观臆测妄自得出公估结论。

4. 全面性原则

全面性原则要求保险公估人员在处理保险公估业务时，要全面地考虑与受托业务相关的一切问题，切勿有所遗漏。如在处理海洋货物运输保险公估时，首先是收齐与货损相关的货物和船舶单证，立即对货物进行查勘、核损，然后进行理算、确定赔付数额，并找出引起损失的责任方。

5. 合作性原则

合作性原则要求保险公估人员在从事保险公估业务时，要与其他关系方保持密切友好的合作关系，而保险公估机构内部人员也要保持融洽和谐的合作关系。良好的合作是保险公估业务取得圆满成功的必要前提，也是对保险公估人员素质的基本要求。

二、保险公估人的经营范围

根据《保险公估机构监管规定》，我国保险公估人的经营范围包括如下几个方面：

1. 承保公估

保险公估人对保险标的承保前的检验、估价及风险评估称为承保公估。承保公估的内容主要包括两个部分：一是对保险标的物现时价值的评估，即通过对保险标的物进行查勘、检验和鉴定，借助科学分析、研究和计算等方法，对其现时价值进行合理估计，以便确定合理的保险价值和保险金额；二是对承保风险的评估，即在承保前通过对保险标的物客观存在的风险进行查勘、鉴定、分析、预测和判断，以便对承保标的物性质、条件及风险程度、责任范围等作出科学判断。

2. 理赔公估

保险公估人对出险后的保险标的进行的查勘、检验估损及理算等属于理赔公估。理赔公估是保险公估人的主要业务。理赔公估的主要程序包括现场查勘、损失核定、赔付理算、出具公估报告等。

3. 防灾防损

对于保险人来讲，承保后的防灾防损与承保时的风险控制同等重要；对于被保险人而言，“事前的预防”比“事后的补偿”更为重要。保险公估人对于其参与过承保公估和理赔公估的保险标的，更能提出合理的防灾防损建议。

4. 残值处理

保险公估人除在理赔公估过程中提出残值处理的建议外，还可以接受保险公司的委托，通过拍卖、折价出售、租让等形式对损余残值进行处理，或者从事代位追偿或代为支付赔偿金等事项。

5. 监装监卸

监装监卸是指对运输工具装载、卸载标的物进行监视和鉴证，主要与海洋货物运输保险的货物检验有关。保险公估人可以同时代表没有权益冲突的发货人、收货人、运输公司和保险公司开展监装监卸工作，这既避免了重复劳动，又符合经济效益原则。

6. 信息咨询

保险公估人凭借其专业技术人员和专家网络优势，能够为有关各方提供风险管理咨询、防灾防损、检验和定损等服务，或协调保险双方当事人之间的矛盾，等等。

在上述经营范围中，理赔公估、承保公估是保险公估人的主要业务。实务中，保险公估人的业务经营范围可能与保险经纪人、商检部门、船检部门、质检部门等经营范围部分重叠，我们既应肯定其检验结果的权威性，不要因保险公估人的存在而否认其他部门在风险评估、价值评估、损失查勘、鉴定等方面的作用，又要充分认识保险公估人对投保标的和受损标的进行查勘、鉴定的特殊性。

三、保险公估的业务种类

保险公估，严格意义上说，应是财产保险公估。因为寿险保障的是人的生老病死，采取的是定额保单，一旦发生保险事故，理赔一般都是定额给付，保险公估的意义不大。

保险公估的业务种类包括以下几种（图 1－1）。

（1）财产保险公估。狭义财产保险公估（包括企业财产保险、机器损坏保险和利润损失保险）、工程保险公估（建筑工程保险和安装工程保险）、海上保险公估（船舶保险及海洋货物运输保险）、机动车辆保险公估等。

（2）责任保险公估。目前主要是公众责任保险、产品责任保险的理赔公估。

（3）意外伤害保险公估。

（4）健康保险公估。

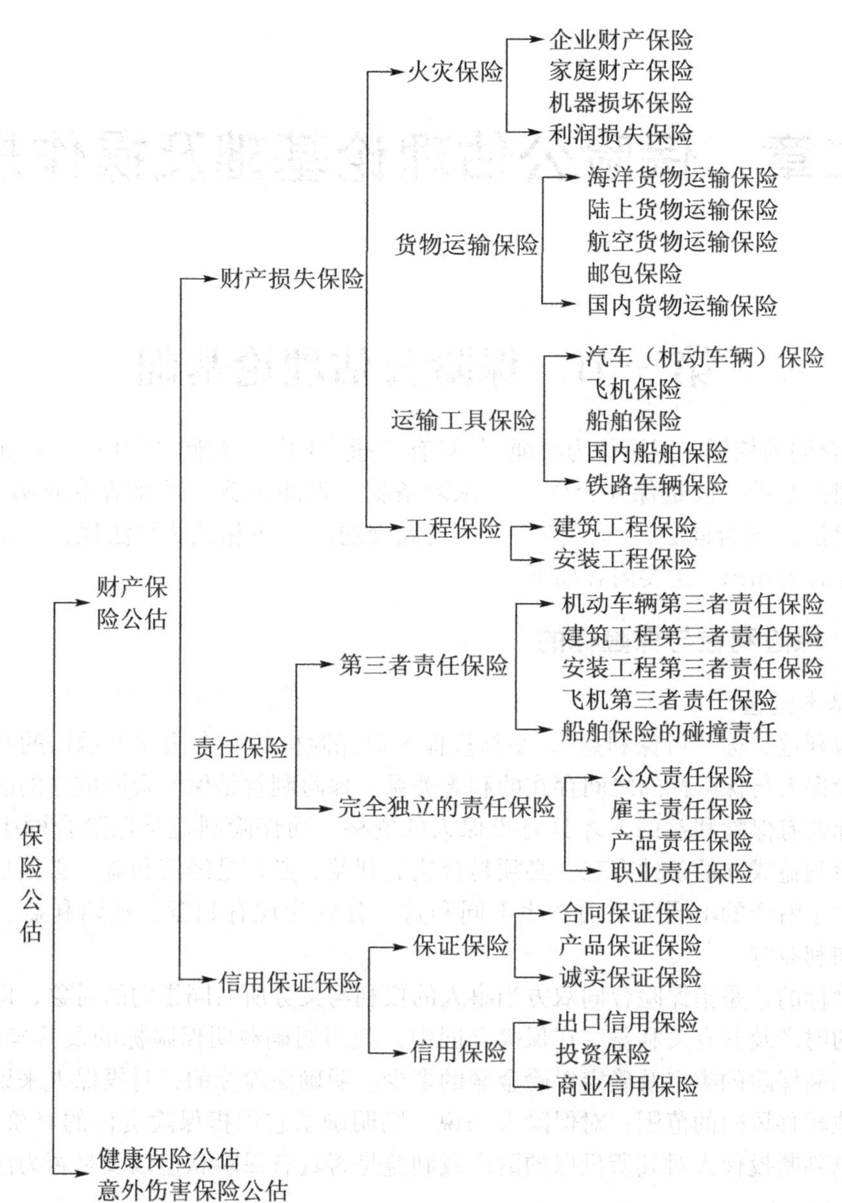
保险公估
财产保险公估
财产损失保险
火灾保险
企业财产保险
家庭财产保险
机器损坏保险
利润损失保险
货物运输保险
海洋货物运输保险
陆上货物运输保险
航空货物运输保险
邮包保险
国内货物运输保险
运输工具保险
汽车（机动车辆）保险
飞机保险
船舶保险
国内船舶保险
铁路车辆保险
工程保险
建筑工程保险
安装工程保险
责任保险
第三者责任保险
机动车辆第三者责任保险
建筑工程第三者责任保险
安装工程第三者责任保险
飞机第三者责任保险
船舶保险的碰撞责任
完全独立的责任保险
公众责任保险
雇主责任保险
产品责任保险
职业责任保险
信用保证保险
保证保险
合同保证保险
产品保证保险
诚实保证保险
信用保险
出口信用保险
投资保险
商业信用保险
健康保险公估
意外伤害保险公估

图 1－1　保险公估分类

第二章 保险公估理论基础及操作规程

第一节 保险公估理论基础

"以合同为依据，以法律为准绳。"只有"重合同"，才能"守信誉"。保险公估工作的理论基础，就是保险合同（含保险条款、附加条款、投保清单或明细表等）与《保险法》、《合同法》、《海商法》、《道路交通法》等相关法律法规，以及财产保险原理等有关知识。主要内容如下。

一、保险利益与保险标的

1. 基本概念

保险利益又称"可保利益"，是指投保人对保险标的具有法律上承认的利益，它体现了投保人与保险标的之间存在的利害关系。保险利益是保险合同成立的前提，即对保险标的有保险利益的人才具有投保人的资格，而保险利益是保险合同生效的依据。保险利益成立的条件有三：必须是合法的利益、必须是经济利益、必须是确定的利益。由于财产的不同关系而产生不同利益，分别为现有利益、预期利益、责任利益、合同利益等。

保险标的，是指保险合同双方当事人的权利与义务所共同指向的对象，即作为保险对象的财产及其有关利益。在保险合同中，应当明确载明保险标的及其坐落地点，以便于判断保险的类型及确定保险金额的多少。明确保险标的，对投保人来说，就是肯定了他转移风险的范围；对保险人来说，则明确了它承担保险责任的对象；同时，还可藉以判断投保人对其所投保的财产或利益是否具有保险利益以及是否为法律所禁止等。

2. 注意事项

（1）保险利益的时效规定。在财产保险中，一般要求从保险合同订立到终止，始终都应存在保险利益。但海洋货物运输保险的保险利益在时效上具有一定的灵活性，规定在投保时可以不具有保险利益（因为在商品运输中货物所有权常发生转移，故在订约时保险利益可能尚不存在或即将取得而尚未取得），然而在索赔时被保险人对保险标的必须具有保险利益（财产保险的目的在于发生损失时获得补偿）。

（2）保险利益的转移。一般情况下，被保险人的保险利益转移只有在通过申请变更并获得保险人的同意后才被承认有效，故应注意保单在这方面的约定。但因继承而引起的转移、因转让而引起的转移、因破产而引起的转移除外。

（3）保管人、承运人和承租人的保险利益。虽然他们可分别以其保管、承运和承租的财产进行投保，但在发生保险事故时，则无权将赔偿金据为己有，必须分别转交给存货人、托运人或出租人等。因为就其受领赔偿款而言，前者仅相当于后者的代表而已。

二、保险责任与责任免除

1. 基本概念

保险责任与责任免除是保险合同的重要组成部分，乃决定是否赔付及赔付多少的关键因素。

保险责任，是指保险人予以承保的风险及对被保险人所承担的经济补偿责任。也就是说，保险人履行经济补偿义务的依据就是保险责任。它主要有两种确定方式：一是列明式，即只有那些具体约定的风险和责任才属于补偿范围；二是排除式，即除了那些具体排除的风险和责任外，其他损失都属于补偿范围。保险责任还可分为基本责任和特约责任。基本责任在保险合同中列明，如火灾就是企业财产险合同列明承保的风险之一；特约责任则是经保险双方协商，约定扩大的责任，通过特约责任条款列明承保，如企业财产险附加盗抢险。

责任免除亦称除外责任，是指保险人不承保的风险及对被保险人不负赔偿责任的范围。从逻辑上讲，凡保险责任中未约定的都属于除外责任。它也有两种表示方式：一是列明式，即在合同中一一列明不负保险责任的事项，只要是列举出来的保险人都不保；二是概括式，即在列举出不保事项的同时，再加上“其他不属于保险责任范围内的损失和费用”一句话，把所有未被列入保险责任的事项全都纳入除外责任的范围。责任免除大致可以分为三类，即原因免除（不承保的风险）、损失免除（不承担赔偿责任的损失）和项目免除（不承保的标的）。

2. 注意事项

（1）正确认定保险责任范围。一是确定损失标的是否为保险标的或除外财产；二是确定损失近因是否在列明的保险责任条文中；三是确定损失原因是否在除外责任的有关约定里。

（2）准确理解保险责任、除外责任中有关条文的内涵与外延，明确保险合同的意图。

（3）认真领会对合同条款争议的阐释原则。

三、保险期间与有效索赔期

1. 基本概念

保险期间又称保险期限，是指保险合同的有效时间界限，为保险双方享有权利和承担义务的起讫时间。保险期间既是计算保险费的依据之一，也是保险人承担保险责任的期间，即保险人仅对这一时间内发生的保险事故承担赔偿责任，所以它是保险合同的主要内容之一。一般来说，保险期间一般有两种计算方法：一是自然时间期间，常以年为计算单位；二是行为时间期间，分别按航程或工期来计算。

有效索赔期，即被保险人或受益人自其知道保险事故发生之日起的一定时间内为约定索赔有效期间。《保险法》规定，人寿保险的有效索赔期为5年，财产保险的有效索赔期为2年。

2. 注意事项

（1）建工险、货运险等以非固定时段形式确定保险期限的标的。在公估过程中应切实掌握有关工期、航程的准确起讫日期、时间，做到正确理算。

（2）责任保险的“期内发生式”和“期内索赔式”。期内发生式，是指以损失发生的时间为基础核定责任事故的有效期，对责任事故发生在保单有效期内的索赔，保险人即予以负责，而不考虑责任事故发现或提出索赔的时间，故其索赔可能会在保险期间终了10年、20年或更长时间内仍然进行。期内索赔式，是以索赔提出时间为基础核定责任事故的有效期，保单约定责任事故必须发生在保险期间内，而且第一次提出索赔的时间也必须在保单有效期内。

四、保险价值与保险金额

1. 基本概念

保险价值，是指保险财产在某一特定时期内（如投保时或出险时）的市场实际价值，为财产保险合同的重要内容（人身保险合同中则不存在保险价值，因为人身的价值是很难用货币衡量的）。它是投保人可以投保或保险人可以承保的最高限额，是保险标的的实际价值。正确确定保险财产的保险价值，直接关系到被保险人的利益和保险经济补偿职能的发挥。

保险价值的确定方式主要有三种：一是按保险事故发生时保险财产的实际价值来确定保险价值（不定值保险合同）；二是以投保时保险财产的实际价值或估计价值为依据，由保险双方约定保险价值并在合同中载明（定值保险合同）；三是依照有关法律的具体规定确定保险价值，例如《中华人民共和国海商法》第二百一十九条就对船舶保险和海洋货物运输保险中保险价值的确定作出了具体规定。

保险金额简称“保额”，是指保险人承担赔偿责任的最高限额。保险金额是保险人计算保险费以及保险双方享有权利、承担义务的重要依据。保险金额的确定方式如下：①按市价确定财产的保额；②按财产的重置价值确定其保额；③按财产的账面原值或原值加成来确定财产的保额；④按双方约定的保险价值确定财产的保额；⑤按约定的赔偿限额确定财产的保额；⑥保单明细表中列明的费用，如“清理残骸费用”、“灭火费用”“专业费用”等，一般以第一危险责任赔偿方式单独列出保险金额。按照保险金额与保险标的实际价值的比率，可分为足额保险、不足额保险或超额保险。

2. 注意事项

（1）固定资产的保险价值按出险时的重置价值确定，流动资产的保险价值按出险时的账面余额确定，账外财产和代保管财产的保险价值按出险时的重置价值或账面余额确定。

（2）保险金额是合同约定的最高赔偿限额，但是施救费用并不在此限（船舶保险除外），处理责任保险理赔案件时，注意法律费用是否包含在赔偿限额内。另外，损失的赔偿限额还受保险利益因素、实际损失情况和补偿原则的限制。

（3）审核保险金额的准确性、合理性，防止道德风险，注意对超额投保或不足额保险的适当处理。

五、近因原则与补偿原则

1. 基本概念

所谓近因，是指导致标的物损失的最直接、最有效、起决定或支配作用的原因，而不是指时间上或空间上最接近损失的原因。认定近因的关键是确定风险因素与损失之间的关系，确定这种因果关系的基本方法有两种：①由因至果推断；②由果至因追溯。近因原则是判断风险事故与保险标的损失之间的因果关系（承保风险是因，标的损失是果），从而确定保险赔偿（给付）责任的一项基本原则，在保险理赔中具有重要意义。长期以来，它几乎为世界各国保险人在分析损失的原因和处理保险赔偿责任时所遵循，而法律上用以判定较为复杂因果关系的案件时也通常采用这一原则。

所谓损失补偿原则，是指保险合同生效后，当保险标的发生保险责任范围内的损失时，通过保险赔偿，使被保险人的保险标的在经济上恢复到受损前的状态，不允许被保险人因损失而获得额外的利益。该原则包括两层含义：①补偿以保险责任范围内的损失发生为前提，即“有损失、有补偿”，无损失则无补偿。②补偿以被保险人的实际损失及有关费用为限，即“损失多少、补偿多少”，以被保险人恢复到受损前的经济状态为限。损失补偿原则的限制条件有三：即损失补偿以实际损失为限、以保险金额为限、以保险利益为限。

2. 注意事项

（1）关于近因的判定，应根据实际案情仔细观察、认真辨别，实事求是地进行分析，并遵循国际惯例，尤其是援用重要的判例。

(2) 遇重复保险或不足额保险时，应采用比例分摊方式；若保险事故因第三者所致，需提前做好代位追偿工作。

(3) 重视免赔限度赔偿方式的运用，准确理解免赔额的内涵与计算基础，并准确地从损失金额中扣除。

六、道德风险与保险诈骗

1. 基本概念

道德风险因素是指与人的品德有关的无形因素，即指由于个人不诚实、不正直或有不轨企图，致使风险事故发生，以致引起社会财富损毁或人身伤亡的原因和条件。

保险诈骗是道德风险的一种，指以保险为手段进行财务诈骗的行为。

2. 注意事项

(1) 对于重复保险、超额保险个案，应注意分析有无道德风险因素存在。

(2) 遇到机动车辆保险的索赔案，需特别注意假赔案的发生。

(3) 凡涉及火灾案，一定要注意剔除人为纵火因素。

第二节　保险风险评估基本操作规程

风险评估，是指对标的所面临的、尚未发生的和潜在的各种客观风险进行识别、估测、鉴定，并在此基础上，结合其他因素综合分析，对风险可能发生的概率、程度和规模等作出科学的判断，确定标的的风险等级，并提供分散、化解风险的建议。因此，风险评估也称危险度评价或安全度评价。

保险风险评估，包括对承保风险的评估，以及对保险标的物现时价值的评估。

一、风险评估的内容和方法

风险评估的内容和方法，包括风险识别、风险估测、风险评价。

1. 风险识别

风险识别是风险评估过程中最基本的、最重要的环节，其任务是了解潜在的和客观存在的各种风险，识别和分析风险产生的原因和存在的条件，以及损失发生可能带来的严重后果，目的是增强识别风险和感知风险的能力。

(1) 识别风险的途径。要识别企业的全部风险，通常从以下三个方面寻找。

① 企业本身的活动。包括经营（生产）性质、经营方式、经营过程等。企业或项目的经营性质，对于识别风险的存在、确定风险的种类起着重要的作用；不同的经营方式，决定了风险识别渠道和方法的不同选择；而了解生产经营过程，则是全面识

别风险的基础。

② 企业的经营环境。主要包括自然环境、政治环境、经济环境、法律环境、社会环境等。查明财产的占有性质，以便弄清可能存在的风险；查明建筑物的主体结构及使用的材料，以确定建筑物的等级；标的处于不同的地域范围，则具有不同的危险；是否安装有效的防灾设备，分析火灾、水灾发生的可能；了解被保险人的道德情况，有否道德危害存在的隐患等。

③ 财产损失风险（含直接、间接损失风险）和责任损失风险。识别方法参见表2－1。

表2－1　财产风险和责任风险的识别

损失类型	财　产　损　失	责　任　损　失
直接损失	1. 何类型的财产会受到损坏或丢失？ 2. 哪些因素（危险因素）会导致损失？ 3. 具有损失风险的财产价值是多少？ 4. 如果财产被损毁，是否可重置？	1. 公司会侵害何方利益？ 2. 这些当事人如何受到侵害？ 3. 可能的侵害程度是多少？ 4. 可能的辩护费用是多少？
间接损失	1. 公司是否不得不筹集外部资金来对未保险财产进行重置？ 2. 假设需要重置，在直接损失之后，公司是否会中断或减少经营？ 3. 假设公司中断或减少经营规模： （1）可能会持续多久，正常利润会有多大损失？ （2）哪些营业成本不论经营中断或减少与否都会继续发生？ （3）恢复正常生产水平后，收入的损失是否会持续下去？ 4. 如果公司的经营维持在损失以前的水平： （1）需要哪些设备或资源？ （2）使用备用设备或资源的额外成本有多大？	1. 公司信誉可能受到的损害是否会引起公司收入下降？ （1）这种损失的潜在规模有多大？ （2）能采取什么措施减少所产生的间接损失？成本如何？ 2. 如果发生重大的未保险损失，是否会放弃某些产品或服务或者回收产品？ 3. 如果现金收入下降，公司是否必须筹集额外资金？ 4. 重大的未保险损失是否会使公司陷入财务困境？

（2）风险识别的方法。

① 风险清单识别法。风险清单识别法是指人们通过设计编制一种详细收集有关风险信息的表格、框架，借以识别风险的方法。风险清单识别法，主要有调查问卷

法、保单对照法、风险分析问卷法和资产损失分析法等。

② 财务报表识别法。财务报表识别法是以企业的资产负债表、损益表、现金流量表以及相关文件为基础，把每一个会计科目作为一个风险单位进行分析，以识别企业可能存在的财产、责任和人力资本等风险，并找出可能发生损失的原因。

③ 流程图分析法。流程图分析法是风险识别的最常用方法，乃是建立在企业整体之上的。企业可以将其全部生产经营活动，按照其内在的逻辑关系制作成流程图，针对作业流程中的关键环节、薄弱环节调查和分析风险，用以辨别企业可能存在的风险。

④ 事件树分析法。事件树分析法是我国国家标准局规定的事故分析的技术方法之一，从事件的起始状态出发，用逻辑推理的方法，设想事故发展过程与结果，进而根据这一过程了解事故发生的原因和条件。这种方法本质上是一个逐步分解的过程。

⑤ 事故树分析法。事故树分析法是从某一风险事故开始，运用逻辑学演绎分析原则，由结果分析原因，找出各种可能引起事故的潜在风险因素，并能够分析风险因素引起事故发生的重要程度，求出事故发生的概率，进而提供控制风险因素的建议与方案。

上述各种方法各有优劣，但可以相互补充，综合运用。

2. 风险估测

风险估测是在风险识别的基础上，通过分析以往大量的损失资料，运用概率论和数理统计的方法，估测损失发生的频率和幅度的过程。

（1）损失概率的估测。损失概率的估测可以分为定性和定量两种。由于目前对风险发生概率的定量估测缺乏大量的基础数据，无法建立数学模型进行分析，因此在保险公估实务中，以定性估测较为常见（表2—2）。

表2－2　损失概率的定性估测

损失概率	后果描述
不可能	不易发生，可认为不发生
很少的	风险有可能发生，但很难发生，不会造成人员伤亡和财产损失
偶然的	风险曾经发生，并且将来还有可能发生
可能的	风险经常发生，一般会造成人员伤亡和财产损失
频繁的	风险一定发生，且后果严重甚至是灾难性的

（2）损失幅度。损失幅度的估测通常有两种：

① 一个风险单位，在某一风险事故中最大的潜在损失。

可能最大损失：一个风险单位，在其整个生存期间，由某一风险事故引起的可能最大损失（即全损）。

最大可能损失：一个风险单位，在一定时期内（非整个生存期间），由单一风险事故所致的可能遭受的最大损失。

② 年度最大可能损失，指在一个特定年度内，一个或多个风险单位可能遭受的最大总损失。具体衡量风险发生的频率和幅度，需要运用数理统计方法。

3. 风险评价

风险评价指在风险识别和风险估测的基础上，通过定性和定量分析，对风险发生的概率、损失严重程度，结合其他因素综合考虑，得出发生风险的可能性及其危害程度，根据公认的安全指标确定风险等级，从而确定采取相应的风险管理措施控制或避免风险的发生。

按评价的方法不同，风险评价可分为两种。

（1）定性风险评价。定性评价使用系统工程方法，将系统进行分解，依靠人的观察和分析，借助有关法规、标准、规范、经验和判断能力进行定性评价。定性评价不需要统计资料，计算和操作简单，适用于对象不特别重要或事故发生后不会产生严重后果的项目。

（2）定量评价。定量评价是在定性评价的基础上，主要依靠历史统计数据，运用数学方法构造数学模型进行评估。本评价方法适用于风险特别大，且价值较高，一旦发生事故将无法补救的项目。定量评价法分为以下三种。

① 概率评估法。这是以某事故发生的概率为基础的评估方法，如事故树和事件树的评估方法。该方法从 1974 年美国拉姆逊教授评价民用核电站的安全性开始，继而应用于 1977 年英国对坎威岛石油化工联合企业的危险评估、1979 年德国对 19 座大型核电站的危险评估以及 1977 年荷兰六项大型石油化工装置的危险评估等。

② 数学模型计算评估。主要是依靠应用软件来实现。

③ 相对评估法。也称评分法，是评估者根据国家和不同行业的标准制定一系列评分标准，然后按危险性分数值评估危险性。

二、风险评估的分类

（1）预评估。预评估是指被评估的项目（工程）在规划、设计阶段或施工之前进行的评估，主要是为规划者或设计者提供安全设计的依据与可靠性资料，同时也为保险双方提供风险资料，从而决定保与不保、保哪些风险、怎样保等。

（2）中间评估。中间评估是指被评估标的在建设、研制或安装过程中进行的评估，是用来判断是否有必要变更设计和为及时采取安全措施而进行管理的有效手段。

（3）现状评估。现状评估是对现有的工艺过程、设备、环境、人员素质和管理水平等情况进行系统的安全评估，以便确定安全措施、做好安全生产、降低事故率。

三、风险评估的程序

风险评估的工作程序应包括：①接受委托；②立案登记；③成立风险评估小组；④制订风险评估计划；⑤实地检查风险；⑥进行风险分析与评价；⑦提交正式风险评估报告。

1. 风险评估前的准备

（1）明确委托目的，签订风险评估委托书。委托书应包括以下内容：委托人和被委托人、委托事项、委托时间、费用及委托结果等。

（2）成立风险评估小组。根据委托人的要求以及被评估标的的情况和特点，由专业的公估师和相关行业的专家组成风险评估小组，以保证风险评估的质量。

（3）收集和索取资料。风险评估小组要尽可能从多方面收集被评估标的的相关资料，以便了解该次风险评估活动的主要范围及项目。一般需要收集的资料包括：标的所处的平面图、主要设备的情况、标的所在地方的水文地质资料、消防设施、以往损失记录、财产明细、以往的查勘报告等。

（4）制定风险评估计划。公估人员在现场评估前，应尽可能在较短的时间内根据资料作出评估工作概要，详细说明需要委托人和被评估方提供何种帮助，如需要现场收集的资料、需要检查的内容、需要进行的测试等。

2. 现场检查

风险评估小组对企业进行的实地调查，应从企业的人、法、机、料、境、艺等六个基本要素着手，进行全面的检查，并注意调查和收集标的以往损失的情况和原因等。

（1）人——人员素质和管理状况。

在安全生产中，人是最重要的因素。因此，要重点调查企业的生产、管理体系以及管理者、生产技术人员、工人的综合素质，以及其安全教育和接受培训的时间等因素。具体包括：①生产、管理体系是否健全，其职能发挥如何；②企业管理水平和人员素质结构；③安全教育和培训情况是否落实到位；④消防队的人数、主要装备情况；⑤安全生产管理组织；⑥消防部门颁发的消防合格证书等。

（2）法——企业的文化、规章、制度、操作规程、安全监督网运行状况等因素。

主要调查：①安全生产责任制及各项安全管理制度的建立；②安全操作规程；③安全监督网运行状况；④防汛、抗震、防火、防爆等方面的应急计划和处理事故措施等。

（3）机——设备、设施等固定资产。

调查生产经营用建筑物、重要设施、主要设备及系统。涉及设计、制造、安装、调试、试运行、运行维护等因素，具体包括：

① 建（构）筑物状况。调查建（构）筑物的结构和耐火等级，包括钢结构、钢混结构、砖混（木）结构、临时建筑（简易结构）等类别，不同建（构）筑物的结构和耐火等级，其耐火、抗爆、抗震、抗洪性能是截然不同的；调查建（构）筑物的占用性质和用途，如写字楼、商场、宾馆酒楼、娱乐场所、仓库、生产车间、其他等用途；调查建（构）筑物的防爆性能；调查建（构）筑物的防雷或避雷装置及接地电阻等。

② 重要生产设备和辅助设施的调查。包括种类、型号、规格、性能、数量和价值；运行年限、腐蚀程度；运行维护管理；检修情况和周期；保护自动系统、监控仪表及监控系统潜在的风险等。

③ 电气设施的调查。包括电气设备型号、种类及线路规格；电气设备和线路装置安装是否符合环境条件的要求；电气装置接地网络和防静电、防雷装置及接地电阻；电气设施维护情况等。

④ 消防设施的调查。消防设施是保证发生火灾时损失不致扩大的首要设施，因此是风险评估时重点调查的对象，包括灭火器的配置种类、数量和规格。应根据生产场所、储存物品的种类及数量、占地面积、火灾危险性及其他消防设施的设置情况等进行综合考虑；消防栓的数量和设置情况是否合理，一般是高压给水管道消防栓间距不超过 100 米，低压给水管道消防栓间距不超过 120 米；消防水泵数量、功率、流量及启动方式，注意是否有消防备用电源；消防水源是由哪种方式供给（水管网、天然水源或消防水池），能否满足在发生火灾时持续用水的总量要求；火灾自动报警系统的种类、数量和设置情况；检查消防设施的维护保养情况等。

（4）料——原材料、产品等流动资产。

调查原材料、半成品、产成品等的危险因素，如原材料、半成品、产成品的名称及性质、储存、管理情况，主要仓储物品名称、规格型号、数量、燃烧性，以及易燃易爆物品是否存放在独立的危险品仓库内等。

（5）境——项目标的所处的环境。

调查项目标的所处的周围环境、地质水文气象和主要自然灾害影响情况、周围危险源的情况、厂区的总体规划布局等，包括：

① 标的所处地点的自然和地理环境。进行风险评估，首先要调查标的所处地区的地理位置、地势，以及受地质、地貌、水文、气象等因素影响的程度，包括遭受洪水、台风、雷电、山体滑坡、泥石流等潜在风险影响的可能性。同时，对企业在防灾防损方面的准备工作也要进行了解。如关于防汛，可从防洪墙、防洪闸门、沙袋、抽水机、排蓄雨水沟（塘）、汛期建立 24 小时值班制度等方面进行检查。

② 总体平面布置情况。判断厂区的总体规划布置是否合理，要以地形、地质、风向等自然条件为前提，根据被评估项目的各个组成部分的风险大小、生产特点和工

艺流程等因素进行综合考虑。此外，还要调查消防、救护等单位或交通是否能够满足应急需要，厂区道路和消防通道是否畅通，建（构）筑物之间的防火间距和防火分区是否合适，有火灾、爆炸危险的厂房和工艺生产装置的布置及各类防火间距是否符合《建筑设计的防火规范》及有关消防的规定，是否存在乱堆乱放、违章建筑等促使事故蔓延或阻碍施救的因素和条件，等等。

③ 周围环境。调查周围环境与标的之间的相互影响，重点检查火灾的蔓延、爆炸的波及范围、有无空中物体坠落及污染等因素的影响。

（6）艺——生产工艺调查。

对企业全部的生产经营活动，按照其内在的逻辑关系或固有的工艺流程重点进行调查，需要特别注意以下情况：①生产工艺过程中的主要危险隐患及坐落地点；②生产过程中有无可燃性气体或粉尘产生；③生产工艺是在常温常压下还是在高温高压下进行；④生产过程有无使用易燃和易爆材料；⑤生产过程为自动化或手工操作；⑥生产过程的供电、采暖、通风、除尘、防静电系统运行和维护状况；⑦水、电、气突然中断时，操作过程中的火灾、爆炸危险程度如何，工艺过程是否有安全保障；⑧压力容器运行和维护状况等。

（7）往——调查标的过去的损失情况。

通过对以往自然灾害和意外事故的发生频率及影响范围、损失程度、事故处理情况，以及保险索赔历史情况进行分析，找出风险发生的特点和规律。

在进行现场风险检查过程中，要采取看、问、听、议等多种方法，并注意做好详细的记录。在条件许可时，应邀请委托方有关人员参加座谈，请厂方介绍企业概况、管理机构设置情况、主要设备情况、安全保证体系运作情况、设备自查情况等内容。风险评估小组要尽可能多地收集风险评估所需的原始资料，为科学、准确地评估风险提供依据。

一般来说，保险公估人可以依据不同行业的安全标准，制定不同的检查表，以便缩短现场检查的时间，做到科学、准确地量化和评估风险。表2-3是以一般电厂通用的常见风险评估检查表，列出了现场检查的一般内容和方法。

表2-3　风险评估检查表

检查项目	检查内容	标准分	实得分
标的选址及防灾防损	标的所处地区受地质、地貌、水文、气象等影响，包括遭受洪水、台风、雷电、山体滑坡、泥石流等潜在风险影响的可能性		
	防灾防损准备		
总体布置	总体规划布置是否合理		

续表 2－3

检查项目	检　查　内　容	标准分	实得分
周围环境与标的之间的相互影响	火灾的蔓延范围		
	爆炸的波及范围		
	空中物体坠落的可能性		
	污染造成的可能损失和责任		
建（构）筑物状况	结构和耐火等级		
	占用性质和用途		
	防火间距和防火分区		
	防爆性能		
	防雷或避雷装置、接地电阻		
	电缆沟和电缆隧道的排水和封堵		
重要生产设备和辅助设施	种类、数量、规格、性能		
	运行年限、磨蚀程度		
	关键部件寿命		
	运行检修管理和检修周期		
	保护自动系统以及监控系统潜在的风险		
电气设施	电力设备、线路种类和规格、型号		
	电气设备及线路装置是否符合《电力设计规范》及相关消防法规		
	电器设备型号、种类及安装		
	电气装置接地、防雷或避雷装置及接地电阻		
	电气设施维护情况		
消防设施	灭火器的配置种类、数量和规格		
	消防栓的数量和设置情况		
	消防水泵数量、功率、流量及启动方式		
	消防水源供给方式		
	油罐四周的防火堤		
	火灾自动报警系统		
	消防设施的维护保养情况		

续表 2－3

检查项目	检 查 内 容	标准分	实得分
生产流程	主要危险隐患及坐落地点		
	燃料和燃烧系统		
	锅炉和锅炉煤粉系统		
	汽轮机及汽轮机油系统		
	发电机		
	主控制室		
	大型电力变压器		
	电缆		
	排灰设施		
	供电、采暖、通风、除尘、防静电系统		
存货	燃料名称、燃烧性能		
	燃料的运输及存放方式		
	燃料的储存		
	易燃易爆物品是否存放在独立的危险品仓库内		
	输油管道燃油的压力和温度		
安全保卫	防盗报警装置		
	围墙防护设施		
	专职保安员或门卫		
	出入大门登记制度和值班情况		
交通安全	厂内车辆行驶状况		
	厂内道路及交通标志		
	厂内铁路设施或码头设施		
管理情况	生产、管理体系		
	人员素质		
	安全生产责任制		
	安全教育与培训		
	安全操作规程		
	消防组织及消防队人数、主要装备情况		
	安全生产管理组织		
	消防部门颁发的消防合格证书		
	防汛、抗震、防火、防爆方面的应急计划和防范事故措施		
以往损失情况	风险发生的特点与规律		

3. 风险鉴定和评价

（1）危险单位划分和最大可能损失分析。危险单位划分，是指组成评估标的的各个单元（如建筑物）之间遭受灾害事故时所波及的范围。若两个或多个单元是可以分隔的，发生灾害时不致相互波及，则可视为两个或多个危险单位；否则，将视为一个危险单位。

确定危险单位之后，就要估计最大可能损失。这是指评估标的在发生灾害事故时可能遭受的最大损失，一般用百分比来表示。经过分析找出生成最大损失可能性的最大风险之后，则要根据这种风险可能对标的物的波及面及标的物本身的抗火、抗灾能力，尽可能合理地评估出整个标的物的最大损失率，再以损失率乘以标的物的保险金额，便是最大可能损失数据。

（2）分析评价。在现场查勘的基础上，结合其他因素并对比相关资料，然后将各种风险因素进行综合分析，对企业客观存在的风险及其危害程度作出客观、科学、合理的评判，并根据危险性大小，提出有针对性的风险防范和整改建议。

风险评估的评价尺度和依据，包括2002年11月1日起施行的《中华人民共和国安全生产法》，国内制定并执行的不同行业企业的安全管理评价或评比标准（如机械工厂安全性评估标准、化工厂安全性评估标准、冶金工厂安全性评估标准等），国家和有关部委颁布的多项标准、法规、规程和规范，以及国家公布的各行业事故率、职工伤亡率、财产损失率和车间空气中有害气体、蒸汽及粉尘的最高允许浓度、劳动条件分级标准等。

（3）提交报告。保险公估人应在约定的期限内就上述工作形成完整的风险评估报告，并经审核无误后提交给委托方。报告应包括以下主要内容：报告摘要、保单内容、被评估方及标的概况、标的所在地区的地质情况和平面布置、自然灾害风险评价、意外事故风险评价、最大可能损失分析、评估结论、风险防范和整改建议等。

必要时，保险公估人应与委托方、被评估方就风险评估的内容进行交流与沟通。

四、几种常见的风险评估

（一）企业财产保险的风险评估

风险调查与评估的主要内容，包括以下几方面。

1. 火灾风险因素及其预防措施

火灾是指在时间或空间上失去控制的意外的燃烧所造成的损害。火灾燃烧的基本条件有三：一是可燃物，必须有一种在一定温度条件下挥发出可燃气体或蒸气的可燃物存在；二是氧气，氧气一般来自于空气，但有些化合物（如氯酸盐、硝酸盐、高锰酸盐和过氧化物等）能在一定条件下释放出氧气来；三是热源，必须有足够强度的引起化学反应的热源，它既可能来自可燃物外部，也可能来自可燃物内部。

火灾风险因素主要包括实质风险因素及人为风险因素两种。

（1）实质风险因素。实质风险因素，是指增加某一标的的风险事故发生机会或扩大损失严重度的物质条件。

① 建筑物的构造。建筑物的构造在很大程度上决定着建筑物的火灾风险的大小。保险公司一般按照构造划分等级的标准来评估火灾风险的大小，并以此作为制定保险费率的一个重要依据。它的分级标准是根据建筑材料的燃烧和建筑构件的耐火极限来分的，我国保险公司常将建筑物分为四级（表2－4）。

表2－4 建筑物结构等级表

构 件	一级建筑物	二级建筑物	三级建筑物	四级建筑物
风火墙	非4.0	非4.0	非4.0	非4.0
承重墙、楼梯间、电梯井的墙	非3.0	非2.5	非2.5	难0.5
非承重墙、疏散走廊两侧的墙	非1.0	非1.0	非0.5	难0.25
房间隔壁	非0.75	非0.5	非0.5	难0.25
支撑多层的柱	非3.0	非2.5	非2.5	难0.5
支撑单层的柱	非2.5	非2.0	非2.0	燃
梁	非2.0	非1.5	非1.0	难0.5
楼板	非1.5	非1.0	非0.5	难0.25
层顶承重构件	非1.5	非0.5	燃	燃
疏散楼梯	非1.5	非1.0	非1.0	燃
吊顶（包括吊顶搁栅）	非0.25	难0.25	难0.15	燃

注：上表中，“非”指非燃烧体。“难”指难燃烧体，“燃”指燃烧体；燃烧极限的单位是小时，如“4”表示燃烧极限是4小时。

显然，从一级建筑物到四级建筑物，耐火性能依次下降，火灾风险依次加大。

② 建筑物的占用性质。即使同一建筑物，占用性质不同，火灾风险也可能相差很大。一般而言，住宅的火灾风险要比工、商业用房小，原因是住宅及住宅里的一切东西，往往可能是业主毕生的最大投资，故会非常小心谨慎，以尽可能降低火灾风险，而工、商业用房的占用者就很难达到上述谨慎程度。

与建筑物用途有关的火灾危险性，主要由在建筑物内部所进行的活动、所用材料的性质、储存方法及储存量决定。

A. 建筑物内部所进行的活动。若建筑物中包含有下列一种或几种加工过程，则该建筑物有异常火灾风险（或较高的火灾风险）：

——加热过程，特别是对可燃物加热的加工过程，如衣物熨烫、烘干等；

——产生可燃废物或粉尘的工艺，特别是使用粉碎机、研磨机而产生粉尘；

——用可燃性或可爆性液体喷涂；

——使用可燃溶剂。

B. 所用材料的性质。若建筑物内存有一定量的下列物质，则该建筑物面临异常火灾风险：

——易爆品；

——压缩的永久气体、液化气体和溶解气体；

——与水或空气相互作用即发生危险的物质；

——燃点低于65.5℃的物质；

——腐蚀性物质；

——有毒物质；

——氧化剂；

——容易自燃的物质；

——容易燃烧的固体；

——容易在建筑物中从一处流到另一处并加速火势蔓延的物质，如各种油类、脂肪、蜡、橡胶、猪油、沥青等；

——容易被点燃的物质，如木屑、纸片、纺织品、碎片、棉花、纤维、毛絮、粉末、金属屑以及其他粉屑等。

C. 材料的储存方法及储存量。材料的堆积方法不当及过量储存均可能使通道或楼梯被堵塞，从而影响救火工作，也可能导致消防器材（如报警器、喷淋装置）无法发挥预期功能，所有这些都会加剧建筑的火灾风险。

③ 建筑物的规模。尽管规模较大的建筑物可以通过提高自身的耐火性或增加消防设施来降低火灾风险，但总的来说，建筑物的规模越大，火灾风险也越大，消防部门常通过限制构成一个单独火灾风险单位建筑物的任何楼层或单元的容积来降低火灾风险。

④ 建筑物的位置及周边环境。建筑物及周边环境对其火灾风险也有很大的影响。处于建筑物密集地区的建筑物，消防设施常被损毁，如消防通道不通畅，以致消防队员的救火行动受阻，从而加剧火灾风险；处于孤立位置的建筑物，如农场的建筑物，由于其火灾难以被察觉，离消防队较远，消防水压力不足以及周围杂草和灌木丛较多等因素，而导致其火灾风险较大。

若建筑物周围存在火灾风险较大的建筑物，或者建筑物与相邻建筑物之间有相对的门或窗口，或者建筑物与相邻建筑物之间的防火间距太小，这些均会加大建筑物的火灾风险。

⑤ 消防设施。若建筑物安装有自动火灾报警系统、自动水喷淋系统等消防设施，且经常检查、维修，使其时刻处于有效工作状态，将有利于大大降低火灾风险。

（2）人为风险因素。人为风险因素是指与人的主观故意或疏忽有关的风险因素，它又可分为道德风险因素和心理风险因素两种。

① 道德风险因素。道德风险因素是指与人的不正当社会行为相联系的一种无形

的风险因素。一般表现为：

A. 被保险人因经营不景气、经济状况恶化而纵火；

B. 被保险人的雇员因对雇主不满、产生怨恨而纵火；

C. 为复仇而纵火；

D. 为消灭罪证而纵火；

E. 由于政治上的目的或其他狂热运动而纵火；

F. 为获得救火报酬而纵火。

要评估上述道德风险，加强对被保险人的调查工作是十分重要的预防措施。被保险人是否长居此地，是否处于经营困境之中，以前是否有纵火行为，劳资关系是否良好，信用程度如何，等等，这些资料对我们评估保险人所面临的道德风险无疑是非常必要的。

② 心理风险因素。心理风险因素是指由于人的主观上的疏忽或过失，导致增加风险事故的发生机会或扩大损失程度的无形风险因素。火灾风险的心理因素常见的有被保险人的安全意识不强、管理不善、安全措施不落实、投保人警惕性下降等。

评估人员应按照消防部门的规定标准检查投保财产在设计、建筑装修用料方面是否符合防火要求，以及消防器材的配备、专兼职消防施救人员的到位、消防器材的保养措施、安全防范制度等情况。

2. 核查投保财产是否存在爆炸等隐患，相关的预防设备是否已由安全部门检验合格

3. 是否属雷击多发区，预防雷电设备是否符合标准或要求

雷电是指积聚在云中的巨大电荷向足够近的物体的放电，放电的对象可能是带相反电荷的云，也可能是将电荷导向大地的大树或建筑物的尖顶。

雷电风险的大小显然与保险标的的地理位置有关，不同的地点有不同的雷电风险。雷电风险与避雷措施有很大关系，避雷措施越有效，雷电风险越小；反之，则越大。避雷措施主要是安装避雷针，其针体是否是电的良导体，针尖是否容易接受放电，线路是否尽可能地避免环路或弯路，这些是评估避雷针工作状态是否良好的主要环节，也是评估雷电风险的要点。

4. 是否存在暴风雨、洪水风险以及预防措施

暴风雨是指恶劣的甚至暴烈的大气骚动，如大暴雨、大冰雹、大风、大暴雪等。房屋面临的暴风雨风险主要取决于房屋的位置、结构及维护保养情况等。若建筑物处于海边、河边、山坡或山谷等地带，则其处于暴露位置，暴风雨风险大；轻结构建筑物抗暴风雨的能力较低；忽视维护保养的建筑物在遇到暴风雨时，容易因排水不畅而倒塌。

洪水是指一切天然的或人工的水道（贮水箱、罐、装置及管道除外）或湖泊、水库、运河、闸坝越过通常的界限而跑水。洪水的风险因素有地理位置、河堤（海堤）的高度、河道的坡度、历史损失资料、天气预报等。江河、湖泊、水库、海洋附近地区的风险较大；河堤、海堤越坚固、越高，抗洪能力越强；河道越陡，泄洪能

力越强；历史损失资料越完备，天气预报越准确，越有利于人们预测洪水风险，也就越有利于人们抗击洪水风险。

重点观察保险标的所处的地理位置及高度，四周的排水道及下水道是否通畅，仓库内有否 10 ～ 15 公分高的垫板、必备的沙袋等挡水物质，以往的暴雨灾害、洪水灾害损失情况等。

5. 偷窃风险因素及其预防措施

偷窃的风险因素主要有地理区域与位置、房屋的用途和构造及保卫措施、占用程度、人与车辆的出入通道、财产对盗贼的吸引力、犯罪心理等。

（1）地理区域与位置。在实际生活中，我们发现某些地区盗贼横行，而另外一些地区则盗贼很少。同一地区的不同位置的偷窃风险也可能相差很大，如偏僻的农舍与靠近市区的民宅相比，前者的偷窃风险明显小于后者；又如有树或高墙挡住视线的建筑物，或能从空地、公园、铁路或河流很容易接近的建筑物，其偷窃风险也较大。

（2）用途。价值昂贵的企业用房（如酒店、皮货店、珠宝店、工艺美术店、当铺、仓库等）比一般商铺的偷窃风险要大。

（3）结构。在同等条件下，结构坚固的房屋，如有砖墙和混凝土屋顶的房屋的防盗性能要比以木材或石棉做墙体、塑料做顶的房子强。

（4）保卫措施。采取较严密保卫措施的建筑物，如使用警犬、警铃或长时间都难以破坏的保险柜或锁的建筑物，其防盗性能较高。任何保卫措施都不可能做到绝对安全，保卫措施的首要目标是使犯罪分子望而生畏、知难而退，其次是使盗贼难以作案而不被发现。

（5）占用。由于占用有发现和威慑偷盗的作用，故占用程度越高，偷盗风险越小；反之，则越大。对于占用程度有限的房屋，若能安排警卫或看管人进行监视，偷盗风险也可得到有效控制。

（6）通道。通道直接关系房屋是否容易接近。一般房屋都处于容易接近的地方，有些地方甚至可以让窃贼使用车辆随便出入，这显然增加了偷盗的风险。对于独立的工厂、仓库或其他房屋，若能采取措施使盗贼难以靠近，则可有效地控制偷盗风险。

（7）财产对盗贼的吸引力。财产对盗贼的吸引力越大，偷盗风险显然会越大；反之，则越小。财产对盗贼的吸引力取决于其价值，以及是否容易处理和便于携带。对盗贼最有吸引力的财产，莫过于那些体积小、价值高的物质，如金银珠宝、艺术品等。

6. 供电、供水、供气系统是否处于正常运行状态

通过检查以往的生产记录，了解是否经常出现上述“三停”事故，并分析其原因及造成的损失情况。

7. 核查被保险人以往的损失情况

包括出险时间、次数、损失金额及处理结果，是否已恢复正常的生产经营活动。

8. 划分危险单位

根据投保财产建筑等级、地势高低、间隔距离及其建筑物之间的防火隔离设备等划分危险单位。

9. 分析最大可能损失

根据分析存在的最大风险及划分的危险单位，尽可能合理地分析出全部投保财产的最大损失率，以损失率乘以投保金额，即可估算出最大可能损失。

10. 了解被保险人的道德风险情况

例如财务真实性、资信等情况。

11. 向被保险人提出合理化的防灾建议

按上述风险评估之后，应出具风险评估报告，并绘制房屋及周围情况的平面图。

(二) 机器损坏保险的风险评估

1. 对机器设备的评估

（1）新设备应审核以下资料。

① 供货合同中合同责任的规定，尤其是合同双方风险安排和责任划分的规定。供货合同中，合同双方对一些人为原因、不可抗力、质量原因造成的设备损失应有明确的规定，对供货人保证期的长短也有约定。掌握该资料，可在由于设备质量、设计、原材料等原因造成损失时，说服并协助被保险人按供货合同的规定首先向供货人索赔。

② 设备合格证书。如是国产设备，需具备国家质量监督部门或主管行业颁发的合格证书；若为进口设备，需具备国际上认可的评估机构颁发的证书和进出口商品检验证书。同时，还要注意进口设备规格与我国的电、气、水及其他设备的匹配情况。

③ 安装试车验收证书。大型设备（特别是采用最新技术、未经大范围使用、设备稳定性未经证实的原型机）试车期间是检验设备自身质量及安装质量的一个重要过程，安装试车验收证书是设备通过试车的证明文件。通常来讲，签发验收合格证书之前仍属于安装期间，此时发生的损失应在工程保单项下索赔；签发验收合格证书以后属于营运期，此时应购买财产保险及机器损坏保险等营运期保险险种。

④ 安装期间的安装工程一切险保险合同，有无保证期责任保险。设备在保证期内发生的损失，供货商或安装承包商都会根据与业主签订的合同上规定的责任划分约定，承担各自应负责的损失。根据安装工程一切险保险合同，可以确定工程险保单和财产险保单项下保险责任的划分与衔接。

⑤ 了解同类设备的风险特点及损失记录。从行业主管、科研、设计、商检、公估等部门及使用同类设备的其他企业了解设备的风险特点及重大损失记录。

（2）旧设备应审核以下资料。

① 设备的制造年代、设计使用寿命及已使用年限。机器设备的新旧程度是其最重要的风险因素。掌握设备的设计及使用年限，是承保旧设备的基本要求，对接近或

超过设计使用年限的设备一般不予承保机器损坏保险。

② 以往的损失记录。了解所保设备的出险频率、易发生事故的部件、采用何种方式修理、当地修理能力等。除对所保设备的损失记录进行分析以外，了解本地区同类设备或相似设备的运行及损失情况也有很大的参考价值。

③ 最近几年该设备的保养、日常维修及改造与大修情况。机器设备应按照设计要求进行定期维修，要了解设备的日常维护情况、大修周期。旧设备大修后，其质量及价值都可能有大幅度的提高。对技术改造项目，需注意改造部分是否经过技术论证，是否进行过充分的试车运行。

④ 设备的备品备件情况。零部件的市场供应情况；设备关键部件、易损部件的库存情况。旧设备因配件缺乏而较多使用替代品，从而使设备的可靠性下降。

2. 对人员素质、管理制度的评估

人员素质、管理制度也是机器损坏保险的重要风险因素，是设备运行的软环境，承保前应有充分的了解。

（1）企业管理人员的构成、技术背景及管理经验。企业管理人员的技术背景、经验、管理水平等对一个企业的风险管理水平具有决定性的影响。具备现代管理意识的管理层，必将具备高度的风险管理意识。

（2）操作人员的培训情况，是否取得相应的资格证书。操作培训是工人、技术员上岗前的必备阶段，也是被保险人的义务。符合国家、行业规定的合格的工人、技术人员是确保机器设备安全运转的基本要求。

（3）管理制度及执行情况。企业风险管理的制度化是安全生产的可靠保证，是现代企业管理最主要的特征。管理制度包括责任风险控制制度（运行人员岗位责任制、运行交接班制度、运行管理制度）、设备状态监测制度、灾害应急制度等。制度的执行情况也是必须加以重视的环节。

3. 水、电、气等公共设施情况

稳定的水、电、气供应可以确保设备的正常运行，突然的停水、停电、停气往往会对设备造成损害。企业的后备能源（应急发电机、自备电厂等）可以在公共的水、电、气供应中断时发挥作用，减小这一风险。水、电、气的正常供应是机器设备安全运行的基本要求，也是被保险人的义务，保证易损或精密部件不会因突然断电而被损毁（对绝对不能断电的设备，如水泥厂的旋窑、炼钢的钢包等，厂方应有其他供电方案，如自备电源等）。

4. 风险单位划分及最大可能损失（PML/EML）值的测算

最大可能损失（PML/EML）值，是指一个风险单位在通常情况下因一次事故可能遭致的最大可能损失金额的估计值。根据机器损坏保险的风险特点，通常以相对独立的一台机器/机组或布局位置接近、发生事故时相互影响的一组设备或一条生产线为一个风险单位，给每一风险单位分别计算出最大可能损失，或以所有机器设备中价值最昂贵的一台机器/机组价值作为该企业的最大可能损失值。

5. 撰写风险评估报告

（1）风险评估报告是保险人对拟承保风险的全面评价，是决定是否承保、以何种保险方案承保的基础，也是超权限报批和对外分保时最重要的风险描述。

（2）大中型项目，一般要求拟定在科学的风险调查基础上作出的，能反映设备主要风险的风险评估报告。机器损坏保险的风险评估报告可参照上述风险评估的主要内容进行分析与描述。

（3）撰写风险评估报告时，应特别注意在定性的基础上对风险进行量化分析，从而为拟定报告承保条件打下基础。风险单位的划分及最大可能损失的确定是对风险进行量化分析的重要体现。

（4）对一些涉及较高技术含量设备的风险分析，可聘请有关专家进行，以确保风险评估报告的科学性及准确性。

（三）海洋货物运输保险的风险评估

由于海洋货物运输保险在各类货物运输保险中起源最早，所占比例及运输量最大，其他各种货物运输保险都以海洋货物运输保险为基础，根据自身运输方式的特点，在内容上进行一定的增减。因此，这里主要以海洋货物运输保险为重点介绍货物运输的风险评估。

保险公司为了确定其承保的货物在运输途中所面临的风险，常常会委托保险公估公司对该货物进行风险评估。保险公估公司接受委托后，首先要对运输工具进行检验，了解运输航程、航行区域以及货物中途是否转船，掌握航行期间的气候条件，然后要检验货物的特性、包装以及积载，而后对风险进行分析并得出结论。上述过程是相互影响、相互制约、相辅相成的。

1. 对运输工具等的检验

（1）对运输工具的检验。

① 对船龄的检验。船龄，也就是船舶的建造年份到承运时间的时间。船龄与海上风险是正相关的，即船龄越大，船舶使用期间越长，则其设备老化程度越高，发生事故的风险也越大。一般而言，船龄在 15 年以上的就是老龄船，不适合于远程运输和在飓风区域内运输。以班轮运输形式进行常规运输的船舶，其船龄一般以 25 年为限。

② 对船旗的检验。船旗，即船舶的注册国，也是影响货物运输风险的因素之一。因为船舶只有满足了船旗国的相关要求后方能注册，所以船旗国的注册标准对船舶的状态非常重要。有的国家为了获得高额的注册费而降低了对船舶注册的要求，使为了少缴所得税、船舶达不到其他国家注册标准的船方有机可乘，从而形成了方便旗船。这些船舶由于其不可靠的标准、劣质的船舶管理，从而成为众多损害事故的来源。

③ 对船舶类型的检验。就货船而言，有干货船、散货船、集装箱船、载货驳船、滚装船、液货船和化学品船等。不同的船舶适合装不同的货物，因此要将货物与船舶对应起来进行检验。

④ 对船舶吨位的检验。货物运输吨位要与船舶载货吨位相符，船舶不能超载。

⑤ 对船舶设施的检验。要检验船舶应配备的设备是否配备齐全，如海图、罗经、测深仪等；供应品是否配备齐全，如燃料、物料、食品、淡水等。此外，还要检验船体是否有损伤、机器是否运转良好、线路有否老化、排水管是否堵塞、舱盖的密封性是否良好等，以确保船舶适合此次航行。

上述各项检验都是为了保证船舶的适航性，使船舶有能力将货物完好无缺地由装运港运至目的港。适航性也是在发生保险事故后进行归责处理的起点，因此保险公估师一定要仔细查看。

（2）了解运输航程和航行区域。保险公估师需要了解运输航程的长短和航行区域的危险程度，例如风浪大小、水流速度和流向、风速、海底状况等。此外，由于在运输途中是否需要转船，是否扩展内陆运输，以及起运港、目的港的装卸方式、管理模式、设施配备等都直接影响到与货物相关的风险，因此也要对此进行深入了解。

（3）了解气候条件。货物在运输期间或运输线路及其区域内的气候条件，是否经过冰区、大风区、多事故区等都是确定相关船舶是否适航的依据。例如，为了满足在季节上对货物的需求，而将一批货物从上海运往汉堡，途经中国南海时正值台风季节，这时遭受损失的风险就要大一些。

2. 对货物特性、包装以及积载的检验

（1）对货物特性的检验。不同的货物具有不同的性质，其发生风险的可能性和程度都是不同的。因此在检验货物性质时，要注意货物是否容易破损、渗漏、腐烂变质、串味污染、有毒、易燃及是否属于危险品等。货物的特性对运输工具的类型提出了具体的要求，如要从热那亚运输冻肉到潘吉姆就需要配有冷冻设备的冷冻船予以运输。

（2）对货物包装的检验。在运输过程中，货物包装件可能遇到冲击、跌落、振动、压力、撕裂、高温、低温、低压、潮湿、虫害、污染、人为破坏等危险因素而造成包装破损、变形、污染、强度降低以及内装物破裂、损坏、散失、变质、损耗、锈蚀、减少的结果，因此货物的包装牢固与否，对货物是否受损及损失大小有很大影响。保险公估师要检验货物是以何种材料、何种方式包装的，特殊商品是否采用了特殊的包装形式，包装是否符合正常的运输要求等。

（3）对货舱状态的检验。为了使船舱适合所承运货物的必要条件，保险公估师要在装货前对承运货物的船舱进行船舱适载检验（即验舱）。对于货舱而言，要检验船舱的舱底、舱壁、舱顶、舱口围、护货板、通风筒等固定设备以及铺垫材料的情况，使上述部位保持清洁、干燥、无异味、无虫害等，以适宜受载拟载货物；对油舱（包括液体货舱）而言，要检验舱底、舱壁、舱顶等部位以及各项设备，包括泵、进出管道，使其不存在影响油液的油污锈渍和有毒有害物质，并使其符合清洁、干燥、无异味的要求，对油液舱还要进行紧密性检验；对冷藏舱而言，要检查制冷机械的定期检验证书是否仍在有效期内，舱室温度是否符合拟载货物的温度要求，冷冻效能是否稳定，舱顶、舱壁、舱盖和绝缘设备是否清洁卫生、有无异味、有无漏水和漏气现象，绝热通风及排气设备是否完好等。

（4）对货物积载的检验。在装船前，保险公估师要根据拟装货物的特性，审阅配载图，以便查看拟装货物的积载部位是否合理正确，并检查装船技术是否合格，装船技术措施能否保护全部承载货物质量、数量完整和安全的要求，对货物的铺垫隔离、通风、捆扎等方面是否符合实际要求。例如，香油精、香皂、化妆品等不能与散发臭气的骨粉、毛皮、皮革、咸鱼等货物混装。又如，对易腐商品运输而言，有两种装载方式：一种是紧密的堆垛方法，另一种是留有间隙的堆码方法。保险公估师要根据商品性质判断货物积载形式是否恰当。例如，货物若为已冻结的商品，就可采用第一种方式，因为这样冻结商品本身的冷量不易散发，有利于保持商品质量，并能提高装载能力；相反，对于水果、蔬菜等的运输，只能采用间隙的堆码方法，只有这样才能使舱内空气顺利地流通，排除物品散发出来的热量，使舱内温度较为均匀。

3. 评估风险并得出结论

保险公估师经过对运输工具和货物的特性、包装以及积载的检验，再将两者结合在一起进行综合考察，认定承运人所提供的船舶是否与所要承载的货物相匹配，并测算出风险程度，而后向保险人提出是否承保该批货物的建议。

（四）工程保险的风险评估

1. 工程项目风险书面调查内容

（1）建筑、安装工程的种类、性质，结构复杂性及技术难度和风险程度。

（2）建筑、安装工程项目所在地的自然环境和位置，特别明显的自然灾害威胁。

（3）设计单位的技术水平及资信情况。

（4）工程承包人及其他工程关系方的资信，承包商及施工单位的技术水平、经营管理水平，施工及管理人员的素质。

（5）工期长短及施工季节和施工进度，试车期和保证期的长短。

（6）工程投资额及资金来源、工程造价明细清单和质量考核方式。

（7）原材料的供应方及质量情况，原料的性能及其危险程度。

（8）设备的质量（新旧）、型号及制造来源和运输方式。

（9）建筑安装工程合同的内容，投保人的数量及相互关系、施工中的第三者责任风险大小等。

2. 现场风险查勘内容

（1）工地位置、地势及周围环境和危险因素。

（2）工程项目的性质、设备新旧程度、结构状况以及以往事故记录。

（3）工地内有无现成建筑物和其他物资及其位置、状况。

（4）储存物质的库存状况、地理位置和水文记录以及运输距离、方式。

（5）工地安全保卫及其设施防护状况。

（6）工地周围及邻近地区第三者分布、性质和经营情况。

（7）设计及施工单位的技术力量、施工重点及难点的技术力量配置。

（8）工程承包商及施工单位的组织管理制度、应急处理措施、消防培训计划和设备配置、持证上岗程度等。

3. 工程建设信息和工程资料收集

（1）建筑工程。需要掌握的工程建设信息包括工程建设投资组成、工程业主及总承包商和工程监理公司以及实际投保人、工程设计单位、建筑结构类型、工地场内或场外预制、工程现场周边业主原有建筑以及第三者建筑及地下管线、工程地点（标高）年平均降雨量和近年最大洪水水位或汛期最高水位等。

需要收集的有关工程资料包括工程保险招标文件、工程承建合同、工程概况、工程平面略图、工程平面及纵断面图、工程地质水文资料、可行性研究报告或工程初步设计、工程施工方案及施工方法、施工组织设计、工程量清单总汇、工程施工计划进度表、工程设计及施工单位资质证书、施工机械设备清单等。

① 工业与民用建筑。除掌握和收集上述工程建设信息和资料外，还应了解以下方面：

建筑工程结构类型，是民用建筑还是工业建筑（钢筋混凝土结构：框架、剪力墙、筒状；网架结构；悬索结构；钢结构等），建筑总面积及土建单位造价、工业建筑辅助设施结构。

基础结构类型（独立、条形、片筏、箱型基础；桩基础：打入桩、钻孔灌注桩等；深基坑支护结构：钢板桩、深层搅拌桩、地下连续墙、高压旋喷桩等），基坑形状、尺寸、深度，支撑结构及层数，地下水位及承压水地下标高，基坑降水方式（轻型井点降水、深井降水等）。

安装设备类型、价格以及是否为进口设备，安装工艺及施工进度、试车安排等，要求收集安装设备清单、建筑安装平面布置图。

周边第三者建筑结构及基础类型、建造年代以及地下管线等与工程基坑最近距离（收集工程平面略图）。

② 高速公路（道路、桥梁、隧道）。除掌握和收集上述工程建设信息和资料外，还应进行沿途现场查看和了解以下情况。

道路沿线地形地貌和地质结构，当地气象情况及沿途水文状况，沿途第三者建筑状况、高压电线、通讯光缆、地下管线布置情况。

地质勘探设计情况（勘探点间距及布置原则）和沿线施工合同段各施工单位的基本状况（资质、大型工程经历、工程技术人员配备等）。

沿线不良地质分布和不良地质处理方法（软土地基、活动滑坡体、岩溶、泥石流、雪崩、崩塌与岩堆、采空区、地震液化等)。

路堤及路堑高边坡防护结构：浆砌石、挡土墙、挂网素喷砼、抗滑桩、锚锁结构等，最大高边坡高度及几级平台，路基工程挖方、填方、边坡防护工程量及造价等。

大桥、特大桥、立交桥、高架桥结构类型以及地理环境和施工工艺：山间峡谷及江河滩涂地形地貌，洪水及汛期最大水位，桥梁类型（预应力连续钢构桥、斜拉桥、悬索桥，拱桥上、中、下承式)，桥梁主跨度，水中桥墩数量及桩径、桩长，桩基持力层地质结构，承压水水位，桥墩周围断裂带，桥梁周围山体稳定状况，施工工艺(桩基工程、墩台墩身、上部结构悬臂现浇或预制吊装等)。

隧道围岩类型及施工方法：隧道类型（分离式或中隔墙连体隧道)、长隧道(1000～3000米）及特长隧道（3000米以上）长度和数量，隧道围岩类型（Ⅰ、Ⅱ、Ⅲ、Ⅳ、Ⅴ类）以及Ⅰ、Ⅱ、Ⅲ类围岩分布情况和占隧道长度比例，隧道内断裂带分布情况及破碎带数量和宽度，地质溶洞和地下水状况，隧道口护坡结构，隧道施工方法（新奥法、矿山法等)，隧道地质结构超前预报制度，隧道施工单位资质状况以及是否配备地质工程师等。周边第三者建筑结构及基础类型、建造年代以及地下管线等与路桥最近的距离（收集工程平面略图)。

③ 地铁、轻轨交通。除掌握和收集上述工程建设信息和资料外，还应进行沿途现场查看和了解以下情况。工程总长度：地下线长度（盾构法施工、矿山法施工)、高架线长度、路上线长度；车站总数：地下线车站数（明挖车站、盖挖车站、暗挖车站)、高架线车站数、路上线车站数；工程造价：土建工程部分、安装工程部分、车辆段及基地土建与安装部分、车辆造价部分等。

工程沿线地形地貌和地质结构，当地气象情况及沿途水文状况，沿途穿越河道、桥梁、建筑物情况；隧道、车站覆土深度及最大施工深度，地下承压水水位埋深；沿线断裂带及破碎带分布以及地下水情况。

工程沿线第三者建筑状况：第三者建筑物结构状态、距明暗挖车站和地下线距离；沿线高压电线、通讯光缆、地下管线布置情况。

安装设备明细清单及国产化率：供电设备造价、地面和高架车站降压变电所站名、地下车站降压变电所站名，信号、通信，通风与空调，给排水及消防，自动售检票，自动扶梯及电梯，环境监控，防灾报警。

土建工程工期、安装工程工期以及车辆试车期计划安排等。

（2）安装工程。需要掌握的安装工程信息包括工程建设投资组成、工程业主及总承包商和工程监理公司以及实际投保人、安装工程设计单位、被安装工程企业的生产流程工艺，工程地点（标高）年平均降雨量和近年最大洪水水位或汛期最高水位，厂房土建工程结构及基础工程类型，设备储存仓库结构及建筑面积，洪水、暴风雨及汛期的防汛措施，施工单位消防组织和管理培训制度以及消防设备配置，易燃、易爆、有毒物品及材料的管理制度，试车安排。

需要收集的有关安装工程资料包括工程保险招标文件、可行性研究报告或初步设计报告、安装工程承建合同、安装工程概况、企业生产流程图、安装工程流程图、工程平面略图、工程总平面图、工程纵断面图、工程地质水文资料、安装工程施工方案及施工方法、施工组织设计、安装设备及工程量清单总汇（含名称、型号、单价、数量等)、工程施工计划进度表、工程设计及施工单位资质证书、施工机械设备清单；主要设备的生产厂家、工艺成熟度、安装工程进度表，有无试车期及试车时间、土建部分占总造价的比例等。

4. 工程保险风险评估

（1）工程建设施工风险评估内容。涉及工程建设施工风险的主要方面有：工程概况、工程施工现场地质水文及环境、工程地点气候条件、工程设计及施工组织设计、工程结构及安装、设备、工艺流程以及承包商、监理单位、材料供应商、运输、仓库存储、消防体系等。以上各方面都有相对独立的风险内容和不同的风险分析评估要求，应逐一进行分析评估，提出风险所在与发现的问题，以及注意事项和防范措施。

（2）风险评估方法。风险评估有定性评估法和定量评估法。定性评估法适用于风险后果不严重的情况，通常是根据经验和判断能力进行评估，它不需要大量的统计资料，所采用的方法有风险初步分析法、系统风险分析问答法、安全检查法和事故树法等。定量评估法需要有大量的统计资料和数学运算，所采用的方法有可能性风险评估法、模糊综合评估法等。

风险评估时，要对工程建设中可能出现的风险类型进行分析，找出风险事故可能出现的类型。在寻找风险源时，不但应该将整个工程项目分成若干个子系统来寻找和识别风险，而且还应该预先熟悉各个施工程序和采用的工艺技术措施，然后按照施工顺序逐项地查找风险源。但风险的存在并不表示一定会发生工程事故，从风险发展到事故是转化条件或触发条件作用的结果，故对风险的转化条件或触发条件需要从工程事故的工艺过程、作用机理等方面进行分析。

（3）风险评估定级分析。

一级：灾害事故后果损失可以忽略，可不采取控制措施。

二级：灾害事故后果损失较轻，不至于造成某个分项工程的破坏，可适当采取措施。

三级：灾害事故后果损失严重，会造成某个分项工程的破坏并有人员伤亡，应立即采取措施。

四级：灾难性后果损失，应立即排除。

5. 工程保险风险控制

根据个案实际情况，分别从灾害事故风险、技术风险和人为风险等方面提出预防和整改措施。

第三节　保险公估基本操作规程

保险公估业务的基本程序和步骤，按其内在联系包括以下几个重要环节：①案件受理；②现场查勘；③责任审定；④核定损失；⑤赔款理算；⑥出具报告；⑦结案归档（图2-1）。

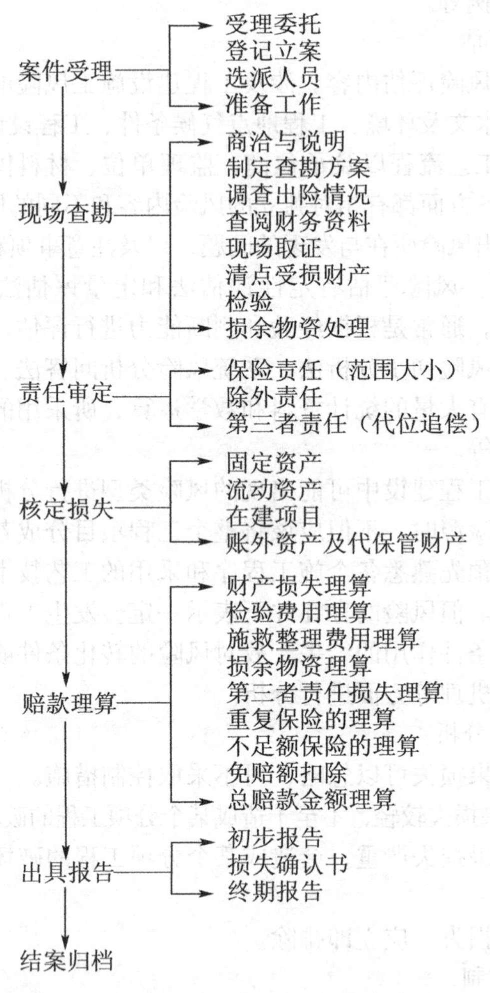

图2-1　保险公估业务流程图

一、案件受理

这一阶段的工作，主要包括受理委托、登记立案、选派人员、准备工作等几项内容，其中关键是选派公估师。

1. 受理委托

在接到委托人的正式委托要约后，保险公估公司应立即研究决定是否同意接受委托。受理的保险公估业务需与委托人签订《保险公估委托协议书》，或取得委托人的《授权委托书》，或以其他书面形式确立委托关系，明确委托事项和授权范围，此后方可正式开展公估作业。业务委托一旦成立，保险公估公司及从业人员必须重合同、守信用，认真完成委托事项。

2. 登记立案

公估公司在决定受理委托方的委托后，应依照以下步骤立案：

（1）了解险情。初步了解报案标的的基本情况，详细记录被保险人的基本情况（包括被保险人名称、地址、联系人姓名、电话）以及保险事故情况（包括出险标的、出险时间、出险地点、出险原因、损失约数、出险财产所处状态及施救保护等）。

（2）查阅保单。尽可能从委托方得到保险单复印件，尽快了解保险合同情况，包括保单号码、保险险种、保险期间、保险标的名称及地址、保险金额等。

（3）立案编号。根据接案日期的先后顺序，分险种、分类别进行编制。

（4）建立档案。登记立案后，应将立案登记表、保险单（及批单）复印件、被保险人提供的有关材料、通讯联络方式（联系人、联系地址及电话或传真号码）等建立专卷和档案袋。有关该案在操作过程中所形成的文字、影像和电子资料等，均归入此档案袋内。

3. 选派人员

接到公估委托后，保险公估机构应根据不同业务类型，选派合适的公估师前去查勘，并明确保险公估人员承担的任务和要求达到的目标。若公估项目需要，保险公估公司还应派遣相应的技术专家。

选派公估人员的条件，应包括如下几点。

（1）专业水平。保险公估涉及的知识领域很广，不仅有经济、金融、财会和法律等专业知识，而且还包括众多的工程领域。所以，既需要扎实的理论功底及写作能力，更需要丰富的实践经验与专业技术。

（2）沟通能力。必须具备良好的语言表达能力，能够以理服人，善于沟通协调，精于谈判技巧，通于应变策略。拓展业务需要人脉，做好服务在于态度，二者均离不开良好的沟通技巧。同时，还应注意外表形象，讲究文明礼貌。

（3）敬业精神。既要遵守职业道德，承担职业责任，又要具备吃苦耐劳的献身精神，随时准备赶赴事故现场。现场有时是处于比较恶劣的环境之中（如火灾、水灾、爆炸、塌陷等事故现场）。

（4）操作能力。每一完整的保险理赔过程，都涉及现场查勘、照相绘图、检验测量、定损理算以及电脑使用、报告缮制等，故动手能力是每个保险理赔人员的基本能力，直接体现其素质及效率的高低。

（5）学习能力。保险公估工作涉及的专业领域较广，需要保险知识、财务知识、法律知识、专业技术、市场信息等，每个人在校学习的专业知识有限，加之知识更新很快，这就需要具备自觉学习、终身学习的能力。

总之，保险公估人员应具备良好的职业道德、娴熟的专业技术、丰富的实践经验、灵活的处理能力。

4. 准备工作

（1）拟定计划。根据初步掌握的情况，认真拟定查勘计划或方案，并进行相关单证及索赔人资格审查。

（2）实务准备。包括理赔案件的相关文件、交通工具和理赔操作的相关证件，以及查勘用具如照相机、录像机、皮尺、计算器、温度计、湿度表、工作服、安全帽、长筒胶鞋、手电筒等。

（3）技术准备。如阅读灾害事故知识（如水灾、火灾、爆炸、雷击等）、保险标的技术资料（如规范、标准、类似工程等）、相关市场信息、类似公估案例以及查勘记录本、《现场查勘记录表》、《被保险人提供证明材料清单》等。

（4）鉴定委托。确需委托技术鉴定机构时，应事先征得委托人同意，与技术鉴定机构签订《技术鉴定委托合同》，明确技术鉴定机构的职责、任务、工作时限及费用标准等。

二、现场查勘

现场查勘是保险公估工作的重要环节，是了解出险情况、掌握第一手资料、处理赔案的主要依据。查勘工作质量的好坏，将直接关系到能否及时、准确、合理地进行理赔。因此，查勘人员必须按照查勘工作的要求、方法与步骤进行。

1. 现场查勘步骤与内容

（1）商洽与说明。

① 自我介绍。递送名片，简单介绍公司和查勘小组人员的基本情况。

② 查看合同。包括保险单、投保单、保险条款、批单、发票等，以便准确掌握投保险种、保险责任（及除外责任）、保险金额、保险期间、保险地址以及是否按时足额缴纳保费等，同时确定被保险人的法律地位及其代表签字的有效性。

③ 公估要求。告知被保险人应尽义务，必须提供索赔报告、报损清单、相关单证及有关资料，并介绍查勘方法，讨论重点查勘范围，说明受损财产未经查勘人员同意不得自行处理等注意事项。

④ 公估依据。保险法规、保险合同及保险条款，“以事实为依据，以合同为准绳”，强调以自救为主、以修理为主、以部件替换为主。

（2）制定查勘方案。对现场情况进行细分，制定查勘方案，确定具体的查勘方法。

① 对仍处于危险过程的财产，应制定抢救方案，立即实施，但需尽量确保施救整理费用低于被抢救物资的可能损失额。

② 对于损失程度不明确的财产，进行详细清查。

③ 对于固定资产，可适当在确定损失的前后顺序上往后排。

④ 在清查过程中，对于火灾引起的存货损失，若多种方法仍不能确定损失数量的，可按体积、比重、容积率等数据进行测算，同报损数据进行比较后确定。

（3）调查出险情况。向被保险人了解事故发生的详细经过，包括出险时间、出险地点、出险原因及损失情况等，特别是涉及的生产环节、作业流程以及发生在各环节的损失情况，都应了解清楚并做好记录。必要时，还应对有关在场人员（见证人、肇事人等）进行调查，走访有关安全主管部门，听取他们对灾害事故的分析判断意见。同时，应尽可能地取得有关证明，但必须是当事人、目击人或有关管理人员签字的会议纪要、询问笔录等证明材料。

对各种调查所得的材料，要反复加以分析研究（事故原因的真实性，是否存在故意、重大过失等保险拒赔因素），有时还可根据现场条件进行模拟实验。对技术性问题（如对产品本身潜在缺陷、自然磨损等损失），可请有关专业机构进行技术鉴定以取得证明，特别是涉及第三者追偿时更应如此。

① 查明出险地点。查明出险地点（详细地址）对审核保险责任具有密切关系，要核实出险地点的受损财产是否属于保险财产。企财险按账面金额全部投保的，凡属投保单位账面上所有的财产，原则上不论存放何地都应负责，但要查明是该单位的仓库、车间或是外加工单位；对按科目投保或估价投保的，如出险地点与投保单位的地址不符，应该查明受损财产是否投保以及地址不符的原因，然后再根据实际情况研究处理。

② 查明出险时间。保单对责任起讫都有具体的时间规定，保险财产出险后，应首先查明是否在保险有效期之内。如投保时已经出险或期满后未办续保手续而出险的，应拒绝受理。对保险起期当日或数日后，期满日或数日前出险的应特别注意。

③ 查明出险原因。首先要了解出险的事实经过，分清直接原因与间接原因、自然原因与人为原因、远因与近因等。对出险原因比较复杂的案件，要深入实地调查，

采取多听、多问、多看的方法，凡是与情节有出入的更要反复求证，尽可能索取书面证明。

（4）查阅财务资料。现场查勘时，保险查勘人员必须尽快查看被保险人的会计账册和有关单证，及时掌握投保时和出险时的各项账面数据。如不能及时查看和核对，可视情况会同被保险人暂时封存，以防更改账册，弄虚作假；对于电脑系统账册，应在损失发生的第一时间进行调阅，查明文件最后的确切日期，并打印（复印）成册签字确认；如果有关账册仍处于危险状态之中，要及时进行抢救、保护。

对于固定资产，要查阅和索取资产负债表、固定资产总账及明细表（受损类别部分）、固定资产卡片等；对于流动资产，要查阅和索取资产负债表、存货盘点表、库存明细表及日进出账、仓库台账和价格凭证等。若为利润损失险，还应查阅和索取损益表（利润表）、主营业务收支明细表（或产品销售统计表）、成本表、工资表以及生产日报、生产运行记录等。

现场索取财务报表，一要及时（未取得关键数据，不得离开现场），二要与原件核对无误（签字盖章），防止拖延时间、弄虚作假，确保调查取证的公正性和取证结果的真实、完整、准确。

（5）现场取证。

① 观察现场概貌。应由整体到局部，由厂房、车间到事故现场，由远到近，由大到小等。

② 合法手段取证。通过拍照、摄像、绘图、记录、丈量、称重、计数等手段，显示出险地点、现场概貌、财产损失、关键部件等情况。

拍摄灾害事故现场照片，应包括全部库存财产、完全损毁财产、部分损失财产等三个部分，并分别做好数量记录。对于水灾，尤其要注意车间、仓库以及机器设备等进水高度、退水时间等信息，并做好记录。

注意：事故现场照片一定要有事故单位全称或地址、编号的门牌显示。

（6）清点受损财产。

首先，观察标的物概貌。包括规格、数量、尺寸、包装、放置地点等，了解灾害事故发生前后的情况，并判断影响程度及对周围环境的影响。

其次，分门别类存放。对不同品种进行分门别类存放，必要时可按受损程度分档，并立即进行清理，以防损失进一步扩大。

再次，清点核实受损财产。详记其品名、规格型号、数量以及损失程度等（包括第三者财产）。必要时，还应对被保险人的所有库存进行全部清点。

最后，编写、整理、核实《保险财产现场损失清点核实表》，并需被保险人及查勘人双方签字确认。

（7）检验。根据需要，保险查勘人员应会同被保险人到事故现场对相关物件进行检验、鉴定。这一过程通常包括以下三个步骤。

首先，要对受损物资进行检验，例如货物遭受水渍损失时，要对其进行抽样化验，区分是淡水渍损还是咸水渍损。

其次，要对保险标的的受损程度进行估计，确定其受损部分占整个标的实际价值的百分比。

最后，提出对残损物资的处理建议，是进行拍卖还是修理后继续使用等。

不同的保险标的有不同的检验方法，例如电子类部件有五种检验方法，即直接观察法、功能性诊断法、自诊断法、替代法和专用测试仪法等。

检验的目的在于是否符合原技术性能、能否继续使用，一般以双方基本满意或预先认定为主。如有重大分歧或技术复杂时，可另行委托有关权威机构进行检测或鉴定。

（8）损余物资处理。要坚持“物尽其用”的原则，在适当照顾被保险人利益的同时，力争使受损财产得到充分利用。对于不能久放而易腐蚀或加重损失程度的物资，应多方询价，尽快处理。

（9）填写《现场查勘记录表》。现场查勘完毕后，应缮制现场查勘记录或现场查勘报告，写明事故的起因、经过、结果、所了解的情况、施救经过、损失情况、残值处理、估损金额等。

《现场查勘记录表》、《现场损失清点核实表》，必须由被保险人代表和查勘人员签字（盖章）确认。

（10）提交《被保险人索赔资料清单》。要求被保险人尽快、完整地提供索赔所需的资料。一般来讲，被保险人应提供以下资料。

① 索赔申请（报告）书。此乃被保险人提出保险赔偿的正式书面文件，应说明事故原因、出险及施救经过、损失项目及程度、索赔金额等。

② 财产损失清单。要求被保险人详细列明损失标的名称、规格型号、数量、单价、金额等。

③ 保险合同（复印件）。包括保险单正本、批单及所附保险项目明细清单（例如建筑工程险的工程承包合同和工程量清单、财产综合险的保险标的清单、物流公司的仓储合同及保险项目明细清单等），此乃索赔的基本证件，既能证明保险公司承担保险责任的范围，也可证明受损财产是否属于保险标的及其价值的多少。

④ 财务账表。包括资产负债表、固定资产总账及明细表、固定资产卡片、存货盘点表及库存明细账（在现场查勘时提交）、价格证据（购买、维修发票）等。

⑤ 出险证明。主要是证明事故发生的原因、过程及损失事实。发生暴雨、龙卷风等自然灾害，需要气象部门的证明（工程监理的事故报告对建工险的损失也具有权威性）；发生火灾或消防设备受损，需要公安消防部门的证明；发生交通事故，需

要交警部门出具的责任认定书。有些事故，经保险双方同意，可聘请专家鉴定，索赔时出具检验报告书、损失鉴定书等。

⑥ 营业执照、税务登记证等（复印件）。证明被保险人（单位）经营的合法性及缴税的及时性，特许经营行业还应提供特许经营许可证。

⑦ 其他：根据损失情况和理赔的需要，要求被保险人提供与确认保险事故性质、损失程度有关的证明与资料（如厂房、车间平面图，机器设备摆放图等），所有这些都是被保险人索赔的依据。保险公司是否承担赔偿责任，除根据现场调查收集的资料外，主要依据这些证明和资料进行判断。如果损失属于第三者造成的，应提供向第三者索赔的报告；如果被保险人造成第三者的损失，应提供第三者向被保险人索赔的报告等。

同时，应立即与被保险人代表进行沟通，要求对受损财产进行及时清理处置，以将损失降到最低限度；告知注意事项，及时提供单证，以便早日结案等，避免日后引起纠纷。

凡事后需要被保险人提供资料和协商一些问题的，应尽量通过书面形式与被保险人沟通，以便为案件的处理留下文字记录。

（11）资料汇总。现场查勘完成后，查勘人员应于第一时间将现场照片输入电脑，整理后进行文字说明（每一案件以 16 ～ 24 张为宜，大案应相应多些）。同时，将收集到的所有材料按以下类别进行整理、分类汇总，确保资料的完整性。

① 保险单（投保清单及批单、发票）复印件、委托书、往来函电等；

② 出险通知书、事故报告、报损清单、施救整理费用清单、与事故有关的证明材料；

③ 现场查勘记录；

④ 受损财产核查清单；

⑤ 施救整理费用核查清单；

⑥ 财务报表、资产明细账（卡）、出入库单据及其他原始凭证；

⑦ 专家或技术鉴定机构的意见及建议；

⑧ 对有关受损财产的规格型号、性能、单价、修复费用、有效期等情况的咨询意见；

⑨ 现场照片、音像资料（应有正确的时间标识）；

⑩ 与本案有关的其他材料。

2. 现场查勘注意事项

（1）立即赶赴事故现场。保险公估人员接到查勘通知后，应立即赶赴灾害事故现场，并事先与被保险人取得联系，表明身份，要求派人一同参加查勘清点工作。

（2）坚持双人查勘制度。“二人为公”，既要遵守职业道德，坚持公平公正，又要做到情况明了、原因清楚、责任准确、损失落实。

（3）及时采取施救措施。查勘第一事故现场时，应协助被保险人采取施救措施，最大限度地减少人员伤亡和财产损失。

（4）现场查勘记录准确。查勘人员应与被保险人一道逐项逐件清点受损财产，详细、准确填制《现场查勘记录表》、《现场损失清点核实表》（包括品名、规格型号、单位、数量及受损程度等），为确定保险责任、核定财产损失做好准备。

（5）做好调查取证笔录。现场勘验调查中，要全面细致地提取各种物证及估损依据，听取当事人、见证人对灾害事故的描述，认真做好笔录并请当事人签字认可，必要时可录音。

（6）照片必须清晰完整。现场拍摄照片时，要求每组照片不但要反映现场的全景全貌，而且更重要的是要反映灾害事故发生的部位和财产局部损失的情况（局部放大）。

（7）沟通渠道保持畅通。保险公估人员要随时保持与保险双方代表的联系与沟通，争取必要的配合与支持。

（8）现场不得随便表态。现场查勘工作，主要是查明事故原因，确定损失范围与程度。在资料收集齐全之前，不要轻易与被保险人讨论定损及赔付问题。

（9）指导处理受损标的。现场查勘、清点核实受损标的后，应立即指导被保险人马上处理受损标的，以免损失进一步扩大。如水浸电脑主机，应立即搬离现场，进行晾晒、通风，禁止通电；水浸马达，应立即晾晒，尽快更换线圈，等等。

在现场查勘、检验完成之后，情况比较清楚的，应在 3 ～ 5 天内提供初步报告，复杂案件可适当延长时间。

三、责任审定

责任审定，就是在保险基本原则的指导下，通过对有关单证（如保险合同等）审核、查勘事实（如现场取证、查勘记录等）核实、事故原因分析（证明或鉴定），从而判断是否属于保险责任（分清保险责任、除外责任还是第三者责任）以及赔偿范围（即承担多大保险责任），这是一项十分重要的保险理赔过程，因为它直接关系到保险双方当事人的利益（决定是否赔偿），同时也反映出保险公估人员的执业水平与工作效率。

1. 责任审定的内容

（1）事故是否属于保险合同的保险范围。根据近因原则审核确定造成保险标的损害的原因，进而以保险合同为依据确认发生的灾害事故是否构成保险事故，即损失是否由所承保的风险所引起（注意剔除非承保风险引起的损失部分，如事故前就有缺陷和损耗或物资本身就是残次品或处理品的损失）。

（2）事故是否发生在保险有效期限内。审核保险合同的保险期限，注意合同是否已经生效或者保险期限届满；根据现场查勘核实的事故发生的具体时间，审核投保人或被保险人有否错误陈述、隐瞒或不实告知等违反诚信原则的情形，确定事故是否发生在保险有效期限内（注意剔除非保险有效期限内造成的损失部分）。

（3）事故是否发生在保险标的地址范围内。根据现场查勘调查取证的结果，对照保险合同约定的保险标的地址，确定事故是否发生在保险标的地址范围内，注意剔除非保险标的地址范围内的损失部分。

（4）受损标的是否属于保险标的项目。根据现场查勘核实的受损标的，对照保险合同约定的保险标的项目（包括明细表之分项），确定受损标的是否属于保险标的项目，注意剔除非保险项目损失部分，如不保、漏保的财产损失。

（5）被保险人是否履行施救义务。根据现场调查取证，审核被保险人是否及时、适当地履行了施救义务。未履行的，由此扩大的损失是多少，这部分损失保险人可以不予负责；已履行的，则施救保护整理费用的支付是多少，是否必要合理，不合理的部分应予剔除。

（6）被保险人是否按时足额缴纳了保险费。根据保险合同的约定，要审核被保险人是否按时、足额缴纳了保险费。如未按时或足额缴纳保险费，则视具体情况予以拒付（保险合同不成立），或在赔付理算时进行相应比例分摊。

（7）免除责任条款是否在此适用。根据保险合同中的免除责任条款，逐一对照核实本次事故是否存在若干免除责任条款引起的保险标的的损失，注意剔除免除责任条款引起的损失部分。

（8）事故是否因第三者责任造成。审核是否存在对保险事故造成的损害依法承担赔偿责任的第三者，被保险人是否已向第三者提出赔偿请求以及因此支付了多少诉讼费用等。若因第三者责任，应要求被保险人及时签订《权益转让书》，以便保险公司向第三者追偿索赔。

（9）事故是否存在重复保险、共同保险、不足额保险问题。根据现场查勘、调查取证等收集到的资料，审核本次事故是否存在重复保险、共同保险或不足额保险等问题，以便理算时按比例进行分摊处理。

对确定为不属于赔偿责任的拒赔案件或部分责任拒赔的案件，应进行全面的分析和论证，提出可靠的依据和充分的拒赔理由，并做好解释与沟通工作。

如投保人故意违反告知义务，保险人虽然可能是在危险发生后解除合同的，但对损害后果也不承担保险责任。若发现索赔带有欺诈性，应尽快收集、固定证据，或考虑向公安机关报案。

总之，责任审核就是根据现场查勘和投保情况进行事故原因的定性、保险责任的定性、赔偿范围的定性、事故性质的定性、追偿内容的定性等。

2. 责任审定应注意的问题

（1）审核受损保险财产的赔偿责任。

① 政府或主管部门限期应予修理的房屋、建筑物，被保险人没有如期修理，因暴风、暴雨等灾害事故造成倒塌的，一般不予负责。

② 保险财产在受灾前已有损坏或准备检修、维修，因灾害增加新的损失时，则只负责灾害所致的那一部分损失。若原有损失和新增加的损失不易划分时，可与被保险人协商解决。

③ 物资存放地点并未进水，或物资虽未直接受水浸泡，因与周围的洪水、暴雨积水靠近以至受潮变质的，不予负责。但对有些物资如棉花，底层被水浸泡，上层虽未直接浸泡，但因毛细管作用，其受潮与进水有着必然的联系，因此对上层棉花施救整理费用及受潮变质损失部分也应负责。

④ 发生灾害事故时，在抢救过程中造成保险财产的破损、变质、散失、被窃的损失，可以负责。但对抢救搬运过程中的必然损耗，则不予负责。

⑤ 经有关部门鉴定，因洪水、暴雨积水浸泡导致房屋、建筑物出现裂缝、倾斜、地基下沉等现象，应予负责。

⑥ 房屋全损后地基价值的赔偿掌握。房屋全损后，地基能利用的，扣除地基价值后赔付；地基不能利用的或不再利用的按全损赔付。地基能否利用，须由城建部门或上级主管部门鉴定后出具证明。

（2）货到未入账或已下账未发货。

① 货到未入账的财产发生损失，如该单位流动资产系按账面金额全部投保的，可予负责；如未按账面金额全部投保的，此项物资因未保险，不应负责。

② 已下账尚未发货的物资按有关补充规定执行，出险后一般不予负责。但如在约定的保管期内，应予负责。

（3）保险财产转移存放地点。

保险财产转移地点，未办批改手续受损的，原则上不予负责。但如因习惯上的加工、代销或其他正当原因转移地方，事先又未约定不保的，其赔付责任仅限于本市、县范围内。

四、核定损失

保险责任确定后，就要考虑核损依据、核损原则或细则，然后逐项逐件地进行损失的核定，最后列表汇总。

1. 财产损失审核

财产损失审核，主要包括核定保险标的（投保时与受损时）的价值及不同类型财产（固定资产、流动资产、在建工程、账外财产等）的具体损失。

（1）核定保险标的价值。核对保险标的投保时的实际价值（即投保财产清单或明细表上各投保项目的保险金额，以及保险金额的确定方式）与受损时的实际价值，确定有无不足额保险或超额保险问题（总项或分项）。

（2）核定保险财产。核对各受损标的属于哪些会计科目，是否属于固定资产、存货明细账上反映的保险财产。查明固定资产各项目的原值、净值、折旧数额；存货出险当日账簿的账面存量（盘点表、库存表），其规格、单价与损失清单所列是否相符，制成品、半成品、在制品损失时的实际生产成本，低值易耗品及包装物料的摊销方式等。

凡属于未列明承保的受损财产，在核定损失时应予剔除。固定资产，如：未入账的财产，租用、借用或代管财产，已折旧摊销完尚在使用的财产，待报废处理的财产，替外单位修理的机器设备，新增加的固定资产，机器设备中的“模具”、低值易耗品等。存货，如：未列入账的物资，代购、代销和代保管物资，待报废物资，基建物资，已摊销尚在使用的低值易耗品、包装物料，经过批准作削价处理的差价、盘亏和损耗部分的损失，以及账外陈列的展览商品等。

（3）财务审核。财产保险一般都是按照账面金额投保的，可以说是有账册可查。因此，对有关单证进行审核则显得相当重要。要根据承保的类别、项目，以及现场实际损失记录和核定的数额，对照账册及有关单证，逐项查清受损财产是否属于承保范围、是否符合计价标准等。

查对被保险人账册，除资产负债表、总账外，还应根据需要分别查对分类账、明细账、车间和仓库以及柜组台账、领料单、盘点清单、出入库单据等，准确掌握受损标的的实际价值。

资产负债表、损益表、固定资产总账及明细表、存货盘点表以出险日上月末数据为准，考察之前连续3个月或12个月数据；库存明细表以出险前日或上月末数据为准；主营业务收支明细表（或产品销售统计表）、产品成本表、工资表等，审核出险日之前连续12个月数据。

凡涉及价格证据的，应根据购买、维修发票及清单（或成本分析），结合市场调查与询价，严格审核有关项目及价格的真实性、合理性。

确定保险标的损失项目、程度及金额后，应与保险双方进行沟通协商，必要时可聘请有关专家协助定损。

2. 施救费用审核

首先，应明确施救费用与预防费用的界限。“施救”是指灾害事故发生的当时，为减少保险财产损失而采取措施所支出的合理费用，而不是在灾害事故发生之前所采取的预防措施。这是区别施救与预防费用的界限。凡在灾害事故发生之前支出的费用属预防性质，保险公司不应负责。但在某些特殊情况下，事故虽未发生但已接近发生，施救刻不容缓，为保护保险财产免遭必然发生的更大损失，虽在事故发生之前支出的费用，也可视同施救费用予以负责。如洪水迅速上涨，超过当地警戒水位，地方党政、防汛部门动员搬迁抢运，由此发生的搬迁费。掌握标准为“事后”，保险财产原处所进水则负责，不进水不负责。但在特殊危急情况下，洪水危害对保险财产确已构成现实危险性，投保单位抢运、搬迁保险财产至安全地带，事后保险财产存放处所并未进水，但周围已经进水，可以负责此项抢运搬迁费用以及抢迁过程中造成保险财产的损失。

其次，关于施救费用的范畴。毫无疑问，这里指的是本保单约定的保险财产因保险事故原因而支出的施救、保护、整理所支出的费用，以及因施救造成第三者财产损失的合理费用。现举例说明于下。

（1）防损所消耗的费用。在发生洪水灾害时，为了防止保险财产损失，采取紧急措施如堵口、排洪等所消耗的物质和费用，可以负责。

（2）临时堆存、整理费用。为临时堆存、摊晒、整理、监护等已被抢救出来的保险财产所支出的合理费用，以及因保管、整理需要临时搭盖简易货棚的工时费用，可以负责；其材料费用一般由被保险人自负，如材料拆除后无利用价值以及其他的必要消耗，可以酌情负责。

（3）洪灾后清除淤泥的费用。洪灾后，为整理保险财产而支付清除淤泥的合理费用，可以负责。但其清除范围原则上应掌握在清除存放保险财产的车间、建筑物、仓库内部，凡为生产、交通和环境卫生等清除淤泥的费用，不予负责。

（4）房屋全损后清理现场的费用。房屋全损后，如果扣除房基价值赔付的，清理现场的费用应予负责；如果不扣除房基价值，按保险金额全数赔付的，清理现场的费用则不应负责；如果清理现场的费用大于残值的，按全损赔付，不再负责清理现场的费用。

（5）临时存仓费用。抢救保险财产搬运至最近安全地点的临时存仓租金，包括“以船代仓”的租费，可以负责，但在危险消除后应及时搬回，否则对延期存仓费用，应由被保险人自负。

（6）临时搬运费用。因邻居发生火灾，根据保险财产的可燃性能，以及当时的风力、风向和所处位置的距离等，如确有危及可能时，对保险财产的抢运以及事后再搬回原处的费用可予负责；或因抗洪抢险而搬动保险财产，事后原堆存地点又确被洪水所淹，其搬走和搬回的费用可以负责。但运出后不搬回原处，而另行调拨他处的，对调拨他处的费用不能负责。

（7）油漆、粉刷费用。发生灾害后，保险财产因烟火熏淋水渍造成油漆、粉刷发生污损剥落时，对事后的油漆、粉刷费用，不作为施救费用，而作为标的损失可以与被保险人协商，根据节约、合理的原则予以负责。

（8）整理、包装费用。为使受损保险财产减少损失而支出的诸如整理分档或改装、包装等费用，都可负责。

（9）鉴定、检验费用。受损保险财产需进行技术鉴定或检验，在征得保险公司同意后，请外单位或技术人员所开支的鉴定、检验、估价费用可以负责。

（10）消防救护费用。因对保险财产进行施救而使施救工具损坏、灭失，以及直接用于施救的物资消耗，都可以负责，但不包括施救器材装备的折旧费用，也不包括公安消防队扑救火灾时所损坏、灭失的消防器械及消耗的燃料、灭火剂等。若被保险人使用自己的防火设备抢救他人的财产所消耗的费用和防火器具，应以灾害有无波及自身的可能来决定保险公司应否负责。

（11）人工及材料费用。雇请非本企业人员参加抢救所支出的工资及旅费，以及在保险人同意的情况下，安排本企业人员施救、整理受损保险财产的人工费用，一般可以负责。此项费用按该单位平均基本工资标准计算，其整理时间应事前约定，人数应认真核实，严格掌握。本单位职工参加修复机器设备的材料费也可以负责，此项费用应按企业内部修理费核算办法计算，不能按替外单位加工的标准计算。

（12）抢救人员的救护费用。参加抢救人员，如果是本单位职工发生伤亡事故，其医药费、葬殓费、抚恤金以及治疗期间的工资等，不属施救费用范围，应由单位自行负责。如果是义务参加抢救保险财产的人员遭遇伤亡事故时，对享有劳保或公费医疗的人员也不予负责，对其他人员可酌情补助。

（13）损坏他人财产的赔偿费用。在抢救保险财产的过程中，因抢救所必需而无法避免损坏他人财产，如果应由被保险人赔偿的，可以酌情负责（保险财产因第三者施救如消防造成损失，则不属保险人责任，被保险人应向第三者索赔）。

（14）救灾奖励费用。对施救保险财产有功的单位或个人，应本着以精神鼓励为主的原则，个别表现突出的，经有关部门综合评定后，可予以一定的物质奖励，其费用可从该赔案的施救费用中开支。

核定施救费用要掌握以下几点：①要以发生保险责任范围内的灾害事故为前提；②要以减少保险财产的损失为目的；③要以费用支出是否直接、必要、合理为标准；④要以保险金额为限度。

准确核定保险事故的施救整理费用后，应编制《保险事故施救整理费用核定表》。

保险标的损失和施救费用核定之后，应编制《损失核定汇总表》。保险单对保险标的分项约定保险金额的，损失核定表也应分项编制。

3. 核定损失时要注意的问题

（1）有无漏保、未保财产；

（2）有无未投保的代管物资、代加工物资、代销商品等；

（3）有无以少报多、以无报有、以劣充好、以旧换新、小损大修；
（4）有无未入账、有账无值的财产；
（5）有无租用、借用财产；
（6）有无滞销、残次、报废物资或待核报废财产；
（7）有无计价不合理的；
（8）有无将差款和自然损耗一并报损的。

五、赔款理算

1. 赔偿责任（额度）确定的方法

赔款计算一般取决于保险金额、保险价值、损失额度和采用的赔偿方式等多个方面的因素。进行赔偿额度计算时，必须对采用的赔偿方法和结果予以明确的定义，并明确说明、解释用以支持这种方法和结论的原因与数据。赔偿额度确定的方法，主要有以下几种。

（1）第一危险责任赔偿方法。其特点是：赔偿金额一般等于损失金额，但以不超过保险金额为限，即损失金额低于或相当于保险金额时，按损失金额赔付；损失金额高于保险金额时，则赔偿金额以保险金额为限。其计算公式为：

赔偿金额 = 损失金额（或保险金额）

（2）比例责任赔偿方法。其特点是：保险金额低于出险时财产实际价值时，要按保险金额与出险时财产价值的比例计算赔款（若保险金额高于出险时财产实际价值者，则按实际价值赔偿）。其计算公式为：

赔偿金额 = 保险金额/财产价值 × 损失金额

在此赔偿方法下，被保险人只有将保险标的足额投保，其损失金额才能获得足额的赔偿。

（3）限额责任赔偿方法。其特点是：保证被保险人在遭受损失后能够得到一定限度的补偿，即在约定限额内的损失由保险人负责赔偿，其超过部分则不予负责。这种赔偿方法一般适用于农作物收获保险。

此外，尚有免赔责任限度赔偿方法（即免赔额的扣除）、全部责任赔偿方法（主要用于机动车辆保险上）等。

2. 赔款理算的主要内容

（1）财产损失理算。财产损失理算，通常需要按固定资产、流动资产、账外财产和代保管财产等来分别考虑，同时又要注意不同保险金额的确定方式。其中，固定资产的保险价值按出险时的重置价值确定，流动资产的保险价值按出险时的账面余额确定，账外财产和代保管财产的保险价值按出险时的重置价值或账面余额确定。但在理算时，无论固定资产、流动资产、账外财产和代保管财产在遭受全部损失和部分损失时，保险人的赔偿处理和赔款计算所遵循的原则则是一致的。即：

① 保险标的发生全部损失。当受损保险财产的保险金额等于或高于保险价值时，保险人的赔款以不超过保险价值为限；当受损保险财产的保险金额低于保险价值时，保险人的赔款以不超过保险金额为限。其计算公式分别如下：

保险金额≥保险价值（重置价值或账面余额）：

赔款 = 重置价值或账面余额 − 残值

保险金额 < 保险价值（重置价值或账面余额）：

赔款 = 保险金额 − 残值

② 保险标的发生部分损失。当受损保险财产的保险金额等于或高于保险价值时，保险人按实际损失计算赔款；当受损保险财产的保险金额低于保险价值时，保险人应采取比例赔偿方式，即按实际损失或恢复原状所需修复费用乘以保险金额与保险价值的比例计算赔款，或者用保险金额乘以损失程度来计算赔款。其计算公式分别如下：

保险金额≥保险价值（重置价值或账面余额）：

赔款 = 实际损失金额 − 残值

保险金额 < 保险价值（重置价值或账面余额）：

赔款 = （实际损失金额或受损财产恢复原状所需修复费用 − 残值）×保险金额/重置价值

或 赔款 = 保险金额 × 损失程度

固定资产：A. 如果是按原值加成投保的，发生全损赔付时应在原值基础上加上加成的那部分（部分损失则不加）。发生全损赔付原值或加成后，则不再支付其修复、安装等费用。B. 如果是按原值加成或重置价值投保而发生部分损失的，不管受损保险财产的保险金额是等于、高于或低于保险价值，则一律按实际损失计算赔款。C. 如果受损固定资产的价值无法从账面上与其他固定资产分开，则需按照该部分固定资产价值占总固定资产价值的比例确定该项受损财产的赔偿金额。D. 对于单项固定资产的全损或部分损失的赔偿，要以财产明细账（卡）为依据，按照受损固定资产的明细账（卡）分项计算赔款，每项损失的最高赔偿金额分别不得超过其投保时确定的保险金额。E. 对于固定资产损失的理算，还应注意折旧问题。通常的做法是，规定有折旧率的，按照折旧率计算；无折旧率的，应根据保险标的在使用过程中由于过时、退化而造成的实际贬值进行计算。

流动资产：对于存货单价的确定，应视情况的不同而不同。例如，某厂在火灾中损失了一批已投保的原纸，其单价应为该原纸原来的进货价格加上运到工厂的各种费用。受损若系成品，其受损阶段不同则单价计算不同：在厂内受损，其单价应为损失时的制造成本；在批发商手中损失，其单价应为批发商在损失时的进货价格加上进货费用；两者均不应包括销售利润在内。有些物资是不能再生产的，同时也无客观的市场价值，这类财产一般需采用定值保单。

（2）检验费用理算。受损保险财产如果需要进行技术鉴定或检验，经保险公司同意后，其检验费用可由保险公司承担。

（3）施救整理费用理算。施救整理费用包括三项，即人工费用、机器设备使用费用以及整理的人工、设备和材料费用。

① 以另一个保险金额计算。当保险财产发生保险责任范围内的损失时，保险人对企业所支出的必要、合理的施救费用的赔偿，应该在保险财产损失赔偿以外另以一个保险金额计算。不过，船舶保险、钻井平台保险、飞机保险等的施救费用另有约定。

② 按相同比例计算。若在不足额保险情况下，对于被保险人所支付的施救费用也应按照与财产损失赔偿相同的比例来进行计算。其计算公式为：

施救费用的赔款 = 实际支付的合理施救费用 × 保险金额/保险价值

施救费用赔偿需要比例分摊的，计算施救费用时应对固定资产、流动资产以及账外财产和代保管财产分别计算。

③ 只承担用于保险财产上的施救费用。如果被施救的财产既有保险财产也有非保险财产，保险人只对用于保险财产的施救费用承担赔偿责任。若是二者难以区分的话，则需根据被施救保险财产的价值与全部被施救财产的价值的比例计算应付施救费用。其计算公式为：

应付施救费用 = 实际支出的施救费用 × 被施救保险财产的价值/全部被施救财产的价值

（4）残值理算。

① 受损保险财产无论全部损失或部分损失，只要有残值，即应协议作价折归被保险人，并在赔款中扣除。即

赔偿金额 = 保险价值 − 残值（或保险金额 − 残值）

② 如果受损财产的赔偿金额要进行比例分摊，其残值部分也要进行比例分摊，即

赔偿金额 = 残值 ×（保险金额/出险时的重置价值或账面余额）

如果残余物资数量较多，可采取公开竞标的方式处理。若被保险人竞得，其价值要从赔款中扣除；如保险人自己回收处理，则不应扣除残值。

（5）第三者责任赔偿的理算。责任保险的赔偿范围一般包括两方面：其一，保险人负责赔偿被保险人对第三者造成的人身伤害与财产损失依法应负的赔偿责任，但只对第三者财产的直接损失负责赔偿，第三者人身伤害的赔偿范围可以包括第三者死亡及丧葬费用、残废与医疗费用等。其二，因赔偿纠纷引起的诉讼、律师费用及其他事先经保险人同意支付的费用。

责任保险一般有赔偿限额的规定。赔偿限额作为保险人承担赔偿责任的最高限额，通常有以下几种类型：①每次责任事故或同一原因引起的一系列责任事故的赔偿限额，它又可以分为财产损失赔偿限额和人身伤害赔偿限额；②保险期内累计的赔偿限额，它也可以分为累计的财产损失赔偿限额和累计的人身伤害赔偿限额；③在某些情况下，保险人也将财产损失和人身伤害两个赔偿限额合为一个限额，或者只规定每次责任事故或同一原因引起的一系列责任事故的赔偿限额而不规定累计赔偿限额。

（6）重复保险的赔款理算。

① 比例责任。此法是将各家保险公司的保险金额相加，除以各家保险公司的保险金额，由此得出每家应分摊的比例，然后按此比例分摊损失金额。计算公式为：

赔偿金额 = 总损失金额 ×（本保单项下的每次事故保险金额/各公司所有保单的保险金额之和）

如果是部分重复保险，对于未重复保险的部分应全额赔付，然后将重复保险部分的索赔金额按上述公式计算出应付赔款数额。

② 限额责任。即各保险人的损失分摊额并不以其保险金额为基础，而是按照在没有其他保险人重复保险的情况下，单独应负的赔偿责任限额进行分摊赔偿。计算公式为：

赔偿金额 = 总损失金额 ×（本保单项下的每次事故赔款限额/各公司所有保单的赔款限额之和）

限额责任与比例责任的共同点是，各保险人都是按照比例来分担赔款；其不同点是，计算比例的基础不同——比例责任方式的计算基础是保险金额，限额责任方式的计算基础是赔款限额。

③ 顺序责任。即由先出单的保险公司首先负责赔偿，第二家保险公司只有在第一家承保的限额用完之后才承担超出的部分。如果仍有超出部分，依次由第三家、第四家进行赔偿。

现举例说明上述三种方式的计算方法。某投保人分别与甲、乙、丙三家保险公司签订了一份保险金额为 30 万元、50 万元、80 万元的财产综合险保险合同，因发生火灾损失 50 万元。各保险公司的赔偿情况如表 2－5 所示。

表 2－5　重复保险分摊原则的运用举例　（单位：万元）

保险公司	比例责任	限额责任	顺序责任
甲	9.375	11.538	30.00
乙	15.625	19.231	20.00
丙	25.000	19.231	0

（7）不足额保险的赔款理算。按照比例分摊损失的方式计算赔款，即根据保险金额与出险时保险标的重置价值（市场价值或账面原值或账面余额）的比例来分摊损失。其计算公式为：

赔偿金额 =（财产损失金额 + 检验费用 + 施救费用 − 残值）×（保险金额/出险时保险标的重置价值）

不足额保险赔款理算的基础是投保比例分析。投保比例分析，需根据现场查勘记录、调查取证、实物抽查及财务审核等步骤进行，首先分析被保险人生产或销售是否正常，其账账、账实是否相符（如固定资产各报损项目名称、规格型号、数量与现场核实是否相符，是否在固定资产各分类账明细表范围内，固定资产总额与资产负债表期末数额是否相符，与固定资产账、卡内容是否相符；存货之原材料、半成品、产成品等受损名称、数量、金额等是否在库存账、表内，受损所占比例与现场勘察情况是否基本相符，存货账面总额与资产负债表期末数额是否相符等）。然后计算相关项目投保金额与出险时重置价值之比。具体投保比例计算，举例说明如下。

① 固定资产

固定资产投保比例 = 保险单之“固定资产”保险金额/出险前 1 个月末“资产负债表”之“固定资产”期末数原值金额

注意：“资产负债表”之“固定资产”期末数原值金额应与“固定资产”总账原值金额相符，“固定资产”总账原值金额应与“固定资产”分类账原值金额之和相符。

固定资产之建筑物投保比例 = 保险单“固定资产”之“建筑物”保险金额/出险前 1 个月末“固定资产”分类账（含折旧表）之“建筑物”原值金额

固定资产之机器设备投保比例 = 保险单“固定资产”之“机器设备”保险金额/出险前 1 个月末“固定资产”分类账（含折旧表）之“机器设备”原值金额

固定资产之办公设备投保比例 = 保险单“固定资产”之“办公设备”保险金额/出险前 1 个月末“固定资产”分类账（含折旧表）之“办公设备”原值金额

注意：建筑物之某栋、间、层，机器设备之某套、部，办公之设备、用品、家具等，也可参照上述方法计算出相应的投保比例。

② 流动资产

存货投保比例 = 保险单之“存货”保险金额/出险前 1 个月末“资产负债表”之“存货”金额

注意：“资产负债表”之“存货”金额应与“盘点表”库存总额相符，库存总额应与分类账金额之和相符

存货之原材料投保比例 = 保险单“存货”之“原材料”保险金额/出险前 1 日或 1 个月末“原材料”库存（盘点表）金额

注意：“原材料”库存金额含购价、运费、保费、税费等。

存货之半成品投保比例＝保险单“存货”之“半成品”保险金额/出险前1日或1个月末“半成品”库存（盘点表）金额

注意：“半成品”库存金额为成本价。

存货之成品投保比例＝“保险单”“存货”之“成品”保险金额/出险前1日或1个月末“成品”库存（盘点表）金额

注意：“成品”库存金额也为成本价。

对于个别财务数据不可信的企业，也可考虑按分项逐一核定损失金额（折旧或比例分摊），然后将定损金额与对应的保险金额进行比较，分别确定不同的投保比例，最后进行计算汇总。

（8）免赔额（率）的扣除。免赔额（率）是保险人对于约定的损失额度（具体金额）或比率（百分比）内的保险标的的损失不承担赔偿责任，要求被保险人自行承担保险标的的小额损失的一种保险分摊方式。免赔额可以用损失金额的百分比来表示，亦可以用一个绝对金额来表示，或两者同时采用而以高者为准。

免赔额主要分两种：一是绝对免赔额，即损失额超过免赔额时，保险人赔偿损失额与免赔额之间的差额；二是相对免赔额，即损失额超过免赔额时，保险人按实际损失额赔偿。其他免赔方式还有保险期内累计的免赔额、利润损失险的等待期等。

在扣除免赔额（率）时，应注意以下几个问题。

① 若为重复保险或不足额保险时，应先计算比例分摊后再扣除免赔额（率）。

② 按保险合同的约定，应先扣除每次事故的免赔额（率）[分别对不同的项目扣除适用的免赔额（率）]。

③ 若多个保险项目因同一事故而发生损失，则只扣除最高的一个免赔额（率）。

④ 若免赔额和免赔率同时适用时，则以高者为准。

⑤ 若损失金额超过保险金额，应从损失金额中扣除免赔额（率）。

⑥ 若有残值处理时，应减去残值后再计算免赔额（率）。

⑦ 若被保险人是多个关系组成时，免赔额（率）的承担应在被保险人之间进行分摊；如果有多张保险单承保同一标的的损失，免赔额（率）也要按保险单的约定进行分摊。

⑧ 机动车辆保险实行的是按责任免赔比例的原则，即根据保险车辆驾驶员在事故中所负的责任，车辆损失险和第三者责任险在符合赔偿约定的金额内实行绝对免赔率：负全部责任的免赔20%，负同等责任的免赔10%，负次要责任的免赔5%，单方肇事事故（指不涉及与第三方有关的损害赔偿的事故，但不包括自然灾害引起的事故）的绝对免赔率为20%。

在处理涉及免赔额（率）的保险标的的赔款计算时，应注意计算方式（相对免赔率和绝对免赔率）的区别。

例如：在足额保险的情况下，保险合同约定的免赔额为3万元，现损失金额为4万元：如不考虑免赔额的约定，保险人应承担的赔款为4万元。若考虑免赔额的因素，则在相对免赔额的条件下，保险人应承担的赔款为4万元（4>3）；在绝对免赔额的条件下，保险人应承担的赔款为1万元（4-3）。

又如，保险合同约定的免赔率为5%，保险金额为80万元，保险标的损失时的价值为100万元，核损金额为50万元，如不考虑免赔率的约定，保险人应承担的赔款为40万元（50×80 / 100）。若考虑免赔率的因素，则在相对免赔率的条件下，保险人应承担的赔款为40万元（50>50×5%）；在绝对免赔率的条件下，保险人应承担的赔款为38万元［（50-50×5%）80 / 100］。

在绝对免赔率的条件下，其计算公式为：

足额保险：免赔额=（财产损失金额+检验费用+施救费用-残值）×免赔率

不足额保险：免赔额=（财产损失金额+检验费用+施救费用-残值）×免赔率×投保比例

（9）计算总赔款金额。一般情况下，计算公式为：

保险赔款=(财产损失金额+检验费用+施救费用-残值)×投保比例-免赔额

若有多个分项（如固定资产、流动资产、在建工程等，或固定资产之建筑物、机器设备、办公用品等，库存之原材料、半成品、产成品等），则在扣除免赔额之前按分项依上述公式分别列示，并求之和。

3. 赔款理算的注意事项

（1）保险事故的损失金额和施救整理费用核定后，保险理算人应根据保险合同约定的赔偿方式，正确运用相应的公式计算赔偿金额。

（2）在赔偿理算时，国内业务要统一采用国家法定计量单位表示，涉外案件应采用国际通用的标准计量单位表示，计算数据和理算结果必须准确无误。

（3）采用外币计算保险金额和保险费的，其赔款原则上也应按相同的外币支付。若需要进行汇率换算时，保险合同有约定的，按约定的比值计算；保险合同未约定的，按出险当日中国人民银行公布的比值（中间价）计算。

六、编写保险公估报告

1. 保险公估报告的概念

保险公估人员在完成勘验、鉴定、评估、定损、理算等工作后，必须编写一份书面报告，对公估推理过程及结论给予恰当表述。公估报告是保险公估机构客观反映保险公估事件过程和结论的载体，是保险公估工作的全面总结，是保险公估机构向委托人提供的反映保险公估工作内容和结果的一份公证性文件，是保险公估机构“生产”的最终产品。

（1）保险公估报告的特点。

① 保险公估报告是一份权威性报告。保险公估报告不同于一般性书面文件或汇报材料，它必须由参与公估过程的保险公估人员和保险公估机构具备相关资质的负责人签名方能生效。保险公估报告具有数据可靠、推断严密、分析科学、结论准确等特征。它作为保险双方进行保险理赔结案的依据，可以协调保险双方的理赔分歧，使双方意见达成一致。保险公估报告附有比较充分的证明材料，除了有关文字说明外，还有各种有关的佐证材料或附件，包括公估人员的信誉声明等，以保证其权威性。

② 保险公估报告不具备法律效力。保险公估报告与司法部门公证处签具的公证文件不同，前者属于商业活动，后者属于法律手段。在保险双方争议处理或诉讼过程中，保险公估报告具有一定的权威性，但不具有法律的强制效力。司法部门的公证文件则属于一种法律手段，是对诉讼当事人的陈述、笔录、资料和项目等的法律证明。

保险公估报告虽然不具有法律的强制力，但可以作为法院在保险（中介）经营和诉讼活动中参考。《广东省高级人民法院关于审理保险纠纷案件若干问题的指导意见》（粤高法发［2008］10号）关于“保险理赔”之24款明确指出：“被保险人与保险人在诉讼中对保险事故原因或损失有争议的，可聘请双方认可的具有相应资质的保险公估机构或其他中介机构作出事故原因鉴定或损失评估，保险公估机构作出的公估报告或其他具有鉴定资质的中介机构出具的鉴定结论应作为法院确定事故原因或损失的依据。双方对委托鉴定机构不能达成一致意见的，由法院确定鉴定机构。”

（2）保险公估报告的形式与内容。

保险公估公司出具的保险公估报告至少应包括以下内容：①保险公估事项发生的时间、地点、起因、过程、结果等情况；②保险公估标的简介；③进行保险公估活动所依据的原则、定义、手段和计算方法；④标的理算以及其他费用的计算公式和金额；⑤保险公估结论。⑥保险公估直接参与人签名的声明部分，等等。

（3）保险公估报告的编制要求。

① 内容完整，结构严谨，条理清晰。

② 损失核定准确、清楚。

③ 根据保险原理及条款约定，准确认定保险责任。

④ 证据充分，论证合乎逻辑。

⑤ 行文流畅，语句通顺，无错别字，标点符号正确。

⑥ 所有数字要有分节号，并保留两位小数。

⑦ 文字排版整齐、美观，序号排列规范、一致。

⑧ 根据委托人要求，需要理算的要在公估报告中进行详细表述，做到准确无误。

⑨ 公估报告一般按接到案件的部门和日期进行编号。如果公估报告有差错或委托人提出修改意见，应收回原报告，重新送交改正后的报告。

⑩ 公估报告实行三审制，即必须经校对、复核、审核并签章后才能外发。

2. 保险公估初步报告

在现场查勘结束后，保险公估人员按照惯例将向保险公司递交一份保险公估初步报告。以企业财产综合险为例，其主要内容包括：

（1）索赔编号、保单编号、保险类别等；

（2）被保险人的情况（如名称、地址、所属行业等）以及简单的风险评估；

（3）事故发生的具体时间、地点及经过情况；

（4）事故发生原因的初步推测意见；

（5）除外责任因素的分析及其对保险责任的认定；

（6）损失的初步估计额（一些重大案件可能暂时难以确定准确的损失金额，在初步公估报告中应根据经验估计最大可能损失，供保险人作为提取未决赔款准备金的依据）以及残值处理方案；

（7）代位追偿的可行性；

（8）投保比例分析与赔偿准备金建议。

如果保险公估人员出具的是一份临时支付报告，其报告内容与保险公估初步报告基本相同，但通常应该把“损失估计额”改为“暂付金额”。保险公估人员在应用相关的比例赔偿方式之后，所预测的最终损失赔偿金额明显超过建议的暂付金额时，应在保险公估报告中特别注明。

3. 保险公估终期报告

保险公估终期报告将部分重复初步报告的内容，但某些标题需作调整。除此之外，还应增加损余处理及施救费用等。在公估实务中，保险公估终期报告分为完整的保险公估终期报告和简化的保险公估终期报告两种形式。

（1）完整的保险公估终期报告。

完整的保险公估终期报告，应该要素齐全、内容完整、事件描述真实客观、文字叙述简明扼要、依据合法有效、公式运用正确、数据理算准确。具体而言，一份完整的保险公估终期报告应包括以下内容：

① 保单概况；

② 被保险人及保险标的概况；

③ 事故经过及施救措施；

④ 被保险人索赔情况；

⑤ 现场查勘情况（损失情形及程度）；

⑥ 事故原因调查分析；

⑦ 保单责任及代位追偿分析；

⑧ 定损依据及损失核定；

⑨ 施救费用；

⑩ 残值处理；

⑪ 重复保险；

⑫ 投保比例分析；

⑬ 损失理算；

⑭ 总结与建议；

⑮ 公估人声明；

⑯ 附件，等等。

（2）简化的保险公估终期报告。

某些特殊情况下，为了加快索赔、理赔处理进程，保险公估人员通常只编制简化的保险公估终期报告。例如，当实际金额或估损金额较低时，或者发生广泛的、大范围的保险事故，如暴风、洪水和地震等。

简化的保险公估终期报告和初步保险公估报告的内容基本相同，但是对值得注意的情况必须作出简要的说明。这些情况通常包括：遵守保证条款的情况、重置价值备忘录、是否足额保险、是否存在第三者责任、其他保险的情况、保险人未决赔款准备金等。

七、结案、归档

无论受损财产是否属于保险标的、是否需要进行保险理算，只要保险公估人接受委托并经现场查勘、责任审核后，均应出具正式的保险公估报告。保险公估报告经有关专业人员及公司领导审阅后，即应按照档案的要求进行装订，一式三份。一份或两份（附收费函及公估收费发票）送交委托方，作为其理赔的参考或依据；一份归档（还应包括来往信函及文件、工作底稿等），存放于文件柜内（保管期限自保险合同终止之日起计算，保险期间在 1 年以下的不得少于 5 年，保险期间超过 1 年的不得少于 10 年）。

第三章　保险公估主要文件范本

为提高管理水平和工作效率，规范操作，保险公估人都应制定一套完整的公估文件，以便在实践中使用。主要分为二类：一为现场查勘时使用，一为出具报告时使用。现选取部分常用范本，供参考。

一、现场查勘时使用

现场查勘时使用的保险公估文件，主要包括《现场查勘记录表》、《现场损失清点核实表》以及为被保险人准备的《索赔资料清单》。

1. 现场查勘记录表

现场查勘记录表主要用于现场查勘人员对现场查勘情况的记录，是保险公估工作的最初程序和最原始资料。

现场查勘记录表

报案受理号：

被保险人：	查勘地点：
保单号码：	查勘时间：
出险经过及施救措施（被保险人填写）：	
现场查勘情况（查勘人员填写）：	
被保险人签名： （单位盖章）	查勘人员签名： （单位盖章）

2. 现场损失清点核实表

现场损失清点核实表是现场查勘人员对现场受损财产进行清点核实的原始记录，直接关系到定损数据的正确与否。因此，现场查勘人员应详细记载所有受损财产的品名、规格型号、单位、数量以及受损的范围、程度等。

现场损失清点核实表

被保险人：　　　　　　查勘时间：　　　　　　查勘地点：

序号	品　名	规格型号	单位	数量	备　注

被保险人：____________　　　　　　查勘人：____________

共　　页第　　页

3. 现场照片粘贴页

现场照片粘贴页，是专门为现场查勘所摄照片后期选择所准备的。

现场照片粘贴页

照片1	照片2
照片3	照片4
照片5	照片6

4. 索赔资料清单

提供索赔资料，既是被保险人应尽的义务，也是索赔的依据。索赔资料清单是否正确、完整，不仅决定其工作效率，更能直接反映保险公估人的专业水平。

被保险人索赔资料清单（财产险）

致：________________________________（被保险人）

请贵单位依下列“□”打“√”项提供有关证明及资料：

□索赔申请书（含事故经过）
□损失清单（及施救费用清单）
□保险单（标的清单）及发票
□出险原因证明（气象或消防证明）
□资产负债表（近期3个月）
□固定资产总账及明细账（损失类）
□存货盘点表（分类明细账）
□存货库存表（出险前一日）
□车间台账、出入库仓单
□购货合同、提货单、报关单、发票等
□购货发票（或增值税发票）
□成品（半成品）价格构成说明
□房屋建筑产权证书
□房屋建筑租赁合同、仓储合同
□房屋建筑消防验收证明
□房屋建筑平面图
□机器设备位置摆放图
□机器设备（受损）技术图纸及资料
□机器设备技术检测报告
□工商营业执照副本
□灾损现场照片
□其他相关资料
□房屋建筑维修合同、预（结）算书及发票
□机器设备维修合同、报价单及发票（清单）
□公安部门的立案、破案证明或认定意见（附加盗抢险）
□残值处理过磅单

××××保险公估公司（盖章）

________年______月______日

联系人：____________ 电话：____________ 传真：____________

（请被保险人尽快按上述清单提供相关资料，并在每张资料上加盖单位公章，以便我司定损理算。谢谢！）

被保险人索赔资料清单（机损险）

致：________________________________（被保险人）

请贵单位依下列“□”打“√”项提供有关证明及资料：

□索赔申请书（含事故经过）
□损失（施救费用）清单
□保险单（标的清单）及发票
□出险原因证明（事故原因分析）
□固定资产总账及机器设备明细账
□资产负债表（近期3个月）
□机器设备位置摆放图
□机器设备（受损）技术图纸及资料
□机器大、中、小修记录
□机器运行记录表
□机器设备检测报告
□维修合同及报价单（整机、零件等）
□维修费用发票（清单）
□灾损现场照片
□工商营业执照副本
□其他相关资料

××××保险公估公司（盖章）
________年______月______日

联系人：____________ 电话：____________ 传真：____________

（请被保险人尽快按上述清单提供相关资料，并在每张资料上加盖单位公章，以便我司定损理算。谢谢！）

被保险人索赔资料清单（利损险）

致：______________________________（被保险人）

请贵单位依下列“□”打“√”项提供有关证明及资料：

□索赔申请书（含事故经过）
□损失清单（及另租场地、设备等费用清单）
□保险单（标的清单）及发票
□出险原因证明
□停电、停水、停气证明
□资产负债表（上一年度）
□利润表（上一年度）
□主营业务收支明细表（或产品销售统计表或损益表注释）
——本停减产期间及上年同期
□生产成本表（或成本计算表或销售毛利分析表）
——本停减产期间及上年同期
□生产调度值班记录表（生产调度日志）
□生产综合日报表（生产运行记录表）
□工资发放表（上一年度）
□工商营业执照副本
□灾损现场照片
□其他相关资料

××××保险公估公司（盖章）
________年______月______日

联系人：____________ 电话：____________ 传真：____________

（请被保险人尽快按上述清单提供相关资料，并在每张资料上加盖单位公章，以便我司定损理算。谢谢！）

被保险人索赔资料清单（责任险）

致：____________________________________（被保险人）

请贵单位依下列“□”打“√”项提供有关证明及资料：

一、被保险人

□索赔申请书（含事故经过）　　□损失清单（及施救费用清单）

□保险单（标的清单）及发票　　□出险原因证明（或事故原因分析）

□工商营业执照副本

二、第三方

□房屋建筑产权证书　　□房屋租赁合同、仓储合同

□房屋建筑消防验收证明　　□房屋建筑平面图

□资产负债表（近期3个月）　　□固定资产总账及明细账（损失类）

□存货盘点表（分类明细账）　　□存货库存表（出险前一日）

□购货合同、发票等　　□成品（半成品）价格构成说明

□机器设备位置摆放图　　□机器（受损）技术图纸及资料

□机器设备技术检测报告　　□工商营业执照副本

□人伤医院证明及检查、治疗发票　　□误工补助、赡养费用等

□灾损现场照片　　□其他相关资料

□房屋建筑维修合同、预（结）算书及发票

□机器设备维修合同、报价单及发票（清单）

××××保险公估公司（盖章）

________年______月______日

联系人：____________　电话：____________　传真：____________

（请被保险人尽快按上述清单提供相关资料，并在每张资料上加盖单位公章，以便我司定损理算。谢谢！）

被保险人索赔资料清单（工程险）

致：________________________________（被保险人）

请贵单位依下列“□”打“√”项提供有关证明及资料：

□索赔申请书（含事故经过）
□损失（施救费用）清单
□保险合同（及投保明细）复印件
□气象证明（或地质原因证明）
□施工合同（承包合同及工程量清单）
□地质勘察报告
□原设计图纸
□施工记录
□修复记录
□观测记录
□修复（变更）设计图纸
□会议纪要（设计变更通知单、重新设计施工处理方案）
□修复工程预（结）算书
□灾损现场照片
□其他相关资料

××××保险公估公司（盖章）

________年______月______日

联系人：____________ 电话：____________ 传真：____________

（请被保险人尽快按上述清单提供相关资料，并在每张资料上加盖单位公章，以便我司定损理算。谢谢！）

被保险人索赔资料清单（陆上货运险）

致：____________________________________（被保险人）

请贵单位依下列“□”打“√”项提供有关证明及资料：

□索赔申请书（含事故经过、损失情况等）
□损失清单
□施救费用清单（施救货物所支付的直接费用单据）
□保险单（或保险凭证、保险协议）及发票（COPY 件）
□运输出险证明（或事故情况说明）或鉴定书
□道路交通事故认定书
□货物购买合同及发票
□承运服务合同、货物运输合同
□发货单、运单（货票）、提货单
□货运记录、交接验收记录（承运部门）
□入库记录、检验报告、损失记录（收货单位）
□飞机机型及编号
□火车编号
□集装箱编号及尺寸
□车辆运输证、行驶证、驾驶证
□购买或维修的价格证明
□工商营业执照副本
□灾损现场照片
□其他相关资料

××××保险公估公司（盖章）

________年______月______日

联系人：____________ 电话：____________ 传真：____________

（请被保险人尽快按上述清单提供相关资料，并在每张资料上加盖单位公章，以便我司定损理算。谢谢！）

被保险人索赔资料清单（海洋货运险）

致：________________________________（被保险人）

请贵单位依下列“□”打“√”项提供有关证明及资料：

□索赔申请书（含事故经过、损失情况等）
□损失清单
□施救费用清单（施救货物所支付的直接费用单据）
□保险单（或保险凭证、保险协议）及发票
□运输出险证明（或事故情况说明）或鉴定书
□运输合同、运单（货票）
□购货合同及发票
□检验单、装箱单、发货单
□报关单、提货单、理货单、码磅单
□入库记录、检验报告、损失记录
□发票（购买或维修）及有关价格证明
□工商企业执照
□灾损现场照片
□其他相关资料

××××保险公估公司（盖章）
________年______月______日

联系人：____________ 电话：____________ 传真：____________

（请被保险人尽快按上述清单提供相关资料，并在每张资料上加盖单位公章，以便我司定损理算。谢谢！）

被保险人索赔资料清单（船舶险）

致：__________________________________（被保险人）

请贵单位依下列“□”打“√”项提供有关证明及资料：

一、保险单、损失报告、索赔清单等

□索赔申请书（含事故经过）　□海运单、装船记录
□损失清单、施救费用清单　□货运记录、货物交接单
□保险单（及投保明细）及发票　□运输合同、运单（货票）
□发货单、提货单、码磅单　□海事部门责任认定书（出险证明或鉴定书）
□修理清单、估损单　□检测报告
□修理协议书及发票（清单）　□灾损现场照片
□调解、判决、鉴定、协议书及赔款确认函（涉及他方）

二、证件

□船舶国籍证书　□船舶所有权证书
□船舶检验证书簿（船舶主要项目、适航证书、载重线证书、防油污证书、最低安全配员证书）
□船舶无线电安全证书　□船舶建造安全证书
□船舶消防设备证书　□船舶吨位证书
□船舶设备安全证书
□船员适任证书（船长、轮机长、大副、二副）
□船舶装运危险货物适装证书

三、检验记录

□船体年检　□轮机年检
□锅炉年检　□尾轴检验
□载重线年检　□船舶航海图
□配载计划（图）　□航海（行）日志、轮机日志
□仓单　□海事声明、海事报告
□船舶安全检查记录簿

××××保险公估公司（盖章）
________年______月______日

联系人：____________　电话：____________　传真：____________

（请被保险人尽快按上述清单提供相关资料，并在每张资料上加盖单位公章，以便我司定损理算。谢谢！）

被保险人索赔资料清单（车损险）

致：________________________________（被保险人）

请贵单位依下列“□”打“√”项提供有关证明及相关资料：

□索赔申请书（含事故经过）

□保险单（车辆保险证）及发票

□事故证明、事故责任认定书、事故调解书（非道路交通事故应由事故发生地公安部门出具证明）、判决书

□驾驶员驾驶证正副本复印件、保险车辆行驶证正副本复印件

□损失清单（定损单）、现场照片

□施救费用（施救费用发票，必须有当地公安部门核准及公章）

□车辆损失：修车合同、零配件报价单、修车发票

□公路设施损坏：公路管理部门对路损的裁定或证明及赔款收据

□公用设施、房屋、桥梁等损坏：提供修复项目及费用预算清单、赔款收据

□货物损失费用：运输合同、承运货物清单和货物原始发票

□医疗费用：病历、医院诊断证明书、医药费收据

□误工费用：工资标准证明，单位、医院误工期限证明

□护理费用：护理人员工资标准证明

□残疾者生活补助费用：法医伤残鉴定书、伤残者户口复印件

□死亡补偿费用：死者死亡证明、户口注销证明

□被抚养人生活费用：被抚养人户口复印件、无劳动能力者需提供法医鉴定证明

□被盗车辆：《机动车辆被盗抢登记表》、立案证明、被盗抢车登报申明、行驶证正副本、附加费凭证、购车原始发票、车钥匙（两把）、权益转让书、车籍注销证明等

□其他相关资料

××××保险公估公司（盖章）

________年______月______日

联系人：____________ 电话：____________ 传真：____________

（请被保险人尽快按上述清单提供相关资料，并在每张资料上加盖单位公章，以便我司定损理算。谢谢！）

二、出具公估报告时使用

出具公估报告时使用的公估文件，除了上述资料外，主要包括保险公估报告（初期、中期、终期）、损失确认书、权益转让书、赔款协议书等。

1. 保险公估初步报告

保险公估初步报告是保险公估人员进行现场查勘后向保险公司提交的报告材料，是对所查案件的财产损失情况进行最初的定性、评估以及赔款准备金的提取建议等。

（被保险人名称）“×年×月×日”××受损案
保险公估初步报告

××××××公司：

受贵司委托，我司派出×名公估人员即于××××年××月××日赶赴××××（被保险人名称）所在地，对被保险人的财产损失情况进行查勘取证工作。现将有关情况报告如下。

一、基本情况

被保险人的基本情况（营业执照的部分内容）及投保情况。

二、事故经过及原因分析

三、被保险人的索赔情况

四、现场查勘情况

详细描述事故现场所见情形，重点列出受损项目、单位、数量及程度等。

五、残值处理情况

原则性地阐述残值处理意见及程序。

六、损失评估及赔款准备金建议

根据有关依据及计算方法，初步估计此次损失的金额，可列表汇总。

七、关于下一步的工作

1. 继续收集资料；
2. 市场调查与询价；
3. 财务审核；
4. 定损理算。

顺致商祺。

查勘人：××× ×××

××××保险公估公司（盖章）

________年______月______日

2. 保险公估终期报告

保险公估终期报告是对财产受损案件经过现场查勘、定损、理算等程序后的总结，是向被保险人赔付的依据。企财险、机损险、建工险等与货运险的报告略有不同。

（1）企财险、机损险、建工险等。

保险公估的终期报告应包括如下内容

编号：________

① 基本情况。主要包括保单的有关项目及标的等内容，如保险单编号、保险人名称、保险单类别（如财产基本险、财产综合险、财产一切险、建筑与安装工程险、责任险等）、保单期限、保险金额（建安险除了总保险金额外，还应包括物质损失部分、永久工程和临时工程、施工设备等分项目的保险金额及第三者责任险的赔偿限额等）、每次事故免赔额、被保险人名称、被保险人地址（建安险应包括总承包商、项目分包商、索赔方、工程预算金额、建筑或安装工程名称及地址；责任险包括索赔方名称、索赔方地址）、事故地点、出险日期、事故原因、索赔金额、委托日期、查勘日期等。例如：

保单编号：________________

保险人：________________

保单类别：________________

保单期限：________________

保险金额：________________

免赔额：________________

被保险人名称：________________

被保险人地址：________________

保险标的地址：________________

事故地点：________________

事故时间：________________

事故原因：________________

保单责任：________________

索赔金额：________________

定损金额：________________

理赔金额：________________

② 被保险人及保险标的概况。

被保险人概况：描述被保险人的企业性质、成立时间、业务范围、规模和经营情况等，可参考被保险人《营业执照》的有关内容。

保险标的概况：保险标的坐落地的建筑物分布情况、结构、用途以及分项目保险金额等，可参考保单内容；建工险需要描述工程项目的内容、施工地点和范围、项目的发包方、承包方、设计单位和工程监理单位，工程的总预算、与本案有关的承包方（分包方）及其承包项目的内容和金额，工程的开工日期和计划完工日期，出险时已完成的项目或内容，与本案有关的工程内容等。

本次出险标的情况：包括标的项目、坐落地址、建筑物分布情况、结构、用途以及防火设备等。

索赔方概况：公众、产品、建安等责任险需对此进行适当的描述。

③ 事故经过及施救措施。描述事故被发现的时间及发展经过，采取何种施救措施及经过。

④ 索赔情况。被保险人提出索赔的总金额，要求尽量说明每一索赔项目的依据，包括品名、规格、型号、单位、数量、单价、金额等，可用表列示。

⑤ 现场查勘情况（损失情形及程度）。详细描述现场所见，包括受损项目所在地域、范围，建筑物及消防情况，描述时由远到近、由大到小。

分项描述保险标的损坏情况和程度，全损的处理和部分损失的修复可行性，并考虑固定资产的折旧因素（即净值）。

对于损失情况的描述应尽可能采用规范措辞，包括对受损标的名称的统一和对损失程度用词的统一。

表述损失情况时，应尽可能采用照片和图示。

⑥ 事故原因调查分析。描述现场查勘的事实以及确认事故发生的主、客观依据，如牵涉有除外责任的因素，还应提出了解到的依据、取证的措施和判定意见。

若为责任险，应调查事故发生的直接原因，事故发生与被保险人活动的因果关系，第三者（索赔人）是否有过错，事故发生的主客观因素，被保险人是否有故意行为或重大过失，是否涉及保单的除外责任等。

有关部门出具的灾害事故证明、检验结果或鉴定意见。

对于火灾事故的原因分析，至少应包括三方面的内容：一是现场查勘所见，提出判定意见；二是消防部门的火灾原因认定书及责任认定书，否则应提供报案记录、消防车是否到达现场与作业等情况的说明；三是除外责任（如人为纵火因素），可通过现场查勘、调查走访、查看账表等，判断业务经营是否正常，剔除人为因素。

⑦ 保单责任。在对事故进行全面的调查之后，保险公估师应根据保险条款进行保险责任的认定，确认事故是否属于保险责任，包括事故原因、出险时间、出险地点、标的内容、缴费情况等的确定。如为除外责任，则需要提供相关的依据及建议。

若为责任险，应根据保单的责任范围，论述被保险人的业务活动与造成第三者损失的关系是否属于保险责任或除外责任，提供事实和法律依据，被保险人是否遵守保险合同约定的义务等。例如：

A. 事故原因——保单约定的相关内容；

B. 事故发生时间——保险有效期限内；

C. 事故发生地点——保单约定的标的地址范围内；

D. 损失标的——保单约定的标的内容；

E. 缴费情况——按照约定缴纳了全部保险费。

F. 除外责任——无除外条款在此适用（如有除外责任，则需提供相关的依据及建议进行的工作）。

综上，我司认为，本次事故的保险责任成立。

⑧ 代位追偿。说明事故是否由第三方的责任造成，进行取证的方案或情况。

若为责任险，需说明被保险人责任，即根据调查结果分析被保险人是否需要承担赔偿责任，是基于合同关系还是侵权关系。如被保险人不需承担赔偿责任，应提供事实和法律依据。

⑨ 定损依据。包括保险合同、现场查勘记录、损失清单及现场损失核实表、固定资产总账及明细表、存货盘点表及库存表、有关价格证据（购买或维修发票及清单）、市场调查及询价等。

⑩ 损失核定。说明定损的原则、定义和计算方法。

说明具体的损失项目——全损、部分损失、直接损失、间接损失等。

列表（明细表或汇总表）说明受损财产的名称、规格型号、单位、数量、单价、金额及备注等。

详细说明每一项目定损的（市场调查）处理依据，最后列表汇总。

⑪ 施救费用。包括使用施救机具的依据及成本费用金额（名称、规格型号、台次、时间、价格），以及人工费用（人数、工时、工时费用、金额）等，项目多时应逐一列表说明。

⑫ 残值处理。分项说明按全损处理的保险标的名称或维修更换下来的零部件、残值处理依据或措施、计算方法及经济效果等，必要时附表列示。

⑬ 重复保险。确定有无重复保险的情况。如有，应说明依据，并按保单的相关约定或比例分摊原则处理。

⑭ 投保比例分析。投保比例分析，应包含以下两方面的内容。

一是经现场勘察、实物抽查及财务审核，分析被保险人账账、账实是否相符。账账是否相符，固定资产要看资产负债表、固定资产总账及明细表、固定资产卡片等资料；流动资产要看资产负债表、存货上月末盘点表及损失前日库存表、进出货仓单等资料。账实是否相符，主要是根据账表的项目及数据与查勘的现场清点项目及数据进行核对，如库存情况、受损情况（如报损的机器设备名称、规格型号及数量与现场核实是否相符，是否在固定资产机器设备明细表范围内）、损失所占比例等。

二是根据被保险人提供的保险单、资产负债表、固定资产总账及明细表、存货盘点表及库存表、相关价格证据等资料，确认保险价值与保险金额是否相符。如保险价值大于保险金额，则为不足额保险，需根据不足额保险比例分摊原则来计算损失。

⑮ 赔付理算。说明最后的理算结果，根据定损金额（包括物质部分，如固定资产、流动资产、账外财产、在建项目等，以及第三者责任部分）加施救费用，扣除残值、免赔额以及重复保险、不足额保险比例分摊后计算的赔偿金额。例如：

A. 本次事故的免赔额为×××××.××元（列出计算公式）；

B. 本次事故的定损金额为×××××.××元，其中固定资产×××××.××元，存货×××××.××元；

C. 检测或鉴定费用为×××.××元；

D. 施救费用为×××.××元；

E. 残值处理为×××.××元；

F. 固定资产投保比例为××.××%，存货投保比例为××.××%（若各分项投保比例不一致，则应分别列出）；

根据上述定损金额、检测或鉴定费用、施救费用、残值处理及投保比例、免赔额等数据，计算如下：

赔付金额=(固定资产定损金额+检测或鉴定费用+施救费用-残值金额)×投保比例+(存货定损金额+检测或鉴定费用+施救费用-残值金额)×投保比例-免赔额

(固定资产和/或存货各分项投保比例不一致时，则应分别列出、分别计算，求和之后再扣除免赔额。)

综上，本次事故的赔付金额为×××.××元。

⑯ 总结和建议。总结包括两项：一是事故原因及保单条款的责任范围；二是依保险合同的约定，定损金额扣除相应项目后的理算金额。

建议保险人按理算金额赔付被保险人，以结束此案的理赔工作。例如：

本次××事故是由于××所致，属于××××保险公司《××险条款》第××条××款保险责任范围。

本次事故的核损金额为人民币×××.××元，依保险合同约定，扣除免赔额、残值、不足额保险的比例分摊后，应赔付金额为×××.××元。

建议贵司以人民币（大写）进行赔付以结束此案。

⑰ 公估人声明。例如：

我司声明，本报告依照《保险法》、保险合同及现场调查进行分析、形成意见和结论，其陈述的事实和结论是真实、可信和正确的。同时，我司现在和未来与本报告中的公估标的没有利益关系，也同样与保险双方没有个人利益关系或任何偏见。

公估师：　　　　　　　　　　　　　签发人：

××××保险公估公司（盖章）

__________年_______月_______日

⑱ 附件（略）

货运险的保险公估终期报告举例如下。

(2) 货运险。

(被保险人名称)“×年×月×日”货物运输受损案检验报告

编号：________

经贵司委托，我司×名公估师于××××年××月××日赶至（被保险人事故地点），对（受损货物）进行了现场查勘及检验，现将结果报告于下。

基本情况

保险协议号：

保险单号：

投保人：

被保险人：

发货人：

买方：

收货人：

承运人：

实际承运人：

船名：(或运程)

航程号：(或承运司机)

唛头：(或承运车辆)

出险日期：

委托日期：

检验日期：

出险地点：

检验地点：

货物名称：

检验数量：

货物价值：

保险金额：

事件发生经过

详细描述事故发生的时间、经过、损失情况，以及施救过程与效果等。

索赔情况

被保险人就此次损失向保险人提出的索赔金额，尽可能用表列示。

现场查勘及检验

详细描述现场所见，包括受损项目所在地域、范围。

分项描述保险标的物的损坏情况和程度，检验方法及结果，全损的处理和部分损失的修复可行性，并考虑固定资产的折旧因素（即净值）。

检测报告

除查勘人员现场检验外，若需进行有关技术检测、鉴定的，应附相关具有专业资质机构的检测报告。

损失原因分析

根据现场查勘及检验、检测报告与调查情况等，进行事故原因分析。

损失核定

方法基本同企财险，包括损失核定的原则、方法、依据及计算结果。要求尽量用图表列示。

残值处理

基本同企财险。

代位追偿

若损失为第三方（如公路运输由驾驶员负主要事故责任者）造成，应要求被保险人将承运人就此次交通运输事故所造成财产损失的追偿权转让给保险人，并协助保险人进行追偿。

损失理算

基本同企财险。

公估人声明

我司声明，本报告以不违反保单责任为前提，根据公估人员的现场调查如实陈述，其结论是真实、可信和正确的。同时，我司现在和未来与本报告中的检验标的没有利益关系，也同样与保险双方没有个人利益关系或任何偏见。

公估师：________　　　　签发人：________

××××保险公估公司（盖章）

______年____月____日

附件（略）

3. 保险公估中期报告

保险公估中期报告，是保险公估人根据理赔案件的进展情况向保险人提交的报告材料。至于报告的内容、报告的时间及期数，则视案件的具体情况而定。

4. 保险公估简易报告（企财险等）

对于一些比较简单的、损失较小的案件，可以使用理赔简易报告，以便尽快结案。

（被保险人名称）"×年×月×日"××受损案
保险公估终期报告

案件编号：__________

被保险人	
保险人	
保单类型	
保单号	
保险期限	
保险金额	
免赔额	
保险财产地址	
出险地址	
事故日期	
查勘日期	
事故原因	
保单责任	

续上表

索赔金额	
定损金额	
理算金额	
事故经过及损失情况	1. 被保险人基本情况； 2. 事故经过（被保险人介绍）； 3. 现场查勘所见； 4. 损失情况； 5. 事故原因分析（气象报告、检测报告等）。
损失理算	1. 定损金额（含折旧）； 2. 残值； 3. 足额比例； 4. 免赔额； 5. 理算金额 。
总结与赔付	1. 保险责任范围； 2. 最后理算金额； 3. 建议赔付金额。

以上报告请审核。

公估师：________　　　　签发人：________

××××保险公估公司（盖章）

______年____月____日

5. 损失确认书

损失确认书是被保险人对该次财产损失定损及理算金额的认可文件。当保险公估人员完成调查和损失金额的理算后，应当向被保险人发出一份《损失确认书》，供其签署。然后，将被保险人签字盖章后的《损失确认书》放入保险公估终期报告中，装订成册。

损失确认书

××××年××月××日，×××××××××（被保险人单位）因××××（事故原因）造成×××××××××（财产损失项目），经××××保险公估有限公司查勘、理算，核定其财产损失如下：

损失项目	损失金额（元）	残值（元）	赔付金额（元）
合　计			

在经保险人确认的情况下，我公司同意接受××××元人民币作为对其损失的全部和最终补偿。

我公司郑重声明，对于本保险合同之保险标的，没有向其他保险公司投保或参加类似的财产保险。

被保险人代表（签名）：________

（单位盖章）

______年____月____日

6. 权益转让书

凡涉及第三者责任需进行追偿时，应让被保险人签署一份《权益转让书》，将有关权益（赔付金额内）转让给保险人。然后，将被保险人签字盖章后的《权益转让书》放入保险公估终期报告中，装订成册。

权益转让书

××××财产保险公司：

贵司签发的××××××险NO×××××××××××号保险单承保我方之××××××财产，保险金额为×××××元。××××年××月××日，因××事故造成我司××××受损，贵司已按照保险合同约定赔付我方人民币计×××××元而结案。

现我方将该保险标的项下相应向第三者追偿的权益转让给贵司，并积极协助贵司共同向第三方（××××）追偿相关的财产损失。

特此立据。

被保险人代表（签名）：________

（单位盖章）

______年____月____日

7. 赔付协议书

赔付协议书是保险双方经过协商，对保险赔款金额认可后所签署的书面凭证。

协议书

甲方（保险人）：××××保险公司

乙方（被保险人）：××××公司

丙方（公估公司）：××保险公估公司

××××年××月××日，××××公司（乙方）因××事故造成部分财产损失，索赔金额为××××元。××保险公估公司（丙方）经现场查勘、定损及理算，确定损失金额为人民币×佰×拾×万×仟圆整（RMB××××元）。

甲乙双方经充分沟通与协商，同意接受核定的保险单号××××××××合同项下所承保标的××事故的定损金额。自本协议书签订后的15个工作日内赔付结案，乙方在收到上述赔款后同意永久放弃向甲方就该次保险事故提出任何索赔、诉讼、仲裁的权利。

本协议书一式三份，甲、乙、丙三方各执一份，自签订之日起生效。

甲方授权人：＿＿＿＿＿	乙方授权人：＿＿＿＿＿	丙方授权人：＿＿＿＿＿
（签章）	（签章）	（签章）
＿＿年＿＿月＿＿日	＿＿年＿＿月＿＿日	＿＿年＿＿月＿＿日

下　篇

第四章　企业财产保险概述与保险公估

第一节　企业财产保险概述

一、企业财产保险的概念

企业财产保险是承保各类企事业、机关、团体的固定资产、流动资产以及与企业经济利益相关的财产，在发生保险责任范围内的灾害事故而遭受直接经济损失时给予经济补偿的一种财产损失保险。我国目前企业财产险有四个险别，即财产基本险、财产综合险、财产险和财产一切险。前两个险别多为国内企业投保，后两个是涉外险别，多为外资企业及合资企业投保。

二、企业财产保险的特点

1. 保险标的的固定性

企业财产保险承保的标的大都是固定坐落在或存放于陆地上的某一地点，且多以企业的厂房、机器、设备等固定资产和原材料、半成品、商品物资等流动资产为主，并处于相对静止的状态之中。一般不允许随意变动其承保标的在保险单所载明的坐落或存放的地点。

2. 保险对象的广泛性

企业财产保险对象为企（事）业单位、国家机关和其他社会团体，虽然只能以企（事）业单位的财产为承保对象，既有别于仅以个人及家庭成员的财产为承保对象的家庭财产保险，也有别于既以个人私有也以企业所有的机动车辆为承保对象的机动车辆保险，但企（事）业单位所涉及的范围则相当广泛。

3. 保险标的的多样性

企业财产保险所承保财产的种类繁多，标的结构比较复杂，既有保额巨大的设备、装置，也有价格低廉的原材料、日用品；既有高新产品（技术先进、工艺复杂），也有初级产品（工艺简单、价格便宜），不一而足，涉及的知识面十分广泛，其专业性、技术性极强。

4. 保险金额确定方式的复杂性

由于企业财产可用两种方式（财务会计科目、财产项目类别）表述，故其保额不但要分类（根据财产的不同会计科目类别），而且要分项（根据同一会计科目类别中的不同财产项目类别）确定；不仅对不同类别的财产规定了不同保额的确定方式，即使对同一类别的财产也规定有多种保额确定方式，供被保险人选择。

5. 保险标的的可查性

企业财产险承保的一般均为企业所有或与他人共有或代经营、代保管的财产，其在企业财务账目中应有记录和反映，出险时大都有账可查、有据可依，从而为及时准确定损带来一定的便利。但应注意的是，目前私营企业、外资企业所占比例很大，其财务账目不规范、不齐全或者做有多套账的现象也比较普遍。

三、企业财产保险的保险标的

1. 可保财产

凡载于财产保险单及附表上的财产，不论其为被保险人所有，或替他人保管或与他人共有而由被保险人所负责的，均属被保险财产。可保财产的表述方式有两种：

（1）用会计科目表述。可分为固定资产（土地除外）、流动资产（存货）、在建工程、账外资产和其他财产（待摊费用、递延资产中的有实物形态部分）等。

① 固定资产。固定资产是指使用年限在一年以上，单位价值在规定标准（一般为人民币 2 000.00 元）以上，并在使用过程中保持原来物质形态的资产，包括房屋及建筑物、机器设备、运输设备、工具器具、办公设施及用品等。固定资产应当按取得时的实际成本记账；固定资产的原值、累计折旧和净值，应当在会计报表中分别列示。

② 流动资产。流动资产是指可以在一年或者超过一年的一个营业周期内变现或者耗用的资产，包括现金及各种存款、短期投资、应收及预付款项、存货等。保险承保的流动资产主要是指存货。

存货是指企业在生产经营过程中为销售或者耗用而储存的各种资产，包括商品、产成品、半成品、在产品以及各类材料、燃料、包装物、低值易耗品等。各种存货应当按取得时的实际成本核算，而在会计报表中也应当以实际成本列示。

③ 在建工程。在建工程是指正在施工中和虽已完工但尚未交付使用的土建或机器设备安装等工程项目。

固定资产与在建工程的区别：虽然从一定意义上说，在建工程是固定资产的前身，最终在建工程都要转化为固定资产，但根据会计制度规定，在建工程必须经过一定的资产性质转化手续（即平常所说的转资）才能成为固定资产，这时在固定资产账务处理上才能给予反映。反之，固定资产账面金额中绝对不包含在建工程项目金额。

④ 账外资产和其他财产（递延资产、待摊费用、代保管财产、账外及已摊销的

财产）。

账外资产是指企业自身的账外财产，一般包括已在成本费用中摊销的财产，如低值易耗品、简易建筑物等。

递延资产是指企业所发生的不能全部计入当年损益，应在以后年度内分期摊销的各项费用，包括开办费、固定资产大修理支出、租入固定资产的改良支出以及摊销期限在一年以上的其他待摊费用。根据财产保险的标的必须具备"有形"这一基本条件的要求，决定了对递延资产只能承保具有实物形态的部分。按照现行会计制度规定的递延资产核算的内容中，只有"租入固定资产的改良支出"这一内容具备承保条件，而其他各项费用均不符合。

从一定意义上讲，递延资产就是待摊费用，二者核算方式大致相同，核算的都是已经发生了的、需要分期摊销的费用，不同的只是摊销期限。待摊费用摊销期在一年以内，即不能跨年度，而递延资产的摊销期则在一年以上，即跨年度摊销，可以说递延资产是扩大了的待摊费用。

代保管财产是指企业代管、代存、代购、代销、代加工、代修理、借用或租用的财产。

账外及已摊销的财产，指已摊销或已列支而尚在使用的简易仓棚、简易建筑、边角余料、来料加工盈料、不入账的自制设备、无偿移交的财产等。

（2）用企业财产项目类别表述。企业财产大体可分为四大类。

① 房屋、建筑物。包括厂房、仓库、办公室、住宅、宿舍及其他建筑物或附属建筑物。但在基本险、综合险中规定，码头、道路、桥梁、铁路等除有特别约定外，一般作为不保财产。

房屋系指固定建筑于土地之上且有屋顶的建筑物，包括地下室及地基、屋顶突出物（如果价值可以划分出来，企业可在保单上注明不保）；或者说是生产车间和为生产服务的行政管理部门所使用的办公用房，以及与房屋不可分割的各种附属设备。

建筑物，这里涵盖建筑物和构筑物。建筑物是指供人们生活、学习、工作、居住以及从事生产和各种文化活动的房屋。构筑物，是指人们一般不直接在内进行生产和生活的建筑物，如水塔、烟囱、公路、堤坝等。建筑物还包括下列财产：A. 被承保的建筑物的附属物；B. 户外的固定设施；C. 作为永久性装置的机器和设备；D. 用于建筑物或其场所的保养和服务的被保险人拥有的动产（如灭火器、户外家具、地板和制冷设备、通风设备、厨具、洗碟机或洗衣机等）；E. 改造和装修，如材料、设备和与此相关的供应品，但应在场所的100英尺范围内。

厂房是指工场或工厂的房屋，或专指生产车间。厂房应具备房屋的基本内涵，包括内墙平整抹灰及外墙勾缝，屋顶、门窗、梁柱、地板、楼板装修，以及中央空调系统、水电消防卫生设备、火警预测系统、自助照明及供水系统（水电管道、线路铺设）等装潢修饰及设备。

附属建筑物是指依附归属的建筑，如锅炉房、污水处理站、蓄水池等；或指某一单位所附设或管辖的建筑，或指在房屋内增加隔墙、隔楼、平台等附属设施。

② 装潢、装置、家具。指房屋、建筑上固定的装饰设备，如水、电、空调设备、地毯、室内陈设、各种家具等。

装潢，又称装修、装饰，指附着于房屋内外的装潢修饰及设备，包括电梯、电扶梯、中央空调系统及水电消防卫生设备、火警预测系统、自助照明及供水系统等。

③ 机器设备、工具、用具。指各种装配线、生产线、输送运输装置等。

机器设备，指在生产流程中，所必须直接使用的器具及设备，不论其有无使用动力，包括企业的生产机械设备、动力设备和传动装置，如机车、铸造机、印染机、发电机、电炉和各种工作机器，以及电力网、输电线路等。保单上应列明具体的机器名称、规格、型号等，并与固定资产明细表中的有关内容一致。

工具、仪器及生产用具，系指企业在生产制造过程中所使用的各种器械，如铣刨的刀具、测量工具、检验仪器、冲压锻造的模具等。

管理用具及低值易耗品，指企业的办公用品、计量用具、消防用具和其他经营管理的器具设备，以及不能作为固定资产的玻璃器皿、包装容器等低值易耗品。

④ 储存货物、物料及材料等。如库存品、半成品、原料物料、辅料及包装物料等。

以上两种方式所表述的保险标的的实质是一样的，但在保险实务中，当使用财产基本险、财产综合险条款承保时，习惯于用会计科目的方法表述保险标的；而在使用财产险、财产一切险条款承保时，习惯于用财产项目类别来表述保险标的。

2. 特保财产

特约保险财产，是需经保险双方特别约定，并在保单中载明名称与金额方可承保的财产。特保财产有两种：一种是市场价值变化不大、保险责任也不同于一般财产的标的，如金银、珠宝、艺术品、邮票等；另一种是为了满足部分行业特殊需要的财产，如矿井内的设备等。

在财产险和财产一切险保单中，建筑物上外露的广告、天线、霓虹灯、太阳能装置等，以及计算机资料和制作、复制费用或在建工程也属于特约保险财产。

3. 不保财产

不保财产，是指保险人不予承保的财产。保险条款约定不予承保财产的原因包括：一是这些财产不属于一般性的生产资料或商品，如土地、矿藏等；二是这些财产缺乏价值依据或难以鉴定其价值，如文件、账册、图表和技术资料等；三是枪支弹药、爆炸物品等；四是承保这些财产将与政府的有关法律法规相抵触，如违章建筑、非法占用的财产等；五是时时都处于危险状态下的标的，如危险建筑、坐落在江边河岸洪水警戒水位线以下的财产等；六是应当由其他险种承保的标的，如机动车辆应投保机动车辆险、运输中的货物应投保货物运输险等；七是由于某些原因不能承保的财产，如财产险、财产一切险等条款中规定便携式通讯装置、电脑设备、照相摄像器材及其他贵重物品不能作为保险标的。

四、企业财产保险的保险责任

财产基本险、综合险以及财产险均采取列明风险方式确定保险责任，保险标的只有遭受保险条款中列明的灾害事故造成损失时，保险人才承担赔偿责任；而财产一切险的责任范围采取概括方法，不一一列明，即除外责任以外的灾害事故引起的损失，保险公司均予负责。财产一切险的除外责任采用列明方式列举。

1. 财产基本险的保险责任

它包括火灾、雷击、爆炸、飞行物体及其他空中运行物体坠落，灾害事故引起的停电、停水、停气损失，施救、抢救造成保险财产的损失，为防止或减少标的损失所支付的必要的、合理的费用。

火灾：是指在时间上或空间上失去控制的燃烧所造成的灾害。构成保险责任的火灾必须同时具备三个条件：①燃烧现象的存在，即有热、有光、有火焰；②意外、偶然发生的燃烧，即超出了正常用火的范围；③燃烧失去控制并有蔓延扩大的趋势，即燃烧失去控制，酿成灾害。

雷击：它是指一种因积于云中、云间或云地之间，产生超高电压放电并伴有闪光、巨响，具有极大破坏力的灾害性天气现象。雷击的破坏形式分为两种：直接雷击，是指由于雷电直接击中保险财产造成的损失，或者在空中放电时产生巨大爆炸力将建筑物震塌；感应雷击，是指由于雷击产生的静电感应或电磁感应使屋内对地绝缘金属物体产生高电位放出火花而引起火灾，导致电器本身的损毁，或因雷电的高电压感应，致使电器部件的损坏。

爆炸：是一种因火与热导致气体膨胀，发出巨大的声响和具有摧毁力的破坏现象。爆炸与火灾有关联性，爆炸往往引起火灾，火灾也经常导致爆炸，从而造成财产严重损失。爆炸分为两种：物理性爆炸，是指由于液体变为蒸气或气体膨胀，压力急剧增加并大大超过容器所能承受的极限压力而发生的爆炸，如锅炉、空气压缩机、压缩气体钢瓶、液化气罐爆炸等（“锅炉或压力容器在使用或试压时发生破裂，使压力瞬间降到等于外界大气压力的事故，称为爆炸事故。”锅炉爆管，不属于爆炸事故。而锅炉、压力容器是否属爆炸事故，通常以当地劳动部门锅炉压力容器检测机构的鉴定为准）；化学性爆炸，是指物体在瞬间分解或燃烧时放出大量的热和气体，并以很大的压力向四周扩散的现象，如火药爆炸、可燃气体爆炸、可燃性粉尘纤维爆炸及各种化学物品的爆炸等。

飞行物体及其他空中运行物体坠落：凡是空中飞行或运行物体的坠落，如陨石坠落、飞行物体坠落（飞机坠落、飞机抛物坠落、人造卫星坠落等）以及行车、吊车、起重机在运行时发生的物体坠落都属于本保险责任。

灾害事故引起的停电、停水、停气损失应具备三个条件：①必须是被保险人自己的供电、供水、供气设备；②仅限于因保险责任范围内的灾害、事故造成的“三停”损失；③仅限于对被保险人的机器设备、在产品和贮藏物品等保险财产的损坏或报废负责。

施救、抢救造成保险财产的损失，包括：①在发生火灾时，保险标的在抢救过程中遭受碰破、水渍等损失，以及灾后搬回原地而在途中遭受的意外损失；②因抢救受灾物资而将保险房屋的墙壁、门窗等破坏所造成的损失；③发生火灾时隔断火道，将未着火的保险房屋拆毁所造成的损失；④遭受火灾后，为防止损坏的保险房屋、墙壁倒塌压坏其他标的而将其拆除所致的损失，等等。

2. 财产综合险的保险责任

除包含财产基本险的责任外，还将暴雨、洪水、台风、暴风、龙卷风、雪灾、雹灾、冰凌、泥石流、雪崩、崖崩、突发性滑坡、地面突然塌陷等自然灾害列入保险责任范围。同时，财产综合险明确约定露堆财产因上述自然灾害或其他意外事故造成的损失列于不保范围。

（1）暴雨。指降水强度很大的雨。我国气象部门认定的标准是：每小时降雨量达 16mm 以上，或连续 12 小时降雨量达 30mm 以上，或连续 24 小时降雨量达 50mm 以上（广东规定为 80mm 以上）。

（2）洪水。洪水指偶然爆发的灾害性大水，如江河泛滥、山洪暴发、潮水上岸或倒灌，以及暴雨积水成涝，致使财产遭受浸泡、淹没、冲散、冲毁等损失。规律性的涨潮、海水倒灌、自动灭火设施漏水以及在常年水位线以下或地下渗水、水管爆裂造成保险标的的损失不属于洪水责任。

（3）台风。指夏秋季产生于热带海洋洋面上，持续时间较长并伴有暴雨、破坏力极强的大风暴。世界不同地区对台风的称呼各异，有的称为飓风，有的称为热带气旋。台风一般被定义为中心附近最大平均风力在 12 级或以上，即风速在 32.6 米/秒以上的热带气旋。是否构成台风，以当地气象站的认定为准。

（4）暴风。指突然袭来的猛烈的灾害性大风。根据气象部门制定的风力等级表规定，暴风是指风速在 28.3 米/秒以上，即相当于风力等级表中的 11 级，财产保险中所承保的暴风责任扩大至 8 级大风，即风速在 17.2 米/秒以上。

（5）龙卷风。指一种范围小而时间短、具有极强破坏力的猛烈旋风。龙卷风在陆地上平均最大风速一般为 79 米/秒，极端风速一般在 100 米/秒以上。是否构成龙卷风，以当地气象站的认定为准。

（6）雪灾。指每平方米雪压超过建筑结构荷载标准，以致压塌房屋、建筑物造成保险财产损失的，为雪灾保险责任。国家建委批准从 1974 年 12 月 1 日起试行的工业与民用建筑结构荷载规范，规定了全国各地区的每平方米雪压标准，可作为保险人确定雪灾责任的依据。

（7）雹灾。指从发展强盛的积雨层中降落到地面的冰雹（冰球或冰块）造成的灾害。

（8）冰凌。气象学上称之为凌讯，是指在春季江河解冻时，冰块漂浮遇阻，堆积成坝，堵塞河道，造成水位急剧上升，以致冰凌、江水溢出河道，蔓延成灾的现象。至于一般的冰冻损失，如露天砖冻裂、水管冻裂均不属冰凌损失。

（9）泥石流。为一种由于山地大量泥沙、石块突然暴发洪流，随大暴雨或大量冰融水流出并冲向低洼地带，埋没江河，毁坏路基、桥梁等建筑物，具有极大破坏性的灾害事故。

（10）雪崩。指山地大量积雪突然崩落而对保险标的所造成的损失。

（11）崖崩。指石崖、土崖长期受自然风化或雨水侵蚀，以致崖裂下塌或山上岩石滚下，或大雪使山上砂土透湿而崖崩的灾害事故。

（12）突发性滑坡。指斜坡上不稳的岩体、土体或人为堆积物在重力作用下突然整体向下滑动的破坏性现象。

（13）地面突然塌陷。指因为地壳发生自然变异，地层收缩而造成地面突然下陷的灾害事故。除此以外，因海潮、河流、大雨的侵蚀，或在建造房屋之前没有掌握地层情况，地下有孔穴、矿穴，以致地面突然塌陷造成保险财产损失，也属于地陷责任。对于因地基不坚固或未按建筑施工要求导致建筑地基下沉、裂缝、倒塌等损失，以及由于打桩、地下作业及挖掘作业引起的地面下陷、下沉，则不在保险责任范围内。

3. 财产险的保险责任

与财产综合险的保险责任基本一致，但在财产险保单中，将飓风、地震、山崩、火山爆发，水箱、水管爆裂也列入保险责任，而停电、停水、停气造成的损失及锅炉爆炸则不在保险责任内。

（1）破坏性地震。指地球内部发生形体改变或位置移动，引起地面剧烈震动，破坏力极强的自然灾害。根据国家地震主管部门的规定，震级在 4. 75 级以上且烈度在 6度以上的地震为破坏性地震。

（2）山崩。指陡坡上的大块岩石在重力作用下突然崩落而对保险标的所造成的损失。

（3）火山爆发。是一种极为强烈的火山活动现象。地球内部深处呈熔融状态的岩浆在高温高压作用下，从地表喷溢出火山角砾岩、火山弹岩等各种碎屑物质以及熔岩岩浆、气体等，具有强大的破坏力。

4. 财产一切险的保险责任

在保险有效期间内，当保险财产在保单注明的地点由于自然灾害及任何突然和不可预料的事故造成的损失或灭失，保险人均负责赔偿。财产一切险采用列明除外责任方式来确定保险责任范围，凡不属于除外责任的风险均在保险责任范围内。

第二节　企业财产保险公估

企业财产保险的对象涉及能源、交通、石油、化工、煤炭、机电、轻纺等行业，保险标的包括道路、桥梁、房屋、建筑物、机器设备、仪器仪表等，承保的风险既有大面积暴雨、洪水、风暴等自然灾害，又有火灾、爆炸、雷击等意外事故。不断扩大的保险范围和推陈出新的保险险种，需要一大批具有机械、电子、化学、能源、地质、水文、法律、财务等方面的专门人才来处理理赔案件，这就对保险公估机构和公估人员提出了更高的技术要求。

企业财产保险是所有财产保险险种中使用最多的险种之一，其中较为多见的灾害事故是火灾、水灾、爆炸等。

一、现场查勘

现场查勘的任务包括查验出险时间、出险地点、出险原因，收集证明材料，施救与保护，损余物资处理，财产损失估算与核实（如核对账册、对房屋建筑的估损、对机器设备的估损、对产品或物质的估损）、缮制查勘报告等。

（一）火灾事故案件的现场查勘

1. 火灾的形成

（1）可燃、易燃物质的客观存在。

① 可燃气体。遇火、受热或与氧化剂接触，能着火、爆炸的气体称为可燃性气体。依着火（爆炸）浓度下限，可燃气体分为两级：一级可燃气体（甲类火灾危险性可燃气体），指着火（爆炸）浓度下限≤10%，如氢气、甲烷、煤气、天然气、液化石油气等；二级可燃气体（乙类火灾危险性可燃气体），指着火（爆炸）浓度下限>10%，如氨、一氧化碳、发生炉煤气等。

② 易燃和可燃液体。凡遇火、受热或与氧化剂接触，能着火、爆炸的液体称为易燃和可燃液体。按闪点高低，分为易燃液体（闪点≤45℃）和可燃液体（闪点>45℃），其中闪点<28℃为一级易燃液体，如汽油、酒精、丙酮、苯等；闪点>28℃为二级易燃液体，如煤油、松节油、醋酸等。

绝大多数的易燃液体是有机化合物，它们的分子量小，易于挥发，特别是受热后挥发得更快，若遇火花或受热，即与空气中的氧气发生剧烈反应而燃烧，甚至引起爆炸。

③ 易燃和可燃固体物质。凡遇火、受热、撞击、摩擦或与氧化剂接触，能着火的固体物质称为易燃和可燃固体物质。固体物质按熔点、燃点或闪点分为易燃固体物质和可燃固体物质，通常以燃点300℃作为划分的界限。易燃固体进而分为两类：一为一级易燃固体，其燃点低，易于燃烧或爆炸，且燃烧速度快，能放出剧毒气体，如红磷、二硝基甲苯等，消防管理将此类物质划为甲类火灾危险性物质；另一类为二级易燃固体，其燃烧较慢，燃烧产物毒性小，如镁粉、硫磺、聚甲醛等，此类物质在消防管理上划为乙类火灾危险性物质。此外，上述之外的可燃固体在消防管理上均划为丙类火灾危险性物质。

燃点是表征固体物质火灾危险性的主要参数，易燃和可燃固体的燃点越低越容易着火，火灾危险性就越大。因此，控制易燃和可燃固体物质的温度在燃点以下是防火措施之一。

物质由固态转变为液态的最低温度称为熔点，熔点低的易燃和可燃固体受热时容易蒸发或气化，因此燃点也较低，燃烧速度则较快，而火灾危险性就大。

易燃和可燃固体的自燃点一般都低于液体和气体，大体上介于180～400℃之间。此乃固体物质组成中，分子间隔小、单位体积的密度大，因而受热时蓄热条件好。固体物质的自燃点越低，受热自燃的危险性就越大。有些固体达到自燃点时，会分解出可燃气体与空气发生氧化而燃烧，这类物质的自燃温度一般较低。另外，固体与空气接触的表面积越大，其化学活性亦越大，越容易燃烧，并且燃烧速度也越快，火灾危险性就越大。粉状的易燃和可燃固体，飞扬悬浮在空气中并达到爆炸极限时，则有发生爆炸的危险。

④ 自燃性物质。凡是非明火作用，由自身受空气氧化或外界的温、湿度影响发热达到自燃点而燃烧的物质称为自燃物质。它分为两类：一为一级自燃物质，在空气中剧烈氧化，自燃点低，火灾危险性大，如黄磷、硝化纤维、铝铁溶剂等；一为二级自燃物质，在空气中氧化速度较慢，自燃点较低，如果通风不良、积热不散也能引起自燃，如油纸、油布等含油脂物品。

（2）起火源分类。

所谓起火源，是指具有一定温度和热量的物体，以一定方式产生并释放热能，引起可燃物质燃烧的最初点燃能源。该概念既有产生并释放热能使可燃物起火的发火源的含义，又有荷载某种热能的物体（即发火物）的含义，并且还有容纳发火物的器具或设备的含义。所以，从火灾原因勘查的意义上说，起火源应该是由发火物、发火源及容纳发火物的器具或设备三者加在一起构成的。之所以把起火源作为火灾原因分类的目的，在于分析认定原因时能够充分考虑各种起火源的因素，以提供足够的认定依据。以起火源来划分火灾原因，归纳起来有以下几种。

① 生产和生活中用火的工（器）具形成的起火源发生的火灾。如焊割工具（电焊、气焊、气割）、打火机、烟头、蜡烛、喷灯、火炉、烟囱等崩溅出的火焰、火星、火花或熔渣作用于可燃物上而引起火灾。

② 电气设备及电热器具形成的起火源发生的火灾。如电气线路、电动机、变压器、电气开关等带电设备，由于老化、短路、超负荷、接触电阻过大发热或放电产生电弧、电火花引燃可燃物，以及电炉、电熨斗、电烙铁或大功率灯泡（灯管）的高温表面引燃周围可燃物。

③ 摩擦撞击打火或生热形成的起火源发生的火灾。如金属、石块撞击产生的火花或高速运行中的粉碎机等机械设备由于混进金属块、石块形成的高温颗粒接触可燃物起火，以及带有轴承的一些设备，因缺少润滑油或轴承滚动件损伤后长时间运转生热引燃周围可燃物。

④ 高温固体表面形成的起火源发生的火灾。加热油管线或蒸气管线表面达到了某些可燃物的自燃点，使之与其接触的某些可燃物起火。

⑤ 聚光作用形成的起火源发生的火灾。如由于太阳光线作用于玻璃容器、平板玻璃、凸面眼镜、镀锌铁板等的表面上，产生日光聚焦和折、反射作用，使被照射的可燃物起火。

⑥ 绝热压缩形成的起火源发生的火灾。如常压气流急速转换压缩成高压时，由于没有热量交换，使被压缩物质产生热量点燃某些易燃物。柴油发动机就是利用空气压缩产生高温，使燃料燃烧的。

⑦ 静电放电火花形成的起火源发生的火灾。如一些固体介质间的相互摩擦、固体或液体介质与接地不良的一些金属摩擦，含有杂质的气体被喷射，粉体被喷出或在空间飞扬、浮动时摩擦等产生的静电，当发生放电达到一定能量时，就能使爆炸极限范围内的一些气体或粉尘爆炸起火。

例如：2007 年 11 月 9 日 15 时 15 分，东莞洋冠油漆有限公司的钢构厂房，即使用油漆原料调配生产成品油漆的 PU 调配车间发生火灾，就是技术人员雷 × × 在身穿毛线衣（摩擦产生静电）、手工抽取天那水（易燃易爆危险品）时，由于静电产生火花引起天那水爆炸，进而导致该车间内起火，造成该公司部分财产损失并致该技工被烧伤的严重事故。

⑧ 雷电形成的起火源发生的火灾。当树木、建筑物、电气设备及一些可燃物堆垛遭受雷击时，由于强大的雷电流热效应和电动力、冲击波等的作用，使被击部位的物体变形、倒塌、破碎或起火。另外，在雷电感应的作用下，还会使电气设备的一些绝缘层被击穿而起火。

⑨ 自燃起火源发生的火灾。自燃是指一些物质在没有外部火源作用的情况下，

自身发热并蓄热所产生的自行燃烧现象。如一些植物产品、硫化铁类、海绵、煤炭、浸油物质、某些与水或空气相互接触能自燃的化学物品等。

综上所述，按照发火物所产生的热能方式划分，起火源大致可分为自然发热、绝热压缩、冲击和摩擦、烟火和高热物、电火花、静电等六种。根据起火原因的不同，火灾事故原因大致分为三个方面：一是生产生活中的疏忽所引发的火灾，经过调查通常可以找到明显的因果关系；二是人为故意纵火造成的火灾事故，其目的是为了骗取保险赔款；三是雷、电等自然现象所引发的火灾，如果预防措施到位，是可以将灾害损失降到最低限度的。

火灾与爆炸相似，表面看是一种物质形态发生质变的形式，但从实质上来分析，火灾的形成有其一定的规律，需要一些环境条件，也有其自身的特点。掌握这些特点，有助于我们更快捷、更准确地查明火灾形成的原因。

(3) 火灾事故现场的特点。

一是现场可见到烟雾或烟熏的痕迹。火灾发生后，物质燃烧过程中都要产生烟雾，在火源周围的空间部分和某些物体上，可见到烟熏的痕迹，并能闻到各种不同的异味。物质燃烧时产生烟雾的大小、数量和散发的异常气味，可为判断燃烧物质的种类提供参考依据。

二是现场可见到物质燃烧的火焰或燃烧的痕迹。凡是可燃物质（包括气体、液体和固体），在燃烧时都会产生火焰。由于可燃物质的成分、数量与起火的方法，以及燃烧时间的长短不同，燃烧时火焰的大小、颜色也有差异。有的可燃物质没有充分燃烧即被扑灭，则只能看到烟雾而没有火焰。即使是这种情况，现场上的起火点及其附近也会留下燃烧的痕迹。根据火焰的大小、颜色和燃烧痕迹，可以为判断起火时间、可燃物质的种类及确定起火点提供依据。

三是现场都有起火点。无论是人为纵火、事故起火或自燃起火，现场都存在起火点。准确地查明起火点，是勘查火灾事故现场的一个极为重要的环节。通过查明起火点，不仅可以查明起火的原因，为火灾事故性质提供依据，而且是发现和提取火灾残留物与有关痕迹物证的重要步骤。

四是绝大多数火灾现场为变动现场。火灾一经发现，人们首先要做的就是进入现场灭火、抢救财物和受伤人员，所采取的这些活动必定会使原来的燃烧痕迹被破坏或发生变动，从而失去原始现场痕迹所具有的规律性，并给以后的现场勘查带来一系列难题。

2. 现场勘验要点

保险公估师到达现场后，应先行慰问、简单寒暄后，即初步了解事故的经过（包括起火时间、起火原因、施救经过、损失情况等），查阅保险合同（了解承保情况，包括投保险种、保险标的、保险责任、保险期限、保险金额等内容，注意标的地址是否与保单所载相符)，接收《保险财产损失清单》等。

一般情况下，当保险公估师到达火灾现场时，大火多已被扑灭，但如果火势仍未控制或附近发生火灾而有可能蔓延时，应立即协同被保险人及有关人员抢救受到火灾威胁的物资，并根据该物资损毁的程度、方向、速度、变化等与灾害起源和处所紧密相关的诸多因素以及灾变时间等方面考虑，分析判定抢救物资的可能性及数量。

在消防部门宣布开放现场后，可进行现场查勘。现场查勘的主要内容包括现场勘验、收集资料（包括财务资料)、调查火灾原因、清点损失及取证等。

(1) 环境勘查，确定起火范围。现场查勘的首要内容是现场观察，它不仅是确定火灾发生原因的重要环节，更是确定现场查勘方案的基础。只有经过现场观察这一感官行为，才能找出确切的灾损原因。这种观察不仅仅是灾损原因调查作业的一个独立阶段，而且将一直渗透到保险公估作业的整个过程。环境勘查的主要内容如下。

① 选择火场及附近的制高点，观察整个现场的地形地貌和燃烧范围、燃烧破坏最严重的部位，建筑物倒塌、损坏的状况及各种烟熏痕迹、玻璃破碎痕迹等，注意拍摄灾后现场全貌。

② 火场中主要建筑物的相互位置关系与高度关系，起火前后的气象情况以及可能雷击点与起火范围的关系。

③ 现场周围民房、工厂烟囱的高度、与起火建筑物的距离、有无飞火星现象以及使用材料种类与燃烧情况，判断有无外来火源。

④ 根据火场内道路、墙壁有无可疑出入痕迹等，有无手印、脚印、攀登痕迹等，有无引火残留物，判断有无人为放火的可能。

⑤ 根据起火建筑周围电源线路、通讯线路的相互关系与分布情况，判断有无短路、漏电引起火灾的可能。

⑥ 由起火建筑周围可燃物质的排放情况，地下可燃性气体、易燃液体管道阀门的情况，判断有无可燃物泄漏的可能。

环境勘查可以反复巡视，必要时可用望远镜观察。巡视观察的顺序可先外后内、先上后下、先地面后地下，发现重点部位应制作明显标记，并设专人保护。

(2) 初步勘查，确定起火部位。初步勘查是指在不触动现场物体、不改变物体原始状态的情况下进行的勘查。通过初步勘查，能够判断火势蔓延的路线与过程，大体确定起火部位和下一步勘查的重点。其主要内容如下。

① 现场有无放火痕迹或可疑遗留物，门窗是否被破坏，室内外物体放置的处所及有无火前移动现象。

② 处于不同位置的物体在不同方向、不同高度的燃烧终止线。

③ 建筑物倒塌的部位、方式、方向、顺序及原因等。

④ 墙壁及室内设备的熏烤、燃烧情况，烟迹的位置及形状。

⑤ 金属、玻璃、陶瓷类物品的熔化、变形与破碎状况。

⑥ 原有火源、热源的原始位置与状态。

⑦ 保险标的物构造材料的损坏或灭失程度，并进行上下左右的反复比较，以便发现因构造、材料质地的不同而引起的不同损失程度。

⑧ 灾损现场中属于射水抢救的部分、自然熄灭的部分及阻止继续灾变的部分。

（3）详细勘查，确定起火点。详细勘查又称动态勘查，是对初步勘查过程中所发现的痕迹、物证在不遭破坏的原则下，逐一翻动检查的过程。详细勘查应注意观察现场中有关物体的表面颜色、烟痕、裂纹、燃烧的灰烬，测量、记录有关物体的位置、木材炭化的程度，寻找现场中残留的发火物证，检查人员烧死、烧伤情况，通过死者姿态、烧伤部位，判断死前、伤前行动。同时，利用现场勘查的各种仪器设备测量距离，确定大小范围，进行照相录像和绘图记录，并运用各种技术手段发现、搜集各种与燃烧有关的痕迹、物证。根据主要情况，仔细研究每一种现象和各个痕迹形成的原因，进一步判断最初起火点并推断起火原因。

（4）专项勘查，确定起火原因。专项勘查是指对火灾现场找到发火物、发热体及其可以供给火源能量的物体或物质而进行的专门检查。根据它们的性能用途、使用存放状态、变化特征、有无故障等，分析造成火灾的原因。

首先，进行专项勘查。其内容包括如下几个方面。

① 检查各种引火物并分析其来源。

② 电气线路有无短路、过载现象，用电设备有无过热或内部故障；如有，分析产生这些现象的原因。

③ 机械设备有无摩擦痕迹与过热现象。

④ 反应容器内部的特质性质、数量及工艺条件。

⑤ 压力储存容器有无泄漏现象、泄漏原因及形成爆炸、燃烧混合气体的条件。

⑥ 现场可燃物质的性质及自燃条件。

其次，进行重点勘查。包括起火点、起火源、起火物、起火时间与造成起火的客观条件，它们相辅相成且相互制约。

① 确定起火点。起火点是指在火灾现场中最先起火的有限部位，在一些特殊的火灾现场中，起火点也许不止一处。起火点是认定火灾原因的出发点和立足点，及时、准确地判定起火点，是尽快查清火灾原因的重要基础。起火点之所以重要，是因为它不仅限定了火场中最先起火的有限部位，更重要的是为我们分析研究火灾原因限定了与发生火灾有直接关联的起火源及起火物，因为它们一定在起火点范围之内。因此，无论是搜集起火源或起火物的证据，还是分析研究起火的原因，都必须从起火点入手。

对一个火灾事故现场来说，起火点的范围是有限的，但这个范围又是很不明显的，同时它还容易受其他因素的影响而难以确定。尤其是一些起火时间不明、燃烧面积很大、破坏程度严重、建筑结构复杂的现场，准确找出起火点往往是比较困难的。一般情况下，起火点所在的部位，由于燃烧作用的时间长，可燃物被烧或一些物质受破坏的程度比较严重。但有时受气象、扑救、建筑构件的性能、物质的储存方式等客观条件的影响，燃烧或破坏程度最重的地方不一定是起火点。另外，由于放火、电气故障或火星飞落到可燃物上引起的火灾，往往是在火场中的几个部位上同时起火。所以在划定起火点时，必须对整个火灾事故现场进行全面认真、细致的观察和勘验，搞清燃烧蔓延、发展和波及的先后关系，找出现场各部位燃烧或破坏程度较轻的原因。即使经过现场调查已经指出了最先起火的部位，也应通过勘验活动找出客观证据。只有认真分析研究各种燃烧痕迹的特征和形成的条件及可能造成起火的各种因素，并充分考虑各种客观条件的影响，才能准确地判定起火点。

② 确定起火源。对于任何物质的燃烧，起火源是一个不可或缺的重要条件。在一般情况下，我们在火灾事故现场中所能查到的起火源证据，通常有两种，即能证明起火源的直接证据及与起火源有关的间接证据。

所谓能证明起火源的直接证据，实际上就是起火源中的发火物或容纳发火物的器具的残留物，如火炉、电炉、打火机等。在火灾发生后，最初点燃可燃物的热能常常是不复存在的，残留的只是热能载体，即发火物或容纳发火物的器具。所以，在火灾勘查中能够获取起火源的直接证据，多是发火物或容纳发火物的残留物痕迹。对于这些痕迹，在没有搞清与火灾有关的各种因素之前，我们不能轻易地加以肯定或否定。只有在进行认真细致的分析研究之后，才能作出肯定或否定的结论。

所谓能证明起火源的间接证据，是指可证实某种过程或行为的结果能产生起火源的证据。如因静电放电、自燃、吸烟等原因引起的火灾中，物体的电阻率、生产操作工序或工艺过程，能产生静电放电的条件，放电场所的易燃易爆气体与空气的混合比，场所的环境温度，空气的相对湿度，物质的贮存方式，物质的成分、性质，吸烟的时间、地点，吸烟者的习惯，等等。在这类火灾中，我们虽然找不到起火源的直接证据，但在能证实或肯定某种过程与行为的条件下，以火灾现场这一事实为依据，经过科学的分析或严密的逻辑推理，就能得出起火源的间接证据。

查找、分析、判断起火源，可以从以下几方面考虑。

——围绕起火点查找起火源。起火点是火灾的发源地，起火源必定在起火点的有限范围之内。在确定了起火点的前提下，查找起火源就有了比较集中的目标，即能缩小查找范围。

——收集有关起火源的痕迹物证。火灾发生后，最初点燃起火点中可燃物的发火物、发热物多数已不存在，但某些发火工具和容纳发火物的器具的残留物以及一些燃烧痕迹仍不同程度地保留在现场中。现场勘验中，注意收集这些痕迹物证，有时能获取起火源的直接证据。

——起火源应与起火物、引燃时间等其他条件相一致。在分析判断起火源的过程中，起火源的发火、放热方式应与起火物的引燃方式一致，并符合从起火到成灾的引燃时间，否则即不能判定为起火源。

——全面分析、逐一排除。在现场勘验中未能获取发火物、发热物直接证据的情况下，应当根据现场所处的客观环境，对场所的环境温度、空气的相对湿度，物质的成分、性质及贮存方式，通风条件，现场的供电、用电状况，能否产生静电，有否自燃的条件等情况逐一进行分析，找出可能的起火源，必要时可通过模拟实验进行验证，以获取起火源的间接证据。

③ 确定起火物。凡是能够与空气中的氧或其他氧化剂起剧烈反应并能引起燃烧的物质都可称为可燃物。起火物虽然在本质上与可燃物相同，但两者是有区别的。起火物是指在某种起火源的作用下，最先发生燃烧的可燃物。所以，起火物虽然也是可燃物，但它是在火灾事故的特定场所中、某一范围内存在的与火灾原因有直接关系的可燃物。

火灾的发生、蔓延过程，与起火物和可燃物是有密切联系的。在特定条件下，任何可燃物都可能成为起火物。起火物有固体、液体和气体三种存在形式。在火灾事故现场勘验中，所认定的起火物必须满足以下条件和要求：

——认定的起火物应当是起火点处的可燃物。在没有确定起火点的情况下，不能只根据一些可燃物的燃烧程度来认定起火物。

——认定的起火物应当与起火源作用的方式和起火特征相吻合。起火物的种类较多，只要起火源的能量达到该物质的点火能量或引燃所需的温度或热量，该物质就会发生燃烧或爆炸。起火特征是阴燃时，起火源多为火星、火花和高温物体，起火物一般应是固体物质；起火特征为明燃时，起火源往往是明火，起火物一般应是固体或可燃液体；起火特征为爆燃时，起火物一般应是可燃气体、蒸气或粉尘与空气的混合物。

——认定的起火物比其周围的可燃物被烧或被破坏的程度严重。这是由于起火点处受高温作用的时间较长，常常得不到及时扑救所致。

确定起火物，可以从以下几方面入手。

一是分析起火物的性质。如起火物的燃点、自燃点、闪点、爆炸极限等，由性质确定它的引燃条件。

二是分析现场中的燃烧痕迹特征及规律。如同类物质的不同燃烧、炭化程度及原因；现场可燃物的燃烧速度等。

三是分析起火物的运输、储存、使用等情况和所处的环境状况。如运输中的摩擦、碰撞、晃动；贮存中的日照、受潮、通风不良；使用中的振动、摩擦、喷溅、碾压、挤压；混入杂质；起火前起火物所处的环境温度、空气的相对湿度等等，看其稳定性能是否受到破坏。

四是结合现场可能存在的起火源的情况，分析判定何种起火源能够使起火点处的何种可燃物成为起火物。

④ 判定起火时间。起火时间是指起火物处于持续燃烧的最初时刻。准确地确定起火时间，对于认定火灾事故的原因就像一把尺子，可以衡量出起火点处的起火源作用于起火物的可能性的大小。在分析火灾事故原因时，起火时间也是不可忽略的依据。在火灾事故现场勘验中，弄清影响起火时间的各种因素，准确判定起火时间，对于肯定或否定可能发生火灾时间的因素主要有以下几点。

——起火物的性质。在起火源的作用下，不同的起火物阴燃或引燃时间不同。因为可燃物质不同，其燃点、自燃点、燃烧速度均有差异，特定条件下的起火时间也不相同。

——起火物的状态。相同材料的不同状态，在同样条件下的起火时间不同。如锯末、木块和木板，用相同的火源点燃时，由于它们的蓄热、散热条件不同，其引燃时间也不同。

——起火物与起火源的距离不同，起火时间也不同。

——起火点处的客观环境差异。如周围空间的开阔与狭窄、开口与封闭、地上与地下、室内与室外等诸方面客观条件，都在不同程度上决定了初起之火形成时的可能性与快慢时间差。

在判定起火时间时，除考虑起火物的性质、状态、相互位置关系外，还应考虑火灾发生时间的气候条件、发现火情的时间、救火的措施与过程，并依现场燃烧痕迹反映出的起火特征综合判定起火时间。

⑤ 造成起火的客观条件。在分析、认定火灾事故直接原因的过程中，还应充分考虑各种客观环境条件的影响。如起火物与起火源之间相互作用的时间、距离，热的传播方式，供氧条件，气象条件和一些可燃物的贮存、运输、加工、使用的过程有无异常情况等等，这样才能有助于准确查明火灾事故的原因。

3. 收集资料

现场查勘时，保险公估师应立即向被保险人索取与损失相关的资料及财务账本，包括账册或其他记载有关投保的财产种类、品名、数量及其价格（进价与售价）的各种账簿凭证。一般企业的账册和账簿凭证如未被焚毁，均能提供。但许多私营企业、家族式小型企业的账册记录不全，或者被保险人的账册、报表、单据等有关文件被焚毁时，只能凭现场清点来判断货物的多寡，或将现场残余物及其他痕迹作为推定货物种类及数量的参考。

4. 调查火灾原因

《中华人民共和国消防法》第三十九条规定：“火灾扑灭后，公安消防机构有权根据需要封闭火灾现场、负责调查认定火灾原因，核定火灾损失、查明火灾事故责任。”根据《中华人民共和国消防条例》及其实施细则和公安部颁发的《消防监督程序规定》的有关规定，公安消防部门是火灾事故法定勘查和鉴定部门，公安消防部门作为国家行政机关所行使的火灾事故法定勘查和鉴定的权限和资格，为法律所赋予，具有不可侵犯性。对于公安消防部门所作出的具体行政行为，只要主体适格、程序和内容合法，就应该发生法律效力。因此，确定火灾是否属于保险责任范围，一般都是根据公安消防部门出具的火灾原因认定书来判定，保险公估师没有必要投入过多的精力去进行火灾原因的调查与认定，而应侧重于清点、检验、理算保险标的物的损失。但在公安消防部门认定的火灾原因与保险公估师判定的原因有较大出入的情况下，则必须重视对火灾原因的调查。

火灾事故的发生，最根本的原因就是人和物相互作用的结果，即火灾事故的发生都是物质危险因素和生产、生活管理上的缺陷相互作用的结果，故火灾事故的调查主要是对有关人的调查及对有关物的调查。

（1）对有关人的调查。要从火灾事故发生前后事故当事人、见证人调查开始，调查了解事故前后出现的异常情况，尤其应注重向发现人、报警人询问，向最后离开起火点的人、熟悉起火点周围的人以及最先救火的人了解。了解的内容主要包括：发现火灾的时间和报警的时间；起火之前是否有异常的声响、气味和可疑人员，最先起火的地点，火场上的烟雾，火焰的气味、颜色，火势蔓延的经过，火场中起火点与起火点周围的情况，发现起火后采取过哪些灭火措施等。被保险人如果是起火户，应判别出险原因是否与被保险人所宣称的原因相同，进而研究是否有纵火痕迹，并访问左右邻居，判明起火时的情况是否有可疑之处。

（2）对有关物的调查。主要是通过对火场周围环境的巡视观察，了解火场周围的道路、院落、邻近建筑的情况，判断有无外部原因引起火灾的可能性；以及通过对火场内部进行全面观察，查清被烧物的名称、被烧物的倒塌方向、严重烧毁之处、轻微烧毁之处，并判定是否有纵火的物证痕迹。通过被烧物烧毁程度的不同可以判定灾变方向，即灾害发生时的火势走向。例如木材被烧，最初是变成木炭而后才变为灰烬，故根据其燃烧结果可以判定其燃烧路径。某个地方若烧得一干二净，就说明这个地方是起火点，可进一步判定火灾原因。

通过以上对人和物的调查与研究，所搜集到的证物、痕迹，为确定起火点和起火原因提供依据，最后结合消防部门出具的相关资料（如：①火灾现场查勘记录；②火灾现场当值人员询问笔录；③火灾调查报告；④火灾原因认定书及整改意见书等）得出火灾起因结论。

5. 火灾现场的取证及损失清点

为了确定总体损失范围及程度以及保险标的物的损失范围与程度，保险公估师必须在灾损现场进行清点和取证。有的情况下，甚至还要从现场的各种迹象、证物及灾后布局，研究、判断以及模拟复原为灾变发生前的状态，以便对保险标的物进行定损定量的确认工作。

在现场进行取证及清点时，保险公估师首先要会同保险双方当事人以及导致事故发生的第三者责任方一同决定采证、清点的范围、方向及顺序，然后根据《财产损失清单》的明细及标的物位置对相关物资逐一清点，详细核查其品名、规格型号、数量及受损程度等（被保险人提供有损失清单，则按单清点；没有，则做详细记录）。必要时，还要对现场碳化物、灰渣进行取样化验，求证属于何种物质。有时还应查验其全部标的的数量。在这一过程中，保险公估师要根据保险标的物的类型与性质分类，并按顺序渐进地清点及采证。清点、检验及采证工作结束后，应立即缮制《现场损失清点核实表》，由保险公估师和被保险人双方签字确认。一般现场清点分为如下几部分。

（1）房屋及装修方面。

① 丈量承保范围内所有房屋的建筑或平面面积以及每层自地面至顶板或天花板的高度。如果能索取原建筑平面图、结构、钢筋图等相关图纸，则更为恰当。

② 丈量房屋已毁损部分的平面面积以及屋顶或天花板以及周围墙壁毁损、污损或灼损的面积。

③ 鉴定房屋内部装修形态以及所使用的各种建筑材料的等级与数量。

④ 检测、计量毁损房屋及装修原来使用的各种建筑材料及尺寸，以便于计算恢复原状所需的费用。对于一些特殊建材及特殊装修，可根据现场残余痕迹丈量出大小尺寸，并绘图标明，以便估算损失金额。

⑤ 查明房屋原始建筑、装修完成日期，一般均以房屋产权证内的建筑完成日期为依据。对于装修，则应向被保险人索要有关造价单、发票及相关凭证，以便确定其折旧率。

⑥ 在必要的时候，公估人可征得保险人同意，邀请专家或某些社会公众中具有良好信誉和权威的团体、协会，对损失状况及修复方式一一进行评估。一般而言，对房屋建筑结构方面损失的确定，保险人与被保险人有争议时，通常采用这种方式。

（2）机器设备方面。

① 清点机器设备遭受毁损件数、未遭损失完好者件数，并详细记载所有机器设备的名称、编号及其相关的一切资料，并将安置地点绘图标明。

② 详细检查被毁损者，如只是轻微污损、仅做适当保养即可恢复的设备，则要求被保险人立即进行保养，以免损失进一步加重；若需送厂或请专家修理者，则要求被保险人尽快与修理工厂联系，以便早日报价。

③ 要求被保险人尽快提供有关修复机器设备的估价单（以及检测报告）。

④ 必要时，公估人可征得保险人同意，邀请专家协助，与修理人员一起对机器设备的损失情况进行评估。

⑤ 查明各种机器设备原始购置价值及现行市价，以及开始使用及工作年月，并索取有关图样、说明书、发票等，以便确定其折旧率。

需要说明的是，如保险合同中未作特别约定，其冲压锻造的“模具”一般不视为机器设备。

（3）营业用财产方面。

营业用财产，是指营业所需的一切器具用品（如在工厂，则指机器及设备之外的器具用品），包括办公设备（如电脑、复印机、打印机等）、办公用品（如复印纸、墨水、文件夹等）、办公家具（如办公台椅、文件柜、沙发等）。

① 根据被保险人出具的《保险财产损失清单》及财产目录以及保险人提供的保险标的物明细表，对照现场的设置位置一一核对，并从残余物或灰烬遗迹中分析、了解其损失情形。

② 对于现场残余物的估价、整理费用等，应从现场查勘所得及损失痕迹进行判断。

（4）存货方面。

① 首先应取得有关账册、进出货收发凭证、盘点表等资料，查明所有存货以及保单承保情形，以决定是否需将所有存货进行清点。

② 存货可分为原材料（原料、物料）、半成品、产成品，将所需清点范围内的存货按不同种类（如：未遭损失完好的存货、遭受轻微水渍的存货、遭受严重水渍的存货、遭受烟熏污染及破损的存货、遭受部分焚毁或焦灼的存货、全部焚毁的存货残余物以及全损的存货烧毁痕迹等）分堆，然后清点各堆数量，就地分别设以标记，记载该类该堆存货的有关资料（如数量、重量、种类等），并绘图记录各种存货原来存放位置及现堆存地点，最后再拍照存档。

③ 对有关水渍、烟熏、沾污、破损、部分焚毁、焦灼的存货，应估算其损失程度，向保险人报告并邀请其到现场，同时与被保险人协商有关残余物价值认定及处理方式。

④ 如存货全部被焚毁，无法从现场清点出数量及种类时，应要求被保险人提供有关进出货凭证，并对火场残余灰渣破片及存货地点、墙壁屋顶有关痕迹进行查验，同时测量可能的储存空间，以便核对、推测有无此种存货、最大堆放数量及品质高低等。

6. 火灾现场受损物资的整理

对于大型仓库、大型企业发生火灾，在灾情得到初步控制后，保险公估师应根据货物类型与受损程度（严重与轻微、外观完好与外观受损）进行分类，而后要求被保险人的有关人员将各类货物堆放到指定区域中，以便于及时转移、维修及定损。在此之前，保险公估师要对被保险人的有关人员进行临时培训，讲授如何进入现场、如何码堆、如何分类等有关知识，以防他们在纷繁的清理作业中因不明确操作程序而出现失误。例如，进出受损仓库和临时仓库的方式有I型、L型和U型三种，而按标的物的性能、外形等确定码堆的基本方式有重叠式码垛、纵横交错式码垛、仰伏相间式码垛、压缝式码垛、宝塔式码垛、通风式码垛、栽柱式码垛、衬垫式码垛、鱼鳞式码垛、架子化码垛、“五五化”码垛等。

7. 火灾事故原因分析中的技术鉴定

火灾事故原因分析中的技术鉴定，是指为了认定火灾原因中的某一事实或专门鉴定某一痕迹物证，采用科学仪器设备和检测方法所得出的客观结论。技术鉴定具有较强的科学关键的证据作用。

（1）物质成分分析。即利用各种化学分析仪器对不同的化学物质、易燃可燃物质进行定性定量的理化分析检验。只要得到被检验物质的定性定量结果，就能够知道它的浓度、闪点、自燃点、爆炸极限等方面的物质性质，就能够为分析、认定火灾事故的原因提供重要依据。

（2）金相分析。为利用金相显微镜对金属组织的相态进行分析检验的一种技术方法。金属类物质加热所达到的温度、保温时间的长短、冷却时的条件，将给金属组织的结晶相态产生不同的变化，通过金相显微镜观察金属材料被烧后金属组织的相态变化，即能够反推出金属在火灾中从加热到冷却的过程，从而为分析、认定火灾事故的原因提供客观证据。

（3）热分析。这是在程序控制温度下测量物质的物理性能随温度变化的一种技术分析方法。它通过检测被测样品在受控加热过程中的吸热、放热情况或热失重情况，鉴别出样品的热性能指标。通过鉴别某一物质的热性能，可以为分析认定火灾事故的原因提供科学的依据。

（4）剩磁检测。是利用特斯拉计（高斯计）、磁通仪等磁场测定仪器，对火灾事故现场中可能存在剩磁的部位进行测定的一种技术方法。剩磁是指在雷击或电气线路发生短路时，其雷电通道或短路线路周围产生的磁场能磁化铁性材料，在去掉外加磁场后，原磁场中的物体仍可部分保留剩余磁性的一种物理现象。通过测量物体剩磁量的多少，可以鉴别被测物体附近是否发生过雷击、短路等强电流通过的现象，为分析、认定起火原因提供参考依据。

8. 注意事项

（1）做好社会调查，详细了解企业生产经营情况是否正常，财务报表及完税是否及时、准确，判定有无道德风险（人为纵火因素）。

（2）及时固定财务数据是火灾事故现场查勘的重要任务之一，通过打印（复印）

资产负债表、总账及明细账（特别是存货库存表、盘点表）、资产登记簿及卡片、仓库保管账、出入库单据和记录等，落实受损保险财产项目、账面数额和价格标准；对损失较大的案件，要及时封账。

（3）对于位处中间环节的生产车间发生火灾而仅剩残余物（残骸或灰烬）时，应及时了解企业的生产工艺流程，查清事故前连续1周或2周上下线进出（如原材料、半成品进入，半成品、成品运出）的数据清单，并结合现场残余物的性质及体积，判定受损标的在此环节的停留时间以及它们的种类和数量。

（4）若遇存货大批受损而企业账册不全或报表、单据等被烧毁时，应立即清查未受损保险财产的数量，并根据现场残余物的痕迹、性质及体积，分析、判断、推定受损标的的种类及数量。

（5）若遇存货品种多、数量大而体积小的情况时，可采取分类堆码或称重的方式准确、快捷计算受损标的的数量。

（6）根据实际情况，提出现场施救处理方案。及时提出损余物资的处理原则或方案。

（7）缮制《现场查勘记录表》，对事故现场环境及损失项目、数量、程度等进行描述，要求被保险人签字确认。

（8）索取理赔资料。将事先准备好的《索赔资料清单》提交给被保险人，要求尽快、完整提供（尽可能在现场收集财务报表等关键资料）。

（二）水灾事故案件的现场查勘

水灾特别是大面积水灾一旦发生，将会导致大面积财产受损。由于涉及财产种类多、受损单位多以及需及时施救以减少损失等因素，与火灾案的公估相比，水灾案的公估对时效性的要求较高，现场清点的步骤也略有不同。

1. 查勘工作的内容

（1）通过事故现场的查勘和对有关当事人的调查，进一步核实出险的时间、地点、原因与事故发生的经过，以确定损失是否发生在保险有效期内、是否属于保险责任范围。

（2）根据被保险人提供的损失清单，与被保险人的有关人员一起对受损财产进行清点与检验。

① 核对标的的规格、型号、包装种类、数量，以确定是否为保险标的。对于设备类，查勘时需注意机器被水浸泡的高度、机器马达安装的高度、控制电路的安装位置等，以确定机器的受损程度。

② 对于流动资产，要留意外包装上有无印有“不得倒置”、“不得受潮、受热”等标记。注意损失能否归因于没有这种标记，或者因未按标记要求将存货放置于不符合防潮、防水的地方而导致受潮、水湿致损。

③ 检验内包装。带有包装的货物的检验，除检验外包装外，还需进一步开包检验内部货物的受损状况。包装内部各种不正常的现象和破损痕迹都是判断致损原因的主要依据。

④ 检验内货。对于种类繁多的受损货物，被水浸后，由于物理或化学特性，会产生各式各样的状态，这就要求公估人员必须根据货物的材质、用途、功能、价格等因素，向保险双方提供科学的、合理的损失程度的建议。

（3）鉴定损失。首先确定存货遭受什么性质的损失（如水渍、水浸、渗漏、汗湿等），然后再按存货具体损失情况确定损失程度。在鉴定残货时，如需抽样化验应聘请专家鉴定。在确定损失程度时，要结合残货在使用及销售方面所受到的影响和有无其他替代用途来考虑，并注意正确、合理。

（4）施救整理和损余处理。为了维护保险双方当事人利益，不使受损标的物继续扩大或加重损失，保险公估师要督促被保险人迅速将完好存货与残损存货分隔，以防因水湿、霉烂等使损失不断扩大，并要求被保险人采取有效施救措施将已受损的存货进行整理、修补、烘干或重新包装。

（5）对事故现场和受损的财产进行拍照取证。

（6）对于公估理算的资料，应在现场查勘时向被保险人索要。现场查勘取证完毕后，由保险公估师整理出完整的现场查勘记录，让被保险人签字确认，作为理赔的依据之一。

2. 部分行业水灾损失程度的确定

（1）电气工业类。电气工业乃电力、电工、电机、电器、电讯和电子工业的统称。电气工业产品及设备，包括电子元器件、常用电工材料、测量仪表、家用电器、电机、电力及输配电设备、通信设备、计算机及外围设备、工业电器及工控仪器、仪表、进口电气设备等。从灾损处理和理赔角度看，可将电气设备及产品大致分为以下几种类型。

① 元器件及原材料。主要是清除元器件管脚锈蚀，烘（晾）干恢复绝缘并测试性能。处理比较容易，仅限于支付简单劳务工时费用。若元器件大面积被水浸、污染，由于其进货成本低，而大量人工处理成本反而可能高于原来的进货价，故此时需比较进货成本与损失处理成本，以便采取更合适的理赔方案。

② 电机、电器类产品。视水浸的时间及深度而定。电机主要由铁芯、转子、电气绕组、活动触点等组成。其灾损处理是清除污物和锈蚀，清洗打磨触点，恢复绕组绝缘，一般采用通热风或内加热式的方法来烘干，若绕组损坏要重新绕制（如水浸泡到电机内部，出现短路现象可更换线圈等零件进行维修，通常损失程度可取40%～50%；如水没有浸泡到电机内部，一般不会有什么大碍。但漏电开关一旦遭到水浸，就不可以再使用）。然后，对绝缘及性能进行测试，处理费用及测试费用都

高于前一类，但在原值中所占比例并不高。

③ 电子类（弱电）产品。其结构特点是由多块印制板及电子元器件组成。除清除锈蚀污物恢复绝缘外，还必须对设备进行检测和维修。该类产品技术含量高，一般采用“板级维修、功能测试”方法，即根据故障现象或设备提供的检查程序，判定故障部位，再用同样的印制板（备板）更换，直到功能恢复正常为止。维修需要备板和专门的维修机构，特别是对国外进口设备，要由国内代理机构或国外来人维修。

电子设备往往价格较高，维修比较困难，而其关键部件大多为集成线路板、印制板等，比较轻，便于搬动，在遇到水灾时，被保险人应立即切断电源，尽力将贵重而又便于搬动的部分（包括设备和印制板）抢离灾害现场，以减少损失。被保险人若因抢救不力而造成的损失，应根据实际情况承担相应的责任。

④ 电力（强电）及设备类。用于高电压、大电流电力及输配电的设施、设备，在洪水、暴雨季节容易受损的原因主要为雷击，因此电力设备防雷电是一个重大问题。在雷击多发区，对户外设备（电力设备、架空线、通讯设备）及精密、贵重、大型设备（如程控交换机、计算机网络、工作站、上控系统、电力拖动、监控系统等）一定要采取严格的避雷措施，避雷装置必须可靠接地，否则避雷会成为“引雷”。

在同样的受灾条件下，电气产品的受损情况受产品质量、使用环境、维护状况等多种因素影响，可能有很大差别，应根据实际情况（灾损和修复）分析处理，确定赔偿比例。

⑤ 电线电缆类：架设地上者为电线，深埋地下者为电缆。如果有外包装且浸泡时间不长，通过人工擦干或吹干，然后重新包装即可适当折价卖出；如果浸泡时间长，则须检测电线的耐压值，若耐压值小于额定值（可能性不大，通常遭水浸泡过的电线均可达到额定的耐压值），则应按废品处理。

（2）机械设备类。主要包括农业机械、矿山设备、冶金设备、动力设备、化工设备、交通运输设备、建筑机械和筑路设备、纺织机械设备、轻工机械设备、机床设备、工具、仪器仪表以及其他机械设备等。大部分机械设备为机电一体化结构，甚至是机、电、液、光、气和声等综合技术的设备。尤其是一些现代化的机床，它的电气控制系统的价格占机床总价的比例很大，往往成为理赔的重要成分。

水灾均能使其设备的外观、性能等方面受到不同程度的损坏，需具有专业资质的机构进行检测和维修。修理费用包括置换的器材费、修理的人工费和部分管理费，定损时注意剔除自然磨损所支出的费用。

（3）汽车配件类。汽车零配件一般可分为两大类。一是内有电路的汽配件，如电机、继电器、膨胀阀、电磁阀、电子仪表等，遭水浸后难以简单处理，需返厂拆件重新加工，损失率一般为20%～50%；若加工费超过原值或维修后质量不能保证，则作废品处理。二是内无电路的汽配件以及简易、密封或水湿无碍者，如刹车分泵、轴承轴封、油封、离合器、车灯、总成、连杆、波箱、车门、压机、干燥瓶、接头等，可通过返厂或人工（机油、汽油、除锈剂等）清洁干燥、更换包装处理，损失率一般为10% ～20%。

其他设备配件的水损，可参照上述原则处理。

（4）皮革类。按重量分为轻革（包括鞋面革、服装手套革、家具革、衬里革、箱包革、票夹革、球革、仪表用革等）和重革（包括鞋底革、装具革、轮带革、带革等），按用途分为日用革和工业用革。皮革具有坚韧、耐久、耐湿热、耐化学药剂、干燥不易收缩等特性，既是制革生产的成品，又是生产皮鞋、皮革服装、皮革手套、皮包、皮票夹等产品最主要的原料。

皮革需按相同品种、颜色、等级卷成捆，外用防潮材料包裹，装入纸箱。运输和储存时不得重压、受潮、雨淋、曝晒或与油、酸、碱、盐等腐蚀性物质放在一起。仓库内要保持通风干燥，产品离地和墙20cm以上，防止受潮发霉。

皮革遇水浸渍后可能出现白霜（盐霜、油霜）、色差、脱色、水渍斑、霉斑、膨胀、革身发硬等一种或数种现象，严重影响皮革的手感、外观和内在质量，影响使用，等级降低，植鞣还可发生吐栲现象。浸水皮革应尽早打开晾干、烘干，根据受损情况、品种进行不同程度的加工整理，如去污、染色、加脂、涂饰、熨平、上光等。其损失率需根据皮革的品种、档次、受损情况，施救处理需要的工时、化工材料、能源等确定。一般情况下，浸水时间1天以内，损失率为5% ～10%；2～4天，10% ～20%；5天以上，25% ～30%。

（5）纸品类。纸品分为原纸、半成品及成品三大类。原纸大致分为新闻纸、瓦楞纸、箱板纸、铜板纸、牛皮纸、白卡纸、双胶纸、芯纸等，成品可分为坑纸、纸板、纸箱、纸盒、纸杯等。根据水浸程度，原纸可进行切割分销、返厂制浆或废品回收处理，成品、半成品一般作废品回收处理。若受损数量较大，应考虑招标方式议价。

（6）塑胶类。可分为塑胶原料、半成品及成品。塑胶原料品种繁多，如EVA、PVC、ABS、PU、PP、PC、PE、POM、HIPS、HDPE等胶粒或水口料、本料、黑料、白料、橡胶粉等；成品、半成品包括鞋底、各种儿童玩具、用品、配件等。其原料遭水浸后会变色、起泡、膨胀、粘连等；半成品易出现点状白霜或变色等；成品内有电路者，则易生锈、失灵。按照受损程度，原料损失率一般为20%～40%（严重者按废品处理）；半成品可进行除霜或回炉处理，损失率一般为20% ～30%；成品考虑人工清洁、消毒或更换电路等配件费用。

（7）木质类。也有原料、半成品及成品之分，水浸事故多发生在木材加工厂、销售或展览店、办公室等地方。若水浸在数小时之内，实木材质一般影响不大，但中纤板则易变形、开裂、霉变，损失率一般为20% ～40%。

（8）药物类。药物有中药和西药（化学原料药）之分、内服与外用之别，且有膏、丹、丸、散、针、片、露、酊、胶囊、原料等的不同。按照不同的方法有不同的分类，且种类繁多。

药品是一种特殊的商品，其质量必须符合国家或省、自治区、直辖市药品标准，不存在降低品质要求的可能性。其内、外包装的受损程度可由目测确定；而内容物受损时，则必须由县级以上药品机构按照相应药品所规定的质量标准，进行逐件取样和质量分析，以决定受损药品是否符合质量要求。

根据国家《药品管理法》第48条规定："被污染的药品禁止销售。"因此，对于外、内包装不同程度浸渍、污染而药品检验结果合格的轻、中度损失者，给予更换外、内包装以及检验、运输等费用补偿，损失率一般为5% ～30%；而对于严重污损或药品检验结果不合格者（除有回收、精制可能外），一般都应看做全损并现场进行销毁处理。

以上仅是常见和举例而已。遭受水浸事故的物资很多，涉及的行业和种类繁多，无法一一列举。总的处理原则是：在现场核实其受损品名、数量及程度的基础上，立即查询资料、请教专家，详细掌握该物品的特性、用途、质变情况、处理方法及结果，然后再分别确定其损失率。

（三）爆炸事故案件的现场查勘

1. 爆炸事故的类型

（1）爆炸的种类。按照物质爆炸的基本性质，可分为以下三类。

① 物理爆炸。爆炸时，物质只产生能量转换和物态变化，物质分子间不进行化学反应，没有新的物质生成。常见的物理爆炸是压力容器的爆炸，如锅炉爆炸、高压气罐爆炸等。

② 化学爆炸。爆炸的过程不仅有能量的转换和物态的变化，而且物质的分子间发生了化学反应，有新的物质生成。常见的化学爆炸有炸药爆炸、粉尘爆炸、易燃易爆气体的爆炸等。

③ 核爆炸。核爆炸是重原子核（铀、镭等）的裂变反应或轻原子核心（氘、氚等）的核聚变反应。反应过程中释放出大量热能（原子能），使裂变物或聚变物形成高温、高压气体，气体通过急剧膨胀而对外做功。这种由原子核变化产生的能量转换称为核爆炸。

在实际应用中，核爆炸因技术复杂，只在局部范围内应用、发生；工业生产和工程建设中广泛使用的主要是炸药，其生产、储存、运输和使用过程中常常发生爆炸事故；而物理爆炸在工业生产中不便于应用，所发生的爆炸多属于事故。

（2）常见爆炸事故的类型。能够构成重大事故的爆炸事故，主要包括以下几种类型。

① 炸药爆炸事故。它是指专门利用爆炸后产生的超压进行做功的物质，在意外情况下获得起爆能源而引发爆炸的事故。这里需要强调指出的是，炸药是专指那些以爆炸产生的超压为目的，只要获得起爆能源即可爆炸的物质，并不是所有能够发生爆炸的物质都是炸药。

② 可燃气体爆炸事故，又称蒸气云爆炸事故。它是指非炸药类的、能够燃烧或爆炸的气体物质，在与空气或氧化剂混合达到一定比例后，在点火源或不同热源的作用下发生的爆炸事故，如天然气爆炸事故、瓦斯爆炸事故等。

③ 工艺设备爆炸事故，或称压力容器事故。它是指在一定温度下承受各种压力的工艺设备或密闭容器，在使用或试压时壳体发生破裂，使内部压力瞬间降至外界大气压力的事故，如压缩机爆炸事故、反应釜及锅炉爆炸事故等。

④ 粉尘爆炸事故。指与空气混合成一定比例的粉尘粒子，表面通过热传导和热辐射从点火源获得能量，表面温度急剧上升，形成粉体蒸气或分解为气体，引起整个粉尘空间发生急速化学反应的事故，如纤维尘爆炸事故、煤尘爆炸事故等。

上述工艺设备爆炸属于物理爆炸，其余三种均属于化学爆炸。气体爆炸和粉尘爆炸除需要起爆能量外，还需要与另外的物质（一般是氧化剂）混合才能发生爆炸。此外，各种爆炸相互间也有一定影响，如压力容器发生破裂爆炸后，容器内的易燃易爆气体可能会引起二次爆炸。

2. 爆炸事故现场的特点

（1）爆炸事故现场的概念。爆炸事故是指可爆炸物质急剧作用在空间上失去控制而造成破坏的事故；而爆炸事故现场则指发生爆炸的时间、场所与爆炸原因有关的场所、物品以及爆炸所造成后果的场所的总和。爆炸现场至少包括三个范围：

一是爆炸点。由于爆炸类型不同，爆炸点类型也不同。有的明显，如炸药爆炸有炸坑，炸点处破坏严重；有的不明显，像粉尘、气体爆炸，就没有炸坑。

二是事故的起始点。即与引起爆炸原因有关的场所，如外来火星的出发点、电火花为火源时所发出电火花的原来的电路处等。

三是爆炸事故的现场。指爆炸抛出物打到另外物体和行人造成的破坏与伤亡，以及冲击波在几百米甚至上千米处造成破坏的场所。总之，凡与爆炸事故原因及后果有关系的场所都属于爆炸事故的现场。

（2）爆炸事故现场的特点。爆炸现场与一般现场相比，具有不同的特点。这些特点主要表现在以下几个方面。

① 现场建筑物、构筑物等有时会全部或部分坍塌、破坏甚至燃烧。

② 爆炸时产生的高温、高压或由于煤气、火炉、电器、电线等损坏，造成现场起火。因此，有时爆炸现场又具有火灾现场的特点。

③ 勘查人员进入现场具有一定的危险性。现场查勘时需注意以下五点。

一要注意可能坍塌的墙壁、屋顶或将要脱落的构件，以防砸伤；

二要注意可能存在未爆的爆炸物品，若有则须排除与清理后才能进入；

三要注意可能存在的有毒气体（如地下室、防空洞、巷道、地下铁道等场所发生的爆炸，其产生的大量有毒气体因通风不良而扩散很慢），必须先行通风或戴上防毒面具；

四要注意正在燃烧或将要燃烧的物品；

五要注意未切断电源的电线和电气设备，以防触电。

④ 发生爆炸后，由于抢救伤员、灭火，现场的许多物体都失去爆炸前或爆炸后的原位、原状，因此，爆炸现场大都属于变动现场，而很少存在原始现场。

⑤ 责任者遗留的痕迹、物证或造成爆炸事故的器具、设备等，被大量泥土、灰尘、砖石等物全遮盖或被抛离中心现场，故给获取痕迹和物证带来困难。

（3）爆炸事故案件现场与故意爆炸案件现场的区别。爆炸现场都有爆炸现象及爆炸作用产生的痕迹，均具杂乱、范围广、变化大、取证难等共同特点。在爆炸现场，区分爆炸事故或故意爆炸案件的一般要点是：

① 爆炸场所。爆炸事故多发生在爆炸物品生产、运输、储存、使用过程中，即爆炸现场原有爆炸物品，包括存在爆炸性气体；而故意爆炸案件现场一般没有存放爆炸物品，但也有少数爆炸犯罪是利用原有爆炸物品进行爆炸破坏的。

② 炸点位置。爆炸事故炸点发生在原存放爆炸物品的位置，无故意破坏反映；而故意爆炸案件炸点多发生在要害部位，原来一般没有爆炸物品存放，且有明显的故意破坏反映。

③ 引爆方法。爆炸事故存在发生爆炸的条件，无专门的引爆装置；而故意爆炸案件不具备发生爆炸的条件，故有专门的引爆装置。

④ 爆炸物品的自燃自爆性。故意爆炸案件一般不存在爆炸物品的自燃自爆性。炸药的自燃爆炸事故的认定，包括：存在自燃爆炸的物品及外因条件；经调查未发现人为引爆的各种因素；现场勘查发现有自燃爆炸的物证与痕迹；具有充分的科学鉴定结论或模拟实验结论。

爆炸现场的勘查工作，通常分一般勘查与技术勘查两个步骤。

3. 爆炸事故现场查勘的重点

（1）炸药爆炸事故现场查勘的重点，包括如下内容。

① 判明爆炸性质。查勘人员进入爆炸现场时，首先要注意观察爆炸后的现场特征以及造成的破坏（如何处破坏较重、何处破坏较轻，破坏的物质名称，损失及伤亡程度，有无炸点等），都要做好记录，绘制现场草图；同时，还要进行调查访问，寻找当时在场的人员，了解当时发生爆炸的情况，包括发光、火焰颜色、爆炸声音

等，并做好记录，以判明爆炸的性质，是属于气体爆炸还是炸药爆炸。

② 炸点的勘查。对炸点（属于炸药爆炸）的勘查要十分认真仔细。勘查时应注意以下几点：一是观察炸坑形状大小、坑口直径、坑的深度，以及坑口外围震动环的大小，炸点到底是什么物质（土地面、水泥地面、地板面、石子地面等）；二是炸坑的气味（炸药爆炸所产生的气味可在炸坑内保留较长时间），借以判明属于何种炸药；三是烟痕（炸药爆炸后，在炸坑或被炸物体上常留下颜色深浅程度不一的烟痕），注意观察炸坑尘土的颜色，如 TNT 产生黑色烟痕、硝酸铵炸药产生灰白色烟痕、黑火药产生黑色或灰白色烟痕等。

③ 爆炸残留物的勘查。爆炸残留物质，主要是指炸药未完全爆炸的部分和炸药的起爆装置等（如未爆炸药颗粒和粉末、导火索及雷管碎片等），这些物质是提供分析属何种炸药与引爆装置的重要依据。观察与寻找应十分小心，注意勿遗漏；提取的残留物要包装好，记好标签，以便分析检验。

④ 抛出物的勘查。抛出物是指爆炸时从炸点向周围抛射出去的物质（或部分残留物）。包括：炸点的物质（尘土、地板、水泥等）、炸点周围的物质（指炸药的包装物、捆绑物等）、炸点远距离的物质，这三类物质往往分布在同一方向上。对抛出物的勘查，要注意抛出物属于什么物质、抛出的方向以及抛出的距离，这些都要仔细测量并做记录。根据检验结果，玻璃包装的炸药，爆炸后包装物原来的形态会起变化，无色玻璃多变为灰白色石灰状物。捆绑物铝丝、麻绳等，爆炸后也会变形，应注意观察。寻找抛出物，可先从炸点开始，然后向外仔细观察寻找；也可确定范围，分段进行查找。一般情况下，这些抛出物大都能在距离炸点周围 15 米范围内找到。

（2）非炸药的化学爆炸现场查勘的重点。非炸药的化学爆炸，往往是指分散的气体、粉尘与空气按适当比例结合，在一定能源作用下所产生的连锁反应（放出大量光、热和冲击波等）。勘查重点有以下几方面。

① 找出起爆能源。起爆能源一般很难在现场找到，必须通过细致的勘查与现场实验来解决。

② 找出可爆物来源。可爆气体或粉尘由何而来，是如何泄露、如何集聚、为何没有热排除等，要认真勘查。

可爆物一定有如下特征，否则是不可能引起爆炸的。

一是可燃爆的还原性固体粉末物质，例如，煤粉、淀粉、棉粉、麻粉、铝粉、铁粉等。这些具有还原性物质与氧气按比例混合后，可能起氧化还原反应，与此同时产生大量热和气体。

二是可燃爆的还原性气体物质，例如，甲烷、乙烷、甲醇、乙醇、丙酮、苯、一氧化碳、甲苯等。这些气体与氧气按比例混合后，亦能起氧化还原反应，与此同时也能产生大量热和气体。

可爆物的可燃性与分散性是引起爆炸的必要条件。在勘查可燃爆物来源时，对气体要找出泄露点，对粉尘要勘查存在的可能性（主要看粉尘管理情况）。

4. 炸药爆炸事故现场勘查的主要内容

由于各类炸药爆炸事故的现场环境不同，爆炸的炸药种类与性能不同，以及爆炸所造成的事故不同，所以在现场勘查中应当采用的方法与步骤也不尽一致。一般来说，要查明爆炸事故的原因与性质，主要包括如下内容。

（1）做好调查访问。现场访问的对象主要是有关责任人、知情人及了解爆炸发生前后现场情况的人。询问的内容主要包括事故发生的过程，现场存放炸药的种类、数量及保管条件，爆炸发生时产生的声、光、烟、火、味等爆炸现象，爆炸发生后的抢救情况，爆炸发生的次数及位置，有关人员在爆炸时的现场位置及活动等等。如现场起火燃烧，还应问明是先起火后爆炸，还是先爆炸后起火。对于发生在生产制造过程中的爆炸事故，应当了解爆炸是在生产进行到哪一个阶段发生的。通过现场访问得到的信息，应当与实地勘验掌握的情况相互对照，以查明爆炸事故的客观事实。

（2）现场破坏范围的勘查。现场破坏范围包括爆炸产物的直接作用范围和冲击波的作用范围。爆炸产物直接作用的最大范围，也称为爆炸产物的极限作用半径，一般为原炸药半径的 10 ～ 13 倍。当离爆炸中心的距离小于爆炸炸药半径的 14 ～ 20 倍时，爆炸产物与冲击波共同起作用；当离爆炸中心的距离大于爆炸炸药半径的 14 ～ 20 倍时，主要是冲击波起破坏作用。爆炸产物的直接作用主要是对周围介质或物体产生压缩、粉碎和抛掷，能够形成破裂、穿孔、剥离等痕迹；冲击波的破坏作用能够造成人员的挫伤、骨折、内脏破裂、死亡，并使建筑物断裂、倒塌，门窗玻璃破碎等。准确勘查现场破坏作用范围，对于查明爆炸的破坏程度、判定炸药量和被炸受害者与爆炸的关系有着重要的作用。

勘查爆炸产物的直接作用后果应注意现场物体有无受到高温作用，作用面积多大；对被压缩的介质，应测量其压缩层厚度；对伤亡人员应注意其衣服的损坏状况，是破碎还是撕裂，有无穿孔现象等；对爆炸抛掷物，应查清现场抛掷物的分布状况、抛出方向及与爆炸中心的距离等，重要抛掷物还应逐一测量其外形尺寸与重量，观察其表面有无烟痕、燃烧痕迹、击碎痕迹等。

勘查冲击波的破坏作用，可以采取从中心到外围或从外围到中心的方法。查勘时，要客观地查明被破坏介质的材质及坚固程度、与爆炸中心的距离、被损坏的程度、所处的方位及与冲击波作用的方向关系等情况。

（3）现场伤亡人员的检验。炸药爆炸对人体的作用方式是多种多样的。爆炸造成的直接损伤主要有炸碎伤、炸裂伤、炸烧伤、超压伤、抛击伤等，爆炸间接作用造成的损伤主要有抛坠伤、摔伤、压伤等。检验时，应当检查损伤的种类、部位、受伤面积及造成该损伤的原因、作用过程等情况。全面检验伤亡人员的受害情况，是判定受害人在爆炸时所在位置姿势及行为活动的重要依据。一般来说，检验伤亡人员应由专业技术人员进行。

（4）爆炸中心的勘验。爆炸中心也称炸点，是炸药爆炸时产生能量高度集中的中心区域。根据现场破坏范围的勘查及伤亡人员的检验，按照爆炸能量球面状辐射的特点，一般不难确定爆炸中心。爆炸中心是炸药及起爆能源同时存在的部位，因而也是重点勘验的部位。

由于爆炸作用的性质、炸药猛烈程度、炸药所处位置及相互关系、炸药周围介质等情况的不同，炸点的形状也多种多样。常见的炸点，包括锥形、塌陷、孔洞、截断、粉碎、悬空等各种类型。勘验时，应记录爆炸介质的组成、性质、炸点形状、粉碎区及压缩区的范围等，并注意收集炸点内的烟痕、气味、爆炸残留物等。同时，还应重点查找起爆能源，包括环境条件是否过热、能否自燃引爆，有无明火、火星、火花等火源产生的条件。必要时，还须检查电气线路或进行模拟实验。

（5）炸药爆炸原因分析判断。炸药爆炸必须是炸药物质与起爆能源同时存在的结果，故找出起爆能源往往是查明炸药爆炸的关键。起爆能源既可来自炸药外部也可来自炸药内部。

外部起爆能源包括火焰、火星、火花、高温过热物体、雷管爆炸等，其中电气故障、机械摩擦和静电产生的火星或火花常常是形成外部起爆能源的主要原因，逐一排除现场中所能产生外部起爆能源的客观条件，是分析、判定炸药爆炸事故原因的常用方法。在认定外部起爆能源时，还必须考虑到炸药的性质。有些炸药的安全性较高，用火柴的火焰直接点烧都不会引起爆炸，而必须用爆炸的雷管这种较大的能量才能引爆。因此，认定的外部起爆能源还应与炸药的引爆性能相一致，这类点火型爆炸事故常见于炸药的生产及使用过程中。

炸药爆炸的内部起爆能源来源于炸药自身的分解，而所有炸药都有热分解作用。在常温常压下，炸药的分解速度是十分缓慢的。影响炸药分解反应速度的因素有温度、湿度、压力、通风条件等，如环境温度湿度增大、压力增加、散热条件不好等，炸药分解释放的热量就会在内部积聚，并促使其分解速度加快。当分解加剧到一定程度、达到炸药的爆炸点时，即会发生自燃、自爆。因此，在炸药爆炸事故的现场勘查中，当全部排除外部起爆能源的可能后，应根据炸药的外部环境条件、存放的时间及方式、炸药的种类及性能，认真分析炸药是否具备自燃、自爆的条件。这类炸药的自燃爆炸型事故多见于炸药的储存及运输过程中。

5. 可燃气体爆炸事故现场勘查的主要内容

（1）可燃气体爆炸事故。可燃气体爆炸是指各种在空气中能够发生燃烧的气体或液体的蒸气，与氧或空气相混合到一定比例时，遇到火源不是发生燃烧而是发生爆炸的现象。由此可以看出，发生这类事故必须存在可燃气体或可燃液体的蒸气，这些气体与空气或氧气混合必须达到一定的浓度，同时还必须有点火源参与作用，缺少任何一个要素，这类爆炸事故都是不能发生的。常见可燃气体爆炸事故有以下几种情况。

① 点火型爆炸。在与大气相通的管道、容器内部或生产作业场所中存在的爆炸性气体，遇到过失或意外产生的火星、火花等点火能源而发生的爆炸事故。

② 泄露型爆炸。在密闭容器或管道内部的爆炸性气体，因阀门未关闭或容器、管道有裂缝等原因产生泄露，与外部点火能源或高温物体相接触而发生的爆炸事故。

③ 其他事故引起的二次事故。由于火灾、压力容器爆炸等事故引起的密闭容器内可燃性气体大量喷出，并迅速与外界空气相混合形成可爆性混合气团或蒸气云，在气体高速流出产生的静电火花或容器碎片撞击产生的火星作用下发生的爆炸事故。

可燃气体爆炸事故与炸药事故虽然同属化学爆炸，但两者发生的条件、地点及爆炸所产生的作用各有不同。炸药爆炸一般要由炸药（固体）、起爆物或点火能源等要素构成，爆炸时不需要外部的供氧条件，受起爆物或点火能源作用可自行发生高速反应，因而爆炸的发生不受地点环境的限制，在地面、地下、空中、水中皆可发生。可燃气体的爆炸需要有可燃性气体或蒸气存在，并有与空气混合达到爆炸浓度的固定空间（如房间、地道、船舱、矿井等），以及点火源或高温物体等条件才能发生。因而，气体爆炸受地点环境的限制，不是在任何地方都能发生的。炸药的爆炸产物在爆炸发生的一瞬间仅占有爆炸前本身的体积，能量高度集中，爆炸后体积膨胀的倍数很大，因而一般具有明显的炸点，击碎力强，能将炸点附近的物体炸成较小的碎片，并将其抛出，烟痕多分布在炸点周围的介质上。气体爆炸时的爆炸产物所占体积相对较大，能量也不像炸药爆炸那样高度集中，爆炸后体积膨胀的倍数相对小一些，碎力较弱，因而一般不能形成明显的炸点，抛出物的体积较大，数量较少，或没有抛出物，烟痕反应不集中，通常分布于可燃气体存在空间的整个表面。炸药爆炸与可燃气体爆炸的这些差异，有助于我们在爆炸事故现场认定爆炸事故的性质。

（2）可燃气体爆炸事故案件现场勘查的主要内容。

① 判明爆炸性质。即所发生的爆炸事故是属于单一的炸药爆炸、可燃气体爆炸、压力容器爆炸、粉尘爆炸，还是具有因果关系的多种类型的爆炸事故。重点在于观察爆炸现场的碎片与所造成的破坏情况（包括破坏了哪些介质或物体、破坏的轻重程度、人员伤亡程度、有无炸点、有无残留物、抛出物及分布情况等），以及掌握爆炸发生时产生的声、光、火、烟、味等各种爆炸现象及爆炸力的作用方法，据以判明爆炸事故的性质。

② 查找气源。在确定爆炸事故的性质是可燃气体的爆炸之后，必须找出可燃气体的来源或产生可燃气体的原因。一般来说，可燃气体爆炸事故现场必定存在产生可燃气体的条件。在矿井（特别是煤矿）内生产作业场所中的可燃气体，通常是从煤层、岩层或采空区中释放出来的，在通风不良的情况下，很容易发生爆炸。在容器、

管道内部的可燃气体，多数是由于泄露释放到大气层中来的，常见的泄露原因有阀门未关或没有关紧，容器、管道的连接、焊接部位有裂缝等。在现场勘查中，一定要通过全面检查，找出可燃气体的泄露点，并进一步查明泄露的原因是操作人员的失误，还是设备本身的质量缺陷。

③ 找出引爆能源。引爆能源是可燃气体发生爆炸事故的必需条件之一。在工业生产中，可能存在可燃气体的场所或装有可燃气体的密闭容器、管道周围都是绝对禁火区。在这些区域内产生的引爆能源，包括生产作业人员违反安全规程使用明火，因工作人员疏忽大意或操作失误产生的火星、火花，因设备故障（如电气线路短路、接触不良等）产生的火星、火花等等。在火灾事故案件现场勘查中介绍的几种起火源的形式都有可能构成可燃气体的引爆能源。引爆能源均处在现场的爆炸中心，随着爆炸的发生，能够证明引爆能源的各种客观证据往往都被破坏，因此现场查勘中必须认真细致，既不放过中心现场的任何蛛丝马迹，也要结合可燃气体的种类、性能及现场情况进行综合判断，必要时还应通过现场实验进行验证。

④ 分析研究可燃气体的聚集原因。可燃气体与空气混合达到一定比例是发生爆炸的另一重要条件。少量可燃气体的爆炸不致造成大的破坏性事故，大量可燃气体的产生往往与环境温度的突然升高和化学反应的失控等因素有关，现场查勘中应注意了解这方面的情况。此外，在可能产生可燃气体聚集的场所或空间，一般都采用排风的办法控制可燃气体的浓度，如果排风设备发生故障、排风通道阻塞或设计排风能力不够，都可能导致可燃气体的聚集。因此，凡没有排风装置的现场，查勘中都应对排风装置及通道进行全面彻底的检查，并注意了解排风时间、有无送风装置及工作状态等方面的情况。

6. 压力容器爆炸事故现场勘查的主要内容

（1）压力容器及爆炸事故。广义的压力容器，是泛指那些在生产、生活及科研活动中使用的能够在一定温度下承受压力且具有爆炸危险性的特种设备。压力容器发生爆炸事故的危害程度，与压力容器的工作介质、工作压力及容积有关。

压力容器的爆炸事故，是指压力容器在使用或试压时本体发生破裂，使工作压力瞬间降至外界大气压力的事故。压力容器爆炸的实质是容器内气体膨胀所释放的能量。爆炸时，一方面使容器破裂，并使破裂形成的碎片以高速向四周飞散，造成人员伤亡或周围设备的破坏；另一方面，爆炸能量对周围空气做功，产生一定强度的冲击波，能够摧毁厂房等建筑物，具有极大的破坏作用。如果容器内部的工作介质是可燃气体，在容器破裂后，它可与周围空气混合形成爆炸性气团，并在容器片撞击设备产生的火花或高速气流产生的静电作用下发生二次化学爆炸，而高温燃气向四周的扩散，还将进一步引起火灾。如果容器的工作介质是有毒气体，大量毒气将随容器的破裂向周围传播，造成大面积的中毒和严重的大气污染。因此，压力容器的爆炸事故历来是工业发达国家重点防范的事故之一。

压力容器的爆炸与炸药爆炸及可燃气体爆炸不同，它属于物理爆炸，爆炸只改变物质的状态或物质所占有的体积，没有新物质生成，因而没有火光、燃烧、烟痕等化学爆炸现象。压力容器爆炸事故主要包括容器在工作压力下破裂与超压破裂两种基本形式。

（2）压力容器爆炸事故案件现场勘查重点。包括：

① 现场调查。压力容器爆炸事故案件的现场调查，主要包括事故发生过程的调查及容器既往情况的调查。

在事故发生过程的调查中，首先应当了解爆炸发生的经过，包括爆炸前有无爆炸先兆反应或各种不正常现象，例如压力波动、漏气、异常声响等，这些现象开始出现的时间，是否采取了应急措施并产生了哪些变化，安全装置是否符合规定等等。其次应重点了解爆炸发生的时间，爆炸容器和现场有关人员的相互位置关系，爆炸时产生的响声次数、闪光、烟雾等爆炸现象。此外还应了解爆炸后是否引起火灾、中毒、二次事故以及现场抢救情况。爆炸发生过程的有关情况是现场查勘的第一手资料，查勘人员应尽可能全面掌握。

容器及使用的既往情况对分析判明事故发生的原因往往有重要意义。调查的方法可以查阅设备的档案及操作规程，也可以组织有关人员进行座谈、回忆。调查的内容主要包括：操作人员的情况、容器的历史情况、容器的使用条件、容器的安全装置情况等。

② 现场实地勘验。包括现场破坏的程度与范围、现场伤亡人员的检查、容器本体情况的检查、监控（指示）仪表情况的检查、安全装置情况的检查及爆炸能量的推算等。

（3）压力容器爆炸事故案件中的技术检验与鉴定。压力容器发生破裂或爆炸的形式是多种多样的。为了确定事故的性质，查明事故发生的种种原因，在现场勘验之后，常常还要对勘验中发现的各种痕迹或物质进行检验鉴定，以便找出某一客观事实是否确已发生的证据。

① 材料成分和性能的检验。包括化学成分的检验（运用各种理化方法和各类分析仪器，对容器所用材料进行的定性定量分析）、机械性能的检验（包括抗拉强度、抗压强度、剪切强度等强度指标，伸长率、断面收缩率等塑性指标，冲击值、断裂韧性等韧性指标和疲劳指标数据）及金相检验（通过金相显微镜观察金属材料组成相态的一种物理检验方法）。

② 断口分析与破裂形式。经过对各种压力容器爆炸事故的研究分析，其断口特点及爆炸破坏的形式包括：塑性破坏（指压力容器器壁承受的压力超过材料强度极限而发生的爆炸破坏）、脆性破坏（指容器在低压状态下瞬时发生爆裂）、疲劳破坏

(指容器材料因疲劳使用导致强度降低而发生爆炸事故)、腐蚀破坏（因工作介质对容器器壁进行不断腐蚀导致强度降低而发生爆炸破裂）等。

(四) 盗抢案件的现场查勘

(1) 在被保险人陪同下，察看保险标的是否存放在保单约定的地址及场所内。

(2) 察看保管地点内外门的损坏情况，有无被撬或动过的痕迹。

(3) 事故现场的概况，包括翻动、包装及损坏情况，并进行拍照。

(4) 若为被抢窃，要认真察看事故现场有无打斗的痕迹，被保险人有无伤痕及衣物损坏情况，当时的证人证言等。

(5) 了解事故发生（发现）及经过情况，有无现场目击证人等。

(6) 了解报案时间，公安部门是否立、破案或认定意见。

(7) 查看会计账册，核对损失项目、规格型号、数量等损失情况。

二、责任审核

责任审核时，应注意以下几个问题。

(1) 认真分析出险原因。财产保险标的的出险原因有的比较明显，而更多的情况下则十分复杂，有直接的也有间接的，甚至还有人为的因素。要区分是否属于保险责任范围内的损失，就必须对出险原因进行深入了解，认真加以分析研究。应结合出险时间、地点、气象、环境等情况进行综合分析。

(2) 依法履行保险合同。保险合同对保险当事人具有约束力。合同一经签订后，保险双方就必须严格履行。当双方发生争议时，如果条款含义含混不清，则应从有利于被保险人利益的角度进行解释。对于被保险人，应履行保险法规及条款上规定的义务，如实告知保险财产的情况，维护保险财产的安全。

(3) 实事求是审核定性。保险责任审定工作的一个首要条件是公估人员必须熟悉法规、条款、办法及有关规定，这样才能准确定性。根据这些规定，认真审定灾害事故的性质、发生原因、责任范围及各种证明文件的可靠性、有效性与权威性，判断事故损失是否属于保险责任范围，属于或不属于哪一项责任。

三、损失核定

受损财产经过施救、整理，明确保险责任之后，根据被保险人提供的财产损失清单、费用支出原始单据和现场查勘掌握的情况逐项加以核定，并最终确定损失数额。

1. 一般灾害事故的损失核定

(1) 核实受损保险财产的范围。应分别核实受损的固定资产和流动资产。

① 核实受损的固定资产。

——保险单上固定资产项目的保险金额与投保时账面金额或按规定加成后的金额

是否一致；

——受损固定资产所属的会计科目，是否属于固定资产明细账卡上登记的保险财产；

——保险单上未列明承保的财产应予剔除，如租用、借用或代保管的财产，专用基金和未完工程或基建已完工投产未转账的财产，待报废处理的财产，为外单位修理的机器设备，新增加的固定资产，未入账的财产等。

② 核实受损的流动资产。

——保险单上流动资产的保险金额是否与出险时的账面金额一致；

——受损流动资产所属的会计科目，是否属于保险财产；

——凡保险单上未列明承保的财产应予剔除，如未入账的物资，代购、代销、代保管的物资，待报废的物资，基建物资，已经摊销完毕但尚在使用的低值易耗品，以及账外陈列的展览商品等。

（2）核实受损财产数量。根据被保险人提供的财产损失清单，会同被保险人共同盘点核对受损财产数量，查明报损是否准确。对完整无损的、全损的和部分受损而尚可利用的各类物资应分别清点核实。

（3）核实受损财产金额。对于受损的固定资产，应逐项核定损失程度及损失金额。若核定存在技术困难的，要及时聘请有关专家进行技术鉴定。

对于受损的流动资产，要查对原材料、半成品、产成品的报损单价是否与账面单价一致。

总的来说，在核定损失时应注意有无诸如以少报多、以无报有、以劣充好、以旧换新、小损大修，以及有无转嫁滞销、残次、报废物资，有无计价不合理，有无不该列报的施救费用，有无将差货、借款和自然损耗一并报损等虚报损失数量、损失程度、扩大损失范围的情况。上述查对账册工作，除查对资产负债表、总账外，还要根据需要分别查对分类账、明细账、车间和仓库以及柜组台账、领料单、盘点清单、出入库单据等。根据对受损财产逐项核定后，保险公估人员应填制《保险财产损失清单》，经被保险人签章认可后作为计算赔款的依据。

2. 大面积水灾的损失核定

大面积水灾损失核定的基本方法和原则如下。

（1）采取“五先五后”的原则。大面积水灾，涉及保户千家万户，保险公估公司要在短时间内采取全面开花的办法是做不到的，故应有重点、分先后地进行。

① 先大后小。定损时，应优先考虑那些对当地工农业生产、国民经济发展影响最大的被保险人，及时组织人员进行查勘、定损，以便使其尽快恢复生产。对于全局影响相对较小的被保险人，在保证重点的情况下再予安排。

② 先急后缓。这有多种情况，如一部分保户急于恢复生产与生活，若不定损则

不好开展工作；有些物资被水浸泡后渗透迅速，有的金属材料或机器设备极易发生锈蚀，特别是易腐蚀、易变质的物品，若不及时进行清理，不但损失程度越来越重，甚至还会污染周围环境。对此，保险公估公司应及时到现场清理、定损，从速处理。

③ 先单位后个人。灾后定损工作的重点是单位，应把主要精力放在单位被保险人的定损上。这是因为单位被保险人与国民经济有着紧密的联系，而且单位被保险人的财产损失一般比较大。因此，如果家庭财产出险后不涉及人员伤亡时，保险公估人员则可通知被保险人先保护现场，然后再作处理。

④ 先商业后工业。洪水过后，首先需要解决灾区人民群众的生活，这就要补充大量的日常生活用品，如果商店不能及时恢复营业，人民群众的生活将受到严重影响，直接关系到社会的安定。所以，保险公估公司应重点安排好商业系统的查勘定损工作，帮助其尽快恢复营业。

⑤ 先城市后农村。由于城市人口集中、单位集中，财产也比较集中，在定损工作中应采取先城市后农村的办法。城市是当地政治、经济、文化的中心，保险公估公司及时帮助城市的工厂恢复生产、商店恢复营业，对于搞好农村的救灾工作有着重要意义。

（2）宜快不宜慢、宜粗不宜细的原则。大面积水灾的理赔定损工作，要集中体现一个“快”字，包括查勘、施救工作，这是水灾的特点使然。保险公估公司只有加快处理速度，才能有效控制灾害直接损失的扩大，故对那些技术性不强、损失比较直观的受损物资，应迅速同被保险人协商，凡能达成一致意见者立即定损理赔。当然，这里所说的“快”只是相对而言，该快的就要快，该做细致工作的则应适当慢一点，其前提是必须保证理赔工作的质量。同时，在大面积水灾的理赔定损工作中，由于财产损失情况复杂，而且损失数量之大，工作不可能像局部灾害那样进行，特别是对于品种繁多、金额较小的商品，不可能一件一件地进行清理核对定损，而应采取宜粗不宜细的原则，抽样定损，合理估价。

（3）定损标准一致的原则。对于大面积的灾害事故，其同一地区的定损工作，应遵循一个基本统一的标准或办法。而这个标准或办法，还应具有一定的权威性，能够普遍被被保险人所接受。在定损工作中，对不同被保险人的同一受损物资，如果受损程度差异不大时，其定损的比例幅度应力求基本一致，以免被保险人相互“串户”，工作出现反复。

3. 大面积火灾的损失核定

若遇大面积火灾，其理赔定损工作的难度很大，基本的核损方法如下。

——有账有物的，重点在核对。对于账物俱在的应重点放在核对工作上。对受损物品逐件清点，只要账上有，又能和残物符合，就可给予认定。

——有账无物的，重点在查账。被保险人遭受火灾后，部分物品被全部烧毁，形成有账无物。在这种情况下，应重点核查账目，如确属烧毁，可采取按账核报的方法。

——无账无物的，重点在调查。不少被保险人在发生火灾后，不但财产烧毁，而且财务账册、原始单据、凭证等也全部被烧毁。对于这些既无物又无账的单位，除了基本相信和依靠被保险人法人代表外，要把重点放在调查上，其调查对象主要是保管员、财会人员及了解该单位财产情况的人。通过调查，摸清库存、损失和单价，然后同被保险人报损清单进行核对，逐项落实。

4. 施救、保护、整理费用的核定

(1) 施救费用，是指为避免或减少保险标的因灾害事故所致损失而产生的直接人工及设备（材料）使用费用。若施救物资中含有非保险标的，或者为不足额投保，均应按相应比例分摊其施救费用。

(2) 因施救行为（如消防水渍）造成保险标的受损，属保险人赔偿责任范围；因施救行为导致第三者财产损失，保险人可酌情给予适当补偿。

(3) 因施救行为造成被保险人或第三者人身伤亡，不属本保险责任范围。

(4) 因第三者施救行为导致本保险标的受损，不属本保险责任范围（被保险人应向第三者索赔）。

(5) 因施救行为或灾害事故所产生的场地清理费用，也非本保险责任范围（乃《场地清理费用条款》或《残骸清除费用条款》责任）。

四、赔偿处理

(一) 赔偿的实现方式

企业财产保险合同约定的保险赔偿方式，通常有以下两种：一是保险人向被保险人支付赔偿款；二是保险人承担恢复或置换受损保险财产的费用，即通常所说的重置赔偿方式。保险人不管选择哪种赔偿方式，其赔偿限额都是财产保险合同中约定的保险金额。

1. 支付赔偿款

因为财产保险是不定值保险，保险人向被保险人支付赔款时首先要确定受损保险财产的价值，即确定受损财产的保险价值。受损财产的保险价值是保险财产在损失当时、当地的实际价值，此价值不包括因财产损失而造成的预期利润等间接损失，但在某些情况下，包括被保险人应缴纳的增值税。另外，在订立财产保险合同时，保险人与被保险人可以在保险合同中约定保险财产的保险价值，从而使不定值保险转变为定值保险，并按照定值保险的方式确定赔偿数额。

(1) 对于建筑物的赔偿。建筑物发生全部损失，应以该建筑物的原值扣除折旧后的金额为实际损失；若为新建的，则毋需扣除折旧。同时，还要根据保险价值与保险金额的比较来确定保险赔偿金额。足额保险的，在保险金额内全部赔付；不足额保险的，则以保险金额为限。

建筑物发生部分损失，保险人的赔款应是修复或重建建筑物的费用扣除改进和改善部分的费用，修复费用按当地当时的市价计算，即每平方米的修复价格（材料、运费及人工、税费等）乘以修复面积；或者按公式“保险金额/投保面积×损失面积”计算，不扣除原建筑物的折旧（《财产一切险》、《财产综合险》、《财产基本险》条款均约定：赔付以受损财产的市价计算，受损财产的保险价值是其出险时的重置价值）。

（2）对于机器设备的赔偿。机器设备发生全损（不可能修复或修复毫无经济意义）时，应按其账面净值（以成本价格或重置价值为计算基础，另加运输及安装费用等的原值扣除折旧后的金额）定损；若发生全损的为新机器时，其实际损失即为该机器的账面原值（即售价加运输及安装等费用）。

机器设备发生部分损失时，其修复费用按维修市价定损（包括损坏机器的拆除、重装、运费、税款等），且仅负责更换因保险事故原因直接受损的零配件，对自然磨损、性能改进等费用应予剔除，并以受损机器的保险金额为限；若维修费用超过其净值，则按全损处理。如果损失由被保险人自行修理，保险人赔偿材料费、为修理支付的人工工资以及其他合理费用；如果采取临时修理方式，其费用未使总修理费用增加时，保险人也予以负责。

（3）对于生产企业产品的赔偿。生产企业产品遭受损失，确定保险赔款的基础是损失发生前产品所包含的生产成本，其中包括产品原材料成本、劳动力成本以及其中包含的生产企业经营费用（即损失发生时的制造成本），但不包括产品的销售利润。如果产品生产成本超出该产品在损失当时当地的市场价值，保险赔款的基础是这些物质的成本价值，但不能超出这些物质在损失当时的市场价值。对仓库物资等流动资产以“申报价值”方式的保险，其保险赔款按双方在保险合同中约定的方式确定。

（4）对于商业企业销售商品的赔偿。如损失的为零售商的货物，则不论其为全部损失还是部分损失，均以该批货物在损失发生时的批发价另加购货费用为计算基础；如损失的为批发商的货物，则应以该批货物在损失发生时的出厂价另加购货费用为计算基础；零售商和批发商的销售利润均不包括在内。

（5）对于家具损失的赔偿。如果是全新的家具发生全损，其实际损失即为重置价值；倘若是旧家具发生全损，则必须扣除折旧。如果家具发生部分损失，则以修理费用作为实际损失，而不扣除折旧（家具经修理后，虽有部分材料以新换旧，但其价值并未显著增加），或者按损失程度比例赔付。

（6）对于增值税的赔偿。增值税以销售货物、提供加工、修理修配劳务以及进口货物取得的增值额为征税对象的一种税收。从计税原理上说，增值税是对商品生产、流通、劳务服务中多个环节的新增价值或商品的附加值征收的一种流转税。实行价外税，也就是由消费者负担，有增值才征税，没增值不征税。我国采用国际上普遍采用的税款抵扣的办法，即根据销售商品或劳务的销售额，按规定的税率计算出销项税额，然后扣除取得该商品或劳务时所支付的增值税款（也就是进项税额），其差额就是增值部分应交的税额。这种计算方法体现了按增值因素计税的原则。

增值税纳税人销售货物或提供应税劳务的计税依据为其销售额，进口货物的计税依据为规定的组成计税价格。

组成计税价格 = 成本 ×（1 + 成本利润率）

一般纳税人应纳税额 = 当期销项税额 − 当期进项税额

销项税额是指纳税人销售货物或者提供应税劳务，按照销售额和适用税率计算并向购买方收取的增值税额，为销项税额。

销项税额 = 销售额（不含税）× 税率

销售额是指纳税人销售货物或者应税劳务向购买方收取的全部价款和价外费用（指价款外向购买方收取的手续费等各种性质的价外收费，如手续费、运输费等），但是不包括收取的销项税额。

含税销售额换算成不含税销售额（价税分离公式）的换算公式为：

销售额 = 含税销售额/（1 + 增值税税率）

进项税额是指纳税人购进货物或者接受应税劳务所支付或者负担的增值税额（购买方取得的增值税专业发票上注明的税额即为其进项税额）。

如果你是一般纳税人，进项税额就可以在销项税额中抵扣。根据税法的规定，准予从销项税额中抵扣的进项税额，限于下列增值税扣税凭证上注明的增值税额：①纳税人购买货物和应税劳务，从销售方取得的增值税专用发票上注明的增值税额；②纳税人进口货物，从海关取得的完税凭证上注明的增值税额；③纳税人购进（包括接受捐赠、实物投资）或者自制（包括改扩建、安装）固定资产的增值税额。

小规模纳税人的应纳税额 = 含税销售额 ÷（1 + 征收率）× 征收率

进口货物的应纳税额 =（关税完税价格 + 关税 + 消费税）× 税率

对小规模纳税人实现简易办法征收增值税，其进项税不允许抵扣。

综上所述，作为增值税一般纳税人，其进项税额可以在销项税额中抵扣。若进项物资受损，不可能再销售给下一家时，则可向税务部门申请退税。如果被保险人是增值税的一般纳税人，保险赔款应扣除增值税，因为被保险人可以就缴纳的增值税获得退税；如果被保险人部分被免于缴纳增值税，保险赔款应包含部分缴纳的增值税；如果被保险人被免于缴纳增值税，保险赔款应包含增值税，因为被保险人置换或修复受损财产需缴纳增值税而不能获得退税。至于扣除比例，则以被保险人提供的税务证据为准。

2. 恢复原状或置换受损保险财产

恢复原状或置换受损保险财产，通常称为重置受损保险财产，其含义为将受损保险财产恢复到受损前的原有状态。例如，建筑物遭受全损后，保险人给予重建一座新建筑物；机器设备或库存物资遭受全损，保险人给予置换同类机器设备或库存物资；保险财产遭受部分损失，保险人给予修理并恢复原状。

企业财产保险合同是以保险人支付赔款履行赔偿义务为主的保险合同。如果保险人和被保险人在订立保险合同时，没有约定重置条款，保险人只能对被保险人进行赔款补偿，被保险人不能强迫保险人重置受损保险财产，我国现行的《财产综合险条款》就是这样规定的。如果保险合同中约定有重置条款，保险人即有权选择以重置受损保险财产的方式履行赔偿义务，《财产一切险条款》即是如此规定的。保险人在作出以重置方式履行赔偿义务前，保险合同仍是以保险人支付赔款履行赔偿义务的合同，被保险人不能拒绝接受保险人支付的赔款。但保险人一旦选择了重置方式履行赔偿义务，即不能改为支付赔款的赔偿方式，被保险人也不能拒绝接受保险人选择以重置方式履行赔偿义务。

保险人选择以重置方式履行赔偿义务的情况多为：

（1）保险人难以就赔款与被保险人达成一致，而重置方式所需费用比被保险人主张的赔款少得多；

（2）保险人怀疑造成保险财产损失的真正原因，或怀疑被保险人巨大的索赔金额但又没有证据证明被保险人的故意或欺诈行为；

（3）保险财产损失较轻，重置受损财产方式比较快捷方便且节约费用。

在保险责任审定过程中，应注意两点：

（1）保险财产在受损前已有损坏或准备检修、维修，因灾害增加了新的损失，保险人只负责灾害所致新增加的那一部分损失。若原有损失和新增加的损失不易分清时，可与被保险人协商按一定比例解决。

（2）发生保险事故时，在抢救过程中造成保险财产的破损、变质、散失、被盗等的损失，保险人应予负责，但对抢救搬运过程中的必然损耗则不予负责。

（二）理赔应注意的问题

根据现行财产险条款规定，无论是固定资产、流动资产，还是账外财产及代保管资产，其保险金额的确定均存在着两种形式，即按账面确定保险金额和按实物确定保险金额。按账面承保，其承保依据是企业的《资产负债表》及《资产负债表》项下的资产类总账与有关的明细账；按实物承保，即现行财产险条款中按“其他方式”和“由被保险人自行确定保险金额”的方式，带有估价性质，其承保依据是企业的实物财产。由于按实物的实际价值进行承保的方式简便易行，无论是理论上还是实践中都没有太多的问题，这里所讨论的理赔问题均是建立在“按账承保、依账理赔”基础之上的。

1. 固定资产的理赔

（1）根据不同投保情况及损失程度分别计算赔偿款。对固定资产进行赔款计算时，首先要核实《资产负债表》所列固定资产是否足额投保，是按原值投保、原值加成投保或重置价值投保（原则上不允许按净值或估价投保，但由于种种原因，企业有时要进行资产评估，特别是股份制企业。一般而言，评估后的资产一般基本等同于重置价，故对评估后的固定资产，可按评估后的原价进行承保，并视其为足额投保，而不必再另加成。但随着使用年限的增加，在适当年限后，承保时还是应考虑其加成因素）。如果是按固定资产原值投保的，还要核定出险时固定资产的账面情况，以决定按何种方式赔付。其次，则根据企业设置的“固定资产登记簿”和“固定资产卡片”，对受损固定资产逐项核验定损，以掌握受损固定资产的损失程度。

在明确受损固定资产的损失程度和承保情况以后，就要根据全部损失、部分损失以及保险金额的不同确定方式进行赔付计算。固定资产全部损失，则按其净值赔付；部分损失，按其修复市价赔付。不足额保险者，需进行比例分摊（参见第二章第三节“五、赔款理算”之“财产损失理算”有关内容）。

（2）明确固定资产项目与明细账的关系。固定资产项目是指具有一定用途的独立物体，它包括其必要的附属设备和附件。例如，房屋以每幢房屋连同其不可分割的照明、暖气设备、卫生设备等作为一个固定资产项目；生产设备以每一生产设备连同其基座和附属设备、工具、仪器等作为一个固定资产项目。固定资产项目是企业登记固定资产明细账的基础。根据会计制度规定，企业必须按每一独立的固定资产项目设立资产明细账。在目前，固定资产明细账一般采用卡片式，叫做固定资产卡片，一式两份，财会部门和使用单位各一份，每一卡片登记一个独立的固定资产项目，例如房屋是按每幢开设一个明细账（卡片），其中包括与房屋不可分开的附属设备（如照明、取暖、卫生等设施），机器设备按每一台开设一个明细账（卡片），其中包括基座及其有关的附属设备等。

明确固定资产项目与固定资产明细账的关系对理赔工作的意义在于：理赔中确定某一项目固定资产的保险金额或赔偿金额以固定资产项目为标准的，不能将本应属于固定资产项目内的设备或设施与固定资产项目主体割裂开来计算赔偿金额，以防止被保险人以此谋取保险赔款，从而增加理赔的水分。例如房屋、建筑物的损失，在定损中不能将其附属设备如供水、供暖设备与房屋、建筑物分开来计算损失。

（3）递延资产的理赔问题。根据现行会计制度规定，对经营租赁方式租入的固定资产所进行的改造或改良支出，其费用由承租人承担，但改良的设备在租赁期满后则归出租人所有，这样企业在租入的固定资产上所进行的改造或改良工程，一方面不能作为自有资产入账，另一方面也不能作为期间费用全部计入当期损益（此类支出可使企业长期受益），因而只能作为递延资产分年度摊销。

对于“租入固定资产的改良支出”，按会计制度规定，企业应按该费用的种类设置明细账，故对递延资产的理赔，查账的重点不是递延资产总账，而应是其按种类设置的明细账。由于递延资产是分年度摊销，所以在一个保险年度里，递延资产中租入固定资产的改良支出，一般不会发生较大数额的追加投资，但仍应在核查其明细账的基础上确定是否足额投保，并按其实际损失赔付。如果出险时该明细账的期末余额大于投保时的金额，说明在保险期间内该支出又有追加，此时应按保险金额占该加大了的期末余额的比例予以赔付。

需要指出的是，由租入单位安装在租入固定资产上的可移动的独立设备（如暖风设备、通风设备等）不在改良支出当中，而应作为企业的固定资产独立核算。对此，我们在理赔时就要注意，在租入固定资产上的可移动资产一般不是递延资产，应予以剔除。

（4）在建工程的理赔问题。“在建工程”科目与“固定资产”科目相同，在《资产负债表》中也有直接的反映。由于在建工程的特性，一是其价值金额处在不确定的变量之中，易给出险后的理赔工作增加一定的难度；二是在建工程中含有一些不确定的事故隐患，事故原因不在企业财产保险责任内。因此，一般来说，在建工程应在建筑工程险中承保。对于规模较小的在建工程，如被保险人要求投保，经双方协商后可考虑予以承保，但应另行特别约定。其保险金额一般按最近账面余额确定，即以投保月份最近的《资产负债表》中“在建工程”项目的期末数作为保险金额，若被保险人剔除“出包工程”不保时，应按“在建工程”总账科目所属的二级科目中的“工程物资”和“自营工程”确定保险金额。经双方协商，在建工程也可按工程计划投入数确定保险金额，即按年初账面余额加本年度计划投入数确定保险金额。理赔时，按其实际损失在保险金额范围内处理。

（5）特殊情况的处理。主要指固定资产按净值投保、固定资产折旧完毕但仍在使用的处理方法。

① 固定资产按净值投保。虽然存在固定资产不能按净值投保的规定，但在实践中仍会碰到这方面的案例。对于按净值投保的固定资产受损后的理赔问题，无论是全部损失还是部分损失，在核实其实际损失后，均应考虑净值因素。可根据被保险人提供的《固定资产总账》、《固定资产明细账》，计算其净值占原值的比率，然后按其比率计算应赔付的金额。计算公式为：

赔付金额 =（定损金额 − 残值）× 净值占原值的比率 − 免赔额

② 固定资产折旧完毕但仍在使用。在保险公估实践过程中，还会经常碰到受损机器、设备或建筑物等财务折旧完毕但仍在继续使用的情况（剩余寿命为 0，账面净残值一般仅占原值的百分之几）。这时的公估理算，可依照国资办发［2006］23 号文《资产评估操作规范意见（试行）》进行。其第十二条规定：“重置成本法是用现时条件下重新购置或建造一个全新状态的被评资产所需的全部成本，减去被评估资产已经发生的实体性陈旧贬值、功能性陈旧贬值和经济性陈旧贬值，得到的差额作为被评估

资产的评估值的一种资产评估方法。采用重置成本法确定评估值也可首先估算被评估资产与其全新状态相比有几成新，即求出成新率，然后用全部成本与成新率相乘，得到的乘积作为评估值。重置成本法的基本计算公式为：（1）评估值 = 重置价值 - 实体性陈旧贬值 - 经济性陈旧贬值 - 功能性陈旧贬值；（2）评估值 = 重置价值 × 成新率。采用重置成本法计算出的评估值不低于该资产清理变现的净收益。对于基本能够正常使用的资产，其成新率不低于15%，评估值不低于重置成本的15%。”按此，其赔付金额可依其成新率最高按定损金额的15%确定，或按其净残值金额赔付。

2. 工业企业存货的理赔

保险承保的财产只能是具有实物形态和一定价值的财产，其流动资产中只有“存货”和“待摊费用”两项才能构成新会计制度下企业财产保险流动资产的可保财产。

存货是企业流动资产中具有实物形态表现形式的财产，但它只是《资产负债表》中的一个项目，而不是会计核算的会计科目。在《资产负债表》中，存货项目反映企业期末在库、在途和在加工中的各项存货的实际成本，如在工业企业中，它包括原材料、包装物、低值易耗品、自制半成品、产成品、分期收款发出商品等。从存货项目及其会计科目来看，项目及科目都具有一定的独立性。也就是说，都存在独立投保的可能，即企业可以按存货项目整体投保，也可以选择其中的某一个或若干个科目投保。如此，就产生了以存货为标的总量承保与选择部分科目承保的单项承保这样两种流动资产的承保形式。

（1）原材料的理赔。新（工业企业）会计制度规定，原材料科目核算企业库存的各种材料，包括原料及主要材料、辅助材料、外购半成品（外购件）、修理用备件（备品备件）、包装材料、燃料等的计划或实际成本。对于原材料的损失，在理赔时要注意以下两点。

① 必须是库存的原材料才予以负责。在定损时，首先要核查有关的总账、分类账、明细账以及仓库保管账，明确受损物品是否在库，只有做到库中有实物、账上有记载，才符合原材料赔付的条件。

② 分清受损企业对库存材料是按实际成本核算还是按计划成本核算。对按计划成本核算的企业，理赔时还要考虑到“材料成本差异”这个科目，因为此科目是调整实行计划成本核算的各种材料的实际成本与计划成本之间差异的资产类科目。若在理赔时不考虑这个科目的话，一方面，当计划成本低于实际成本时，就可能是不足额赔付；另一方面，当计划成本高于实际成本时，就可能出现超额赔付。因此，在理赔时必须考虑原材料计划成本与实际成本之间的成本差异额。

这里又分两种情况：一是当库存材料全部损失时，检查“材料成本差异”科目，如果出现借方余额，就说明实际成本大于计划成本，赔付时就要在受损材料的计划成本中加上该科目的借方余额；如果出现贷方余额，则说明实际成本小于计划成本，赔付时就要在受损材料的计划成本中减去该科目的贷方余额。二是出现部分损失时，由于材料成本差异额不容易划分，很难弄清受损部分原材料应负担多大差异额。因此，一般情况下，受损材料应负担的成本差异额，要通过材料成本差异率计算得出再进行分摊。成本差异率计算公式为：

$$本月材料成本差异率=\frac{月初结存材料的成本差异+本月收入材料的成本差异}{月初结存材料的计划成本+本月收入材料的计划成本}\times 100\%$$

$$上月材料成本差异率=\frac{月初结存材料的成本差异}{月初结存材料的计划成本}\times 100\%$$

上述两种方法均可使用，但企业只能选择使用其中一种方法，且计算方法一经确定，就不得任意变动。

根据计算得出的材料成本差异率与受损原材料相乘，得出的金额就是部分损失材料应负担的成本差异金额；其计划成本与这个差异额相加或相减，即构成对部分损失的原材料的赔款。其计算公式为：

原材料部分损失的赔款金额＝部分损失原材料的计划成本±部分损失原材料应负担的差异额

部分损失原材料应负担的差异额＝部分损失原材料的计划成本×原材料成本差异率

假设某企业某种库存原材料发生火灾，造成库存原材料的部分损失。经定损，该种原材料部分损失为60万元，查实该企业采用计划成本核算，材料成本差异率为2.5%，计算赔偿金额如下：

材料成本差异额＝60×2.5%＝1.50（万元）

赔偿金额＝60＋1.50＝61.50（万元）

根据工业企业会计制度规定，“材料成本差异”科目应分别按“原材料”、“包装物”、“低值易耗品”设置明细科目，而不能使用一个综合差异率，故在赔款计算时，要视损失物品情况，分别按其明细科目核查计算其应负担的成本差异金额。

总之，只要企业按计划成本核算，就可能存在差异科目对理赔定损的影响问题；如果是按存货总量承保，由于此时的原材料已经还原为实际成本，故可不必考虑还原问题；如果是选择科目单项承保的话，由于此时的原材料总账反映的仍是计划成本，即应还原为实际成本，这时才需用差异科目予以调整。

（2）产成品的理赔。工业企业会计制度中的“产成品”科目，用来核算企业库存的各种产成品的实际成本。产成品包括：企业已经完成全部生产过程并已验收入库，合乎标准规格和技术条件，可以按照合同规定的条件送交订货单位，或者可以作为成品对外销售的产品；企业接受外来原材料加工制造的代制品和为外单位加工修理的代修品；可以降价出售的不合格品等。这部分财产的理赔应注意以下几点。

① 企业在产成品科目中有可能包括不合格产成品。虽然按会计制度规定，不合格品与合格品应分开记账，且其售价也明显低于合格品，但由于不合格品与合格品在成本投入上是相同的，而保险公司承保的又是企业的成本价，因此在理赔时不应将其区别对待，而应按其实际损失的成本价负责赔偿。

② 已售但尚未提走的产成品。如果发现有已经完成销售手续、开出发票并收到货款，且已将提货凭证交付购货单位，只是购货单位未及时提走的产成品部分，由于其所有权已经转让，不属于企业的存货，因此赔付时要将其剔除。

③ 产成品科目可能发生账面数大于库存数的情况。这是因为，可能有的产成品已发出但货物尚未出账。理赔时，应注意将这部分价值从赔款中扣除。

（3）包装物的理赔。包装物是指为包装本企业产品而储备的各种包装容器，如桶、箱、瓶、坛、袋等，而其他的包装材料如纸、绳、铁丝、铁皮等属于辅助材料，不在包装物核算之列。

根据工业企业会计制度规定，“包装物”科目核算企业库存的各种包装物的实际成本或计划成本，该科目的期末余额为库存未用包装物的实际成本或计划成本。从这个定义可以看出，这个科目的核算有两个特征：一是必须在库，不包括发出或库外的包装物；二是必须未用。因此，对受损包装物的理赔，可比照原材料的理赔办法处理，即在核查包装物的会计账与保管账的基础上，弄清受损包装物是否未用和在库。只要符合这两个条件，就可予以赔付。对实行计划成本核算的企业，与原材料理赔办法相同，也要结合材料成本差异科目进行理赔。

对于出租和出借包装物频繁且数额较大的企业，工业企业会计制度也规定，出租出借包装物的成本，企业可以采用“五五摊销法”和“净值摊销法”来计算出租、出借包装物的摊余价值。这时，“包装物”科目下就有可能出现“库存未用包装物”、“库存已用包装物”、“出租包装物”、“出借包装物”、“包装物摊销”等五个明细科目。包装物的期末余额即反映期末库存未用包装物的实际成本或计划成本以及出租、出借包装物和库存已用包装物的摊余价值。在这种情况下，理赔时要注意以下三点。

第一，如果损失的包装物是库存未用包装物，则比照上述一般情况下对包装物的理赔办法处理即可；

第二，如果损失的包装物是库存已用包装物，则需要核查“包装物”科目下的“库存已用包装物”和“包装物摊销”等明细科目，弄清其包装物在受损时的账面价值，即以这两个明细科目的借、贷方余额的差数作为理赔定损金额；

第三，如果企业采用“五五摊销法”，且账上难以分清已用包装物时，则对受损库存已用包装物只能赔付其原值的50%。因为这部分包装物出租、出借时，其价值已摊销一半，所以在受损时，库存已用包装物的价值实际上只剩一半。

（4）低值易耗品的理赔。低值易耗品是指不作为固定资产核算的各种用具物品，即使用年限不满一年，单位价值在规定限额标准（一般为人民币2 000元）以下的劳动资料，如工具、管理用具、工作服和玻璃器皿等，以及在生产经营过程中周转使用的包装容器等。低值易耗品的分类标准有多种，若按用途一般分为以下六种。

① 一般工具。指生产产品所通用的工具，如刀具、夹具、装配工具等。

② 专用工具。指为制造某种产品所专用的工具，如专用模型、专用工具及卡具等。

③ 替换设备。指为了制造不同产品需要替换的机器装备及零件，如钢铁企业轧钢用的轧辊，炼钢用的钢、锭模和其他模具等。

④ 管理用具。指管理工作中使用的各种家具、办公用品等。

⑤ 劳动保护用品。指为安全生产发给工人的工作服、鞋和其他防护用品等。

⑥ 其他。指不属于上述各类的低值品。

掌握和了解低值易耗品分类的标准，有助于我们在理赔时正确把握固定资产与低值易耗品的特征，防止混淆而增加赔款的水分。

“低值易耗品”科目属于资产类科目，它用来核算企业在库未用的低值易耗品的计划成本或实际成本，其期末余额为期末所有库存未用低值易耗品的计划成本或实际成本。工业企业会计制度改变了过去的低值易耗品摊销方法，领用时可采用一次摊销(即一次摊入成本)，数额较大的可通过“待摊费用”或“递延资产”科目进行核算。因此，“低值易耗品”科目的核算内容与“原材料”科目基本相同，在这种情况下，理赔时可比照“原材料”科目的理赔程序处理即可。但是，工业企业会计制度也允许企业继续使用其他摊销方法，即在“低值易耗品”科目下分别设置“库存低值易耗品”、“在用低值易耗品”和“低值易耗品摊销”三个明细科目，来核算和反映低值易耗品的库存、使用与摊销情况。

工业企业会计制度规定，企业可根据不同种类低值易耗品的特点，采用“一次摊销”、“分期摊销”和“五五摊销”的方法进行摊销（“净值摊销”已基本不用）。不同的摊销方法对理赔工作的影响是不同的。

① 一次摊销法。指在领用低值易耗品时，将其价值全部一次计入产品成本的方法。由于领用时已一次摊入成本，即使还在使用，理赔时也应将其剔除。

② 分期摊销法。指根据领用低值易耗品的原价及预计使用期限，计算每月平均摊销额并计入产品成本的方法。其成本通过“待摊费用”科目核算，故定损时先要确定企业是否投保了“待摊费用”科目，未保不赔，已保则以借方余额为依据来确定理赔金额。

③ 五五摊销法。指在领用时先摊销其价值的一半，剩余的一半在报废时再摊销，这种将领用低值易耗品的价值均分为两次摊入成本的方法为五五摊销法。其50%已

摊入成本，故在核查“低值易耗品摊销”明细科目的基础上，只赔付其成本的50%。

（5）委托加工材料的理赔。“委托加工材料”科目核算的是企业委托外单位加工的各种材料的实际成本，其期末余额为委托外单位加工但尚未完工材料的实际成本和发出加工材料的运杂费。

根据构成存货的根本条件是所有权归属企业的原则，委托加工材料虽然物在外，但所有权仍属企业，因此该科目作为可保科目，承保时应填写受委托加工单位名称、地址、加工材料品名明细表，以备理赔时核查。

由于是委托外单位加工，故承保、理赔工作多在异地进行。如果是异地出险理赔，这部分财产还可以在受托加工单位的“受托加工材料”备查科目及有关材料明细账中查到。赔付时应将期末余额含有的加工费用剔除，因“委托加工材料”科目只含材料和运杂费。

（6）自制半成品的理赔。工业企业“自制半成品”科目核算企业库存的自制半成品的实际成本。自制半成品指经过一定生产过程并已检验交付半成品仓库，但尚未制造完成而仍需继续加工的中间产品。对于从一个车间转给另一个车间继续加工的自制半成品的成本，应在“生产成本”科目而不通过本科目核算。因此在出险理赔时，要查清受损半成品是否为库存半成品，若不是库存而是在车间内的，不能按“自制半成品”科目赔付。

（7）生产成本（在产品）的理赔。“生产成本”科目核算企业进行工业性生产，包括生产各种产品（如产成品、自制半成品、提供劳务等）、自制材料、自制工具、自制设备等所发生的各项生产费用。月末余额为尚未加工完成的各项在产品的成本。

“生产成本”科目下有两个明细科目：“基本生产成本”、“辅助生产成本”。出险理赔时应分别进行处理。

当基本生产车间发生事故造成财产损失时，其期末基本生产成本包括直接生产费用、制造费用、辅助生产成本等，但其中“基本生产成本”科目并不能反映以上内容，故理赔时首先要核对明细账，查清本车间到出险时止共有多少种类和数量的在产品，然后采用逐一盘点清查的办法，得出受损部分的种类与数量，再以本科目截止到出险时所发生的费用均摊到全部产品的平均数乘以受损在产品数量，得出赔付受损在产品的直接费用额，最后将制造费用、辅助生产成本按规定分配给受损在产品的平均数乘以受损在产品数量，得出赔付受损在产品的间接费用额；直接费用与间接费用相加，即为赔款金额。

辅助生产车间发生损失，比照基本生产车间理赔方式处理即可。

（8）待摊费用的理赔。“待摊费用”科目核算企业已经支出但应由本期或以后各期分别负担的分摊期在一年以内的各项费用。由于其可保的仅是具有实物形态的财产（如低值易耗品、包装物等的摊余价值），故理赔时只将待摊费用中的实物形态的未摊部分作为赔付依据。同时还应注意，对于摊销期在一年以上的待摊费用应予剔除，因为这部分待摊费用是在“递延资产”（即“长期待摊费用”）科目中核算。

3. 商业企业存货的理赔

商业企业中有的科目核算内容和账务处理方式与工业企业大体相同，如“材料物资”、“包装物”、“低值易耗品”、“固定资产”、“在建工程”等科目，对这部分科目的承保理赔内容，分别比照工业企业中的“原材料”、“包装物”、“低值易耗品”、“固定资产”、“在建工程”等科目的承保理赔进行即可。对以下科目的承保与理赔，由于商业企业会计制度规定的核算内容和账务处理方式与工业企业相比没有可参照性，故按科目分别介绍如下。

（1）库存商品。“库存商品”科目核算企业全部的库存商品，包括存放在仓库、门市部和寄存在外库的商品，委托其他单位代管代销的商品和陈列展览的商品等。如果是按照该科目的期末余额全部投保的话，必须按存放地点、代管和代销的受托单位详列投保明细，方可承保。

在库存商品中，可能有受托代销商品，这部分商品应按“受托代销商品”科目承保。库存商品发生损失理赔时应注意以下问题。

① 按承保明细表核对库存商品的期末余额和明细账，重点查清外部商品，即外库的、其他单位代管代销的商品是否投保，如果确定已投保，还要看其账面余额是否与保险金额一致。如果保险金额低于账面余额，应按比例赔付。

② 库存商品发生损失后，应核查其“受托代销商品”科目库存账面余额，如果未投保，应将其从库存商品中剔除，不予赔付。

③ 核验保管账与商品明细账，弄清库存商品数量，剔除不在账商品，确定受损财产的数量与种类，按单位进货原价计算赔款金额。

④ 对按售价核算的库存商品，由于其账面金额是按售价入账的，因此理赔工作一定要结合“商品进销差价”科目进行，即必须弄清库存商品的售价与相对应的“商品进销差价”科目反映的金额之间的差价，将其由售价还原为成本价后方可赔付。

（2）委托代销商品。“委托代销商品”科目核算商业企业接受其他单位委托代销或寄销的商品，以及企业代销或寄销国外的商品。承保应按该商业企业代销商品的委托单位的明细账填写投保明细，理赔时则以此作为定损依据。

对商业代销商品的理赔，重点在于确定是否为保险标的及投保比例。

（3）加工商品。“加工商品”科目核算企业自行加工或委托其他单位加工的各种商品的实际成本，委托发出商品的进货原价、加工费用、加工税金及附加费用等。承保时需按照加工商品的类别、加工单位等填写投保明细，理赔时应严格注意商业企业内外加工的区别，避免重复赔付。

（4）出租商品。“出租商品”科目核算企业附带经营租赁商品而租出商品的进货原价。由于经营租赁形式租出的商品只是出让其使用权，而所有权仍属企业，承保时，注意按出租商品的类别、品名、出租单位等明细账填写投保明细。理赔时，应按何种价值承保则按何种价值理赔，即选择原价保原价赔、净值保净值赔。

（5）商品进销差价。“商品进销差价”科目核算企业采用售价核算的商品售价与进价之间的差额。这个科目基本与工业企业的“材料成本差异”科目相同。

商业企业会计制度规定，商品既可采用进价核算，也可采用售价核算。若按售价核算，在承保“库存商品”、“委托代销商品”、“加工商品”等科目的同时，应将“商品进销差价”科目考虑进去。理赔时，需将这个科目与其他相关科目合并处理。

4. 账外财产和代保管财产的理赔

根据新会计制度对账务处理的有关规定，代保管物资、代购代存物资、委托代销物资及商品、已摊销在用的低值易耗品或包装物、以经营租赁方式租入的固定资产、替外单位修理的机器设备、来料加工、需由本企业负责的材料物资等可作为可保财产并按实际价值估价承保。

严格地讲，保险意义上的账外财产仅指狭义的账外财产，其他所有权不属被保险人的财产应统归代保管财产类，在承保时应以账外财产和代保管财产两大项目分别注明保险金额。

账外财产和代保管财产的赔偿金额，通常也按其不同损失程度来计算。需要说明的是，由于账外财产无账可依，所以出险致损后的理赔工作具有很高的难度。这就要求我们必须及时查勘现场，准确定损核损，关键是要根据投保明细表之账外财产项目，逐项核对其受损账外财产的真实性。

综上所述，其保险价值——固定资产按出险时的重置价值确定，流动资产按出险时的账面余额确定，账外财产和代保管财产按出险时的重置价值或账面余额确定；它们在遭受全部损失和部分损失时，保险人的赔偿处理和赔款计算所遵循的原则是一致的；而赔偿金额应根据会计明细账、卡分项计算，且分别以各项财产出险时的实际价值（重置价值）或账面余额为最高限额。

5. 重置价值条款的理赔计算

重置价值条款作为附加条款，约定建筑物按照重置价值赔偿，即使用类似的材料和质量标准重建、置换和修理，在赔偿时不从重置价值中扣除折旧。重置价值条款只适用于固定资产类财产，如房屋、建筑物、设施、机器设备；而不适用于他人的财产、室内财产、手稿、艺术品、古董或珍品以及存货（除非在声明事项中列明）。同时，保险人还要求被保险人至少保持 80% 的重置价值的保险金额，否则按照下列公式的计算结果依两种金额中高的金额赔偿。即：受损财产的实际现金价值高于计算结果的金额的，则以受损财产的实际现金价值赔偿；若受损财产的实际现金价值低于计算结果的金额，则以计算结果的金额赔偿。

$$\frac{\text{保险金额}}{\text{建筑物的重置价值}\times 80\%}\times\text{受损财产的重置价值}$$

例如：建筑物的重置价值	50 万
建筑物的实际现金价值	35 万
受损财产的重置价值	10 万
受损财产的实际现金价值	9 万
保险金额	30 万

即：$30/(50\times 80\%)\times 10=7.5$（万）

由于受损财产的实际现金价值是 9 万元人民币，故按两者中高的金额 9 万元赔付。如果上例中的受损财产的实际现金价值是 7 万元人民币，则按高的计算结果金额 7.5 万元赔付。

重置价值保险的赔偿还要受到下列金额中的最低金额的限制：①受损建筑物的保险金额；②在同一地基上的建筑物的重置价值；③建筑物修理或重建的必要和实际费用。

此外，除非建筑物修理或重建的成本小于 1 万元或 5% 的受损建筑物的保险金额，否则都要在实际修理或重建完成之后再按重置价值保险赔偿。被保险人也可以决定不重建，但必须在损失发生后的 180 天内提出其他赔偿方式的要求。

【案例 1】 广州腾银储运有限公司暴雨损失案

2004 年 6 月 28 日，广州腾银储运有限公司就其仓库保管货物向 A 保险公司投保了财产综合险，保险金额为人民币 7 000 万元；2004 年 11 月 11 日，又为储存于此的金山联纸业公司的纸品投保 2 000 万元，并向浦发行广州天誉支行进行了质押。

2005 年 6 月 5 日凌晨，广州地区连降大暴雨，洪水将仓库围墙冲开 5 处裂口（总长度达 200 米），至凌晨 3 点左右开始涨水，半小时后整个仓库及周边数公里变成汪洋，内涝 4 个多小时，受损面积 16 000 余平方米，约 1 0000 吨成品和少量零散货物被淹，报损金额达 5 000 万元。

广东君和泰保险公估公司受 A 保险公司委托，于 5 日上午派出由公司主要领导带队的一行 5 人火速赶赴现场。经现场初步勘查，所有 9 个仓库均有积水深达 20 ～ 30cm，黄泥淤积仓内厚 3 ～ 5cm，大量受损货物（主要为纸品、聚脂板）的底层（一般 3 ～ 5 层）仍浸泡其中，其水浸痕迹高至 60 ～ 80cm。仓库外面的路面尚有积水 20 ～ 30cm，低洼处达 50 ～ 80cm，黄色淤泥 5cm 左右。其一楼办公场所及车库水浸痕迹则达到 100cm，车库内淤泥厚约 5cm。

公估人员当天即开始与被保险人代表一道对所承保的受损货物按仓库编号进行了首次清点核实，3 天后完成；随后，又用 5 天时间对被保险人投保的标的库存及受损项目与数量分别进行了清点登记。

但由于被保险人称其电脑硬盘遭水浸损坏，既无法提供6月5日前的货物库存总量及各货主的货物明细清单，也没有及时提供受损货物的损失清单，加之此次水浸面积大、受损货物品种多，货权人十余家且分别在多家保险公司投保，其中既有质押货物又有非质押货物等复杂情况，故两次现场清点的效果都不理想。后经与保管人及各货主的无数次协商和沟通，多次召开有关方面参加的现场联席会议，全力协调各方面的关系，并决定第三次对广州腾银储运有限公司的总库存货物及受损货物进行全面的清点核实。此次采取全部转仓逐一货主货物进行清点的方法，所有货主均派人到现场与保管人、公估人一起参加各自货物的清点确认，并立即对受损货物进行分类处理。公估公司先后派员近百人次加班加点（多次工作到深夜甚至通宵达旦），直到7月6日结束。共记录、整理、核实各种数据2万余条，最终核实了保管人2005年6月5日库存货物总值、各货主货物价值和明细账，以及此次货物受损的总值和明细账，从而不仅解决了保管人因电脑损坏而无法提供出险时库存总值及明细账的问题，而且更重要的是为A保险公司乃至其他保险公司进行此次事故的理赔工作奠定了坚实的基础。

通过反复清点核查，2005年6月5日出险时保管人共保管13家货主15批货物，总价值11 477.80万元，仅纸类货物即重达18 570余吨。其中，A保险公司承担保险责任的货物价值为5 012.54万元，纸类库存总量为7 920多吨。出险时，13家货主之中被水淹货物分别为纸类（10家）、聚脂板（1家）、汽车配件（1家）、空酒瓶（1家）。在这些受损标的中，纸类损失最为严重，多达6 363件、5 261.66吨。其中，A保险公司承担保险责任的纸类损失为2 021件、2 144.33吨。

经多方了解并查证核实，本次事故中共涉及6份保险合同。被保险人广州腾银储运公司向A保险公司投保财产综合险5 000万元，并以金山联纸业公司指定仓储物资向A保险公司投保2 000万元（银行质押）；货权人尧丰纸业公司、金三联纸业公司、鸣瑞贸易公司等3家货主分别在B保险公司、C保险公司、D保险公司投保财产综合险7 990万元（均为银行质押），其总保险金额达14 990万元（见下表）。

保险、库存、损失汇总表（单位：万元）

客　户	保险公司	投保金额	库存金额	报损金额	质押银行
尧丰纸业	C	2400.00	2492.01	687.00	深发行羊城支行
	B	2000.00	1929.53	520.00	广州商业银行
金山联纸业	B	590.00	596.09	123.00	兴业银行天河支行
	A	2000.00	357.72	84.93	浦发银行广州天誉支行
鸣瑞贸易	D	3000.00	1447.63	480.00	深发行天河支行
腾银储运	A	7000.00	4654.82	1167.71	（含11家货权方）
合　计		14990.00	11477.81	3062.64	

关于保险责任的认定，君和泰保险公估公司组织多名资深公估师、法律顾问对涉及的保险合同、仓储合同、仓储监管协议及银行仓单等进行反复研究与核实，一致确定：A保险公司对此次事故中的9家货权方承担全部保险责任、1家（金三联纸业公司）承担部分保险责任（向A保险公司投保2 000万元的那部分）、4家不承担保险责任（尧丰纸业公司分别在B保险公司、C保险公司投保，第一受益人分别为广州商业银行、深发行羊城支行；金三联纸业公司在B保险公司投保590万元的那部分，第一受益人为兴业银行天河支行；鸣瑞贸易公司在D保险公司投保，第一受益人为深发行广州天河支行；而惠尔通物流公司因仓储合同中的保管人地址非保险合同中的保险标的地址，为除外责任）。

关于重复保险问题，A保险公司、C保险公司内部均存在较大分歧或疑虑，分别组织大型讨论会多次，争论非常激烈。君和泰公估人员则从三个方面进行了详细分析：首先，从投保情况看，本次事故共涉及6份保险合同、4家保险公司。若说向A保险公司投保的第一份保单的货权人及保险标的没有特别约定的话，那么另5份保单则分别对应3家货权人所指定的5批明细货物。其次，5份仓储监管协议（分别由3家货权人、5家银行及保管人签订的以指定保管货物向银行质押贷款的仓储监管协议或质押保管协议为相对应的5份保单的附件）均明确约定：贷款银行为第一受益人，其质押货物出仓必须经银行指定代表签字同意方可放行（银行仓单备有专门格式文件范本及个人印鉴）。第三，关于保险费缴纳问题，在保管人分别与所有货权人签订的仓储合同中，都特别约定：其保管费用中均含有“保险费”一项，且由保管人代缴；而5份仓储监管协议中也有相同内容的约定。因此，其保险费虽然都是由保管人所缴，但实际上仍是货权人出的钱。至于保险合同由保管人所签，同样符合保险利益原则和相关的保险规定。综上所述，上述涉及质押保管协议的5份保单，其货权人（实际被保险人和受益人）明确、保险标的明确、保险金额明确、保险期间明确，自然保险责任也十分明确，故不存在与本案保单重复保险的问题。

关于纸类残值的处理，当时难度很大，既涉及品种多、数量大，又因为保管人压低报价且与货权人联盟。公估公司排除困难，经多方调查、了解剩余价值的用途、销货渠道、市场行情并咨询数名专家意见后，提出切割出售或竞价处理方案，并主动联系广州造纸公司、广福纸业公司、九龙纸业公司、福和纸业公司（香港）等多家纸类生产、销售企业参与竞价，最后保管人不得不同意按当时最高报价自行处理（直接为A保险公司挽回经济损失100余万元），其方案后被其他保险公司参照执行。

根据货物核损金额、施救费用、残值、免赔额计算，A保险公司最终赔付被保险人（货权人）628.60万元，其他保险公司也先后参照上述定损金额予以赔付结案。

后来，C保险公司向法院上诉，以重复保险为由，要求广州腾银储运有限公司及A保险公司分摊其承担的损失。经法院一审、二审（参照广东君和泰保险公估公司终期报告结论），均判决原告方败诉。

评析：本案的复杂性表现在多个方面：第一，被保险人（保管人）不太配合，一开始即声称电脑因进水而坏掉，所有保管货物的数据均无法提供，损失清单也不能拿出。第二，保管人的9个仓库全部堆满被保管的货物，品种多，数量大，各库中的活动空间非常有限，且地面仍留存大量泥水及淤泥，现场清点及检验相当困难。第三，本次暴雨事故涉及货权人13家的15批货物，其中保管人与货权人直接签订的《仓储合同》10份，与贷款货权人、贷款银行分别签订的《仓储监管协议》5份，其合同（协议）内容既不规范，也不统一。第四，本次事故中共涉及保险合同6份，保管人以被保险人的名义先后将保管的10家货权人的货物及1家贷款货权人的货物分别向A保险公司投保（保险合同2份、贷款银行1家），另外3家贷款货权人则分别在B保险公司、C保险公司、D保险公司投保（保险合同4份、贷款银行4家），存在是否足额投保、重复投保的疑问。第五，在处理大量纸类残值的过程中，保管人联合多名不明真相的货权人，自己压低报价，且设置障碍而不配合对外招标处理等多套方案。为追根溯源，弄清事实，公估公司不得不先后三次投入百余人力、历时一月，终于查清当时保管人所有仓库保管货物总值、各货主货物明细账，以及此次货物受损的明细账，从而为此次事故保险责任的确定、投保比例的确定、损失价值的确定乃至后来各保险公司的理赔工作、诉讼胜诉奠定了坚实的基础。同时，在处理残值的过程中，也历尽艰辛、费尽周折，最后为A保险公司挽回经济损失100余万元。

【案例2】　振欣国际贸易（广州）有限公司火灾损失案

振欣国际贸易（广州）有限公司2007年4月20日就其流动资产（存货）向××保险公司投保财产基本险，保险金额为人民币700万元（评估价）。其存货分别存储于怀远物流四仓、广州保税区玮通仓、珠村大岭储运仓以及中化仓四所仓库内，其中玮通仓保额为200万元。

2007年9月23日10时45分左右，广州保税区玮通仓（广深公路北侧南岗涌东面原广州南岗洗车场内）发生火灾事故，过火面积2 080平方米，存放其中的甲基丙烯酸羟乙酯（2HEMA）、甲基丙烯酸甲酯（MMA）等22种化工原料全部被烧毁，被保险人提出索赔金额为 4 604 381.00 元。

据了解，该批保险标的采用铁罐、胶桶封装，放置在该仓库第三通道存储区间，位于新闻纸（堆放，其他被保险人所有）后、仓库走道前的区域内，仓储面积约 500 平方米。现场所见，该仓库由于绝大部分钢架支撑、锌铁瓦屋顶在大火中烧毁倒塌，仓库外围的框架构造建筑的墙体被烧后留有大部分熏黑、多处开裂痕迹；具体起火点、起火源已无法找到，保险标的原存放位置只能从仓库外围通道和现场内残存的钢支柱确定。现场地面残留大量被烧物品的残骸，随地可见消防用水残留，数十名工人和多部工程车正在进行清理工作。

由于火场内大量残留物堆积，在天气曝晒的作用下火场内部分残留物有复燃的现象，高温、有毒的化学气味、烟雾和各类残留物堆积覆盖等因素增加了现场勘察取证的难度。君和泰公估人员克服种种困难，与保险公司、被保险人代表一起，对现场残留的保险标的进行了逐片、逐件清点，最后统计现场残留的铁桶残骸 509 件，且到处留有纸箱灰烬、化工原料残留混合物等（被保险人报损铁桶 744 个、胶桶 209 个、纸箱 359 个）。

从火灾事故现场所见残骸以及颜色、气味分析，保险标的主要是以铁桶等形式封装储存的化工原料（主要为 LR－7655、A－9300－1CL、2HEMA 等），虽然不怕雨淋水浸，但在高温烘烤、燃烧下，其内装化工原料的铁桶因爆裂泄漏，而致使该批化工原料最终产生质变和爆炸。根据公估人员通过对事故现场的勘察、调查经营状况和账册核实，以及广州市公安局黄埔区分局出具的《火灾事故责任书》的认定，该仓库发生火灾的原因是库内电线短路引燃危险化学品所致，可以排除人为纵火因素。因此，火灾是造成此次保险标的物受损的近因。

按照被保险人提供的《危险化学品经营许可证》、《消防合格证书》等资料，该仓库消防验收基本合格，储存的化工原料在经营许可的范围内。但从仓库建筑图纸和现场构造看，该仓库明显不具备储存化工原料的条件，且仓库内区域划分极不合理，化工原料与新闻纸等存放在一起更是不符合有关规定。然而，保险人在承保时曾进行过现场勘察，且未提出任何异议。同时，被保险人认真履行了自己应尽的义务，没有出现任何违反事项。因此，保险人以不符合消防和化工原料储存条件为由拒绝承担保险责任是站不住脚的。

在进行损失核定时，由于库存物资全部被烧毁，公估人员只能根据被保险人提供的有关账册及现场勘察来确定损失项目、数量及金额。经认真甄别，剔除不合理因素，选择事故前资产负债表、库存明细表、盘点表、专用发票、进出货单等基本一致的数据，结合现场查勘记录，最终确定此次事故的损失金额为 4 107 069.29 元。

根据被保险人提供的保险单、库存明细表等资料，玮通仓投保金额为2 000 000.00元，2007年9月22日库存金额为4 604 381.00元。其投保比例为43.44%。

按照损失金额、施救费用、残值费用、免赔额和投保比例，经核算确定赔付金额为168万元。

评析：鉴于本案保险双方对诸如责任免除、损失核定、投保比例等存在较大分歧，曾在较长时间内久拖不决。经公估人员提出充分理由、拿出完整数据、反复解释沟通，最终双方签定《赔付协议书》，以保险人赔付168万元而结案。

【案例3】 汕头华盛毛纺染织有限公司火灾诉讼案

2005年11月16日，汕头华盛毛纺染织有限公司向××保险公司投保财产综合险，厂房及设备保险金额7 629 280元（其中厂房、电梯、附属建筑保险金额为3 100 000元，一楼锅炉房、水池、污水处理站及列明机器设备保险金额4 529 280元），库存产品、半成品保险金额3 000 000元，保险期间1年（自2005年11月17日零时起至2006年11月16日24时止），每次事故免赔额1 000元或损失金额的5%，二者以高者为准。

2006年9月10日早上7:40时，厂房二楼发生火灾，当地消防部门共派来13辆消防车灭火，至8:35时大火被扑灭。二楼水电、消防等设施以及隔墙、办公家具、空调及线路等被烧毁。被保险人报损金额为490 622.38元，其中桌、椅、柜等办公家具55 768.40元，窗式、柜式、挂式空调10部计40 900元，吊扇、落地扇45部计6 050元，灯箱、双管日光灯支架等照明设施58套计5 480元，电线、套管、开关16 165元，铝合金门、窗及玻璃、卷闸门131 111.98元，天花板吊顶、隔墙89 853.20元，房屋内外墙、地砖修补100 214.80元，消防栓箱3套879元，保险柜、复印机4台18 700元，半成品毛衫修复费20 000元，场地清理费5 500元。该保险公司理赔人员经现场查勘后，对上述报损项目、数量及损失程度无异议，但在定损、理赔时则对厂房及设备、附属建筑、办公家具、半成品毛衫、场地清理费以及不足额保险比例等方面与被保险人产生严重分歧，其30 000元的赔款让被保险人坚决拒绝。双方长期协商不成，后经双方律师介入未果，遂诉诸法院。

受汕头市中级人民法院司法技术事务处委托后，广东君和泰保险公估公司即派2名公估师于2007年8月28日赶赴汕头，与法院司法技术事务处代表及本案主办法官、保险双方代表及律师一起，对当时火灾事故现场进行了复勘取证及相关人员的调查询问工作。在各方基本认同损失事实和事故原因的情况下，公估公司提出如下处理意见。

1. 关于保险标的的认定。保险单在“保险金额”一栏注明“详见投保清单”。投保清单：厂房、电梯、附属建筑保险金额 3 100 000 元，锅炉房、水池、污水处理站及列明机器设备等 17 项保险金额4 529 280元，库存产品、半成品保险金额 3 000 000 元。经了解，上述标的项目及保险金额的确定乃参照被保险人上一年度在其他保险公司投保的情况，双方既未看账，也未评估。

（1）厂房、电梯、附属建筑：被保险人认为，“厂房”应包括主楼的5层建筑及内部水电、消防等装修和所有的设施；“附属建筑”为主楼建筑主体及所有装修，包括二楼的装修、装饰、各办公室间隔墙、吊顶、地砖、门窗、空调、风扇等。

保险公估师认为，在本保单未作进一步约定的情况下，该“厂房”可理解为被保险人厂区内5层钢混框架结构的主体建筑及其房屋的基本内涵，即包括该建筑内墙平整抹灰及外墙勾缝，屋顶、门窗、梁柱、地板、楼板装修，以及中央空调系统、水电消防卫生设备、火警预测系统、自助照明及供水系统（水电管道、线路铺设）等装潢修饰及设备。报损项目中的照明及配套设施、铝合金门窗及玻璃、卷闸门、消防栓箱、天花板吊顶、房屋内外墙与地砖修补等属于保险标的。“附属建筑”是指依附归属的建筑，其锅炉房、污水处理站、蓄水池等已单独列明，而二楼办公室间的隔墙、空调、风扇以及水磨石地面更换为磁砖等增加或更改项目未作约定，故不能认定为保险标的。

（2）设备：被保险人认为，“设备”包括保险柜、复印机及所有办公家具。保险公估师认为，机器设备是指在生产流程中必须直接使用的器具及设备，不论其有无使用动力。本保单已明确列明设备清单，其保险柜、复印机及办公家具应另投保“办公用品”项目。

（3）场地清理费用：被保险人未附加《清除残骸费用条款》或《清理灾场费用条款》，故不属于本保单保险责任范围。

（4）被烟熏损半成品衫：保险人引用本条款“解释”第四条第一款约定“烘、烤、烫、烙造成焦糊变质”的予以除外。保险公估师认为，该半成品衫存放于二楼车间，隔墙仅高 1 米，且离被烧的办公室也只数米，被烟熏受损（需要特殊处理）乃火灾引起，故火灾是其近因，属于保险责任。

2. 关于恢复原状的处理。二楼地面由水磨石更换为磁砖，定损按同等水磨石价格计算；其他项目的维修，均按同等材质的当地市价考虑。

3. 关于投保比例的分析。鉴于本保单保险金额的确定方式特殊，经保险公估师现场勘察及资深房产评估师采用重置成本法评估，其厂房、电梯市场价值为3 689 163.20元（附属建筑因无明确所指而不计），不足额比例为84.03%；其产品、半成品价值，按汕头市汕特会计事务所《审计报告书》，2006年度库存金额为3 079 978.13元，不足额比例为97.40%；从而否定保险人未列具体明细的60%投保比例的推断意见。

经扣除残值、免赔额后，本次火灾事故的赔付金额为140 297.38元，保险双方均接受这一公估结果，历时一年的保险理赔纠纷终于结束。

评析：本案案情并不复杂，损失金额也不大，发生理赔纠纷的原因为保险公司从业人员业务不精通，投保时未指导被保险人按照实际情况正确选择投保项目（需保障的未投保，且重复表述），概念不清，工作不细；理赔人员也存在同样问题，不是除外责任的按除外处理，该拒付的项目又说不出令人信服的理由，而且投保比例的确定更是一笔糊涂账。

第五章　机器损坏保险概述与保险公估

第一节　机器损坏保险概述

一、机器损坏保险的概念

机器损坏险是以机器设备为保险标的，以机器设备损坏为赔偿前提，以机器设备的重置价值为承保基础，承担被保机器在保险期限内工作、闲置或抢修保养时，因除外责任之外的突然的、不可预料的意外事故造成的物质损失或灭失的一种保险。它既可以作为专门险种投保，也可以作为企业财产保险的附加险种投保。

机器损坏险是在传统的锅炉、蒸汽机保险的基础上发展起来的，它是从普通财产保险中分离出来的一个险种，可以说是企业财产保险的补充和其责任的扩展。机器损坏险承保各种机器设备因设计制造及安装错误、工人技术人员操作失误、离心力引起断裂、锅炉缺水等造成的损失。

机器损坏险与企业财产险的主要区别有二：一是责任范围仅限于机械和人为因素即意外事故造成的损失（不包括自然灾害）；二是以重置价值作为保险金额和赔偿计算的依据。

二、机器损坏保险的特点

1. 保险金额按照重置价值确定

机器损坏险与企业财产险不同，它要求所有投保机器（无论新旧程度如何）一律按照重置价值（即重新换置同一厂牌或相类似的型号、规模、性能的新机器设备的价格，包括出厂价格、运费、保费、税款、可能支付的关税以及安装费用等）来确定保险金额。

2. 承保的损失以电气事故和人为事故为主

机器损坏险主要承担由于人为原因或电气原因造成的机器损毁和灭失。对于其他任何原因引起的火灾、爆炸等意外事故，以及暴风雨、洪水等自然灾害造成的损失则不予负责。就其性质而言，机器损坏险是一种机器设备的意外保险，它承保的是机器设备因不可预见的、突然发生的事故所造成的损失，与企业财产险承保机器设备因自然灾害和意外事故造成的损失不同。

3. 停机退费的规定

与其他保险不同的是，在机器损坏险中，锅炉、发电机等连续停工超过3个月的时间（包括修理，但不包括由于发生保险损失后的修理），保险人应退还一定比例的保险费。此停机退费的约定，类似于船舶保险中的停泊退费条款。

三、机器损坏保险的主要内容

1. 机器损坏险的保险标的

机器损坏险适用于所有安装验收完毕并投入生产经营的机器设备及其配套设施。机器损坏险的保险标的，包括各类机器、工厂设备、机械装置等，如发电机组（锅炉、滑轮发电组）、电力输送设备（变压器和高低压设备）、生产机器和附属设备（机器工具、造纸机、织布机、抽水机）等。如果机器损坏险作为企业财产险的附加险投保，保险标的必须是已投保企业财产险的机器设备及装置等。投保人在投保机器损坏险时，一般要求将一个工厂或一个车间里的所有机器设备全部投保，不管它们是新的还是旧的，是容易损坏的或是损坏风险不大的。

2. 机器损坏险的保险责任

机器损坏险的保险责任主要是机器设备本身的损失，以机械电气事故、人为事故为主要承保风险，不包括自然灾害及一般的意外事故。

（1）设计错误和铸造缺陷。设计错误包括设计、制造或安装错误；铸造缺陷包括铸造和原材料的缺陷。

（2）操作失误或恶意行为。这里指的是工人或技术人员的操作错误、缺乏经验、技术不善、疏忽过失和恶意行为。在确定此类人为事故损失的责任时，应注意掌握以下几点：一是这些行为必须是非经被保险人（投保企业）及其代表的纵容、暗示、授意或默认的情况下实施的；二是这些行为的结果必须构成一次意外事故，并产生实际的物质损失或有关费用；三是操作人员必须经过严格的技术操作和有关规章制度的培训，经考核合格并持有上岗证书，而且在操作过程中是完全按照操作规程进行的。如果不符合上述三点中的任何一点，保险人均有权拒赔。

（3）离心力引起的断裂。由于离心力而引起断裂造成机器设备本身和其他财产的损失。

（4）电气事故。指电机、电器、电气设备因超负荷、超电压、碰线、电弧、漏电、短路、大气放电、感应电及其他电气原因造成损失的事故。

（5）其他原因。此指本保险条款中所列出的除外责任事项以外的原因（如容器受到超过其外壳强度的压力而产生的爆裂等），但不包括自然灾害。

总之，机器损坏险的承保风险都是企业财产险不予承保的，而企业财产险所保障的危险基本上为机器损坏险的除外责任，机器损坏险与企业财产险是相互独立又相互补充的。

3. 机器损坏险的除外责任

机器损坏险也是一切险，即采用列明除外责任的方法确定保险责任，凡是除外责任不包括的风险都在保险责任范围内。

第二节　机器损坏保险公估

一、现场查勘

保险公估人在登记立案后，应组成保险公估小组前往事故现场，必要时还需聘请有关方面的专家一同随行。到达现场后的工作步骤如下。

（1）首先查看保险合同（保险单及条款），明确投保险种、保险标的及标的地址、保险责任、保险期限、保险金额等项目内容，特别注意是否按重置价值投保。

（2）在被保险人的陪同下，仔细查看事故周围环境及消防设施等，以明确事故发生的原因是否如被保险人所述。例如，在判定机器的轴承是由于机器自身的原因还是外部的原因导致断裂时，要检查与轴承连接的机体是否有变化，若有变化则说明不是外部原因所致，从而不属于保险责任范围。这一过程要求有熟悉机器设备构造的工程师参加。

（3）现场拍照（包括对整个环境以及完好标的、部分受损标的、全部损失标的均要进行拍照，局部损失情况清晰），缮制事故现场平面图，并请被保险人的技术人员及出险时的现场人员等详述事故发生的经过及其分析所得的事故原因。

（4）细致观察损坏件与事故源的关系，以及受损件附近的上、下游零部件是否损坏，从而认清受损器件的范围，以便分析事故原因。因为被保险人既有可能将与事故不相关的其他受损元器件也列在损失清单中，从而获得额外的补偿；也有可能为了获得新的零部件，而将在保险事故中轻微受损的旧器件加以破坏等。

（5）根据被保险人提供的报损清单进行逐项逐件清点，详细记录受损机器设备的名称、规格型号、数量、受损程度或损坏情形等。在记录损失情形时，一定要准确、细致、认真、具体地描述机器受损的状况，例如机器有无裂痕、存在裂痕的地方及其大小、深度等。在进行描述时，一定要站在客观的立场上，不能带有主观臆断。例如在检视电厂的发电设备中发现叶片上有缺口，就不能在损失情形记录中直接写出该叶片作报废处理，而要详细地说明叶片上有几个缺口，缺口的大小、深度如何等。

（6）现场清点完毕后，应立即填写《现场查勘记录表》，对事故现场环境及损失项目、数量、程度等进行描述，并汇总编制《现场损失清点核实表》，二者均要求被保险人签字认可。

（7）需要进行专业检测的，应经保险公司同意后再确定。

二、收集资料

经现场查勘后，为进一步明确事故发生的原因及确定损失金额，保险公估师应向被保险人索取如下资料。

（1）索赔申请书。包括出险时间、地点、原因、经过以及损失、施救情况等。

（2）损失清单。详细列明受损财产名称、属何会计科目、数量、单价、金额以及损失率、残值等。

（3）有关保险财产的财务情况。出险及投保时的资产负债表（3 ～ 12 个月），固定资产总账及受损设备的明细账页，受损设备购入时的原始发票等。

（4）相关技术资料。包括技术手册（含铭牌）、设备运行记录、定期检修（或大中修）记录等。

（5）有关事故证明。据以确定事故发生原因、损失程度的技术鉴定（检验）报告。

（6）修复方案及需更换零部件清单。包括机器设备维修或零部件报价及发票等（复印件）。

（7）相关合同。主要有保险合同（批单、投保明细及条款）、维修合同、购货合同或运输合同等。

（8）现场（第一时间）照片、营业执照复印件。

（9）其他与机损事故有关的资料等。

同时，通过查看机器设备运行记录，既可以发现该设备在出险前运转是否出现过异常（例如供水、供油是否出现过问题等），也可以了解被保险人的工人或技术人员在操作过程中，是否出现过操作失误或未按操作规程操作或违反其他安全规章制度等，以便于判断事故原因。

查看定期检修（或大、中修）报告或记录，可确定被保险人是否尽到对机器设备维修保养的职责，因为“按照机器的规范要求，对被保险机器定期做好维修和保养工作，使之处于良好的技术状态”是被保险人在机器损坏保险项下应承担的职责与义务。若被保险人未维修保养或维修保养不善，由此所引起的损失则应由被保险人自行承担。此外，保险公估师还可根据定期检修（或大、中修）报告或记录判断某些零部件是否已达寿命终止日。若是，则属于正常更换的范围，而不属于此次事故中受损零部件之列，应从损失清单中剔除。

三、责任分析

根据现场查勘记录、事故证明及相关材料，按照保险条款中的有关规定，保险公估师可全面客观地分析发生事故的原因，看是否与被保险人申报的一致。如有出入，则要请有关专家会诊，从而得出较为客观的评价，并据此判断是否属于保险责任。

根据机器损坏保险责任范围第五款的规定，其责任范围除了保单中明确的四款之外，还包括“除外责任”以外的原因所造成的机器设备的损坏或灭失，可以说是一个开口的一切险条款。与其他列明风险的条款（如企业财产保险）和一切险的条款（如建筑工程一切险）相比，机器损坏保险条款的责任范围是不同的。它综合了列明风险条款和一切险条款的特点，既有一切险（如责任范围第五款），又有根据机器设备的风险特点特有的风险（如责任范围第一、二、三、四款），因而机器损坏保险的承保范围既广泛又明确。

在判定损失是否属于机器损坏保险范畴时，保险公估师一定要实事求是地将损失情况与保单的责任条款相对照，公正地判定保险责任。例如：

（1）要判定受损部件是否是所投保的机器设备，因为机器损坏保险与企业财产保险的责任范围既相互补充又相互对立，机器损坏保险只承担机器设备在保险事故中所导致的自身损失，而不负责因机器设备的受损而牵连的其他物质的损失，后者由企业财产保险负责。因此，要区分机器的损失与其他物质的损失，使其分别在机器损坏保险与企业财产保险项下定损。

（2）要将润滑油、燃料、催化剂等操作中的介质从受损物质中扣除，使其不能成为机损险的索赔项目（但大、中型变压器油则应视为整个变压器设备的一部分，一般为25号油且多为数十吨之巨）。因为无论保单是否存在、事故发生与否，该类物品是必然会被消耗的，属于被保险人的正常维持费用，因而不构成保险责任。

（3）机器损坏保险虽然承保由于“工人、技术人员操作错误、缺乏经验、技术不善、疏忽过失、无意行为”等“突然的、不可预料的意外事故造成的物质损坏或灭失”，但是若工人或技术人员的操作错误是因被保险人为了骗赔而授意他们如此进行的，或管理人员对技术人员的操作失误视而不见或未予制止导致的，则不属于保险人的责任赔偿范围，保险公估师应从损失金额中予以扣除。

（4）虽然“离心力引起的断裂”这一“意外事故造成的物质损坏或丧失”属于保险责任范围，但由于机器设备年久失修、保养不善，或使用者为达到某一目的而长时间超负荷运转造成的零部件断裂，则不属于保险责任。

（5）如机器损坏的责任属设计人、供货人或安装人的责任，保险公估师应要求被保险人提供有关的供货、安装或修理合同。若根据法律或契约应由供货人、制造人、安装人或修理人负责的损失或费用，被保险人应向责任方索赔，保险人没有先给付赔款而后代位追偿的义务。但若双方责任划分不清或被保险人已经丧失索赔时效，保险人则负责赔偿，被保险人应及时将向有关方索赔的权利转移给保险人。

四、核实损失

保险公估师可与有经验的技术专家一同评判对受损机器的处理方法，例如对受损涡轮增压器而言，被保险人可能要求将受损部件全部更换，而经验独到的专家则可能建议只对受损部件进行修理即可，有时甚至还需推荐专职修理的权威机构或设计出独具一格的修复方案。

1. 重置价值的确定

机器损坏保险的保险金额应为该机器设备的重置价值，保险公估师核定受损机器在受损当时的价格，不能片面地依赖于被保险人所提供的单价。因为就大型机器设备而言，供货商一般知道其客户有保险保障，且在保险中通常要由被保险人自负一定的免赔额，因而有时会为其客户报高价格，以弥补所扣除的免赔额。对此，保险公估师一定要小心谨慎地将其中的“水分”扣除。

2. 正确区分事故修理费、技术改造费及正常维修费

保险事故修理费是指对被保险机器设备修复至基本恢复受损前状态的费用，一般包括材料、修理工时费及其他合理费用，如外送修理还包括拆卸费、包装费、运输费、重新安装费、调试费以及经保险人同意的加班费、夜班费和快邮运费等。

技术改造和革新费是指为改善和提升设备性能而进行的技术改进及革新费用，此费用与恢复受损前状态的修复费用是不同的，对于这部分费用应予剔除。

设备正常维修费是指为使设备经常处于良好状态，确保正常运转，需要定期进行检查和维修所产生的费用，此乃被保险人的义务，不属保险责任范围，核实损失时应注意区分是事故维修还是正常检修，以免扩大损失范围。

3.“类似缺陷”造成损失的处理

《机器损坏条款》约定：“若某一保险财产中发现的缺陷表明或预示类似缺陷亦存在于其他保险财产中时，被保险人应立即自负费用进行调查并纠正该缺陷；否则，由类似缺陷造成的一切损失应由被保险人自行承担。”在赔偿处理中，应注意运用这一条款来维护保险人的权益。例如，某企业投保了机损险，一台机器表面出现裂缝，经鉴定系因原材料缺陷造成，属于责任范围，经修理恢复至原状，修复费用10万元。但过了一段时间，被保险人又报案称另两台同类型机器也出现裂缝，要求给予赔偿，保险人根据上述条款规定而予以拒赔。

4. 注意剔除易损易耗件

在区分由本质事故所造成的损失与非本质事故所造成的损失的同时，还应注意区分易损易耗件（使用寿命短、容易损坏、需定期更换）及本次事故中的受损件，以

免在定损时将已到更换期的零部件也包括在理赔损失之中。企业会计核算中一般将其放在“备品备件”或“低值易耗品”科目，应注意剔除。

5. 注意区分机器设备运行的必然后果与意外事故

自然磨损、氧化、腐蚀、锈蚀、孔蚀、锅垢等是机器设备运行必然引起的后果，这种变化属物理性变化（事物内在规律）或化学反应，应该是一个“渐变”的过程，与突然的、不可预料的意外事故所造成的物质损坏或灭失自然不同，要加以区分。此外，保险公估师还要明确损失范围，确定索赔的项目、数量和损失程度，同时还应剔除借修理之机对机器进行改革或革新的费用及正常维修检验的费用。并且，保险公估师还要将上述各项与保单明细表中列明的保险项目及除外责任进行逐项核对，若发现未保项目或不属于保险责任范围内的损失，应予剔除。

6. 修理费用的核定

若被保险机器设备遭受部分损失，保险人负责赔偿将机器设备修复到其基本恢复受损前状态的费用，包括支付修理工人的劳动报酬、更换零部件的费用、拆卸和重装费用、运费、税款，以及聘用指导专家的费用等，但不负责平时用于维修保养的费用，也不负责在修理过程中任何变更结构、增加性能或改进技术所产生的额外费用。如被保险机器设备遭受全部损失，保险人按保险金额（扣除残值）负责赔偿；如果保险金额高于机器设备投保前的实际价值，则按实际价值赔偿。

当受损设备需运至厂外修理时，损失金额为将机器设备基本恢复到受损前正常状态而支出的修配费用、拆除费、重新安装费、调试费、运输费、保险费及应支付的税款等。

当受损设备在厂内自行修理或需聘请专家技术人员指导修理时，损失金额为消耗的材料费及其他合理的费用；必要时，经保险双方当事人协商同意，损失金额还可包括工人加班费、夜班费、公假日工资、快件运输费等额外费用。

任何属于成对或成套的设备项目，若发生损失，保险公司的赔偿责任不得超过该受损项目在所属成对或成套设备项目保险金额中所占的比例。

若机器损坏险的保险金额不是以重置价值为基础确定的，则在处理损失金额时应将未包括的部分扣除或按比例分摊处理的原则。

修理的零部件，可不考虑折旧，但应扣除残值。

设备受损后，有时因非被保险人的原因而不能马上修理，且只进行了某些临时维修，只要这些修理费用不增加总修理费用，计算时也可将这一部分包含在内。

若设备发生全损或推定全损时，以损失前的保险价值扣除残值后的金额为准，但保险公司有权不接受被保险人对受损机器设备的委付。

发生损失后，被保险人为减少损失而采取必要措施所产生的合理费用，保险公司可予以赔偿，但本项费用以被保险机器设备的保险金额为限。

五、赔款理算

在保险实务中，损失金额与赔偿金额是意义不同的两个范畴。损失金额指的是此次事故造成的被保险人的实际损失金额，而赔偿金额则是保险人为该次保险事故最终支付给被保险人的货币数额。保险赔偿金额理算的基本步骤如下。

（1）从损失金额中扣除不属于保险标的或保险责任损失内的金额。一次事故造成的损失是多方面的，保险公估师应仔细确定哪些是保险标的范围内的损失，哪些不是保险标的范围内的损失；哪些属于保险责任范围内的事故造成的损失，哪些不属于保险责任范围的事故造成的损失。

（2）从损失金额中扣除残值。无论受损机器是处于全损状态还是部分损失状态，只要存在残值，都要将残值折合成现金从损失金额中扣除。

（3）对不足额保险进行比例分摊。若受损的被保险财产的分项或总保险金额低于对应项受损时的实际重置价值，其差额即视为被保险人自保。

若总保险金额不足额而受损的分项足额时，则按其总保险金额不足额的比例计算受损分项的赔偿金额；若总保险金额足额而受损的分项不足额时，则按其分项不足额的比例计算受损分项的赔偿金额；若总保险金额不足额而受损的分项也不足额时，原则上按其分项不足额的比例计算受损分项的赔偿金额；若受损的被保险机器多于一项，则应对每一项都要按照保单规定的分项保险金额单独计算比例赔偿的责任。

在处理不足额时，应按保单明细表中列明的保险金额与对应的重置价值来计算赔偿金额。

（4）对重复保险进行比例分摊。

（5）扣除每次事故的免赔额。

【案例】 东莞玖龙纸业有限公司机器损坏案

2006年5月31日，东莞玖龙纸业有限公司就210MW机组主要设备（6期热电安装设备，附明细表）向人保财险广东省直属支公司投保了机器损坏保险，保险金额为人民币580 500 000.00元。每次事故免赔额为人民币20 000.00元或损失金额的10%，以高者为准。

2007年4月1日，6#机主变压器（无励磁调压电力变压器）发生事故。经查看运行记录及录像，其事故经过如下：2007年4月1日上午，6#机组有功负荷178MW，无功负荷105MVAR，发电机出口电压为15.8kV，发电机出口电流为7.5kA。主变压器上层油温为58℃。玖麻甲线有功负荷为9.8MW，电流为54A，玖麻乙线有功负荷为10.6MW，电流为56A，玖港甲线有功负荷为20.6MW，电流为99A。4月1日10：01时，集控室运行人员发现DCS用后备盘子上字牌亮，6#机组已跳闸，立即检查6#发变组保护，发现发变组差动、主变差动、非电量保护、主变消防联跳、热工保护、主变重瓦斯保护均动作，主变充氮灭火装置也已动作。10：02时，运行人员到达现场检查发现，6#主变压力释放阀已全部动作，有部分变压器油从压力释放阀的排油管处喷出，充氮灭火装置的氮气已注入到变压器本体内部，变压器油枕下部的断流阀已关闭，6#机主变本体未见其他明显故障，运行人员立即按紧急停机事故处理。随后取出6#机主变压器油样，外观颜色发黑，即送广东省电力试验研究所进行检测分析。

经查，此次事故的出险标的物——无励磁调压电力变压器的生产商为中国·特变电工衡阳变压器有限公司，型号：SFP9—240000/110TH，额定容量：240000KVA，电压等级：110kV，高压侧额定电压：121±2×2.5%kV，低压侧额定电压：15.75kV，阻抗电压：13%，结线方式：YN、D11，冷却方式：强油风冷（ODAF），温升限值绕组：≤65K（电阻法），温升限值顶层油：≤55K（温度计法），温升限值油箱结构件表面：≤80K（温度计法），投运时间：2005年7月。该机器在东莞玖龙纸业有限公司内部编号为6#机主变压器，东莞市供电局编号为#2B。该机器设备原值约796万元、净值710万元，是保单PQSA200644019802000016上标明的被保险财产。

广东君和泰保险公估公司接受委托后，即于2007年4月3日派出3名公估人员与保险公司理赔人员一道赶赴东莞市麻涌镇事故地点进行查勘取证工作。现场所见，被保险人正在组织有关人员铺设枕木，准备将该受损无励磁调压电力变压器拖出机房，然后运往该设备的生产厂商——中国·特变电工衡阳变压器有限公司进行检测维修。该受损无励磁调压电力变压器外部连接管等附件已拆卸完毕，连接管内的油已导出，地面留有黑色油污。经了解，4月1日事故发生后，衡阳变压器公司即派有关技术人员到达现场了解情况，分析事故初步原因并提出维修意见。

鉴于本次事故的损失金额较大，且事故标的为主变压器SFP9—240000/110TH（技术含量高、生产厂家少），其主变压器需要运到位于湖南衡阳的生产厂家修理，而瓷套管又需送到辽宁抚顺传奇套管有限公司修理，涉及修理费、运输费（特殊运输工具且往返）、拆卸安装费（机房位置）以及预防性试验费等多项费用，环节较多，工作量大。公估人员在东莞查勘事故现场后，经保险人同意，专门聘请变压器及高电压技术专家张启泰（原西安变压器厂高级工程师），于2007年4月12日与理赔人员一起赶赴衡阳变压器有限公司所在地的衡阳市白沙洲，与衡变厂方代表一起，对拆卸后的变压器B相高压线圈及瓷套管等进行查勘取证、检测及技术鉴定工作。

该受损无励磁调压电力变压器外部连接管等组配件放置于厂区一角，等待进行检查及清洗；变压器的器身（铭牌已拆下）及A、C相高压线圈，三相低压线圈均存放在保温烘房内（防止受潮）；两只出现裂纹的ET513套管已送抚顺传奇套管有限公司（FBC）检修；变压器损坏的B相高压线圈则停放在修理车间内。

现场检测发现，变压器B相高压线圈严重变形：（1）B相高压线圈110kV出端口（高压管已切断）往下第9～11线段局部匝绝缘严重炭化、匝绝缘破损、线匝熔断，熔化的铜珠散落在邻近线段上（多处断裂、变形、变黑）；（2）B相高压线圈上、下线段分接头部位的多线段匝绝缘炭化变黑、匝间短路熔断、线匝扭曲严重变形，熔化的铜珠散落在邻近线段上；（3）B相高压线圈110kV出端口对应180度的第28～30线段局部炭化黑色，线匝辐向凸出约110mm严重变形。

另两只ET513套管瓷套部分出现裂纹（根据衡阳变压器有限公司、FBC的检测记录及照片分析）：（1）110kV B相瓷套内的导电管和高压线圈出线头连接部位有明显受力导致弯曲变形；（2）110kV B相瓷套靠近安装法兰部位有一向上弧形弯曲（呈抛物状）裂纹（约三分之一瓷套的圆周长），旧裂纹（黑色）长度约170mm，沿旧裂纹延伸长度约30mm瓷白色的新裂纹，安装法兰周边没有发现油渍；（3）110kV C相瓷套靠近安装法兰的上方有一向上弧形弯曲裂纹，呈瓷白色，长为30～40mm。

据衡阳变压器有限公司技术人员介绍，拆卸时三相线圈的上压板压钉未见有移位松动现象，器身上铁扼没有明显油污现象，110kV B相瓷套内既无绝缘油也无油痕（A、C相瓷套内满油），尚未发现明显的放电痕迹。

检测报告及技术鉴定如下：

1. 广东省电力化学与环境测试中心检验报告

变压器油的色谱分析（μLL）

气体组分	氢气	一氧化碳	甲烷	二氧化碳	乙烯	乙烷	乙炔	总烃
组分浓度	272	535	226	3619	387	47. 53	582	1 243
结论：氢、乙炔、总烃含量已超注意值，电弧放电故障，立即停运检修。								

粤电化环］字2007第310064号，2007年4月2日。

2. 衡阳变压器有限公司产品试验报告

（1）直流电阻测量

直流电阻（mΩ）	高压	A	0. 6264	B	0. 3785	C	0. 06247
	低压	ax	4. 635/4. 635	by	4. 65/4. 621	cz	4. 643/4. 635
	分接	42		测不出		42	

（2）色谱测量（从油箱底部抽油作油色谱分析）

气体	CH_4	C_2H_6	C_2H_4	C_2H_2	H_2	CO	CO_2	总烃
含量	3. 15	1. 56	8. 35	15. 64	9. 33	4. 64	729. 47	772. 14

(3) 开关电阻测量

接触电阻	1	2	3	4	5	6
阻值（mΩ）	0.330	0.273	0.213	0.222	0.203	0.178

线圈直流电阻测量值A、C相正常，B相电阻值偏高、B相分接电阻测不出，低压a、b、c的三相电阻值正常，提示B相高压线圈严重损坏。

3. 技术鉴定（张启泰）

6#机主变SFP9—240000/110TH的损坏，是在2007年4月1日发生损坏事故前B相高压线圈曾发生过短路电流产生大的电动力，线圈匝绝缘存在隐患，随后变压器在100Hz振动的长期运行状态下，导致变压器B相线圈匝间短路，变压器最终损坏。

关于本次事故的原因，公估人员现场组织技术专家、保险公司理赔人员、被保险人及厂方技术人员进行多次讨论、分析。经了解，6#机主变压器是发电机的升压变压器，为三相双绕组结构，每相铁芯柱从内到外依次套有低压15.75 kV线圈、高压110kV线圈。高压线圈由上下两个线段并联组成，110kV在线圈中部位置出线，线圈的上下两端有分接头用来调整输出电压为电网供电。在发生损坏事故后的吊芯检查过程中，发现110kV B相高压瓷套内没有绝缘油，瓷套安装法兰周边没有油渍，安装法兰上方的瓷套有一向上弧形弯曲的新、旧裂纹，约三分之一瓷套的圆周长，而旧裂纹（黑色）又延伸出一段新裂纹（瓷白色）；110kV C相高压瓷套在安装法兰的上方也发现一条向上弧形弯曲的新裂纹（瓷白色）；而且110kV B相瓷套内的导电管和高压线圈出线头连接部位出现明显的弯曲变形。上述情况说明该变压器曾发生过两次大的短路电流过程，在机械应力和热应力的作用下产生强烈的电动力（据有关资料显示，其电动力可达到器身重量的1.5倍），从而导致B、C相高压瓷套管开裂，乃至B相瓷套内的导电管和高压线圈出线头连接部位明显弯曲变形。

由于该变压器在2007年4月1日前曾发生过输出线路短路过程，其线圈所产生的电动力导致线圈匝绝缘存在明显的隐患（套管开裂，套管的干弧距离与爬距变小，套管的绝缘强度减少，套管的耐压性能变差）。随着变压器的持续运行，在50Hz电源情况下即可产生100Hz的长期振动，B相套管发生闪络，B相单相接地或B相与其他两相中的一相短路，变压器绕组就会受到短路电流的冲击（不但很难及时发现套管开裂的问题，而且这种冲击又在不时发生），由于积累效应，绕组产生变形并不断加剧，从而使得绕组饼被击穿、线圈匝绝缘破损、匝间短路；线圈在短路电流发生的同时产生强烈的轴向和辐向电动力，又致使B相线圈中间局部辐向凸出变形、线圈多处线匝短路熔断、小铜珠散落在邻近的线匝上。因为高压绕组为上下并联结构，其产生的电动力使导线扭曲和翻转，所以线圈上下相对应部位的导线也出现扭曲和翻转现象。在短路电弧高温下，变压器油汽化并分解出乙炔等气体，其气体含量和总烃含量急剧增加，导致变压器重瓦斯、压释阀动作，电器差动保护动作（因是单相短路），于是启动变压器两侧断路器而切断电源。由于是发电机变压器，虽然变压器与电网连接切断了，但变压器通过封闭母线与发电机相连，此时发电机还没有灭磁，故仍有一定时间向变压器提供电能，而这时高压绕组已发生短路，从而使得变压器的故障进一步扩大，最终造成高压 B 相绕组烧毁（其他绕组则正常）。

综上所述，6#机主变压器 SFP9—240000/110TH 于 2007 年 4 月 1 日发生的损坏事故，是因为此次事故前该机 B 相高压线圈曾发生过短路过程并产生大的电动力，从而致使线圈匝绝缘存在明显隐患，随后变压器在 100Hz 振动的长期运行状态下，由于积累效应，最终导致变压器损坏。因此，根据检测报告、专家鉴定、现场查勘及事故原因分析，变压器 B 相线圈匝间短路是造成此次变压器损坏事故的主要原因。

经逐项损失核定，扣除残值、免赔额后，最后赔付被保险人 2 161 710.00 元而圆满结案。

附表 1　东莞玖龙纸业主变压器报损定损汇总表　　（单位：万元）

序号	项　目	数　量（吨）	报损金额		定损金额
			单价	金额	
一	材料费用				
1	导线	4.335	8.20	35.55	35.55
2	纸板	2.50	3.00	7.50	7.50
3	变压器油	31.90	1.34	42.00	42.00
4	开关	1 套	5.00	5.00	1.50
5	全套密封件	全套	1.50	1.50	1.50
6	辅助材料			4.31	4.31
	小计			95.86	92.36
二	修理费用				
1	拆卸检查：线圈、器身、所有组配件、铁芯、油箱等清洗、拆引线、拆铁扼（铁芯多点接地处理）			8.00	8.00
2	线圈绕制（机器、厂房折旧，水电等各项制造费用）			1.50	1.50
3	线圈压装（机器、厂房折旧，水电等各项制造费用）			0.50	0.50
4	线圈干燥（机器、厂房折旧，水电等各项制造费用）			3.00	3.00
5	线圈套装（机器、厂房折旧，水电等各项制造费用）			1.50	1.50
6	插铁扼（机器、厂房折旧，水电等各项制造费用）			1.50	1.50

续上表

序号	项　目	数　量（吨）	报损金额		定损金额
			单价	金额	
7	引线装配（机器、厂房折旧，水电等各项制造费用）			2.00	2.00
8	煤油气相干燥费用			19.20	19.20
9	变压器总装配费用			4.00	4.00
10	滤油费			5.00	5.00
11	试验费用（专门发电所发生的发电费用）			15.00	10.00
12	器身中带油费			3.60	0
13	套管修复费（3.5万元×2个，抚顺厂修理）			7.00	7.00
14	拆装附件、二次吊蕊			3.00	3.00
	小计			74.80	66.20
三	人工费用			10.00	0
四	期间费用			27.26	10.28
五	运费（广州—衡阳，衡阳—广州）			43.00	43.00
六	税金			27.90	24.47
	合计（一～六项，衡阳变压器厂）			278.82	236.30
七	附件（套管）运费（广州—沈阳，永盛物流）			1.0800	1.0800
八	附件（冷却器等）运费（广州—衡阳，四台车）			1.80	1.53
九	拆卸、安装、试验费（河南第二火电建设公司）			35.2297	24.00
十	变压器油分析试验费及加班费			0.14	0.08
十一	差旅费（玖龙公司）			0.57	0
	总计（一～十一项）			317.639 7	262.99

附表2　残值处理汇总表　（单位：万元）

名　称	单位	数　量	单　价	金　额	备　注
6#机主变压器铜线	吨	3.895	38 000.00	148 010.00	湖南衡阳当时废铜价格
25号变压器油	吨	20	4000.00	80 000.00	广东东莞当时废油价格
合　计			228 010.00		

评析：本案损失金额较大，且设备需拖到外地厂家维修，收费过程也涉及多家单位。为掌握公估主动，切实控制费用，保险公估人员立即介入厂家现场拆卸勘验，并经被保险人授权，直接与厂家就修理项目、修理费用展开多次协商与谈判，经多次修改方案，最终达成一致意见；同时又与被保险人及进行整机拆卸、安装及预防性试验工程的单位进行及时沟通、协商与定价，不仅直接降低了赔付费用，而且节省了理赔时间（受损设备恢复工作的同时，保险赔款也已到账），被保险人和修理厂家十分满意，保险人的信誉度大幅提升。

第六章 利润损失保险概述与保险公估

第一节 利润损失保险概述

一、利润损失险的概念

利润损失险又称“营业中断险”，主要保障企业在遭受物质财产损失时，由于重置或修复受损财产而造成“营业中断”所带来的利润损失。利润损失险至19世纪末基本形成两个保险体系，即英国体系和美国体系。英国体系称营业中断保险或后果损失保险，美国体系称营业收入保险。

利润损失险作为传统财产保险的一种附加和补充，其从属性主要体现在以下三个方面：一是从险种角度看，利润损失险是一个独立险种，有独立名称和条款，承保的是“相关利益”而非实物形态的财产，但它承保以拥有财产险保单为前提和基础，即只有投保了财产险，才能投保利润损失险。二是利润损失险有自己的责任范围，但它的赔偿以财产险发生损失并获得赔偿为前提，也就是以财产险的责任范围为基础，但损失的发生必须同时属于财产险和利润损失险的责任范围，利润损失险才负责赔偿。三是利润损失险赔偿有不同于财产险的赔偿基础和理算方式，但其赔偿也受制于财产险，不但要以财产险发生损失和可以得到赔偿为基础，而且物质损失的弥补程度以及恢复正常营业的时间直接与利润损失险的损失有关，乃至决定利润损失险的损失。总之，利润损失险承保的是间接损失、是“无形利益”，只是赔偿在约定的赔偿期内的利润损失。

二、利润损失险的特点

（1）企业财产险所承保的是保险标的的直接损失，而利润损失险所承保的则是企业财产险不予负责的间接损失。利润损失险可以依附在企业财产险保单项下，也可以依附在机器损坏险保单项下。

（2）利润损失险赔偿的只是投保企业合法、合理的后果损失，被保险人不能从赔偿中获得任何非法利益。所谓合法，是指损失的利润应是法律上承认的利润；所谓合理，是指投保企业在未遭受灾害事故、于正常营业或生产条件下能够实现的利益或费用开支，而不是主观臆测或推断的收益或支出。

三、利润损失险的主要内容

1. 责任范围

利润损失险的保险责任范围与企业财产险（财产基本险、财产综合险）一样采用列明方式，即营业中断的发生只有在遭受利润损失险列明的自然灾害和意外事故的情况下，保险人才负赔偿责任。但由于利润损失险的从属性，利润损失险的责任范围还要受制于财产险，即营业中断发生的原因同时属于财产险责任范围才符合利润损失险的责任范围，以下列规定为限。

（1）在发生损失时，应有承保被保险人在上述处所的财产利益的物质损失的有效保险，在该保险项下取得赔款或已由保险人承认赔偿责任。

（2）在任何情况下，承保公司对每一单项赔偿责任限额不得超过明细表所列每一单项的保险金额。总赔偿责任不得超过保险金额或承保公司签署的、在本保险单内或附于本保险单的附录所列可替代的其他单项或总金额。

2. 保障项目

利润损失险的保障项目分三类：

（1）毛利润损失。一是营业额减少所致的毛利润损失；二是营业费用增加所致的毛利润损失。

（2）工资损失。指赔偿期间的工资损失。

（3）佣金损失。即会计师或审计师费用，通常是为索赔需要而提供及证明其账册和其他业务文件的合法性所付给会计师或审计师的合理费用。

关于“欠款账册损失”，则以附加险承保。

3. 保险金额

利润损失险的保险金额按承保项目分别列明，由毛利润保额、工资保额、审计师费用保额三部分组成。

（1）毛利润保额的确定。毛利润保额一般以企业上一会计年度的毛利润率为基数，结合本年度业务发展趋势和通货膨胀因素所测算出来的预期年毛利润后确定。毛利润预测计算公式如下：

本年度预期毛利润 = 上年度营业收入 ×（1 + 营业额增长率 + 通货膨胀率）× 毛利润率

利润损失险的保险金额与赔偿期存在着密切关系。一般来说，赔偿期在12个月或12个月以内者，可以上一个会计年度的损益表（利润表）为依据计算出来的预期毛利润直接作为保险金额。如果赔偿期超过12个月者，保险金额就应在此基础上增加一定的额度。

（2）工资保额的确定。工资保额一般参照企业上一会计年度的工资总额与营业额的比率测算确定。

工资的投保方法比较特殊，既可以放在利润中一同投保，也可以单独投保。在对工资进行成本形态分析时（工资是生产成本的组成部分，构成产品成本），通常可以分为变动成本与固定成本。其中计件工人的工资、生产车间工人的工资可以视为变动成本，而管理人员的工资可以视为固定成本。一般来说，变动成本是没有保险利益的。但对工资的处理则较为特殊，作为变动成本的工资可保可不保，而企业为挽留熟练工人（不减少这些工人的工资）多进行单独投保处理。

工资若放在利润中一同投保，则视为变动成本的计件工人及生产车间工人的工资是作为特定营业费用而在毛利润计算中扣除的。

（3）审计师费用保额的确定。审计师费用的支付需要视出险后委托的审计业务量的大小和复杂程度而定，故一般承保时只估算一个限额，如10万元、20万元。

4. 除外责任

我国利润损失险的除外责任与财产险基本一致，主要是对非意外的、不可预料和被保险人无法控制的意外事故造成的损失以及无法控制和估量的特殊风险不负赔偿责任。

国外利润损失险的标准保单规定的除外责任则比较详细，它包含如下内容。

（1）物质损害保单中的不足额部分；

（2）物质损害发生时财产价值与其重置价值间的差额；

（3）在损害发生后未报告的存货贬值；

（4）由于档案单证的丢失而无法收回的损害前贸易的欠款；

（5）由于损害的后果破坏了合同而招致的罚款、损害或合同规定的违约金；

（6）除上述（5）之外第三者的索赔；

（7）信誉的损失；

（8）利润损失保险所允许的必需的有关准备索赔费用，但为索赔而委请的职业性会计师费用除外；

（9）有关保险索赔的诉讼范围；

（10）移去残损物资的费用（但对迅速清除残损以求营业早日恢复而增加的工作费用予以赔偿）。

5. 附加条款

利润损失险的附加条款有十几个，比较常用的主要包括：

（1）公众事业设备扩展条款。此条款对供电、供气、供水公共事业设备因意外事故造成财产损失导致停电、停气、停水24小时以上，而使被保险人营业处所经营的业务中断或受到干扰所形成的利润损失，保险公司予以赔偿。

条款对非因意外事故造成的损失不负责赔偿，如有意行为所造成的损失，或有计划的限制性供应所造成的损失等。

上述扩展责任对由于或归因于一种来源或原因所致的每项损失或一系列损失的赔偿期限为：自发生损失之日起的60天内和每次停电、停气、停水持续24小时以上。对上述每次停止供应的头24小时所遭受的任何损失，有的保险合同明确约定保险人不负赔偿责任。

（2）通道堵塞条款。此条款实际上扩展了利润损失险的承保范围（但没有扩展其承保责任），即利润损失险的赔偿范围不仅限于被保险人的营业处所发生保险事故而造成营业中断的损失，还包括临近营业处所的财产及其他建筑物遭受损坏，导致通往被保险人营业处所的通道堵塞，从而妨碍被保险人正常营业（如原材料或顾客无法正常进入）所形成的利润损失。

此处的“通道”，是指在企业营业处所内（或厂区范围内）、营业处所与临近单位（或个人）财产（或道路）接壤处或营业处所与公共道路接壤处，直接影响其原材料或顾客正常进入且不能被其他进出口所替代的唯一经营（或生产）所必需的进出口。

（3）不具名供应商及顾客扩展条款。此条款将保险责任范围扩展至被保险人的供应商经营场所发生的、利润损失险保单所规定的损失而导致被保险人业务中断的损失，视为被保险人经营场所发生的损失。

另外，尚有包括全部营业额条款、未保险的维持费用条款、新营业条款、遗失欠款账册条款、恢复保险金额条款、调整保险费条款、谋杀等条款、经营部门条款、每月预付赔款等。

6. 赔偿期限

利润损失险的赔偿期是指工商企业遭受保险责任范围内的损失后，从企业利润损失开始形成到恢复正常的生产经营所需要的具体时间。

利润损失险的赔偿期限与保险期限是两个不同的概念。由于利润损失险是财产险的附加险，所以利润损失险赔偿期的起点必须是在企业财产险保单列明的保险期限之内，而其终点可以超出企业财产险保单列明的保险期限。在承保利润损失险时，需根据企业财产险保单列明的保险标的发生最大损失时所需要的恢复或重置时间，由保险人和投保人确定合理的赔偿期，保险人只对赔偿期内的间接损失给予赔偿，而对于被保险人超出赔偿期的任何财产损失则不承担赔偿责任。

7. 不足额保险

（1）毛利润损失。其不足额保险有三种情况：① 毛利润损失保额低于企业按上一会计年度毛利润率乘以年度营业额所得的毛利润（一般为上年度的主营业务利润或营业利润）；② 根据《经营部门条款》，独立核算的部门按该部门的营业额、毛利润率来计算营业额减少、营业费用增加时，所涉及的项目保险金额低于按各部门毛利润率与年度营业额计算所得的总金额，也即所得总金额低于保险金额。③ 涉及未保固定费用，即在投保时以某项费用会随着营业额变化而变化来确定为变动费用，但实际上并非如此，则这项费用应属于未保费用，在计算营业费用增加时，仍应在被保项目和未保项目之间分摊。

毛利润的比例赔付方式是在毛利润保额与按保单约定方法计算的毛利润金额有差异时采用的，亦即保额低于实际价值时采用比例赔付方式，而非部分毛利润与全部毛利润的比例。这是有别于财产险的。

(2) 工资损失。工资损失保额低于工资率乘以年度营业额所得的金额，其赔偿金额也应按比例减少。

(3) 财产险或机损险损失。利润损失险乃附加险，若企业财产险或机器损坏险为不足额保险而进行比例分摊时，那么该附加险的毛利润损失赔偿及工资损失赔偿也要进行相同比例的分摊。

8. 免赔额

在一般保险合同中，免赔额通常以一固定金额或百分比来约定，而利润损失险则以一固定的等待期间（时间）为免赔额的基础。

免赔额用时间表示时，采用数据时段宜明确，如免赔额为“从营业中断起 7 天”，否则有可能发生分歧。

有明确约定时，免赔额 = 对应上一年度月营业额 × 免赔天数/30（或 31）× 毛利润率

无明确约定时，免赔额 = 毛利润损失 × 免赔天数/实际营业中断天数（即赔偿天数）

免赔额 3 天的赔偿期一般为 6 个月，免赔额 7 天的赔偿期一般为 12 个月（对于水泥等企业因其每年都要进行大修或检修，其实际年生产天数仅为 300 天左右，故这时就不能考虑 360 天了）。

利润损失险的免赔额仅针对毛利润损失赔偿而言，其工资损失赔偿和审计师费用赔偿则不考虑免赔额的问题。

第二节　利润损失保险的财务核算基础

涉及利润损失险理算的财务基础主要是收入、利润、成本与费用类科目，故必须掌握《利润表》的有关知识。

一、收入的概念与核算

收入，是指企业在日常活动中形成的、会导致所有者权益增加的、与所有者投入资本无关的经济利益的总流入。

收入可分为主营业务收入和其他业务收入。主营业务收入一般指企业销售商品、提供劳务等收入；其他业务收入主要指除主营业务活动以外的其他经营活动实现的收入，包括出租固定资产、出租无形资产、出租包装物和商品、销售材料进行非货币性交换（非货币性资产交换具有商业实质且公允价值能够可靠计量）或债务重组等实现的收入。

主营业务属于企业核心业务，其业绩具有连续性，其收入与费用按配比原则确定具有可比性，其收入与毛利润也具有可比性；而非主营业务，亦即其他业务收入与其他业务利润仅反映其收入减去费用后的净额，一般不具有可比性。因此，我们认为由于营业中断所造成的毛利润损失，实质上是指主营业务收入中断所造成的损失，而不包括其他业务收入部分。

工业企业的主营业务收入包括销售商品（产成品、自制半成品）、代制品、代修品、提供工业性劳务作业（如设备安装、吊装等劳务）收入；商品流通企业的主营业务收入是商品销售收入；旅游企业的主营业务收入包括客房收入、餐饮收入等。企业会计准则对销售商品、提供劳务都分别规定了收入确认条件和计量原则。

二、费用的概念与核算

费用是指企业在日常活动中发生的、会导致所有者权益减少的、与（向所有者）分配利润无关的经济利益的总流出。费用可分为产品成本和期间费用两类。

1. 产品成本

产品制造成本包括直接成本和间接成本两项。直接成本包括直接材料成本和直接人工成本。直接材料主要指企业生产过程中实际消耗的原材料、辅助材料、外购半成品（外购件）、修理用备件（各种备件）、包装材料、燃料等；直接人工主要指生产工人的工资、奖金、津贴及其福利。间接成本又称制造费用，主要指为生产产品而发生的各项间接费用，包括为组织生产而发生的生产管理人员工资和福利费、折旧费、修理费、办公费、水电费、机物料消耗、劳动保护费、季节性和修理期间的停工损失。按企业会计准则规定，成本应计入所生产的产品、提供劳务的成本中。直接成本是随产量的变动而变动的，间接成本一般不随产量的变动而变动。

我国目前采用的是制造成本法，即产品成本只包括直接材料、直接人工和制造费用。

2. 期间费用

期间费用包括销售费用、管理费用和财务费用。

销售费用是指企业销售商品和材料、提供劳务的过程中发生的各种费用，包括保险费、包装费、展览费和广告费、商品维修费、预计产品质量损失、运输费、装卸费等，以及为销售本企业商品而专设的销售机构（含销售网点、售后服务网点等）的职工薪酬、业务费、折旧费等经营费用。

管理费用是指企业为组织和管理企业生产经营所发生的管理费用，包括企业在筹建期间内发生的开办费、董事会和行政管理部门在企业的经营管理中发生的或者应由企业统一负担的公司经费（包括行政管理部门职工工资及福利费、物料消耗、低值易耗品摊销、办公费和差旅费等）、工会经费、董事会费（包括董事会成员津贴、会议费和差旅费等）、聘请中介机构费、咨询费（含顾问费）、诉讼费、业务招待费、房产税、车船使用税、土地使用税、印花税、技术转让费、矿产资源补偿费、研究费用、排污费等。

财务费用是指企业为筹集生产经营所需资金而发生的筹资费用，包括利息支出（减利息收入）、汇兑损益以及相关的手续费、企业发生的现金折扣或收到的现金折扣等。

上述期间费用是企业在一定时期内发生的费用，由于不能直接或间接归入某种产品成本，按照规定应当直接计入当期损益，并在《利润表》上分项列示。

通常，我们一般将管理费用、财务费用、制造费用中的固定部分称为固定费用，也即企业维持费用；而将在一定时期内发生的随着产量的变动而变动的直接材料费用、人工费用、制造费用中的变动部分称为变动费用。

固定费用又称维持费用或管理费用，即在直接损失发生后企业为了生存所必须支出的维持费用，如高层管理人员工资、水电费、广告费、租金、利息、保险费等，这些费用在营业中断期间仍需支出，不可能随营业额的降低而同比降低，因而具有保险利益，是在计算利润损失险保额时必须考虑的部分。变动费用又称生产费用或特定营业费用，如原材料采购费、消耗性物料、生产工人工资、制造费、包装费、运输费、取暖费等，由于生产费用在直接损失发生后将暂时不再支出，在利润损失险中没有保险利益，所以是计算利润损失险保额时必须扣除的部分。

3. 产品成本与期间费用的联系与区别

产品成本，即产品制造成本，它与一定种类和数量的产品相联系，是对象化的费用；而期间费用，则是一定时期内为生产而发生的耗费，它与一定时期相联系，而与哪一种产品的生产无关。产品成本和期间费用都是企业在一定会计期间的成本耗费，“符合费用定义和费用确认条件的项目，应当列入利润表”，但成本是计入所生产的产品、提供劳务的成本中，而与产品制造无直接关系（与生产经营期直接相关的期间费用是在计算当期损益中予以扣除的）。产品成本和期间费用都是构成营业利润的要素，但在制造成本法下，产品成本是构成主营业务利润的要素，而期间费用则是直接计入当期损益的。

三、利润的概念与核算

利润是指企业在一定会计期间的经营成果，它包括收入减去费用后的净额、直接计入当期利润的利得与损失。其中，收入减去费用后的净额反映的是企业日常活动的经营业绩，直接计入当期利润的利得与损失反映的是企业的非日常活动的业绩。简言之，利润反映的是收入减去费用、利得减去损失的概念。

企业的利润获得途径主要有两条，即通过生产经营活动而获得或者通过投资活动而获得。营业利润是企业利润的主要来源，它主要由主营业务利润、其他业务利润、期间费用、投资收益等构成。主营业务利润是企业通过生产经营活动中主营业务所产生的利润，其主营业务收入净额减去主营业务成本和主营业务应承担的流转税后的余额，通常称为毛利，也即销售额与销售成本的差额；其他业务利润是企业经营非主营业务活动所产生的利润，企业的其他业务收入减去其他业务支出的差额即为其他业务利润，其他业务支出包括其他业务所发生的成本以及应由其他业务承担的流转税。

现行的《利润表》内容是根据2007年《企业会计准则》开始实施的，其利润方面由三部分组成：第一部分营业利润，反映企业主营业务利润、其他业务利润和销售费用、管理费用、财务费用、资产减值损失、公允价值变动收益、投资收益；第二部分利润总额，反映营业利润加减营业外收支后的利润；第三部分净利润，即税后利润。《利润表》由营业利润、利润总额和净利润三部分组成，其中“主营业务利润”（反映企业主营经营活动所获得的收入、成本、税金及其利润）虽然不再单独列示，但营业收入核算中仍将“主营业务收入”和“其他业务收入”这两个会计科目保留，故主营业务利润仍然可以反映出来。

四、毛利润的概念与计算方法

1. 毛利润的概念

（1）会计毛利润概念。毛利润是营业额中只减去生产成本而没有减去其他费用时的利润，即毛利润是销售收入与销售成本的差额。

毛利润 = 营业收入 − 营业成本 − 营业税金及附加

商品零售企业的毛利润 = 售价 − 进价 − 税金

（2）保单毛利润定义。利润损失险保险单“定义”：“一、毛利润：（一）营业额 + 年终库存 + 在制品（半成品）三项的数额减去（二）上年库存 + 在制品（半成品）+ 特定营业费用的数额为毛利润。注意：上年库存和年终库存以及在制品（半成品）的数额应按照被保险人正常的会计计算方法算出，并适当规定折旧。二、特定营业费用：（一）购买原材料的全部数额（减除获得的折扣）；（二）工资的全部数额；（三）为维持业务的正常经营而支付的出险后可能停付的一切专用及直接费用。注意：除在明细表内另有规定外，本定义措词的含义应与被保险人账册中通常表达的意义相一致……。”

现将上述部分词义解释如下。

第一，关于对存货“适当规定折旧”的理解。折旧一般指固定资产在生产过程中由于磨损而转移到产品成本中去的那部分价值。保单提及对“存货”适当规定折旧，这里实际上涉及运用“成本与可变现净值孰低法”进行存货的计价核算问题。“成本与可变现净值孰低法”是指期末存货计价以成本与市价中低者为基础，即当成本比市价低时按成本计价，市价比成本低时按市价计价。

第二，关于对“减除获得的折扣”的理解。折扣一般包括现金折扣和商业折扣。现金折扣，是指债权人为鼓励债务人在规定的期限内付款而向债务人提供的债务扣除。现金折扣一般在商品销售后发生，其实质是一项理财费用，是企业收回其资金而发生的代价，不是收入的减少，所以在会计处理上作为财务费用处理。销货方在实际发生时计入当期财务费用，购货方实际获得时冲减当期财务费用。商业折扣，是指企业为促进商品销售而在商品标价上给予的价格扣除，即销货方直接将商业折扣从销售价格中扣除，而购货方直接抵减货款。

会计处理上，原材料按照实际支付的价款核算，即已扣除商业折扣后的购货价款净额入账。因此，毛利润理算时不需再从“原材料”项下减除获得的折扣。工业企业“购买原材料的全部数额”可以直接从“原材料”科目“借方”分析获取，商品流通企业“购买原材料的全部数额”可以直接从“库存商品”科目“借方”分析获取。

第三，关于对“为维持业务的正常经营而支付的出险后可能停用的一切专用及直接费用”的理解。产品制造完工后即成为产成品也即《资产负债表》上的“库存商品”。工业企业的库存商品主要指产成品，即企业已经完成全部生产过程并已验收入库可以作为商品对外销售的各种产品；商品流通企业的库存商品主要指外购或委托加工完成验收入库用于销售的各种商品。二者一旦发生销售，就会产生销售成本和销售费用的问题。

在工业企业，销售成本主要指已售商品成本，也即产品制造成本，包括直接材料、直接人工和制造费用。在商品流通企业，销售成本主要指采购成本，包括购买价款、相关税金、运输费、装卸费、包装费、保险费以及其他可归属于商品采购成本的费用。

销售费用是指企业销售商品和材料、提供劳务过程中发生的各种费用，包括保险费、包装费、展览费和广告费、商品维修费、预计产品质量保证损失、运输费、装卸费等以及为销售本企业商品而专设的销售机构（含销售网点、售后服务网点等）的职工薪酬、业务费、折旧费等经营费用。在会计处理上，销售费用作为“期间费用”直接计入当期损益。

上述二者均存在变动费用。也就是说，不仅产品成本中包含变动费用（直接材料、直接人工和制造费用中的变动部分，如工资及福利、办公费、水电费、机物料消耗、劳动保护费等），产品销售过程中也包含变动费用（如保险费、包装费、运输费、装卸费、职工薪酬、业务费等）。如发生营业中断后，原来用于生产或销售的费用也将因生产或销售的中断而暂不发生。

总之，凡是原来为制造产品和销售产品发生，而事故发生后可能停用的一切专用及直接费用均可据以扣除。

第四，关于保单“本定义的措词的含义应与被保险人账册中通常表达的意义相一致”的理解。这是保单提醒我们在进行利润损失险理算时需要注意的事项，也是利润损失险理算的一条原则。由于在会计核算中，企业可以根据生产经营特点和管理要求采用适合本企业的成本核算方式，故在进行利润损失险理算时需要注意：具体项目费用应按照被保险人账册的记录，与被保险人账册中通常表达的意义相一致。

2. 毛利润的计算方法

在保险业务中，通常有两种计算毛利润的方法，即“加法”和“减法”。

（1）“加法”。所谓“加法”，特点是“从小加到大”，从净利润开始往上加。“加法”的基础，是净利润加各种可保险的维持费用。运用“加法”计算毛利润，关键是对净利润和维持费用的理解。根据保单定义以及被保险项目，其

毛利润＝商品销售利润＋可保固定费用

在实际工作中，我们可能会碰到这样一种情况，即利润表上“主营业务利润”反映为负数的企业，是否可以投保利润损失险？或者说如何计算赔款？从理论上讲，只要企业的固定费用大于亏损额，即可以投保或进行赔付。计算公式为：

毛利润＝可保固定费用－亏损额

（2）“减法”。所谓“减法”，特点是“从大减到小”，从毛利润开始往下减，又称差额计算法。运用“减法”计算毛利润，关键是对变动费用和“特定营业费用”的理解。

目前通行运用“减法”来计算毛利润的有英美以及我国。

综上所述，毛利润是企业净利润与固定费用（维持费用）之和，或营业额减生产费用之差。如两年库存（在制品）相等，则：

毛利润＝营业额－生产费用

营业额＝生产费用＋固定费用＋净利润

净利润＝毛利润－固定费用

毛利润＝净利润＋固定费用

第三节　利润损失保险公估

一、收集索赔资料

1. 出险通知书

被保险人应详细报告事故发生的时间、地点、原因、经过；造成营业中断的原因，营业中断情况，为避免营业额减少已采取和拟采取的措施。

2. 索赔清单

应列明索赔项目、金额、计算依据以及有关费用支出的用途。例如：营业额减少、营业费用增加、营业费用减少的金额和计算依据；为避免营业额减少而支付的额外费用，诸如租赁、委托加工、外购等费用，需注明费用用途并提供有关合同、费用单证，同时应详细描述毛利润、工资等投保项目受到影响的各种因素及损失情况。

3. 索赔所需的账册和文件

（1）反映毛利润和工资的有关财务账表。① 据以确定毛利润率、营业利润的上一会计年度利润表；② 据以确定年终及上年库存的资产负债表、“存货”类明细账表（如库存商品或产成品、生产成本、半成品等）；③ 据以确定购入原材料数额的材料采购、材料成本差异、原材料等明细账表；④ 据以确定工资的应付职工薪酬、工资发放汇总表等明细账表。

（2）反映营业费用的有关财务账表。据以确定营业费用增加或减少的制造费用、销售费用、生产成本等计算单或明细账表（如主营业务收支明细表或生产销售统计表、生产成本表或损益表、销售毛利分析表等）。

（3）反映产品销售趋势的有关资料。① 销售账表；② 生产综合日报表；③ 生产调度值班记录表；④ 生产和销售计划表；⑤ 库存商品账表。

（4）其他资料。主要是涉及销售和供货的各类合同、订单以及索赔所需的其他凭证、发票和文件单证等。

二、确定保险责任

能够列入利润损失险赔偿的损失，必须具备下列条件：

（1）保险事故必须发生在被保险人的保险财产指定地址。如因邻近场所发生事故，被保险人因安全考虑而擅自停业，保险人不予赔偿。

（2）营业中断必须是必要的（客观存在的）。虽然发生了保险事故，但损失轻微不必停业，而被保险人因此停业所造成的利润损失，保险人不予赔偿。

（3）利润损失必须是保险责任范围内的损失原因造成的。如果有利润损失，但不是保险事故，保险人也不予负责。

（4）保险事故必须发生在保险期限内，若营业中断延续到保险期满后，对于超过保险期限的利润损失，保险人则给予赔偿。

换言之，利润损失险的赔偿必须同时具备以下几个要求。① 以财产保险的责任范围为基础，即发生的事故属于保险事故，属于财产险保单赔偿范围；② 以物质损失为基础，并以物质损失得到补偿为前提，即在营业地址内，被保险人用于生产经营的物质遭受损失，而且物质损失得到保险人的赔偿；③ 以物质损失导致实际利润损失为基础，即利润损失是由于物质损失造成的，而且必须是存在的。

由此可见，只有满足利润损失险赔偿的三个基本条件，即利润损失险责任认定的三部曲：保险事故——物质损失和赔偿——利润损失，案件才能启动。

三、赔款计算

（一）毛利润损失赔偿计算（营业额减少、营业费用增加）

由于利润损失险的保险标的实际上是企业毛利润的损失，故其理赔计算主要是围绕毛利润损失计算，一是营业额减少，二是营业费用增加。

1. 营业额（销售额）减少赔偿

营业额减少是指标准营业额减去赔偿期内的不正常营业额的差额。在企业遭灾受损后，最坏的结果就是营业额为零。计算公式如下：

营业额减少 = 标准营业额 - 赔偿期营业额

营业额减少赔偿涉及毛利润、毛利润率、赔偿期、年度营业额、标准营业额等概念，需要先加以了解。

（1）毛利润率。毛利润率指在发生损失之日前的会计年度内，毛利润对营业额的比率。计算公式如下：

毛利润率 = 毛利润/营业额 × 100%

（2）赔偿期。赔偿期是从损失发生之日起至生产或营业完全恢复到原水平时止。实际赔偿期不能超过保单上约定的赔偿期，如有超过，则以保单载明的赔偿期为准。

何谓生产或营业完全恢复到原水平？一般指生产能力和营业额完全恢复到出险前的正常水平。如：工业企业日产量恢复到出险前日产量，即视为完全恢复到原水平；商品流通企业日营业额恢复到出险前平均营业额，即可视为营业额完全恢复到原水平。

（3）年度营业额。年度营业额指发生损失之日前 12 个月内的营业额。如出险日为 2008 年 2 月 1 日，年度营业额即为 2008 年 1 月 31 日至 2007 年 2 月 1 日。

（4）标准营业额。标准营业额指发生损失之日前 12 个月中相当于赔偿期间的营业额，也即上年同期（相对应）营业额，或可比营业额。如上例中实际赔偿期限为

2008 年 2 ～4 月，则标准营业额为 2007 年 2 ～4 月间的营业额。

（5）营业额减少赔偿计算。营业额减少所致的毛利润损失为毛利润率乘以营业额减少额（即赔偿期营业额低于标准营业额的差额）。其计算公式如下：

营业额减少所致毛利润损失 =（标准营业额 − 赔偿期营业额）× 毛利润率

（6）营业额的调整。上述营业额减少计算公式是假定被保险人业务趋势和状况变化不大，若出现足以影响业务变化的因素（生产发展或减少或通货膨胀等），那该如何处理呢？保单定义部分表述："上述（指毛利润率、工资率、年度营业额、标准营业额）数额或比例必要时应根据营业趋势及情况变化，或损失发生前后业务受影响情况，或如未发生损失原会影响业务的其他情况予以调整，使调整后数额尽可能合理地接近在出险后有关期间如未发生损失原可取得的经营结果。"一般情况下，主要通过对标准营业额进行调整，即在标准营业额基础上加上（或减少）销售增长率和通货膨胀率，得出"预期营业额"。其计算公式如下：

营业额减少所致毛利润损失 =（预期营业额 − 赔偿期营业额）× 毛利润率

预期营业额 = 标准营业额 ×（1 + $X\%$）

这里的"$X\%$"就是由于生产发展或通货膨胀因素所增加的营业额比率。

例如，某企业于 2006 年 1 月 1 日投保企业财产一切险并附加利润损失险，保险合同列明间接损失的赔偿期为 6 个月。该企业于 2006 年 2 月 1 日发生火灾，营业额比上年度下降了 80%；经专家论证，该企业将在 2007 年 1 月底恢复正常生产。试问，该企业由于营业额减少所形成的毛利润损失是多少？

根据该企业上年度损益表，企业上年度营业额为 100 万元，其毛利润为 30 万元，预期企业年内营业额增长的比率为 10%，则营业额减少所形成的毛利润损失为：

① 预期营业额 =（100 ×6/12）×（1 +10%）=55（万元）

② 赔偿期实现的营业额 =［100 −（100 ×80%）］×6/12 =10（万元）

③ 预期毛利润率 =［30 ×（1 +10%）］÷100 ×100% =0.33

④ 营业额减少所形成的毛利润损失 =（55 −10）×0.33 =14.85（万元）

2. 营业费用增加赔偿

营业费用增加主要是指被保险人为了恢复生产或解决临时性营业或销售的需要，而支出的与减少企业间接损失有关的必要的、合理的额外费用。这里包含三层含义：① 营业费用增加主要指额外费用；② 额外费用的支出是为了避免赔偿期营业额降低；③ 额外费用应该必要与合理。

（1）额外费用。额外费用指正常的生产成本、购入成本与实际发生成本之间的差额，即赔偿期实际发生费用大于出险前正常支出的费用部分。事故发生后，为保持正常的销售渠道，一般会千方百计通过各种途径维持营业额，如加班加点、外租房屋、委托外加工、外购半成品、空运原材料等，从而增加生产成本，其费用应视为额外费用。

（2）“经济限度”及其计算。“经济限度”指额外费用支出的限额，即额外费用支出的数额以赔偿期挽回的营业额与毛利润率的乘积为限，也即被保险人临时租用的营业用房、委托外加工、外购半成品、空运原材料等支出的金额必须小于其在赔偿期挽回的营业额所形成的利润。计算“经济限度”的公式为：

经济限度≤因增加营业费用开支而产生的营业额×反映上年度毛利润水平的毛利润率

例如：某企业为了在灾后保持一定的生产规模，临时租用厂房支出费用3 000元，使企业利用租用的厂房完成了①20 000元的营业额、②8 000元的营业额。假定反映上年度毛利润水平的毛利润率为30%，则对于①的经济限度要求为20 000×30% =6 000元，租用厂房的费用没有超过经济限度，可以成为营业费用增加所形成的毛利润损失的一部分；而对于②的经济限度要求为8 000×30% =2 400元，租用厂房的费用超过了经济限度，其中的2 400元可以构成营业费用增加所形成的毛利润损失的一部分，而另外超过经济限度的600元则不能称之为毛利润损失。

3. 扣除固定费用节余部分。保单规定，“扣除在赔偿期内因出险可能在毛利润中减少或停止支付而节约的业务开支和费用”。例如，按照某份利润表所列明的水电费支出在发生损失后实际开支50%计算（正常支出为10 000元），则企业的实际毛利润损失将减少5 000元（10 000×50%）。又如，某水泥厂因立窑受损停产，其水电费、矿产资源使用费也相应减少，故在赔款计算时应将其减少的部分扣除。

4. 不足额比例分摊。条款规定：毛利润损失保险金额低于毛利润率乘以年度营业额所得的金额，给付的赔偿金额应按比例减少。

5. 扣除免赔额。

6. 毛利润损失的赔款计算公式。

毛利润损失赔款=（营业额减少所致毛利润损失+营业费用增加所致毛利润损失-固定费用节余）×（保险金额/预期毛利润）-免赔额

例如，某企业投保财产综合险附加利润损失险，保险金额24万元，约定赔偿期为6个月。在保险期限内发生火灾，营业额下降到30万元，标准营业额为50万元，上年毛利润率为20%，在赔偿期内挽回营业额10万元，因租房增加租金4万元，固定费用节余0.3万元，全年毛利润为30万元。保险赔款计算如下：

① 营业额减少所致毛利润损失=（标准营业额-赔偿期营业额）×毛利润率

=（50-30）×20%

=4（万元）

② 计算经济限度，根据公式，经济限度=赔偿期营业额×毛利润率

营业费用增加所致毛利润损失=4-10×20%

=2（万元）

③ 固定费用节余0.3万元

④ 根据公式，毛利润 = [营业额 + 年终库存 + 在制品(半成品)] - [上年库存 + 在制品(半成品)] - 生产费用(特定营业费用)

毛利润损失 = 4 + 2 - 0.3

= 5.7（万元）

⑤ 该企业为不足额保险，根据公式，

赔偿金额 = (营业额减少所致毛利润损失 + 营业费用增加所致毛利润损失 - 固定费用节余) × (保险金额/全年毛利润额)

实际赔款 = 5.7 × 24/30

= 4.56（万元）

假如，该企业本年的营业额比上年增长10%，通货膨胀率为8%，保险人应赔偿的因营业额减少所致的毛利润损失为：

营业额减少所致毛利润损失 = (标准营业额 - 赔偿期营业额) × 毛利润率

预期营业额 = 赔偿期应该实现的标准营业额 × (1 + X%)，即

预期营业额 = 赔偿期应该实现的标准营业额 × (1 + 营业额增长率 + 通货膨胀率)

因营业额减少所致的毛利润损失 = (50 × 118% - 30)

= 5.8（万元）

假如，该企业在投保利润损失险时约定免赔天数为20天，则

免赔额 = 因营业额减少所致的毛利润损失 × 20/180

= 5.8 × 20/180

= 0.6444

因营业额减少所致的毛利润损失 = 5.8 - 0.6444

= 5.1556（万元）

最终，保险人应赔偿的因营业额减少所致的毛利润损失为5.1556万元。

（二）工资损失的赔偿计算

工资损失的赔偿计算同样涉及两项：一是营业额减少，二是营业费用增加。

1. 营业额减少赔偿

营业额减少赔偿除了涉及营业额减少计算，还涉及工资率及工资损失计算。其中营业额减少计算方法与毛利润损失计算是一致的。

（1）工资和工资率。

① 工资。在会计核算上通过“应付工资”科目核算。该科目核算企业应付给职工的工资总额，包括在工资总额内的各种工资、奖金、津贴。应付工资的计算公式如下：

应付工资 = 标准工资 + 各种津贴和补贴 + 经常性奖金 - 缺勤扣除

各种津贴和补贴包括：年终加薪、加班工资、交通费、地区补贴、物价补贴、津贴等。

工资的发放是企业根据考勤记录、工时记录、产品记录、工资标准等通过编制工资单计算而得。财会部门将“工资单”汇总，编制“工资汇总表”。

新企业会计准则就人工成本提出了明确的概念和内容，定义为职工薪酬。在会计处理上，职工薪酬通过“应付职工薪酬”科目进行归集和分配。利损险保单上的工资定义既包括统计意义上的工资概念，也包括与工资有关的款项，与《职工薪酬准则》的内容和项目（除“辞退福利”外）基本吻合，可根据“应付职工薪酬”明细账和有关工资结算汇总表的内容汇集计算。

② 工资率。在发生损失之日前的会计年度内，工资总额与营业额的比率。计算公式如下：

工资率＝工资总额/年度营业额×100%

（2）工资损失赔偿计算方法。工资损失赔偿计算与毛利润损失赔偿计算原理相同。工资损失计算按营业额减少与工资率的乘积确定。计算公式如下：

工资损失＝(标准营业额－赔偿期营业额)×工资率

（3）扣除工资节省部分。与毛利润损失一样，需扣除在赔偿期内由于出险减少工资数额而节省的任何金额。例如，某水泥厂因停产而辞退了部分临时工、减少了计件工资，其节省的工资数额应在赔款计算时扣除。

（4）工资分段赔偿计算方法。工资承保时，往往分段确定赔偿期间的工资赔偿比例，如头13周100%，其余期间50%，计算时应注意保单的约定。对于分段确定赔偿期间工资比例的，实际上存在两个赔偿期。即头13周是第一个赔偿期，又称初期，为工资提供100%赔偿，也即全额赔偿；其余期间是第二个赔偿期，又称余期，为工资提供50%赔偿，亦即比例赔偿。计算公式如下：

初期工资损失＝工资率×营业额减少－初期节省工资

余期工资损失＝规定的百分比(如50%)×工资率×营业额减少－余期节省工资＋初期节省工资

工资损失＝初期工资损失＋余期工资损失

这里可能有些难以理解的是：为什么在第二赔偿期工资损失计算中要加上第一赔偿期内扣除的节省工资？其实很清楚，保单的宗旨就是鼓励被保险人在赔偿期开始即要注意节省工资开支。

（5）国外的“合并选择权”。上述分段计算方法从理论上看没什么缺陷，但如果第一个赔偿期与第二个赔偿期营业额下降趋势差异很大，就会发现存在问题。

例如：某企业工资实际赔偿期12个月，头13周营业额80万元，上年同期120万元，其余期间营业额420万元，上年同期480万元。工资率15%（150/1000×

100%）。工资赔偿计算如下：

初期工资损失 =（120 - 80）×15%

=6（万元）

余期工资损失 =（480 - 420）×15% ×50%

=4.5（万元）

工资损失 =6 +4.5

=10.5（万元）

假设该企业赔偿期中头 13 周营业额 115 万元（因为有库存可供销售，故下降不大），其余期间营业额 385 万元。工资赔偿计算如下：

初期工资损失 =（120 - 115）×15%

=0.75（万元）

余期工资损失 =（480 - 385）×15% ×50%

=7.125（万元）

工资损失 =0.75 +7.125

=7.875（万元）

可见赔偿期内营业额下降趋势的差异与工资损失计算关系密切，如果第二赔偿期营业额下降幅度大于第一赔偿期，那么被保险人的工资赔偿减少就更大。

但实际上，在赔偿期内营业额下降总的金额是不变的。因此，为保障被保险人的利益，国外有采用合并计算赔偿期的方法，即“合并选择权”。它指可以通过放弃（预先为减少后的那部分）工资总额所选择的保险，而将提供赔偿期 100% 保险的那段时间延长。例如，上述实际赔偿期 12 个月，第一赔偿期 13 周，其余期间 39 周，合并计算赔偿期为 29 周。即将其两部分合并为在 29 周内提供 100% 的保险。营业额下降头 13 周 40 万元，后 16 周 25 万元，其余期间 35 万元。工资赔偿计算如下：

（40 +25）×15% =9.75（万元）

显然该计算方法更公允，被保险人更易接受。

2. 营业费用增加赔偿

条款规定，营业费用增加，赔付金额为超过第一项 2 款额外费用的那一部分，但不得高于根据本项 1 款（1）节和（2）节有关营业额减少规定的如未发生这项费用原要支付的额外费用。

前已述及，对于毛利润损失项下“营业费用增加”之额外费用，可以从毛利润损失途径获得赔偿，那么是否也可以在工资损失项下予以补偿？工资保险有两种方法：一种在毛利润中为工资提供保险，即一个保额；另一种是单独保险，即毛利润、工资分别有各自保额。如果在毛利润中为工资提供保险，毛利润率就比工资单独保险要高，那么额外费用的经济限度也高；而工资单独保险，毛利润中减少了工资，毛利润率就低，经济限度自然也就低。上述两种不同的承保方式则会对额外费用的赔偿产生不同影响。下面试举例说明：

假设M企业营业额100万元，特定营业费用70万元，其中工资总额20万元。发生营业中断事故后，为避免营业额减少，产生额外费用25万元，挽回经济损失60万元。

（1）在毛利润中为工资提供保险情况下：

毛利润率 =（100－50）×100%

　　　　 =50%

经济限度 =50%×60

　　　　 =30（万元）

额外费用25万元在经济限度内，将予以全部赔偿。

（2）工资单独保险情况下：

毛利润率 =（100－70）×100%

　　　　 =30%

经济限度 =30%×60

　　　　 =18（万元）

额外费用25万元超出经济限度18万元部分，即7万元将得不到赔偿。

上述计算结果显示，工资单独保险情况下，额外费用赔偿将受到影响。可见，把毛利润损失项下超过“经济限度”部分的额外费用在工资损失项下予以赔偿是有其合理性的。当然，赔偿需根据保单约定的工资率和双重基础工资保险比例来计算，并且与毛利润损失项目的计算一样，同样需要进行“经济限度”计算。另外，如果工资保额低于工资率乘以年度营业额，则赔偿金额也应按比例减少。

3. 不足额比例分摊

条款规定：工资损失保险金额低于工资率乘以年度营业额所得的金额，本项的赔偿金额应按比例减少。计算公式如下：

工资损失 = 工资损失金额 ×（工资保额/应保工资额）

应保工资额 = 年度营业额 × 工资率

假设，某纺织厂赔偿期营业额500万元，上年同期营业额600万元，上一会计年度营业额1 000万元，工资总额150万元，工资保额20万元。

工资率 =150/1000×100%

　　　 =15%

工资损失 =（600－500）×15%

　　　　 =15（万元）（未考虑分段计算）

应保工资额 =1000×15%

$$=150\ (万元)$$

工资损失 $=15\times 20/150$

$$=2.00\ (万元)$$

4. 工资损失的赔款计算公式

工资损失 =（初期工资损失 + 余期工资损失）× 工资保额/应保工资额 + [额外费用差额 ×（工资保额/应保工资额）]

四、注意事项

（1）掌握利损险案件责任认定的三部曲：保险事故——物质损失和赔偿——利润损失。注意分析利损险发生的原因，以及利损险案件与财产险案件处理存在的关联性和互动性。

在实际工作中，有两种情况需要注意：一是财产险中核定的赔偿金额因扣除残值、免赔额等而低于特定金额，致使被保险人实际未获得赔款；二是符合《公众事业设备扩展条款》、《通道堵塞条款》等附加险的损失赔付条件，而财产险中的物质损失很小甚至没有。此时不能简单地以物质损失未得到补偿为由而不受理利润损失险的索赔，这里实际上是将承认财产险赔偿责任作为利润损失的一个基础，而非一定要获得赔偿。即利损险以财产险的索赔成立为依据，并注意损失的滞后性、被动性。

（2）在确定利损险案件索赔条件是否成立时，除了审核保单的责任范围外，还应仔细审核附加条款（如《公众事业设备扩展条款》约定的停电、停水、停气责任必须达到连续24小时以上的条件，《不署名供应商及顾客扩展条款》约定的损失责任等）。同时，调查核实案情，辨析索赔条件是否适用，从而对责任作出准确判断。

（3）注意赔偿期限与保险期限的区别：一是赔偿期限与保险期限不同；二是事故发生必须在保险期限内；三是实际赔偿期限不能超过保单约定的赔偿期。

（4）重视营业额减少因素的分析，即对于营业额减少不能完全依赖于标准营业额与赔偿期营业额的差异来确认，而应对影响营业额的各种因素（如生产量、销售量、库存量以及售价、销售成本等）进行深入分析，从而作出准确判断。

（5）注意会计核算办法的连续性，即利损险的损失理算是以会计核算资料为依据，故应注意被保险人的会计核算办法的连续性。不同的会计核算方法会对当期获利能力产生影响，特别是存货的计价方法。《存货准则》要求，对于性质和用途相似的存货，应当采用相同的成本计算方法确定发出存货的成本。

（6）为缩短实际赔偿期所支付的额外费用可以列入赔款范围，但以不超过因缩短实际赔偿期所减少的利润损失为限；为增加赔偿期的营业额而支付的费用也可列入赔款，但保险人最高只负责到“经济限度”。

（7）在计算营业费用增加时，应注意营业费用增加的合理性。这里不是指增加的费用是否在“经济限度”内，而是增加的费用是否应全部由利损险负责，即哪些是真正属于专为避免营业额减少而发生的额外费用（属于利损险负责的费用），哪些是属于为了满足营业额增长所必须支付的费用（属于正常的生产成本），两者易于混淆而往往被忽视。所以，在计算营业费用增加时，应注意把握额外费用的含义。一项费用是否属于额外费用，应考虑以下几个方面：①所发生的费用必须是专门为避免营业额减少这个唯一目的，而非其他目的与用途；②所发生的费用必须是必要与合理的，且在“经济限度”内，而超过自己制造成本的那部分才需承担；③增加的成本必须是因保险事故的发生而产生的结果，而非事故发生前就存在的成本；④赔偿的费用必须是在赔偿期限内发生的，受益期在赔偿期内而非延伸至赔偿期外。

（8）在计算营业费用增加时，别忽视营业费用减少的计算。即：在计算毛利润和工资损失时，要注意“扣除在赔偿期内因出险可能在毛利润中减少或停止支付而节约的业务开支和费用”，以及扣除在赔偿期内因出险减少工资数额而节省的任何金额（特别是工资计算采用计件方式或劳动密集型企业）。

（9）对不足额保险（利损险或财产险/机损险），必须采取比例分摊的赔偿方式（因为只有投保了足额的财产险或机损险后的盈利企业，才能投保利损险）。

（10）利损险理算不完全等同于财务计算，它是依据财务数据、结合保险条款、融财务与保险、融分析和推算为一体的一种理算方式。因此，要求理算师不仅需要保险专业资格，而且需要财务专业资格或财务背景。

（11）对于制造（生产）企业赔偿期限的确定，不仅要考虑销售额是否达到正常标准，还应注意产品库存量是否恢复正常水平，因为有些企业（如水泥厂）发生保险事故后，一段时间内的销售额变化不大，但其库存量却下降严重。

（12）毛利润损失计算的步骤大致如下：

①确定毛利润率；

②计算营业额减少金额（确定赔偿期限，确定标准营业额，计算赔偿期营业额，计算营业额减少）；

③ 确定营业费用增加额；

④计算并减去节省的营业费用；

⑤确定是否足额投保；

⑥计算毛利润损失额；

⑦减去免赔额；

⑧计算毛利润损失的赔款数额。

【案例】 瑞安水泥（贵州）集团利损案

2007年9月30日，瑞安水泥（贵州）集团为其辖下9个水泥、混凝土公司向某财产保险广州市分公司、贵州省分公司投保了财产一切险及利润损失险，其中财产一切险总保险金额450 441 266.57元、利润损失险总保险金额115 936 638.62元（均附详细明细表），保险期限12个月（自2007年10月1日零时起至2008年9月30日二十四时止）。利润损失险的赔偿期限约定为12个月，免赔额为从营业中断起7天，保险人负责赔偿由于被保风险所导致的被保险人营业中断所引起的毛利润和其他金钱损失。财产损失附加80%共保等条款，利润损失附加公众事业设备扩展、通道堵塞等条款等。

2008年初，一场前所未有的持续低温、凝冻雨雪极端天气突袭大半个中国，电力中断，交通受阻，给人民群众的生产和生活带来极大困难。据《贵州日报》2008年1月25日、2月2日报道：作为我国重灾区之一的贵州省，自元月13日以来，遭遇罕见的长时间、大面积雪凝灾害天气，同日出现0℃以下气温、不同程度雪凝天气最多时覆盖76个县（市、区），突破了1984年1月20日68个县（市、区）同日出现雪凝天气的历史记录，其中17个县（市）突破雪凝天气持续时间的历史记录；大多数道路结凝在2公分以上，严重路段达20余公分，其凝冻时间之长、温度之低、影响之大、受灾范围之广为有气象记录以来56年之最，直接造成部分地区电网瘫痪、水管冻裂、高速公路关闭、十余县（市）停电停水。受此影响，分布于贵州省六个地（市）所属瑞安水泥（贵州）集团的多家水泥、混凝土企业的部分建筑物、供水系统以及机器设备、耐火材料、存货及备品等受到不同程度的损坏，加之部分地区道路封断、停电停水，其采石停止，原材料供应不上，或燃煤紧张或产品积压，造成这些企业分别停减产数十天，经济效益受到严重影响。

2008年2月15日，广东君和泰保险公估公司接受委托后即派出4名公估人员赶往贵州出险现场，分别对瑞安水泥（贵州）集团辖下余庆、习水、遵义、畅达、凯里、毕节等8家水泥、混凝土公司进行了为期10天的勘查取证及资料收集工作。

此次雪凝灾害致使6家公司财产受损，共提出索赔金额2 726 573.26元（凯里建安、遵义建安除外）。经现场勘验及财务审核，其定损金额为924 204.90元（毕节瑞安另一非标的地址的损失被免除），扣除残值、不足额比例分摊及免赔额后，最终赔付673 281.17元，多方很快达成共识。

涉及利润损失的8家公司共提出索赔金额18 509 879.43元。在分析利润损失的事故原因上，则发生较大分歧。对于造成停减产的原因，有人认为是交通不畅，原材料及产品无法进出而停机；有人认为是电力供应不足而停机；还有人认为是水管冻裂、设备受损所致。君和泰公估师则认为，公共电网因雪凝灾害大范围受损，从而引起供电短缺是导致被保险人利润损失的近因，适用于公众事业设备扩展条款，但每次停电必须持续24小时以上。至于通道堵塞条款，适用的是通往被保险人营业处所的通道堵塞，以致妨碍被保险人正常营业（如原材料或顾客无法正常进入）所形成的利润损失。此处的“通道”，是指在企业营业处所内（或厂区范围内）、或营业处所与临近单位（或个人）财产（或道路）接壤处、或营业处所与公共道路接壤处，直接影响其原材料或顾客正常进入且不能被其他进出口所替代的经营（或生产）所必需的进出口；而此次因雪凝灾害所封断的高速公路和普通道路是普遍的、大范围的，并非是企业的唯一进出口通道。部分企业的水管冻裂、设备受损，经过短时间的修复、更换后即已恢复正常，并不是导致长时间停机的主要原因。经过充分讨论，保险双方均一致同意上述观点。

经逐项审核，最终确定凯里瑞安等4家公司本次事故的利润损失金额为2 520 796. 32元，赔付金额为992 161. 36元。

[利损计算]

一、凯里瑞安水泥公司利损计算

1. 毛利润减少

（1）2007年毛利润率26. 38%（毛利润/营业额×100%）

2007年度销售总额79 506 416. 09元

2007年度销售毛利润20 977 155. 30元

（2）营业额减少所致毛利润损失1 093 801. 75元[（标准销售额－赔偿期销售额）×毛利润率]

2007年1～2月标准销售额9 350 253. 76元（5 677 459. 29＋3 672 794. 47）

2008年1～2月赔偿期销售额5 203 924. 16元（3 342 852. 63＋1 861 071. 53）

销售额减少额为4 146 329. 60元（9 350 253. 76－5 203 924. 16）

（3）固定费用节余部分54 994. 72元（864 509. 64－809 514. 92）

2007年1～2月电费864 509. 64元（285 296. 13＋579 213. 51）

2008年1～2月电费809 514. 92元（640 307. 75＋169 207. 17）

（4）毛利润损失金额1 038 807. 03元

1 093 801. 75－54 994. 72＝1 038 807. 03（元）

（5）毛利润投保比例为61. 17%（保险金额/毛利润×100%）

毛利润保险金额12 832 100. 32元

2007年度销售毛利润20 977 155. 30元

（6）毛利润理算金额（毛利润损失金额×毛利润投保比例－免赔额）

1 038 807. 03×61. 17%＝635 438. 26（元）

635 438. 26－[635 438. 26×（7/22）]＝433 253. 36（元）

2. 工资损失

（1）工资率 10.00%（工资总额/年度营业额×100%）

2007 年度工资总额 7 949 077.87 元

2007 年度销售总额 79 506 416.09 元

（2）工资损失 414 632.96 元（标准销售额－赔偿期销售额）×工资率

（9 350 253.76－5 203 924.16）×10.00%＝414 632.96（元）

（3）工资投保比例为 118.37%（工资保险金额/工资总额×100%）

工资保险金额 9 409 419.80 元

2007 年度工资总额 7 949 077.87 元

（4）工资理算金额

414 632.96－[414 632.96×(7/22)]＝282 704.29（元）

3. 定损金额

1 038 807.03＋414 632.96≈1 453 440.00（元）

4. 理算金额

433 253.36＋282 704.29＝715 957.65（元）

停产原因及时间说明：根据凯里供电局《对瑞安水泥厂冻灾期间停电的情况说明》及《现场查勘记录表》等资料，“∮3.5×145m 旋窑生产线因停电频繁和电压不稳导致烧成带掉窑皮、掉砖无法生产；∮2.8×10m 机立窑因成球盘球阀及水管破裂、生产水管冻裂无法生产。”两条生产线，其中一条从 1 月 14 日至 2 月 13 日停机，另一条从 1 月 26 日至 2 月 13 日停机，停减产时间为 29 天。《生产调度日志》：自 2008 年 1 月 21 日始，共计停电导致停产约 16 天。其间，依国务院规定春节放假 7 天。对实际销售及利润产生影响天数，按 22 天计算。

二、畅达瑞安水泥公司利损计算

1. 毛利润减少

（1）2007 年毛利润率 12.76%

2007 年全年销售总额 85 619 807.79 元

2007 年全年销售毛利润 10 925 479.42 元

（2）营业额减少所致毛利润损失 408 447.60 元

2007 年 1～2 月标准销售额 12 411 500.00 元（7 558 400.00＋4 853 100.00）

2008 年 1～2 月赔偿期销售额 9 210 500.00 元（6 802 000.00＋2 408 500.00）

销售额减少 3 201 000.00 元（12 411 500.00－9 210 500.00）

（3）固定费用节余部分 145 000.00 元（1 406 600.00－989 800.00）

2007 年 1～2 月电费 1 134 800.00 元（521 700.00＋613 100.00）

2008 年 1 ～ 2 月电费 989 800. 00 元（636 200. 00 +353 600. 00）

（4）毛利润损失金额 263 447. 60 元

408 447. 60 －145 000. 00 =263 447. 60

（5）毛利润投保比例为 100. 00%

毛利润保险金额 11 200 000. 00 元

2007 年全年销售毛利润 10 925 479. 42 元

（6）毛利润损失理算金额

263 447. 60 ×100. 00% －[263 447. 60 ×100. 00% ×(7/9. 5)]

=263 447. 60 －194 119. 28

=69 328. 32（元）

2. 工资损失

（1）工资率 12. 87%

2007 年全年工资总额 11 019 392. 75 元

2007 年全年销售总额 85 619 807. 79 元

（2）工资损失 411 968. 70 元

(12 411 500. 00 －9 210 500. 00) ×12. 87% =411 968. 70（元）

（3）工资投保比例为 86. 19%

2007 年度工资投保金额为 9 500 000. 00 元

2007 年度实际工资总额为 11 019 392. 75 元

（4）工资理算金额

411 968. 70 ×86. 19% －[411 968. 70 ×86. 19% ×(7/9. 5)]

=355 075. 82 －261 634. 81

=93 441. 01（元）

3. 定损金额

263 447. 60 +411 968. 70 =675 416. 30（元）

4. 理算金额

69 328. 32 +93 441. 01 =162 769. 33（元）

停产原因及时间说明：根据《冰冻灾害影响情况》、《现场查勘记录表》等资料，该司因供电局停限电导致一条生产线不能开机，以及路冻原料无法进厂或压负荷而停机 15 天；且雪凝灾害致循环水管多处多次冻裂，造成回转窑、水泥磨无冷却水而被迫停机 18 天。造成被保险人此次停减产的原因是多方面的，期间还有春节放假时间。而《生产调度值班日记》记载，2008 年 1 月 21 日至 2 月 18 日期间，实际停产时间为 91 小时，但未出现连续 24 小时停止供电现象。为充分考虑被保险人的利益，经测算及协商，确定其停产时间为 9. 5 天。

三、余庆瑞安水泥公司利损计算

1. 毛利润减少

（1）2007 年毛利润率 18.00%

2007 年全年销售总额 19 293 937.38 元

2007 年全年销售毛利润 3 472 704.42 元

（2）营业额减少所致毛利润损失 211 763.23 元

2007 年 1～2 月标准销售额 2 504 102.14 元（1280 542.31 + 1 223 559.83）

2008 年 1～2 月赔偿期销售额 1 327 639.73 元（875 669.65 + 451 970.08）

销售额减少 1 176 462.41 元（2 504 102.14 − 1 327 639.73）

（3）固定费用节余部分 48 433.54 元（157 723.89 − 109 290.35）

2007 年 1～2 月电费 157 723.89 元（98 291.75 + 59 432.14）

2008 年 1～2 月电费 109 290.35 元（55 050.92 + 54 239.43）

（4）毛利润损失金额 163 329.69 元

211 763.23 − 48 433.54 = 163 329.69（元）

（5）毛利润投保比例为 74.71%

毛利润保险金额 2 594 470.94 元

2007 年全年销售毛利润 3 472 704.42 元

（6）毛利润损失理算金额

163 329.69 × 74.71% − [163 329.69 × 74.71% × (7/10)]

= 122 023.61 − 85 416.53

= 36 607.08（元）

2. 工资损失

（1）工资率 11.38%

2007 年全年工资总额 2 196 175.10 元

2007 年全年销售总额 19 293 937.38 元

（2）工资损失 133 881.42 元

(2 504 102.14 − 1 327 639.73) × 11.38% = 133 881.42（元）

（3）工资投保比例为 93.01%

2007 年度工资投保金额为 2 042 575.91 元

2007 年实际工资总额为 2 196 175.10 元

（4）工资理算金额

133 881.42 × 93.01% − [133 881.42 × 93.01% × (7/10)]

= 124 523.11 − 87 166.18

= 37 356.93（元）

3. 定损金额

163 329. 69 + 133 881. 42 = 297 211. 11（元）

4. 理算金额

36 607. 08 + 37 356. 93 ≈ 73 964. 00（元）

停产原因及时间说明：根据《索赔申请书》、《现场查勘记录表》等资料，该司因电力、供水及熟料堆棚等基础设施严重损坏，故从 2008 年 1 月 13 日至 2 月 24 日营业中断或受到很大影响，营业利润受到极大损失。《生产日报》记录，2008 年 1 月 25 日至 1 月 31 日，2 月 3 日至 2 月 18 日，因停电或缺熟料而停产。其间，扣除国务院规定春节放假 7 天的时间，对实际销售及利润产生影响的时间确定为 10 天。

四、习水瑞安水泥公司利损计算

1. 毛利润减少

（1）2007 年毛利润率 21. 70%

2007 年全年销售总额 38 562 566. 17 元

2007 年全年销售毛利润 8 368 858. 57 元

（2）营业额减少所致毛利润损失 138 148. 33 元

2007 年 1 ～ 2 月标准销售额 4 982 467. 36 元（3 189 880. 36 + 1 792 587. 00）

2008 年 1 ～ 2 月赔偿期销售额 4 345 848. 32 元（2 717 914. 57 + 1 627 933. 75）

销售额减少 636 619. 04 元（4 982 467. 36 – 4 345 848. 32）

（3）固定费用节余部分 1 712 814. 51 元

2007 年 1 ～ 2 月电费 2 770 164. 18 元

2008 年 1 ～ 2 月电费 1 057 349. 67 元

（4）毛利润损失金额 – 1 574 666. 18 元

（5）毛利润损失理算金额

因为利润损失金额为 – 1 574 666. 18 元，故毛利润损失理算金额为 0。

2. 工资损失

（1）工资率 14. 88%

2007 年全年工资总额 5 739 109. 90 元

2007 年全年销售总额 38 562 566. 17 元

（2）工资损失 94 728. 91 元

（4 982 467. 36 – 4 345 848. 32）× 14. 88% = 94 728. 91（元）

（3）工资投保比例为 108. 03%

2007 年度工资投保金额为 6 200 000. 00 元

2007 年实际工资总额为 5 739 109. 90 元

（4）工资理算金额

94 728. 91 × 100% − [94728. 91 × (7/12)]

= 39 470. 38（元）

3. 定损金额

0 + 94 728. 91 = 94 728. 91（元）

4. 理算金额

0 + 39 470. 38 = 39 470. 38（元）

停产原因及时间说明：根据《索赔申请书》、《现场查勘记录表》等资料，该司因公共电网受损导致停电不能开机，实际停产时间为12天（春节没有放假）。

五、毕节瑞安水泥公司利损计算

1. 毛利润减少

（1）2007年毛利润率18. 14%

2007年全年销售总额65 772 752. 58元

2007年全年销售毛利润11 930 831. 77元

（2）营业额减少所致毛利润损失 −192 649. 27元

2007年1～2月标准销售额6 127 195. 55元（3 303 813. 50 + 2 823 382. 05）

2008年1～2月赔偿期销售额7 189 209. 15元（4 944 747. 18 + 2 244 461. 97）

（3）销售额减少 −1 062 013. 60元

2. 工资减少

该司在赔偿期内虽然产量有所减少，但营业额保持增长，毛利润没有损失，故不再计算工资损失及利损险赔付金额。

六、遵义瑞安水泥公司利损计算

1. 毛利润减少

（1）2007年毛利润率19. 42%

2007年全年销售总额77 492 328. 18元

2007年全年销售毛利润15 048 238. 19元

（2）营业额减少所致毛利润损失 −394 592. 36元

2007年1～2月标准销售额6 499 370. 57元（4 425 872. 99 + 2 073 497. 58）

2008年1～2月赔偿期销售额8 531 257. 09元（4 360 278. 15 + 4 170 978. 94）

（3）销售额减少 −2 031 886. 52元

6 499 370. 57 − 8 531 257. 09 = −2 031 886. 52（元）

2. 工资减少

该司在赔偿期内虽然产量有所减少，但营业额保持增长，毛利润没有损失，故不再计算工资损失及利损险赔付金额。

七、遵义建安混凝土公司利损计算

经了解，遵义建安的生产主要是根据客户的工程计划安排混凝土浇筑，而该次凝冻灾害期间，建筑工地全面停工，故遵义建安生产受影响的主要原因是其他工地停工造成的，并不是由于灾害导致其生产能力下降所致。因此，该司利润损失定损为零。

八、凯里建安混凝土公司利损计算

因2007年全年销售毛利润为 -207 874.97 元，且企业的固定费用小于亏损额，故不考虑利润损失赔付问题。

评析：本案最大的分歧点在于事故原因的确定、实际停产时间的确定以及个别企业当时销售额减少为负数或上年销售毛利润为负数的认定与处理，保险公估公司很好地解决了这一涉及该保单既有共性又有个性（同时存在集团统一投保的保单及各分公司具有相关内容但并未签字的保单）的技术难题。同时，由于该集团各分公司停减产时间不长、仅跨度两月，故其赔偿期销售额取值于2008年1～2月，而标准销售额亦取值于相对应的2007年1～2月；且由于同样的原因，因库存额减少不大，所以未考虑库存因素；对于“熟料”等半成品，虽然内部计入成本核算，但因未对外销售而没有产生利润，因此在计算损失时没有考虑。

第七章　工程保险概述与保险公估

第一节　工程保险概述

一、建筑安装工程的类型、项目划分及风险特点

（一）建筑安装工程的类型及项目划分

1. 建筑工程项目类型

建筑工程项目主要以土木工程建设为主的工程项目，包括以下四大类。

一是工业与民用等建筑物。包括居民住宅、学校、医院、办公大楼、酒店等多层及高层建筑，工业钢结构厂房、仓库、展览馆、大型体育场、电视塔、飞机场等建筑。

二是公路与铁路项目。包括城市高架道路、普通公路、高速公路（道路、桥梁、隧道）及铁路工程项目，以及跨江、河、海大桥及隧道、涵洞工程等。

三是城市轻轨、地铁项目。包括供水、供电、煤气等管道和电缆（通讯、电力）、光缆等管线的铺设工程。

四是水工工程项目。包括水利枢纽工程、河道整治工程、航道疏浚工程、港口码头工程、水库、防洪堤坝加固、围垦、围海造地或围海筑路以及水电站等工程。

2. 安装工程项目类型

（1）机械设备安装工程。

（2）电气设备安装工程。

（3）通信安装工程。

（4）工艺管道安装工程。

（5）工业民用建筑给排水、采暖、燃气、通风及空调系统、消防系统和智能化管理系统安装工程。

（6）自动化控制装置及仪表安装工程。

（7）工艺金属结构安装工程。

（8）炉窑及锅炉安装工程。

（9）化学工业设备安装工程。

（10）电子、电器设备安装工程。

3. 建筑结构的类型

（1）混合结构体系。混合结构主要指由砌体结构和钢筋混凝土结构两部分组合而成的结构体系，其中以砌体结构为竖向承重结构，以钢筋混凝土结构为楼面或屋面结构等，也可以称为砌体结构。混合结构或砌体结构的主要组成部分为：砌块或砖砌成的承重墙（还可以包括构造柱等），钢筋混凝土屋面和楼面，砖砌的或混凝土的钢性基础，或者钢筋混凝土条形基础、筏板基础。

（2）框架结构体系。框架结构按结构材料可以分为钢筋混凝土框架结构和钢框架结构两种。

钢筋混凝土框架结构的主要组成部分为：钢筋混凝土屋面和楼面，钢筋混凝土梁、柱，钢筋混凝土单独基础，或条形基础、筏板基础。

钢框架结构的主要组成部分为：轻钢（压型钢板）屋面和楼面，或者钢筋混凝土屋面和楼面，钢结构梁、柱和支撑，钢框架单独基础，或条形基础、筏板基础。

（3）剪力墙结构体系。剪力墙结构体系按结构中剪力墙的数量和形式可以分为：纯剪力墙结构（简称为剪力墙结构）、框架—剪力墙结构、框支剪力墙结构和筒体结构。

剪力墙结构的主要组成部分为：钢筋混凝土屋面和楼面，钢筋混凝土剪力墙，有时有一些钢筋混凝土梁、柱，钢筋混凝土筏板基础。剪力墙结构的平面布置受到较多的限制，一般适用于高层住宅、公寓、旅馆。

框架－剪力墙结构的主要组成部分为：钢筋混凝土屋面和楼面，钢筋混凝土剪力墙，钢筋混凝土梁、柱，钢筋混凝土筏板基础。框架－剪力墙结构的平面布置受到的限制比剪力墙结构少，一般适用于高层办公楼、旅馆、公寓、住宅。

筒体结构的主要组成部分为：钢筋混凝土屋面和楼面，钢筋混凝土剪力墙组成的筒体，钢筋混凝土梁、柱，钢筋混凝土筏板基础。按照筒体布置方式的不同，筒体结构可以分为单筒结构、筒中筒结构和成束筒结构等。筒体结构为建筑设计提供了较大的建筑空间，可以广泛应用于各种高层或超高层的公共建筑。

（4）预应力混凝土结构。预应力混凝土结构的主要组成部分与钢筋混凝土结构基本相同，但其中的部分或全部构件则为预应力混凝土。采用预应力混凝土结构可以增加跨度，减少结构的自重等。

（5）平面结构体系。平面结构体系是指主要的结构构件都布置在一个平面内的结构，由若干个平面结构组成的结构体系。用于单层建筑的平面结构体系有薄腹梁结构、桁架结构、拱结构、门式钢架等。这些结构体系主要用于大跨度的单层建筑屋盖结构，如薄腹梁结构和桁架结构；也可以同时作为竖向承重结构，如拱结构和门式钢架。

（6）空间结构体系。空间结构体系有：壳体结构、网架结构、悬索结构。这些结构体系主要用于大跨度建筑的屋盖结构，有时也可同时作为竖向承重结构和围护结构。

表7－1　建筑结构的类型

建筑物造型	结构类型
多层（高层）建筑	混合结构体系
	框架结构体系
	剪力墙结构体系（剪力墙、框架－剪力墙、框支剪力墙、筒体结构）
单层建筑	平面结构体系：薄腹梁结构、桁架结构、拱结构、门式刚架
	空间结构体系：壳体结构、网架结构、悬索结构

4. 建安工程项目（建设项目）的划分

建安工程（建设项目）按其规模、进度及建成后发挥的作用（组成内容），可分为建设项目、单项工程、单位工程、分部工程和分项工程，而比较小的项目有时不作明确划分。

（1）建设项目（建设工程）。建设项目又称基本建设项目，是指具有一个设计任务书，按一个总体设计或初步设计进行施工的一个或几个单项工程的总体（其经济上实行独立核算，行政上具有独立的组织形式的企事业单位，简称为建设项目或建设单位）。从投资角度来说，通常是指一个独立进行分析评估的投资项目。建设项目的规模可大可小，大的如一个大型生产企业（钢铁厂、汽车制造厂）或一条高速公路，小的如一栋别墅（仅一个单位工程）。

（2）单项工程（工程项目）。单项工程又称工程项目，是建设项目的组成部分，一般是指具有独立的设计文件，在竣工投产后可以独立发挥效益或生产设计能力的产品车间、生产线或独立工程。一个建设项目可包括若干个单项工程（如一个钢铁厂包括炼铁厂、轧钢厂等），也可以只有一个工程项目。单项工程是具有独立存在意义的一个完整工程，但它也是一个复杂的综合体。

（3）单位工程。单位工程是单项工程的组成部分，通常是指具有单独设计的施工图纸和单独编制的施工图预算，可以独立组织施工和单独计价，但建成后一般不能单独进行生产或发挥投资效益的工程。

单位工程按投资构成，包括建筑工程、安装工程、设备和器具购置等；而按工程特点，则包括建筑工程和安装工程。

建筑工程，通常又可根据施工特点作如下分类：①一般土建工程（包括建筑物和构筑物的各种结构工程和装修工程）；②构筑物和特殊构筑物工程（包括各种设备的基础、烟囱、桥涵和隧道等工程)；③管道工程（包括蒸汽、压缩空气和煤气管道等工程)；④卫生工程（包括给水与排水、采暖、通风工程等)；⑤电气照明工程（室内外照明设备安装、线路铺设、变电和配电安装）等。

安装工程，包括机械设备安装工程、电气设备安装工程。

单位工程仍是一个综合体，在实际施工中仍需将其进一步划分为若干个分部工程。

(4）分部工程。分部工程是单位工程的组成部分，一般是按单位工程的各个部位、构件性质、使用的材料、工种或设备种类（及型号）和施工方法等不同而划分的工程。

建筑工程划分为八个分部工程，计有土（石）方工程，桩与地基基础工程，砌筑工程，混凝土及钢筋混凝土工程，厂库房大门、特种门、木结构工程，金属结构工程，屋面及防水工程，防腐、隔热、保温工程等。每个分部工程又分为若干个子分部工程，如砌筑工程分部中分为砖基础，砖砌体，砖构筑物，砌块砌体，石砌体，砖散水、地坪、地沟等六个子分部工程。每个子分部工程还可分为若干个分项工程。

土建工程的分部工程是按建筑工程的主要部位划分的，如基础工程、主体工程、地面工程、装饰工程、防水工程等。

安装工程的分部工程是按工程的种类划分的，计有机械设备安装工程，电气设备安装工程，热力设备安装工程，炉窑砌筑工程，静置设备与工艺金属结构制作安装工程，工业管道工程，消防工程，给排水、采暖、燃气工程，通风空调工程，自动化控制仪表安装工程，通信设备及线路工程，建筑智能化系统设备安装工程，长距离输送管道工程等。每个分部工程又分为若干个子分部工程，如机械设备安装工程分部中分为切削设备、锻压设备、铸造设备、起重设备、起重机轨道、输送设备、电梯、风机、泵、压缩机、工业炉、燃气发生设备、其他机械等十三个子分部工程。每个子分部工程中分为若干个分项工程。

装饰装修工程分为六个分部工程，计有楼地面工程，墙、柱面工程，天棚工程，门窗工程，油漆、涂料、裱糊工程，其他工程。每个分部工程又分为若干个子分部工程，如楼地面工程分部中分为整体面层，块料面层，橡塑面层，其他材料面层，踢脚线，楼梯装饰，扶手、栏杆、栏板装饰，台阶装饰，零星装饰项目等九个子分部工程。每个子分部工程中分为若干个分项工程。

此外，还有市政工程及园林绿化工程等。

(5）分项工程。分项工程一般是按照选用的施工方法、所使用的材料、结构构件规格的不同等因素划分的。分项工程是能用较简单的施工过程完成的，可以用适当的计量单位计算并便于测定或计算的工程基本构造要素。

土建工程的分项工程是按建筑工程的主要工种工程划分的，如土方工程、钢筋工程、抹灰工程等；安装工程的分项工程是按用途或输送不同介质、物料以及设备组别划分的，如给水管安装、排水管安装、法兰安装等。

现将建筑（房屋）工程和建筑设备安装工程的分部和分项工程列表于下。

表7－2　建筑（房屋）工程分部分项工程名称表

分部工程名称	分项工程名称
地基与基础工程	土方，爆破，灰土、砂、砂石及三和土地基，重锤夯实地基，强夯地基，挤密桩，振冲地基，旋喷地基，打（压）桩，灌注桩，沉井和沉箱，地下连续墙，防水混凝土结构，水泥沙浆防水层，卷材防水层，模板，钢筋，混凝土，构件安装，预应力钢筋混凝土，砌砖，砌石，钢结构焊接，钢结构螺栓连接，钢结构制作，钢结构安装，钢结构油漆等
主体工程	模板，钢筋，混凝土，构件安装，预应力钢筋混凝土，砌砖，砌石，钢结构焊接，钢结构螺栓连接，钢结构制作，钢结构安装，钢结构油漆，屋架制作，屋架安装等
地面与楼面工程	基层，整体楼面、地面，板块楼面、地面，木质楼面、地面等
门窗工程	木门窗制作，木门窗安装，钢门窗安装，铝合金门窗安装等
装修工程	一般抹灰，装饰抹灰，清水砖墙勾缝，油漆，刷（喷）浆，玻璃，裱糊，饰面，罩面板及钢木骨架，细木制品，花饰安装等
屋面工程	屋面抹平层，保温（隔热）层，卷材防水，油膏嵌缝涂料屋面，细石混凝土屋面，平瓦屋面，薄钢板屋面，波瓦屋面，水落管

表7－3　建筑设备安装工程分部分项工程名称表

分部或单位工程名称	分项工程名称
建筑采暖、卫生和煤气工程	室内：给水管道安装，给水管道附件及卫生器具给水配件安装，给水附属设备安装，排水管道安装，卫生器具安装，采暖管道安装，采暖散热器及太阳能热水器安装，采暖附件设备安装，煤气管道安装，锅炉安装，锅炉附属设备安装等 室外：给水管道安装，排水管道安装，供热管道安装，煤气管道安装，煤气调压装置安装等
建筑电气安装工程	架空线路和杆上电气设备安装，电缆线路，配管及管内穿线，瓷夹、瓷柱及瓷瓶配线，护套线配线，槽板配线，配线用钢索，硬母线安装，滑接线和移动式软电缆安装，电力变压器安装，高压开关安装，成套配电柜（盘）及动力开关柜安装，低压电气安装，电机的电气检查和接线，蓄电池安装，电气照明器具及配电箱（盘）安装，避雷针（网）安装及接地装置安装等

续上表

分部或单位工程名称	分项工程名称
通风与空调工程	金属风管制作，硬聚氯乙烯风管制作，部件制作，风管及部件安装，空气处理室制作及安装，消声器制作与安装，除尘器制作与安装，通风机安装，制冷管道安装，防腐与油漆，风管机设备保温，制冷管道保温等
电梯安装工程	曳引装置组装，导轨组装，轿箱、层门组装，电气设备安装，安全保护装置，试运轨等

高速公路工程（建设项目）一般包括临时工程、主体工程、附属工程、物料等。临时工程包括施工用水、用电设施，便道便桥工程等。主体工程有路线工程和独立大桥工程等单项工程。路线工程又被划分为路基工程、路面工程、桥涵工程、隧道工程、交通工程等单位工程。路基工程又可分为路基土石方工程、排水工程及防护工程等分部工程。而路基土石方工程又可分为土方路基、石方路基、软弱地基处理等分项工程。

建设项目，若按项目的用途，可分为生产性建设项目和非生产性建设项目；按项目的建设阶段，可分为设计项目、施工项目和建设投产项目；按项目的建设性质，可分为新建项目、扩建项目和改建项目；按项目的建设规模或投资大小，可分为大型建设项目、中型建设项目和小型建设项目。

（二）建安工程的风险源

引起或产生风险的原因称为风险源。工程建设的风险源可分为自然的原因和人为的原因。

1. 自然的原因

（1）自然灾害。与建筑（安装）工程一切险密切相关的自然灾害包括洪水灾害、地震灾害、地质灾害、海洋灾害、气象灾害五大类。①洪水灾害。水灾和涝灾的总称，包括洪涝灾害、江河泛滥等。水灾一般是指因河流泛滥淹没土地所引起的灾害，而涝灾指的是因长期大雨或暴雨产生地面大面积积水的现象。②地震灾害。我国的地震绝大多数是构造地震，其次为水库地震、矿山地震等诱发性地震。地震灾害，包括由地震直接引起的灾害以及由地震诱发的各种次生灾害，如沙土液化、工程结构毁坏、河流与水库决堤等。③地质灾害。指自然变异和人为作用导致地质环境或地质体发生变化并达到一定程度，从而给人类和社会造成的灾害，包括滑坡、泥石流、崩塌、火山、地面下沉等。④海洋灾害。指因海洋自然环境异常或激烈变化，且超过人们适应能力而发生的人员伤亡及财产损失。它包括风暴潮、海啸、海平面上升和海水倒灌等。⑤气象灾害。包括暴雨、热带气旋、风灾、雹灾、龙卷风、雷电等。

（2）意外事故。包括火灾、爆炸、碰撞及空中物体坠落等。

爆炸风险主要分为：电、气焊爆炸风险，乙炔发生器爆炸风险，“热”试验或试车爆炸风险等。

2. 人为的原因

（1）技术风险。包括地质勘测和工程设计技术不足或错误，施工及生产工艺和施工技术不善，原材料质量缺陷问题，施工机具设备、电气设备故障，安装、组装错误，调试及试车事故等。

（2）人为风险。包括业主、监理和承包商的资质及经验，施工组织管理水平，施工人员的素质，人为的故意破坏以及重大过失，工程内外人员的盗窃行为等。

（3）责任风险。包括法律环境、地理环境、施工方式、工程防范、污染、信用等问题。

（三）建安工程施工风险的主要特点

整个建筑工程可以分为各个不同的建筑工程项目和施工阶段，不同的建筑工程项目和施工阶段会遇到不同的风险。

1. 工业与民用建筑风险

（1）土（石）方工程。土（石）方工程是指土（石）的开挖和填实，以及与其相关的挡土、围护、降水、碾压、夯实等各施工过程。其主要风险事故有：挖方边坡塌方、滑坡、基底扰动、基坑（槽）浸水、流沙、回填土沉陷、填方出现橡皮土、填方边坡塌方、冻胀和融陷。

（2）基础工程。基础工程包括地基和基础，属地下隐蔽工程。其主要风险事故有：建筑物发生整体倾斜、局部倾斜、严重沉降、沉降差，地基强度破坏、地基溶蚀与渗透破坏，地震引起的地基液化、地基震陷、地基滑动、地基冻胀，人工地基事故如石垫层质量事故、桩基质量事故、设备基础质量事故。

（3）混凝土结构工程。混凝土结构工程的主要风险事故有：由各种原因造成的混凝土裂缝、孔洞事故、缝隙夹渣层事故及模板问题；钢筋混凝土结构工程的主要风险事故有：钢筋工程事故、结构错位变形、局部倒塌；预应力混凝土工程事故如锚具质量问题或破坏、预应力钢筋质量问题、预留孔道问题、预应力失控、构件翘曲等，以及倒塌事故。

（4）砌体工程。包括砖砌体和石砌体的砌筑。其主要风险事故：变形、裂缝、倾斜甚至倒塌等。

（5）钢结构工程。其主要风险事故有：钢材自身质量问题、加工制作中的缺陷、钢结构的破坏等。

（6）安装工程。主要风险事故有：材料和设备方面的原因引起的风险，有支架、托架、部件加工制作方面的原因引起的风险，有线路、管线、设备等安装方面的原因引起的风险，还有设备调试、试运转时的原因引起的风险等。

（7）装饰工程。主要风险事故包括：粘结不牢、空鼓、坠裂、脱落、镶面倒塌以及窗框松动、连接不牢、安装不牢等。

（8）脚手架工程。主要风险事故有：脚手架整体塌落、局部塌落、脚手架上物体坠落等。

（9）高处作业。主要风险事故为各种坠落事故。

（10）施工现场防火和用电安全。主要风险事故有：火灾、触电、爆炸等。

（11）工程施工机具。主要风险事故包括：机械设备损坏事故如设备倒塌、部件损坏及人身安全伤害事故如碰撞、夹入、卷入、触电等。

按其用途与工作原理，可以把施工机具分成以下几类。

①通用动力机械。主要有：交流电动机和直流电动机、柴油发动机和汽油发动机、液压泵和液压马达、空气压缩机、供排水及冷却系统水泵、焊接设备、通风机。

交流电动机和直流电动机的主要风险有：当电机超过负荷运行、冷却不良、增加负荷过快时，导致电机温度过高超过绕组绝缘所能承受的温度和允许的时间，将造成电机绝缘性能破坏，进而产生绕组匝间短路等事故，最终烧坏线圈、烧坏铁芯，严重时危及人身安全。

焊接设备（使用最广泛的有交流弧焊机、直流弧焊机和硅整流弧焊机）的主要风险有：初级线圈或次级线圈与罩壳相碰、焊接电缆误碰罩壳、未连接地线或接触不良，引起焊机罩壳带电，发生伤亡事故。

通风机的主要风险有：违反安全操作规定，通风机的吸风口和传动部位不加防护罩，导致出现人身和机械事故。

②准备工程机械。主要有：除根机、拖运卷扬机、灌木清除机、树根挖掘机、松土机等。

③钻孔及桩工机械。主要有：凿岩机械、凿岩台车、潜孔钻机、牙轮钻机、桩柱成孔钻机、压拔桩柱机械等。

压拔桩柱机械的主要风险有：第一，燃油泵内部回油路堵塞、燃油泵调节阀位置不正确、单向阀橡胶锥头损坏，引起锤不停工作，破坏基础与设备。第二，当桩存放在上坡，需要在下坡处打桩作业，用桩机吊桩，引起桩架倾倒而造成人身伤害和财产损失。

④岩土铲装机械。主要有：机械式挖掘机（电铲）、液压式挖掘机、轮胎式装载机（含铲运机）、装运机、铲斗式装岩机、自行式铲运机、抓岩机等。

装运机的主要风险有：阀内转盘和齿轮套间锁紧螺母松动、手柄回位弹簧失效、阀内滑阀与拉杆涨圈松动，使操纵阀失灵而引发事故。

抓岩机的主要风险有：总回油管闸阀未打开或开度过小、箱体焊缝不牢开裂，使回油箱炸裂导致事故。

⑤平整压实机械。主要有：推土机、自行式平地机、压路机、夯实机械等。

自行式平地机的主要风险有：操纵杆件空行程间隙过大、换向阀芯卡住，使机器行驶操纵失灵而引发事故。

⑥石料和混凝土机械。主要有：破碎机械、筛分机械、混凝土搅拌机、混凝土输送泵。

⑦输送提吊机械。主要有：胶带输送机、刮板输送机、起重机械、井字架、外用电梯、窄轨牵引电机车、散装水泥车。

胶带输送机的主要风险有：胶带质量不好、钢绳芯受力不均，装载物料偏向胶带一侧，使胶带跑偏而发生物料坍落事故。

2. 公路与桥梁工程风险

公路工程的主要风险事故有：路基事故、路面事故、桥涵事故、隧道事故、附属工程事故等；桥梁工程的主要风险事故有：桥梁桥墩台基础工程事故、桥梁上部结构工程事故、桥梁架设工程事故、船撞事故等。

（1）公路路基工程风险。常见的路基工程事故有：路基边坡事故、路堤填土工程事故、路堤排水或水毁事故、路堤土路床事故等。

①路基边坡风险。包括：剥落和溜塌、崩塌、坍塌、滑坡、滑移、路肩及边坡松软等。

②路基填土风险。包括：高填土下沉、边坡过陡、沉落、沉缩、路基冻胀与翻浆风险等。

③路基水毁风险。包括：地下水危害、地表水危害等。

④土路床风险。包括：路面早期变形破坏、路边下沉掰边、路面基层结构碾压不实、路面结构沉陷变形等。

（2）公路路面工程风险。路面工程是公路工程的主要内容，分为刚性路面（水泥混凝土路面）和柔性路面（如沥青路面）等。

①水泥混凝土路面风险。包括：裂缝类事故、变形类病害与事故、表面损伤类病害与事故、接缝破损类病害与事故。

②沥青路面风险。包括：路面早期损坏，路面非沉陷型早期裂缝，路面沉陷型、疲劳性裂缝，路面坑槽、破损等。

（3）隧道事故。主要风险为塌方、机械故障等。

（4）桥梁工程桥墩台基础工程风险。主要为桥梁桩基础与沉井基础的工程风险。

①桥梁桩基础风险工程。桩基础是一项风险性的工程，桩基础的主要形式有钢管桩基础、预制混凝土桩基础以及钻孔灌注桩基础，主要分为下沉风险、断桩风险等。

②桥梁沉井基础施工风险。包括水中筑岛沉井施工风险、沉井制作施工风险、水

中筑岛沉井下沉准备的施工风险、浮式沉井下沉准备的施工风险、沉井下沉的施工风险、沉井清基与封底的施工风险等。

（5）桥梁上部混凝土结构工程风险。桥梁的钢筋混凝土结构工程包括钢筋工程、模板工程、混凝土工程、构件安装工程和预应力混凝土工程等。基本同工业与民用建筑风险。

（6）桥梁上部结构钢桥工程风险。钢结构的事故，按破坏形式主要包括：钢结构承载力和刚度失效事故、钢结构的失稳事故、钢结构的疲劳事故、钢结构的脆性断裂事故、钢结构的腐蚀事故等。

（7）桥梁架设工程风险。主要有：桥梁构件吊装风险、吊装法架设工程风险、顶进法架设工程风险、悬拼法架设工程风险等。

（8）桥梁工程船撞风险。船舶撞击桥梁可能导致的损失，可归纳为直接损失和间接损失（表7－4）。

表7－4　船舶撞击桥梁可能导致的损失

损失分类	细节描述
桥梁损失	（1）桥梁损坏部件的抢修费用；（2）桥梁维修或更换费用；（3）如果是收费通行的桥梁，则在维修或更换期间收益的损失；（4）桥梁拥有者还要考虑由于事故带来的更多的维修或更换要求的附加费用
桥梁使用者损失	（1）丧失生命；（2）车辆或货物的损失；（3）对每一个死难人员用一定数额的费用代替，则死难人员的损失可用经济损失的形式表示
船只拥有者损失	（1）失去生命；（2）抢救船只的费用；（3）船只维修或更换费用；（4）在维修期间的收益损失；（5）装载于船上的货物损失；（6）桥梁拥有者和使用者的索赔费用；（7）安全保险费的增长
对工业、贸易和社会造成的间接损失	（1）公路和铁路的不方便费用，其取决于桥梁的战略重要性，即选择路线的可行性，桥上交通的密集度和类型等；（2）如果桥梁或船只的破坏阻塞了一条重要航道，使港口中断使用的费用；（3）在重要时间内由于交通运输破坏引起的商贸和公益方面的损失
环境破坏	（1）清除费用；（2）自然恢复费用；（3）长期的生态破坏

例如，2007年6月15日凌晨5时15分，因肇事船舶（运沙船）偏离主航道而误入非通航孔，直接撞击位于广东省西江干流下游国道325线佛山南海段的九江大桥23号桥墩，其所产生的横桥向撞击力远大于40吨的防撞能力，造成大约200米的桥面坍塌及4车坠江、9人死亡、2人轻伤的重大交通事故，直接经济损失过亿元。

3. 轨道交通工程风险

地铁与轻轨交通工程所涉及的大型土建工程主要有地下深基坑工程、地铁区间线路的隧道工程、地面高架轻轨线路的高架桥梁结构工程等。其风险事故主要包括：土方基坑工程事故、钢筋混凝土结构工程事故、隧道掘进与地下结构工程事故、施工机具设备事故等。这里主要介绍工程地质条件风险。

（1）地形地貌风险。山地按构造形式分类，可以分为断块山、褶皱断块山和褶皱山三类。在断块山、褶皱断块山前施工时，应查明断层的位置、产状、破碎带宽度、断层的活动性以及滑坡、崩塌、危岩等不良物理地质现象。在褶皱山区，应查明岩石的风化程度和边坡稳定性。当建（构）筑物设置在槽沟地形内或沟口时，还要注意山洪、泥石流发生的可能性。

（2）第四系地层风险。残积物在风和雨的作用下，较小的碎屑能从堆积体中被带走，因而残积物具有较大的孔隙度；残积物由于山区院士地形变化较大和岩石风化程度不一，因而在一个很小的范围内，厚度的变化就很大，加上残积物的组成大小不均。因此，在残积物上进行工程建设时，要考虑地基土的不均匀性。当残积物由岩块、碎屑等组成，施工开挖时，要考虑边坡的稳定性。

（3）岩体结构面风险。沉积结构面易出现滑坡问题，火成结构面也可形成岩体的滑移危害，变质结构面常见塌方，构造结构面常构成边坡及地下工程塌方、冒顶，次生结构面易在天然及人工边坡上造成危害。

（4）岩体结构类型风险。块状结构要注意不利于岩体稳定的平缓节理，镶嵌结构有时以崩塌形式出现，碎裂结构可出现边坡较大的塌方，层状结构在边坡破坏事故中出现很多，层状破碎结构常遇塌方，散体结构稳定性最差。

（5）特殊土的风险。特殊土是指特定地理环境或人为条件下形成的特殊性质的土。它的分布一般具有明显的区域性。特殊土包括人工填土、软土、湿陷性土、红粘土、膨胀土、多年冻土、混合土、盐渍土、污染土等，对工程十分不利。

二、工程保险的概念与特点

1. 工程保险的概念

工程保险是指承保建筑工程项目、安装工程项目在工程期间及工程结束后的一定时期内，因自然灾害和意外事故的发生而造成的物质财产损失，以及对第三者的损害赔偿责任的综合性保险。其保险范围不仅包括工程项目本身物质财产的损失，还包括由于运行过程中的工程项目对于第三者所造成的损害赔偿责任。所以，工程保险本身不仅包括了火灾保险的风险责任，还包括了责任保险的风险责任，可以说是一种财产保险与责任保险的综合险。

根据承保的工程项目不同，工程保险可划分为建筑工程保险和安装工程保险，所以又常被合称为“建安工程保险”，或简称为“建安险”。

建筑工程保险简称“建工险”，主要承保各项土木建筑工程（包括民用、工业用和公共事业用）在整个建筑期间内因发生保险事故造成被保险工程项目的物质损失及被保险人对第三者人身伤害和财产损失承担的经济赔偿责任。

安装工程保险简称“安工险”，主要承保储油罐、起重机、吊车、钢结构工程等机器、设备以及包含机械工程因素的任何建造工程在安装过程中因自然灾害和意外事故所造成的损失，包括安装工程的物质损失、费用损失和对第三者损害的赔偿责任。

2. 工程保险的特点

（1）保险标的的特殊性。工程保险承保的保险标的大部分处在露天之下，抵御风险的能力明显低于普通财产保险的标的。同时，工程项目在保险责任开始后的整个施工期间始终处于动态过程之中，各种风险因素错综复杂，从而使遭遇风险的可能性加大。

（2）承保风险的综合性。工程保险既承保被保险人财产损失的风险，又承保被保险人的责任风险，还可以扩展的方式对被保险人在与工程有关的试车期和保证期内可能遭遇的各种风险提供保险保障。正因为承保风险具有综合性，所以工程保险通常都采用一揽子保险形式承保。

（3）保障对象的广泛性。工程项目通常涉及的关系方很多，而且他们对同一工程都因具有各自不同的经济利益而拥有保险利益。因此，工程保险人通常用一张保险单对所有涉及该项工程的各关系方提供所需的保险保障，即工程保险一张保险单可以列明多个被保险人。一般包括业主、承包人、分承包人、技术顾问、其他关系方（如提供贷款的银行、设备制造商和供应商）。

（4）保险期限的不确定性。一是保险期限一般是根据工期确定的，往往为几年甚至十几年不等；二是保险责任期限的起止时间视具体情况确定，故保险责任有可能在保单列明的生效日期之后的开工日或设备运抵日开始，同样也有可能在保单列明的终止日期之前的完工验收日或实际使用日结束。

（5）保险金额的变动性。虽然工程保险也与一般财产保险一样，在订立保险合同时以工程项目的核算价为依据来确定保险金额，但随着工程项目所需材料设备和实际人力投入的增减、工程建设进度的变化，以及施工期间各种变化因素的出现，保险人要在工程项目完工后再按实际造价调整保险金额。

总之，工程保险承保的是巨额风险、高科技风险和集中性风险。它主要通过工程保险格式合同来规范各方的行为，而工程保险合同不仅受到《保险法》有关条文的制约，还要受到包括《建筑法》、《招标投标法》以及各种施工合同等相关行业法律规章及合同的制约。

三、工程保险的保险标的

工程保险就其承保的标的而言，包括物质损失和第三者责任两大部分。物质损失部分承保的标的是物质财产和列明的费用，而第三者责任部分则承保被保险人对第三者所负的赔偿责任。

1. 承保的物质财产

工程保险承保的物质财产自然指的是工程项目，但并不仅仅限于工程项目的本身，还涉及与工程项目本身有关的材料、物资和设备等。然而，工程保险也不是对工程中所有的物质财产都予以承保，而是同样可以将与工程项目有关的各种物质财产划分成可以承保的物质财产、不予承保的物质财产和另行承保的物质财产三类。

（1）可以承保的物质财产。

①工程合同规定的工程项目。包括永久性工程和临时性工程及物料，具体是指建筑主体工程、建筑物内的装修设备、配套的道路和桥梁、水电设施等土木建筑项目，以及存放在工地上的建筑材料、设备和临时的工程建筑等。所谓永久性工程，是指工程承包人按照设计要求建造并最后移交给工程业主，且执行营运功能的工程；临时性工程则是为永久性工程的进行而修建的，在工程正式移交之前被拆除的工程，如临时工棚、截流围堰等。

②工程所有人提供的物料及项目。指未包括在上述工程合同项目内的由工程所有人提供的物料及负责建造的项目。

③安装工程项目。指未包括在上述工程合同项目内的机器设备安装工程项目，如取暖、照明、空调、电话等机器设备的安装。如果这些项目已经被合同工程项目包括在内，就不需要另行承保。

④施工机具设备。包括施工用的机器（如起重机、打桩机、钻机、铲车、推土机、工地专用的没有公共行驶执照的汽车等）、施工设备（如水泥搅拌设备、临时供电供水设备等）及施工装置（如传送装置、脚手架、临时铁路等）。有关的附属工具、物料等也包括在这个项目内。这些财产一般为承包人所有，其价值不包括在承包工程合同金额内，应专项投保，并另附清单。

⑤工地内的原有财产。指不在承保工程范围内的、归所有人或承包人所有或保管的工地内或工地邻近区域原有的财产，包括建筑物和其他财产。

⑥场地清理费。指发生保险事故并造成损失后，为拆除受损标的、清理灾害现场和运走废弃物等，以便进行修复施工所发生的费用。此费用未包括在工程造价中。

（2）不予承保的物质财产。《建筑工程一切险条款》列为不保的项目包括：

①档案、文件、账簿、票据；

②图表资料；

③包装物料。

（3）另行承保的物质财产。主要是指与建安工程有关的某些财产由于它们的自身特点，不是由工程保险来承保，而是另行由其他指明标的的专项险种来承保，如现金、有价证券应由现金保险承保；领有公共运输行驶执照的车辆、船舶和飞机可以分别安排车辆保险、船舶保险、飞机保险。

不挂行驶牌照的工程专用车辆、自行施工机具等属于工程保险中施工机具的范围，应在施工机具保险项下承保。

2. 承保的第三者责任

工程保险承保的第三者责任，是指由于工程项目在施工期间发生意外事故，造成工地及邻近地区的第三者人身伤亡、疾病或财产损失，依法应由被保险人承担的经济赔偿责任。

四、工程保险的保险责任与除外责任

（一）工程保险的保险责任

1. 物质损失部分的保险责任

物质损失部分的保险责任是保险合同的核心内容之一，因为它直接规定了保险人的赔偿义务基础。对于保险责任的规定，工程保险和其他保险一样，也有两种类型：一是一切险方式的保险责任，即在一切险方式的保单中（如 1995 年中国人民银行颁发的《建筑工程一切险条款》），将保险人不予负责的风险一一列明，未列明的均属于保险责任。也就是说，在保险期限内，保险人对保险工程在列明的工地范围内，因保单除外责任以外的任何自然灾害或意外事故造成的物质损坏或灭失，均按保单的约定负责赔偿；对经保单列明的原因发生上述损失所产生的有关费用，亦可由保险人负责赔偿。二是列明风险责任，即在列明风险责任的保单中（如 2001 年中国保险监督管理委员会批准的《中国人民保险公司建筑、安装工程保险条款》），将保险人所要承担的风险一一列明，凡是未列明的风险均不属于保险责任。所以，按一切险承保的保险单需要将不予承保的风险准确、清楚地进行描述和定义，而列明风险承保的保险单需要将承保风险准确、清楚地进行描述和定义。

采用列明风险方式承保时，一般至少包括自然灾害风险（有时将地震、海啸除外）和火灾、爆炸以及需要列明的部分意外事故等；采用一切险方式承保时，包括自然灾害和意外事故，还有可能包括一些技术风险和道德风险，只不过保险人采用保单中的责任免除来限制其承保风险。需要注意的是，不能简单地把一切险理解成承保一切风险或者“除了除外责任其他均负责”的保险，因为保险人承担的风险不仅将除外责任排除，而且还必须满足一定的条件。

一切险保单有时也采用列明一些主要承保风险的方式，然后再加上一个概括性的描述。有的保险人习惯于仔细描述保险责任范围，一般描述除外责任；有的保险人习惯于一般描述保险责任范围，仔细描述除外责任，这些都是市场上常见的。在特殊情况下，也有可能使用国外保险公司或经纪人提供的条款，此时投保人和保险人都应注意其中的差异。

工程保险的保险单对保险责任的规定不仅要明确保险人承担风险的范围，而且还要规定保险人在发生保险事故后赔偿的范围，一般都包括保险事故造成的物质损失和相关费用。

在理赔时，“一切险”的举证之责在保险人而非被保险人，除非保险人证明损失属于责任免除范围，否则所有损失均属于保险责任范围内；而“列明式”的保险单则正好相反，除非被保险人证明损失属于列明风险的责任范围，否则保险人对损失不负赔偿责任。

（1）工程部分。对于工程本身，保险人可承保或有条件承保的风险可分为以下四类。

①自然灾害风险，包括地震、海啸、雷电、飓风、台风、龙卷风、风暴、暴雨、洪水、水灾、冻灾、冰雹、地崩、山崩、火山爆发、地面下沉下陷及其他人力不可抗拒的破坏力极大的自然现象。

②意外事故风险，是指不可预料的以及被保险人不可控制并造成物质损失或人身伤亡的突发事故，包括火灾和爆炸。

所谓不可控制的风险，是指靠某些控制措施也难以避免的风险；而所谓突发事故，是指风险事故爆发时带有突然性。

③技术风险，是指工人经验不足、施工工艺不善、材料缺陷、设计错误、新型设计、新型材料等导致的损失。

④道德风险，是指管理不善、安全生产措施不落实、劳资关系恶化、工地社会环境恶劣等导致的损失。

（2）施救费用、残骸清理费用与专业费用。施救费用是在保险事故发生之后，被保险人或保险人为了减少保险事故所造成的损失而采取合理的、必要的、有效的措施所支付的费用。按照《保险法》的有关规定，施救费用应该由保险人负责并在保险金额之外另行单独计算一个保险金额。

残骸清理费用是指在发生事故后，承包人为了进行工程的恢复工作，需要把事故造成的残骸进行清运所需要的费用。因为工程价值是在“平整”土地的基础上完成工程的总造价，并不包括发生事故后对损失残骸进行清理的工程量。所以，在工程保险中残骸清理费用需要另外投保（如《清除残骸费用扩展条款》），否则难以区分什么是残骸清理费用，什么是受损标的修理费用。在业务实践中，有时施救费用与残骸清理费用不容易区分，可从两类费用发生的时间、目的、如果不发生的后果等三个方面考虑，并协商解决。

专业费用是指为恢复工程损失的目的而发生的、委请咨询专业技术人员等的必要费用，但被保险人为进行索赔而发生的费用不在此列。这类费用的承保通常采用第一危险方式（如《专业费用特别条款》），赔偿限额由投保人根据需要选择。

（3）赔偿限额的规定。保险人对每一保险项目的赔偿责任均不得超过一定的赔偿限额，即保单明细表中对应列明的分项保险金额，以及保单特别条款或批单中规定的其他适用的赔偿限额。但在任何情况下，保险人在保单项下承担的对物质损失的最高赔偿责任不得超过保单明细表中列明的总保险金额。

但也有例外的情况，分项赔偿的最高数额之和超过总保险金额：①附加条款中规定了按实际损失的一定比例而不是单独限额赔偿专业费用、残骸清理或公共当局扩展等费用；②发生了按照《保险法》规定应由保险人负担的施救费用；③增值税的有关规定，增值税对财产类保险赔偿责任的影响是比较复杂的。

2. 第三者责任部分的保险责任

第三者责任部分，实质上是一种以工程施工为经营活动、以工地为场所的公众责任保险，其责任、除外责任及其他规定基本与普通公众责任保险类似，都是承保被保险人因在约定的场所从事约定的营业活动而导致的依法应该承担的损害赔偿责任，但一般工程保险下的第三者责任乃采用一切险方式承保，而普通公众责任保险既有采用一切险方式的，也有采用列明风险方式的。作为向被保险人提供的一种辅助保障，工程保险第三者责任部分承保的责任如下。

（1）被保险人对第三者所负的赔偿责任。第三者责任包括人身伤害和财产损失两部分。第三者原本是指除保险公司和所有被保险人以及与该工程有关的雇员之外的自然人和法人，但若附加《交叉责任扩展条款》后，保单上的各被保险人也互为第三者，这样就扩大了保险标的的范围。

（2）被保险人的有关诉讼费用。被保险人因给第三者造成损害的保险事故而被提起诉讼的，被保险人为此所支付的诉讼费用和事先经保险人书面同意支付的其他费用，保险人予以负责。不过，这里指的是经济赔偿责任，而不包括刑事责任。

（3）赔偿限额的规定。保险人对每次事故引起的赔偿金额以法院或政府有关部门根据现行法律裁定的应由被保险人偿付的金额为准。但在任何情况下，均不得超过保单明细表中对应列明的每次事故赔偿限额。在保险期限内，保险人在保单项下对上述经济赔偿的最高赔偿责任不得超过保单明细表中列明的累计赔偿限额。

3. 试车期的保险责任

试车期是指安装工程项目中的机器设备在安装完毕后，正式投入生产性使用之前，为了检查它们的技术性能是否可靠、是否达到工程合同规定的标准而进行的各项试运转和试验性操作的期间。对于安装工程或者建筑工程保险中的安装项目来说，无论时间长短或者采取何种方式，试车都是必不可少的。一般工程的试车期是在工程完工验收移交之前，包括在正式施工工期之内，但是试车完全不同于施工，它是在施工活动基础上的附加活动，而且试车时发生意外的风险非常大，这种风险损失如果不进行试车的话可能永远也不会发生，所以试车损失不是施工期间意外事故的直接后果。正因为试车期通常被认为是风险相对集中的时期，故一般时间不超过3个月，且应连续计算。同时，只有在被保险人加贴《机器设备试车条款》的前提下，保险人才对机器设备因试车造成的损失、费用和责任负责赔偿。然而，其机器设备必须是新的，绝不能是“已被使用过的设备”或“转手设备”，保险人在任何情况下都不承担二手设备的试车期风险。

这里需注意试车与试生产的区别。保险人承保的试车期风险是不包括试生产的，即使对于承包合同规定的在工程移交之前的试生产风险也不是保险人在工程保险项下承保的风险。试车，包括联动试车或投料试车，是对安装过程的检验；试生产，是试车成功后对工程项目的产量、效率能否达到设计要求或设计目的的检验，是对工程设备性能、容量、效率、匹配情况等生产设备设计方面的检验，此乃设计人或成套设备供应商的保证范围。这两种过程执行的目的不同。

4. 保证期的保险责任

保证期是指根据工程合同规定，承包商对于所承建的工程项目在工程验收并交付使用之后的一定时期内，如果建筑物或被安装的机器设备存在建筑或安装的质量问题，甚至造成损失的，应对这些质量问题和损失承担修复或赔偿责任。因此，保险人可以根据承包商的要求扩展承保保证期。不过，保证期的保险期限应与工程合同中规定的保证期一致，即从工程所有人对部分或全部工程签发完工验收证书或验收合格，或工程所有人实际占有或使用或接受该部分或全部工程时起算，以先发生者为准。保证期一般不包含在工程工期内，是否投保则由投保人自己决定。保证期有以下三种类型。

（1）有限责任保证期。主要承保在保单上载明的保证期内，承包人在履行工程承包合同所规定的保修、保养或维护义务过程中造成的工程本身的物质损失，如碰撞、疏忽等引起的损失，但对于火灾、爆炸以及自然灾害造成的损失一概不负责任。

（2）扩展责任保证期。指在承保上述责任的同时还对在工程完工证书签发前的建筑或安装期内由于施工原因导致保证期内发生的保险工程的物质损失，如对施工方式缺陷或隐患引起的损失进行承保。

（3）特别扩展保证期。根据特别扩展保证期条款，特别扩展保证期开始后对因材料缺陷、工艺不善、安装错误以及设计错误等原因造成保险财产的损失负责赔偿，但同样对火灾、爆炸以及自然灾害造成的损失不负责任，对第三者责任造成的损失也不负责任。

（二）工程保险的除外责任

除外责任的规定和保险责任的规定是相辅相成的，是完整定义保险责任不可缺少的一部分。不论是以一切险方式承保，还是以列明责任方式承保，保险人对除外责任的定义都是非常明确具体的。工程保险（一切险）的除外责任由三部分组成，即总除外责任、物质损失部分的除外责任及第三者责任部分的除外责任。

1. 总除外责任

总除外责任，是指既适用于物质损失部分又适用于第三者责任部分的除外责任，与一般财产保险的除外责任基本相同。

2. 仅适用于物质损失部分的除外责任

包括：①设计错误；②自然磨损等渐变原因；③原材料缺陷或工艺不善；④非外力原因引起的机械损失；⑤维修保养费用；⑥盘点时发现的短缺；⑦工程已完成部分的损失。

3. 仅适用于第三者责任部分的除外责任

主要有：①物质损失部分的责任；②震动、移动或减弱支撑（这里的震动，是指工程作业中的震动，如打桩所引起的地面震动可能给周围财产带来严重损坏的后果，这是一种可预见的风险。按照施工的要求，对已浇灌了混凝土的结构构件一定要加以支撑，移动或减弱支撑即有可能导致坍塌事故的发生并造成严重损失，此属于设计或管理方面的风险）；③被保险人的人身伤亡与疾病；④被保险人的财产损失；⑤领有执照的车、船、飞机肇事；⑥被保险人的合同责任。

对于列明风险的除外责任，还有“其他不属于保险责任范围内的损失”，即列明风险保险条款对除外责任的描述乃采用列明加概括的方式。换句话说，凡不在列明承保责任范围的风险，也一并属于除外责任。

五、工程保险的保险期限

工程保险的保险期限是按工期确定的，尽管它在保险单上也列明保险期限，但保险人实际承担保险责任的起讫时间要根据工程项目的具体进展情况来确定。因此，保险期限在按工程建造期确定的基础上，可以向前追溯至工程建造期之前的材料设备制造期和材料设备运输期，以及向后延伸到工程建造期之后的试车考核期和工程保证期。

（一）施工期

一般来说，施工周期即保险人承保的物质损失及第三者责任险的保险期限。

1. 保险责任的开始

建筑期物质损失及第三者责任保险的开始，可以有以下三个时间点：

（1）保险工程破土动工之日。它是指被保险人的施工队伍进入工地，开始实质性的动工日期。

（2）材料、设备运抵工地之日。它是指保险工程所需的材料、设备从运输工具上卸到工地，由承运人交付给被保险人的日期。

以上这两个日期，以先发生者为准。

（3）保单规定的生效日期。这是保险期限的“上限”，即在任何情况下，建筑期保险期限的开始时间不得早于保单列明的生效日期。

如果保单载明的开始日期晚于开工日期时，以保单为准，这是符合《合同法》规定的，因为此乃合同双方约定的日期；如果开工日期晚于保单载明的开始日期时，以开工日期为准，因为没有开工之前或者第一批工程物料未运到工地之前，被保险人在工地上没有任何保险利益，保险合同当然也无法生效。

2. 保险责任的终止

对于保险期限的终止日，可根据以下情况确定：

（1）签发完工验收证书或验收合格之日。它是指保险工程所有人对部分或全部完工的工程项目经过验收并验收合格后签发完工验收证书的日期。

（2）实际占有或使用之日。它是指保险工程所有人对部分或全部完工的工程项目未进行验收并验收合格之前，需要实际占有或使用，或接受该部分或全部工程的日期。

以上这两个日期，也以先发生者为准。

（3）保单规定的终止日期。这是保险期限的“下限”，即在任何情况下，建筑期保险期限的终止时间不得迟于保单列明的终止日期。

如果保单载明的终止日期早于实际日期时，按约定日期终止；如果实际完工早于保单约定的保险合同终止日期时，由于保险责任对于工程保险来说部分完工部分终止的依据是在工程或者工程的一部分按照施工合同的规定完工验收、移交或实际被工程所有人占用后，工程承包人对工程就已经履行完成了看护义务，完成的工程本身的风险自验收或实际占用时起即完全转移到了业主（工程所有人）方面，工程承包人就丧失了保险利益。根据 FIDIC 条款的规定，由工程承包人代表业主投保的工程保险合同即告终止，业主可根据工程项目的风险情况安排相应的各类营运期保险，以分散风险。若是业主投保的项目，应在投保时针对部分完工交付使用的项目安排一个特别扩展保障。

3. 保险期限的扩展

由于工程保险的保险期限是按工期确定的，工期的不确定性决定了保险期限的不确定性。因此，如果在保单规定的保险期限内，保险工程项目不能按期完工，则由被保险人提出申请并加缴规定保费后，经保险人签发批单，以延长保险期限。

工期完工的形式有多种，如签发完工证书或者业主实际占用、使用等都视为完工，具体的完工形式应参照施工合同中的相关定义。在实务中，被保险人经常要求在实际工期超过计划工期不太多时给予免费扩展，而超过一定限度时才按比例增加保险费。

对于比较大的工程项目，实际工期和计划工期不一致是经常的，也是正常的，为了避免在实际工期长于计划工期时保单“提前”终止，投保人经常要求保单的终止完全和实际工期一致。在这种情况下，保险人为控制风险，将明确保单开始日期和计划工期，并给出一个时间比较长的期间作为扩展的最长时间，但仍然需要加收保险费。

（二）扩展承保的四个工程日期

1．制造期

保险人在工程保险项下扩展承保材料设备制造期的风险，并不是以制造商作为被保险人，直接承保其在制造过程中的各种风险，而是采取间接的方式承保制造商为工程项目制造的设备、制成品和原材料因有缺陷而在工程建造期内造成的损失。

2．运输期

保险人在工程保险项下扩展承保材料设备运输期的风险，是指与工程项目有关的建筑材料和设备在运往建筑工地过程中的风险，以及这些材料和设备在运抵工地后可能遭受损失的风险。对于运输过程中的风险，被保险人可以通过加贴《内陆运输扩展条款》来获得保障。至于运抵后的风险，主要与材料和设备运至工地后需放置一段时间才开箱使用这一点有关。正因为如此，等到开箱时若发现材料和设备有损坏，那就很难分清它们的损失是在运输期间还是在运抵后存储期间产生的，究竟应由谁来承担这个责任。面对这一实际情况，被保险人可以通过加贴《运输险、工程险责任分摊条款》来解决运输期的风险责任与建筑期的风险责任的衔接问题。

3．试车期

试车期是指安装工程项目中的机器设备在安装完毕后，正式投入生产性使用之前，为了检查它们的技术性能是否可靠、是否达到工程合同规定的标准而进行的各项试运转和试验性操作的期间。试车分为单机试车或冷试车和联动试车或热试车。保险人在工程保险项下扩展承保试车期的风险，在被保险人加贴《机器设备试车考核条款》的前提下，对机器设备因试车考核造成的损失负责赔偿。不过，保险人扩展承保进行试车考核的机器设备必须是新的，不能是“已使用过的”或“他人转让的”，并把该机器设备在试车考核时因原材料缺陷或工艺不善引起的损失或损坏列入除外责任，同时也不承保已部分投入使用或交接完毕的机器设备的试车考核损失。

4．保证期

保证期或称为缺陷责任期，是在工程设备调试、试车完成并移交给业主后，承包人仍然承担缺陷矫正义务的期间，一般承包合同都有明确的规定。保险人可以根据承包人的要求，在工程保险项下扩展承保工程保证期的风险。保证期一般为 12 个月，大型项目为 24 个月。

工程保证期的保险期限与工程合同中规定的保证期一致，从工程所有人对部分或全部工程项目签发完工验收证书或检验合格，或工程所有人实际占有或使用或接受该部分或全部工程项目时起算，以先发生者为准。工程保证期一般不包括在工程的工期内，由被保险人自行决定是否加保，并有《有限责任保证期条款》、《扩展责任保证期条款》、《保证期特别扩展条款》等三个附加条款可供选择。

关于保险期限的问题，安装工程保险还应注意以下几个问题：①施工工期的实际开始之日是工程设备运抵工地之日；对于扩建工程，自承包人进入工地开始做必要的扩建准备之日起，两种情况以先发生者为准。②施工工期的结束以承包人完成工程合同规定的安装、调试义务后，将工程移交给业主（以验收证书为准）之日止；对于承包人不承担设备调试责任的，自调试开始时止。③对于新设备来说，设备的调试、试车（包括联动试车），均属于施工过程，只有在满足工程合同规定的试车要求（包括时间要求）后，承包人才可能进行移交，所以试车期属于施工工期，是对遭受损毁的已完成部分的再试车。④在没有签发移交证书以前，如果工程业主对已安装好的部分工程实施了实际的占有、使用或控制，那么即使这种占有、使用或控制与工程设计用途不一致，则对于该部分的施工工期自这种占有、使用或控制之日起实际终止。

六、工程保险免赔额与赔偿限额的确定

（一）免赔额的规定

工程保险使用的免赔额，一般都是绝对免赔额。目前，工程保险各个项目适用的免赔额大致规定如下：工程项目的免赔额，一般为保险金额的0.5%～2%；施工机具的免赔额，为保险金额的5%或损失金额的15%～20%，二者以高者为准；其他项目的免赔额，一般为保险金额的2%；地震、洪水、风暴等特种风险的免赔额，则规定为固定金额。

（二）赔偿限额的规定

保险金额是保险人的最高赔偿限额，而赔偿限额是保险人承担保险赔偿责任的上限。财产保险采用保险金额的方式，责任保险采用赔偿限额的方式，而工程保险则多为两种并用。其物质损失部分主要采用保险金额的方式，而赔偿限额的使用常见于特种风险、残骸清理费用与专业费用以及隧道工程中对每单位长度的赔偿限额规定等。

1. 物质损失部分的赔偿限额

物质损失部分的赔偿限额，主要是指特种风险（即巨大自然灾害风险）的赔偿限额。在建筑工程保险中，地震、海啸、洪水、风暴和暴雨都是作为特种风险来承保的。为了控制对这些风险的赔偿责任，除了规定免赔额之外，保险人还规定有特别的赔偿限额。凡保单中列明的特种风险造成的物质损失，无论发生一次或者多次，其造成物质损失的赔款均不得超过规定限额。

2. 第三者责任部分的赔偿限额

（1）只规定每次事故赔偿限额。即保险人承担保险责任在每次事故中以约定的

赔偿限额为最高数额，在保险期间没有限制。所以，保单要对“每次事故”作出明确定义，以免引起日后赔款争议。每次事故的赔偿限额又可分别规定：

① 人身伤亡的每人赔偿限额。一般根据工程项目所在地的经济状况，由被保险人与保险人协商确定。

② 人身伤亡的总赔偿限额。先估计每次事故可能造成第三者伤亡的总人数，再乘以每人的赔偿限额。

③ 财产损失的赔偿限额。根据工地的具体情况，可估算一个金额。

（2）规定保险期间累计赔偿限额。即保险人在工程项目的整个保险期间对第三者的总赔偿责任，以约定的赔偿限额为最高数额，对于每次事故的赔款只受到事故发生时的有效限额（扣除以前已经消耗的限额）的限制。在使用保险期间累计赔偿限额方式时，被保险人需要考虑是否选择恢复赔偿限额的问题。

3. 各种费用保险与附加险的赔偿限额

场地（残骸）清理费用、专业费用等以及其他附加保障的赔偿限额在承保实务上有两种做法：一是在保单明细表（或附加条款）中单独列明分项赔偿限额（包括附加保障的赔偿限额，使整个保单比较清楚），并以第一危险方式承保；二是将这些赔偿限额包含在总保险金额中，但在对应的附加条款中规定一定的比例（如按照物质损失部分的一定比例或按照总保险金额的一定比例）确定这些项目的赔偿限额。

七、建工险与安工险的区别

建筑工程保险和安装工程保险同属于技术险种，都是保障广泛、专业性很强的综合性保险，保险标的物都是工程项目。但建筑工程保险只适用于基建工程，使用的材料简单，工程项目费用主要是劳动力支出及施工机具的使用；而安装工程保险则适用于机电设备的安装、调试、试运行，工程项目费用是设备供应。二者之间有着重要的区别。

（一）承保工程项目上的区别

建工险主要承保以土木建筑为主体的工程，负责赔偿保险工程项目在整个建筑期间由于保险责任范围内的风险造成的物质损失和列明的费用损失，以及被保险人在施工过程中因给第三者造成损害应承担的法律赔偿责任。

安工险专门承保新建、扩建或改造的工矿企业的机器设备或钢结构建筑物，负责赔偿保险财产在整个安装、调试期间由于保险责任范围内的风险造成的物质损失和列明的费用损失，以及被保险人在安装期间因给第三者造成损害应承担的法律赔偿责任。

（二）风险程度方面的区别

1. 保险标的的风险增加程度不同

建工险保险标的的价值自开工之后逐渐增加，风险责任也随着标的的价值的增加而增加，致使危险越来越集中；而安工险的保险标的变化不大，待安装的机器设备通常自安装开始就存放在工地上，保险人从一开始就承担着全部风险的责任。

2. 保险标的所处的环境及性质不同

建工险的保险标的多处于暴露状态下，遭受自然灾害损失的可能性较大；安工险的保险标的多半在建筑物内，自然危险较小，但由于机器设备安装的技术性较强，遭受人为事故损失的可能性则较大。

3. 试车期的危险程度差别很大

建筑工程一般不存在试车期，而安装工程在移交之前必须通过试车考核，但在试车期发生的事故损失往往占整个安装工期很大比例。

（三）除外责任方面的区别

1. 因设计错误等原因引起的损失和费用

在建工险与安工险物质损失部分的除外责任中，因设计错误等原因引起的损失和费用均列入了不保的范围，但在列示的方式、设计的风险、具体的做法上，这两个工程险则有所不同。

（1）列示的方式不同。建工险将这一项除外责任规定的内容分为两部分，即把不负责赔偿“设计错误引起的损失和费用”单独列为一款，把不负责赔偿“因原材料缺陷或工艺不善引起的被保险财产本身的损失，以及为换置、修理或矫正这些缺点错误所支付的费用”另作一款列出；而安工险不仅将这两部分内容合并在一起，并针对其专门承保机器设备或钢结构建筑物的特点，在引起被保险财产损失和费用的各种不同原因中还加上了“铸造缺陷”。也就是说，在安工险中，不仅将原材料缺陷除外，还把铸造缺陷也予以除外。

（2）除外的程度不同。建工险将“设计错误引起的损失和费用”，不论是其本身的损失还是造成其他财产损失，一律除外；而安工险仅把设计错误导致财产本身的损失除外，而对由此造成的其他财产损失仍负责赔偿，这就包括了部分设计责任。因为在建筑工程中，承包人是严格按照业主提供的设计图纸进行施工的，将设计与施工打包在一起进行招投标的做法非常少见，一般承包人不承担设计责任和设计风险；而在安装工程中，不仅将设计、建造与施工打包在一起进行招投标的做法经常使用，就是在进行常规安装时，承包人也经常需要进行安装设计。

在建工险除外责任中，错误设计引起的费用可认为包括必然损失和意外损失两部分。必然损失可能包括设计的建筑物结构不合用途导致使用效率低、外型与环境不和谐导致市场价值降低、不符合有关政府部门的安全消防要求而需要另行改造等；意外损失包括由于用料计算失误造成结构断裂或变形等。必然损失在工程保险中是绝对除外的，也不可能扩展承保，这实际上是属于设计师职业责任的范畴；而意外损失可以导致非错误部分的损坏，对于这部分损失可通过附加设计师风险条款来扩展承保，但仅限于承包人在承包的工程项目中。

（3）具体的做法不同。无论是对建工险还是安工险来说，该项除外风险可能给它们的被保险人造成的损失或费用都有三种情况，它们在处理这些损失和费用时的做法有相同的，也有不一致的地方：①对“因设计错误、铸造或原材料缺陷或工艺不善引起的”保险财产本身的损失，因为这类损失的产生应归咎于制造商提供的设备、材料等财产存在的缺陷，该由被保险人根据购货合同向制造商交涉索赔事宜，建工险和安工险都不予负责；②对“换置、修理或矫正这些缺点错误所支付的费用”，因为还是属于制造商的责任，该由被保险人在就保险财产本身的损失向制造商提出索赔时，要求后者承担对这些费用的赔偿，建工险和安工险同样都是不负责的；③对这些存在缺陷的保险财产造成其他保险财产的损失，建工险是与处理保险财产本身的损失和费用一样除外不保，而安工险则是用先赔偿而后再向制造商追偿的方式处理。

2. 因超负荷等电气原因造成电气设备或电气用具本身的损失

在安工险物质损失部分的除外责任中，列入了一项关于不负责赔偿“由于超负荷、超电压、碰线、电弧、漏电、短路、大气放电及其他电气原因造成电气设备或电气用具本身的损失”的规定，而建工险的除外责任中则没有这项规定。

安工险承保的主要项目是各种机器设备或钢结构建筑物，保险人面对的是大量的电气设备或电气用具在安装和调试过程中的风险，最经常发生的是超负荷、超电压等电器原因造成的事故，而这类事故往往是由于电气设备或电气用具本身存在质量问题所造成的，对此，安工险自然将这类事故造成电气设备或电气用具本身的损失列为除外责任，但是保险人对于因各种电气原因造成其他保险财产的损失还是要负责赔偿的。

3. 由于震动、移动或减弱支撑而造成第三者的损失

在建工险第三者责任部分的除外责任中，列入了一项关于不负责赔偿“由于震动、移动或减弱支撑而造成的任何财产、土地、建筑物的损失及由此造成的任何人身伤害和物质损失”的规定，而安工险第三者责任部分的除外责任中则没有此项规定。

建工险之所以在第三者责任部分项下制定这一项除外规定，主要是因为在建工险承保的一些大型工程建设项目的基础施工过程中，存在着由于工地范围大、周边情况复杂所必然导致的潜在责任巨大且难以处理的问题，为此，建工险把打桩等施工作业引起的地面震动、移动或减弱支撑所可能给第三者造成的严重损害而由被保险人承担的赔偿责任排除在第三者责任部分的承保责任以外。

即使被保险人可以通过加保“震动、移动或减弱支撑扩展条款”来获得保险保障，但前提是必须满足保险人所规定的条件。不仅如此，保险人提供的这方面保障仍然有限，明确规定不负责赔偿被保险人因下列原因所承担的第三者责任：一是因工程性质和施工方式导致的可预知的第三者财产损失和人身伤亡责任；二是既不影响第三

者财产、土地或建筑物的稳定性，又不危及使用人安全的表面损坏；三是被保险人在保险期限内为防止损失发生而采取预防或减少损失的费用。

八、工程保险的附加条款

在我国颁布使用的附加条款中，归纳起来可以分为四类：扩展类、限制类、免除类和保证类。扩展类附加条款是对标准保险单承保责任范围的扩展，主要是将标准保单中的一些除外责任纳入保单的承保责任范围。限制类附加条款是对保险责任范围的缩减或限制。免除类附加条款是一些新增加的除外责任条款。保证类附加条款是规定被保险人在采取一定的防损措施后才对特定风险所造成的损失负责赔偿的条款。后三类都是用于控制保险公司的承保风险。建筑（安装）工程一切险附加条款的分类结构如下图所示。

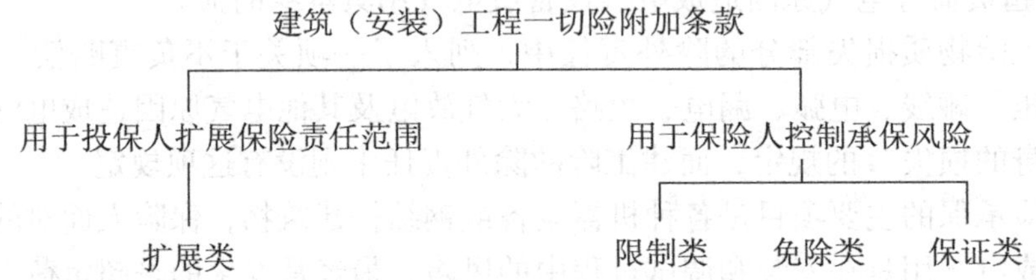

1．扩展类附加条款

扩展类附加条款主要是对总保险单、物质损失部分和第三者责任部分的扩展。具体包括：

（1）罢工、暴乱及民众骚动扩展条款；

（2）内陆运输扩展条款；

（3）设计师风险扩展条款；

（4）工程完工或交付使用部分扩展条款；

（5）地下炸弹特别条款；

（6）建筑或安装施工机具、设备扩展条款；

（7）特别费用扩展条款；

（8）专业费用特别条款；

（9）空运费用扩展条款；

（10）清除残骸费用扩展条款（清理灾场费用条款）；

（11）清除污染费用扩展条款；

（12）预防措施费用条款；

（13）灭火费用条款；

（14）不可控制条款；

（15）地震、海啸扩展条款；

（16）打桩条款；

（17）水面施工责任条款；

（18）滑坡、塌方、雨水扩展条款；

（19）跨线施工扩展条款；

（20）电力高压线扩展条款；

（21）工程图纸、文件特别条款；

（22）原有建筑物及周围财产扩展条款；

（23）业主现有的或由被保险人看管照料的财产特别条款；

（24）工地外储存物特别条款；

（25）保证期扩展条款（包括有限责任保证期保险、扩展责任保证期扩展条款、保证期特别扩展条款）；

（26）核燃料组件条款；

（27）压力反应堆特别扩展条款；

（28）震动、移动或减弱支撑扩展条款；

（29）合同责任扩展条款；

（30）交叉责任扩展条款；

（31）工程监理人责任条款；

（32）建工期、保证期延长条款。

2. 限制类附加条款

（1）建筑、安装工程时间进度特别条款；

（2）埋管查漏费用特别条款；

（3）工棚、库房特别条款；

（4）施工用机具特别条款；

（5）建筑材料特别条款；

（6）铺设供水、污水管道特别条款；

（7）隧道施工条款（即清理、加固、塌方现场费用以及塌方前后各100m范围内的加固、监控费用由保险人负责赔偿）；

（8）桥梁施工条款；

（9）高边坡防护条款；

（10）分段开挖施工条款；

（11）钻井（孔）工程特别条款；

（12）错误及遗漏条款；

（13）碳氢化合物生产业特别条款；
（14）铺设管道、电缆特别条款；
（15）连续损失特别条款；
（16）洪水特约条款；
（17）时间调整特别条款；
（18）运输险、工程险责任分摊条款；
（19）分期付费条款；
（20）地下电缆、管道及设施特别条款；
（21）放弃代位条款；
（22）沉降备忘录；
（23）升值条款；
（24）自动恢复保额条款；
（25）保费调整条款；
（26）预付赔款条款；
（27）被保险人提前30天通知取消保单条款；
（28）联合投保条款；
（29）独立理算人条款（如保险公估公司）。

3．免除类附加条款

（1）地震除外条款；
（2）洪水除外条款；
（3）大坝、水库工程除外特别条款；
（4）隧道工程特别除外条款；
（5）清除滑坡土石方特别除外条款；
（6）旧设备除外条款；
（7）农作物、森林除外条款。

4．保证类附加条款

（1）地震地区建筑物特别条款；
（2）防火设施特别条款。

第二节　工程保险公估

当工程发生灾害或意外事故后，要在尊重客观事实的基础上，对灾害事故进行客观而实际的分析鉴定，明确灾害事故的原因、性质以及责任。既要严格按照保险条款办事，又要结合实际情况，适当灵活处理。我们要刻苦钻研建筑工程专业知识，了解建筑工程设计、施工技术、管理、工程预（决）算及建工财务等方面的知识，主动、迅速、准确、合理地结案。

公估工作的任务，主要包括三个方面，即：①确定建安工程财产及第三者损失的事实和原因；②确定保险财产的损失项目、数额及程度；③确定被保险人的赔偿金额。

工程保险的公估程序与财产险基本相同，但在公估过程中涉及的内容则与财产保险有很多不同之处（图 7－1）。

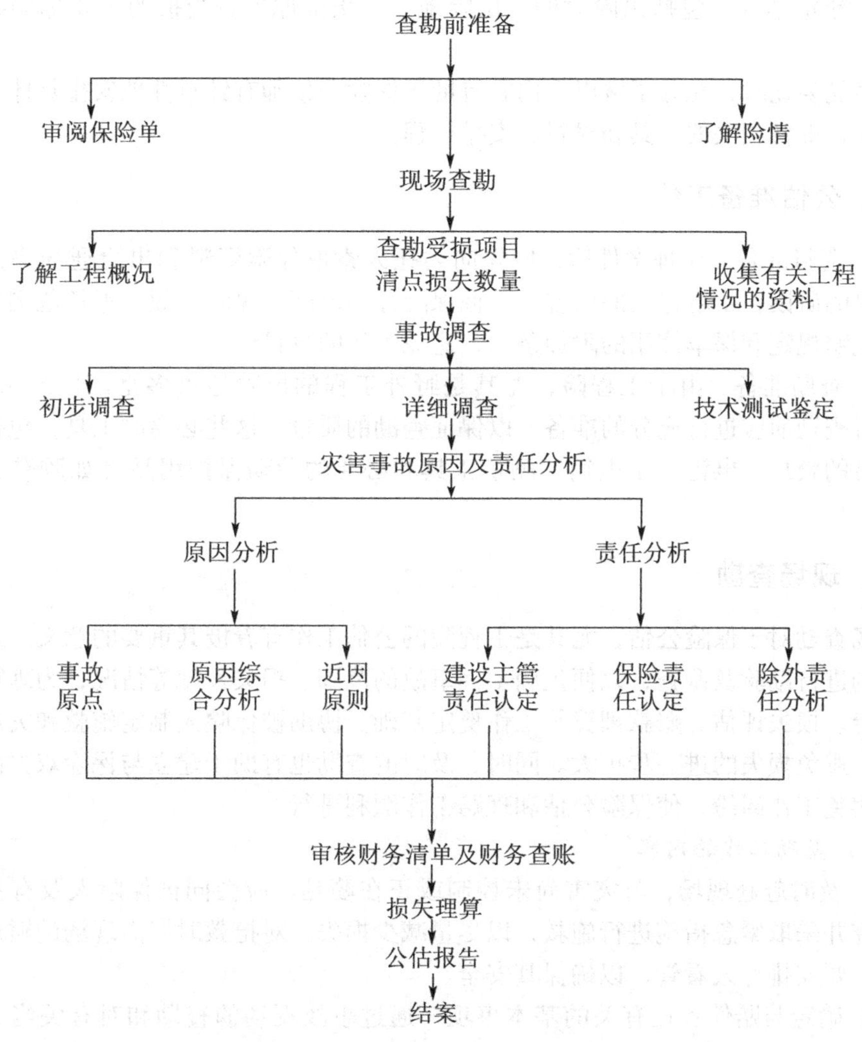

图 7－1　工程保险公估流程图

一、案件的受理

保险公估公司在接到公估委托后，应进行立案登记。通常情况下，在立案登记中应包括下列内容：

（1）保险人基本情况，包括保险人名称、联络人或经办人、联络电话；

（2）被保险人情况，包括被保险人名称、负责人或经办人、联络电话；

（3）事故情况，包括出险时间、出险地点、出险原因、受损的主要标的物、报损金额。

在接受委托时，充分了解以上内容有助于保险公估师有针对性地安排具体的公估工作计划，准备相关的工具和材料，安排行程。

二、公估准备工作

（1）资料准备。受理案件后，应先向委托人索取保险资料和出险通知书，通过对保险单的研读，了解保险的内容，掌握保险标的范围、保险金额、责任范围和除外责任、免赔规定和保单使用的附加条款，避免工作的盲目性。

（2）查勘准备。由于工程险，尤其是野外工程的出险地点多是山区恶劣环境，故在进行查勘前应进行充分的准备，以保证查勘的质量。这些必要的工具，包括照相机和充足的胶片、电池、手电筒、测量工具和必要的劳动保护用品（如胶鞋、安全帽等）。

三、现场查勘

现场查勘对于保险公估，尤其是工程险的公估工作有着极其重要的意义。迅速对保险标的进行勘验及调查，以便正确掌握事故的范围、损失程度等情况，为理赔中的责任确定、损失评估、赔款理算等工作奠定基础。协助被保险人制定施救和灾后恢复的方案，避免损失的进一步扩大。同时，及时的查勘也有助于建立与保险双方的工作关系，避免工作纠纷，使保险公估和理赔工作顺利进行。

（一）查勘工作的内容

（1）及时赶赴现场，若灾害尚未控制或正在蔓延，应会同被保险人及有关单位共同研究并采取紧急措施进行施救，以尽量减少损失。对抢救时搬离现场的财产需逐项登记，要安排专人看管，以确保其安全。

（2）确定与赔偿责任有关的基本事项。通过事故现场的查勘和对有关当事人的调查，首先确认损失是否发生在保险有效期内、受损工程或财产是否属于保险标的、出险地点是否与保单地址一致、出险原因是否属于保险责任范围内。

（3）收集现场资料。为了对保险标的损失情况提供证据，需对事故现场和受损的财产进行拍照；必要的情况下，还应绘制事故现场平面图，有时还要用仪器进行检验与勘测并保留资料。

（4）通过对工程合同、工程分项金额明细表等文件资料的审核，了解被保险人是否按合同金额足额投保、有无漏保的项目并核实工程进展情况。

（5）通过对现场受损保险财产的清点和核查，弄清受损工程的项目、施工工艺和方法、已经完成的工程量，核实损失的数量和程度，对受损设备的型号、规格、数量、生产厂商等情况，在“财产损失清点表”中予以详细注明。

（6）查清事故是否造成第三者责任的财产损失和人身伤害。如有，应对损失的数量、程度逐一核查并做好记录。

（7）收集与赔偿有关的全部资料。为顺利进行下一步的公估工作，一般应在现场查勘时取得第一手资料，包括灾损工程物资（项目、建筑材料）在出险前已完成或进行状态的资料（如工程量清单），证明事故原因、损失数量、损失金额等内容的记录、证明、发票、事故报告、损失清单等。对于查勘当时无法提供的资料，应以书面形式列明，以便被保险人及时进行整理与提供。

现场查勘取证完毕后，由保险公估师整理出完整的现场查勘记录，由被保险人签字确认，作为理赔的依据之一。

对于比较复杂的工程案件，现场查勘完成后应立即写出调查报告，其主要内容包括：与事故有关的工程情况、事故详细经过（时间、地点、部位、性质、现状及发展变化情况等）、事故原因的分析与判断、事故处理结果等。总之，出险调查并不是要求调查人员定损，而是为了直接掌握保险标的损失的详细情况，为准确理赔打好基础。因此，调查报告必须全面、详细、客观、准确。

（二）事故调查

主要是调查事故的内容、范围、性质，同时还要调查为进行事故原因的分析和确定处理方法所必须的资料。调查一般分为基本调查和补充调查两类。

基本调查是指建筑物现状和已有资料的调查，主要内容有：事故发生的时间及经过，事故发展变化情况，设计图纸资料的复查与验算，施工情况调查与技术资料检查等。如果建筑物已经使用，还应调查使用情况及荷载等资料。调查中应重点查清该事故的严重性与迫切性，前者是指事故对结构安全的影响程度；后者是指若不及时处理，是否会导致事故恶化而产生严重后果。

补充调查的主要内容有：补充勘测地基情况，测定建筑物中所用材料的实际强度及有关性能，鉴定结构或构件的受力性能，以及对建筑物的裂缝和变形进行较长时间的观测检查等。

由于补充调查往往费钱费时，因此只有在基本调查结束后还不能正确分析事故时，才做补充调查。对地基基础和主体结构发生的质量问题，调查中应重点做好以下几项工作。

(1) 补充勘测。当原设计的工程地质资料不足或可疑时，应补充勘测，重点要查清持力层的承载能力，不同土层的分布情况与性能，建筑物下有无古墓、大的空洞等。对湿陷性黄土、膨胀土，应查清类别、等级或主要性能。有时还需核实建筑场地的地震数据。

(2) 设计复查，重点有四。①设计依据是否可靠，如荷载取值是否准确；②计算简图与设计计算是否正确无误；③连接构造有无问题，如受力构件的连接或锚固是否牢靠，构件的支撑长度是否满足要求；④新结构、新技术的使用是否有充分的依据等。

(3) 施工检查。一方面应检查是否按图纸施工，有关工程的施工工艺是否符合施工规范的要求；另一方面应查清地基的实际情况，材料、半成品、构件的质量，施工顺序与进度，施工荷载，施工日志，隐蔽工程验收记录，质量检查验收有关数据资料，沉降观测记录，以及环境条件等。

(4) 基础或结构构件（以下简称结构）实际承载能力的鉴定。在事故调查中，鉴定结构承载能力的方法一般有三：①分析计算法。首先对事故有关部分进行检查与测量，然后用这些实际数据按相应的设计规范作分析计算，根据其结果作出鉴定。②荷载试验法。首先对结构进行检查，对承载能力作出粗略的估计，然后制定试验方案并进行试验，根据实测数据资料，经过计算分析后作出鉴定。③实物调查比较法。利用施工或使用的实际荷载情况（有时可能与荷载试验相似)，只要认真观测这个结构的实际工作性能，也可对应调查的结论作出恰当的评定。考虑到荷载试验与实际情况有时会有一定的差异，可将上述方法的两种或三种结合起来使用，以便作出的鉴定更可靠。

(5) 使用调查。若事故发生在使用阶段，则应调查建筑物的用途有无改变，荷载是否增加，已有建筑物附近是否有新建工程，地基状况是否变坏等。对生产性建筑物还应调查生产工艺有无重大变更，是否增设了振动大或温度高的机械设备，是否在构件上附设了重物、缆绳等。此外，还应调查建筑物沉降、变形、裂缝情况，以及结构连接部位的实际工作状况等。

(三) 隧道及桥梁工程的查勘

1. 隧道工程

隧道是修筑在地层中作为地下通道的工程建筑物。修建在岩石中的称为岩石隧道，修建在土层中的称为软土隧道；采用明挖法施工的称为明挖隧道，采用暗挖法施工的称为暗挖隧道。暗挖隧道中埋深较浅的称为浅埋隧道，埋深较深的称为深埋隧道。目前所修建的公路隧道多处于山区，属于山岭隧道。

隧道施工中对隧道稳定性影响最大的是地质构造、岩体的节理化或破碎程度、岩石的物理力学性质等。按其稳定性和破碎程度，隧道围岩主要分为六类（表7－5）。

表7－5　隧道围岩分类

类　别	围岩主要工程地质条件	围岩开挖后的稳定状态
Ⅵ	呈巨块状整体结构，节理不发育，无软弱面或夹层	围岩稳定，无坍塌，但可能产生岩爆
Ⅴ	呈大块状整体结构，节理较发育，有少量软弱面和贯通微张节理，但不致产生层间滑动	暴露时间长可能会产生局部小坍塌，侧壁稳定，层间结合差的平缓岩层，顶板易塌落
Ⅳ	硬质岩石呈块石碎石状镶嵌结构，节理发育；软质岩石呈大块状整体结构，节理较发育	拱部无支护时可产生小坍塌，侧壁基本稳定，爆破震动过大易坍塌
Ⅲ	硬质岩石节理很发育，呈碎石状压碎结构，软质岩石节理发育，呈块石碎石状镶嵌结构。土体呈大块状压密结构或巨块状整体结构	拱部无支护时可产生较大的坍塌，侧壁有时失去稳定
Ⅱ	石质围岩位于挤压强烈的断裂带内，裂隙杂乱，呈石夹土或土夹石状，结构松散	围岩易坍塌，处理不当会产生大坍塌，侧壁经常小坍塌，浅埋时易出现地表下沉（陷）或坍塌至地表
Ⅰ	石质围岩位于挤压极强烈的断裂带内，呈角砾、砂、泥松软体；土体呈易蠕动的松软结构	围岩极易坍塌变形，有水时土砂常与水一起涌出，浅埋时易坍塌至地表

隧道工程中主要的事故形态是塌方和拱顶下沉，事故一般发生在Ⅰ、Ⅱ类围岩地段开挖过程中。发生事故的主要原因包括岩体稳定性差，施工扰动造成岩体失稳；超前支护强度不够或支护跟进不及时；山体侧压等。

隧道工程的现场查勘应先了解事故发生的时间、事故发生时的施工状态、施工工艺方法；现场测量已完成的工程量和发生事故损毁部分的工程量，损毁的状况和损失程度，事故发生时现场的机械设备型号、数量和损坏情况，并对事故现场包括周围的环境进行拍照，做好详实的现场查勘记录。

另外，隧道塌方等事故一般受多个因素影响，对隧道事故的评价应取得相应的施工资料后进行综合分析，这些资料包括隧道的地质勘察报告、设计说明和设计图纸、施工组织设计和技术方案、测量记录和施工记录、监理检验报告等。根据这些资料找出事故发生的最直接和最根本原因，以便确定事故的发生是否属于保险责任范围。

2. 桥梁工程

桥梁工程施工中最容易发生损毁的部分是桩基工程开挖时坍孔和浇注混凝土过程中的坍孔、断桩；施工过程中围堰和便桥被冲毁；桥梁高空吊装时高空坠物造成保险财产的损失。

桩基按所处位置不同分为水中桩和陆上桩，按成孔方式可以分为人工挖孔桩、冲孔灌注桩和钻孔灌注桩，目前公路桥梁以钻孔灌注桩为主。钻孔时受到地质条件、泥浆比重等影响，可能出现坍孔或浇注过程中出现断桩；同时，如果施工单位的经验或准备不足，浇注混凝土的过程中出现停电等意外事故，也可能造成断桩。所以，在工程险公估过程中遇到类似事故，应详细了解事故发生的经过，对照事故现场的痕迹，根据实际地质情况、施工技术方案实施情况和施工组织情况，并取得相关资料后进行综合分析，判断造成事故的最根本、最直接的原因，以确定是否属于保险责任。

在水上桥梁的施工中，因山洪等原因造成河水上涨，冲毁围堰和便桥的事故屡见不鲜，但在确定保险责任和赔付时应进行严格区分。由于该项工程属临时工程，施工时往往得不到足够的重视，造成质量不合格；另外，临时工程的作用是为了施工的需要，在某项特定的工程完成后，相应的临时工程也就失去了存在的价值，而这时发生洪水等自然灾害造成临时工程的损毁，被保险人往往也会提出索赔，但此时临时工程已失去了存在的意义，即已经失去保险价值。所以，区分临时工程在出险时是否具有保险价值也是桥梁工程保险事故现场查勘中非常重要的一项工作。

例如，某高速公路的跨河大桥在施工完成了桩基、墩、台的混凝土浇注工作后，只剩下梁的吊装工作和桥面铺装工作，而这时施工现场遭遇洪水致使桥基施工所需的围堰筑岛被冲毁，施工单位向保险公司提出索赔。保险公估师到达现场后，根据施工进度和分析已完成和未完成的工作项目，提出该围堰筑岛在施工中的作用已经完成，实际上已不具备保险价值，因此建议保险公司不赔付，并向被保险人作充分说明，最终使被保险人放弃索赔。

（四）索赔程序及索赔资料

1. 索赔通知或报告

被保险人在保险责任事故发生后应提交索赔通知或报告，载明出险经过（损失标的、时间、地点、原因）、损失程度、请求赔付的金额等。同时，被保险人还应采取措施，组织抢救，向有关部门（业主、监理、消防、公安等）报案，对事故现场及有关实物证据进行保护，以便保险公司能够较为准确地了解损失情况。

如果施救费用较大，应在施救的同时尽快通知保险公司，并拍摄受损部位的照片作为损失证明，确信能如实反映受损程度及性质，且确保重要记录、图纸、合同和文件的安全。施救完成后，应对受损财产进行分类，以确定损失金额，并建立专门账户，以记录与损失有关的各项费用。

2. 诉讼通知

被保险人在预知可能引起诉讼时，应立即以书面形式通知保险公司，并在接到法院传票或其他法律文件后，立即将其送交保险公司，使保险人充分掌握赔偿责任。未经保险公司同意，被保险人或其代表对索赔方不得做出任何承诺或拒绝、出价、约定、付款或赔偿。

3. 提供有关索赔单据和证明

（1）保险单或保险合同。证明保险公司承担保险责任的范围。

（2）工程承包合同、协议书与工程量清单，勘测报告，设计图纸（与变更设计图纸），施工记录（变更方案），监理记录与监测报告，以及购置发票、会计账册等。证明受损财产是否属于保险标的及其价值的多少。

（3）出险证明。主要是证明事故发生的原因、过程及损失事实。发生火灾，需要消防部门的证明；发生暴雨、龙卷风等，需要气象部门的证明；工程监理的事故报告也较具有权威性。有些事故经保险双方同意，可聘请专家鉴定，在索赔时应提供专家鉴定书。如果损失属于第三者造成的，应提供向第三者索赔的报告；如果被保险人造成第三者的损失，应提供第三者向被保险人索赔的报告。

（4）损失清单。主要说明索取赔款的计算依据以及有关费用的项目与用途。在损失清单中，应详细列明损失标的名称、规格、数量、价值、受损程度等内容。

4. 损余财产的处理及修复工程费用

损余物资一般都由被保险人自行处理，但应征得保险公司的同意。被保险人应负责制定修复或重置计划，从承包商和设备制造商处取得报价、预算或评估报告，并得到保险公司或指定公估师的书面确认。尽快完成修理和重置，并妥善记录在此过程中产生的各种合理的费用。

5. 保留向第三者的追偿权

如果被保险工程或财产的损失是由第三者责任引发保险事故所造成的，被保险人除了通知保险公司外，还应向第三者索赔。一般情况下，只有在被保险人向保险公司表明已履行向第三者追偿手续，保险公司才予以先行赔偿，然后再向第三者追偿。

附：工程量清单的概念与计价

（1）工程量清单的概念。

工程量清单是依据招标文件规定、施工设计图纸、施工现场条件和国家制定的统一工程量计算规则、分部分项工程的项目划分计量单位及其有关法定技术标准，计算出的构成工程实体各分部分项工程的、可提供编制标底和投标报价的实物工程量的汇总清单。

工程量清单既是编制招标工程标底和投标报价的依据，也是支付工程进度款和办理工程结算、调整工程量以及工程索赔的依据。在工程招投标中，采用工程量清单计价是国际上较为通行的做法。目前，我国在建筑工程施工发包与承包计价管理方面已实行量价分离、建立以工程定额为指导的工程量清单计价模式，通过市场竞争形成工程造价，即市场经济的计价模式。

（2）工程量清单计价模式的费用划分。

定额计价模式的建安工程费用构成，包括直接费、间接费、利润及税金。工程量清单计价是指投标人完成由招标人提供的工程量清单所需的全部费用，包括：分部分项工程费（指完成在工程量清单列出的各分部分项清单工程量所需的费用，含人工费、材料费、机械使用费、管理费、利润以及风险费）、措施项目费（由“措施项目一览表”确定的工程措施项目金额的总和，含人工费、材料费、机械使用费、管理费、利润以及风险费）、其他项目费（指预留金、招标人购置的材料费、总承包服务费、零星工作项目费的估算金额等的总和）、规费（指政府及有关部门规定必须缴纳的费用总和，含工程排污费、工程定额测定费、劳动保险统筹基金、职工待业保险费、职工医疗保险费、其他等）及税金（指国家税法规定的应计入建筑安装工程造价内的营业税、城市维护建设税及教育费附加等的总和）。

（3）工程量清单计价模式下工程造价的确定。

工程量清单计价模式的工程造价由四部分组成：工程清单项目费、措施项目费、行政事业性收费及税金。

工程清单项目费：清单工程量与综合单价乘积汇总后，得分部分项工程费，即工程清单项目费。清单工程量应依据工程量清单，而综合单价是指完成单位分部分项工程清单项目所需的各项费用，它包括完成该工程清单项目所发生的人工费、材料费、机械费、管理费及利润等。除招标文件或合同约定外，结算不得调整。

措施项目费：技术措施工程量与综合单价乘积汇总，可计算出技术措施项目费，加上其他措施项目费，得措施项目费。措施项目费，是指工程量清单中除工程清单项目费外，为保证顺利进行而按照国家现行有关建筑规范、规程要求必须配套完成的工程内容所需的费用。除招标文件或合同约定外，结算不得调整。

行政事业性收费：是指经国家和省级政府批准，列入工程造价的费用。根据规定计算，按规定足额上缴。

以上三项之和即为不含税工程造价，而按照税收法律、法规的规定计入税金，即为含税工程造价（表7－6）。

工程单价的计价方法，大致可分为工料单价法、综合单价法（不完全费用单价法）、完全费用单价法三种。其中，工料单价仅由人工费、材料费和机械费组成；工料单价加上管理费及利润，即为综合单价；综合单价加上规费及税金，则为完全费用单价。《计价规范》中采用的综合单价法，为不完全费用单价法。

表 7－6　工程量清单计价模式工程造价计算表

序　号	名　称		计算方法
1	工程清单项目费		$\sum$（清单工程量×综合单价）
2	措施项目费	技术措施项目费	$\sum$（技术措施工程量×综合单价）
		其他措施项目费	项目包括利润
3	行政事业性收费（规费）		（1＋2）×费率
4	不含税工程造价		1＋2＋3
5	税金		4×费率
6	含税工程造价		4＋5

四、保险责任认定

工程保险多属于"一切险"类型的保单，对保险责任范围只给出了概念性的界定，并未对保险事故作出具体的描述。在判断事故损失是否属于保险责任时，保险公估师应进行三个方面的考虑：一是分析事故原因，并与被保险人申报的原因相互对照，以期客观、公正地确定事故原因；二是确定事故是否具有保险责任上的意外事故的特征；三是用排除法分析事故原因是否属于保单除外责任的范畴，凡不属于除外责任范畴的事故，必属于保险责任范围；反之亦然。

（一）分析事故原因

事故分析的一般步骤（图 7－2）：

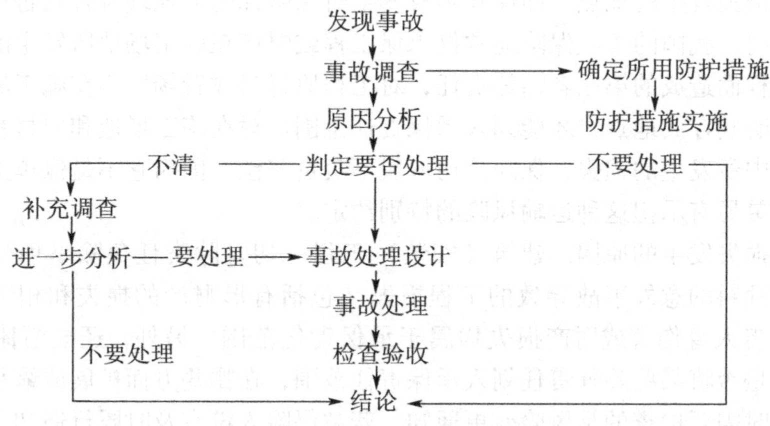

图 7－2　事故原因分析流程

事故原因的分析应建立在调查的基础上，其主要目的是分析事故的性质、类别及其危害程度，核定造成损失的原因是否属于保险责任，从而为事故处理乃至理赔提供必要的依据。

在充分阅读和整理事故调查所得资料（如事故报告、监理报告、调查报告、施工记录、有关部门证明等）的基础上，了解与掌握事故的现象及特征（如事故类别、事故发生时间、损失情况等），结合当时保险标的所面临的各种条件及情况，进行综合分析、比较和判断，找出造成事故的根本原因（即近因）。特别是在损失原因较为复杂、尤其是多个原因共同或连续作用的情况下，应注意运用保险的近因原则进行保险责任判定。近因原则在工程保险中运用的具体法则，包括单一原因造成的损失、并立原因但不涉及除外风险造成的损失、并立原因但涉及除外风险造成的损失、多种原因连续发生而导致的损失等的处理。

（二）对照保险合同审核有关事项

第一，损失发生的时间。在确定保险责任时，首先要确认被保险财产损失或灭失发生的时间是否在保险期间之内（工程险保险期限的确定不同于其他财产保险：普通财产保险的保险期限是在保单上列明的具体日期，而工程保险的保险人实际承担保险责任的起止点往往要根据保险工程的具体情况确定，也就是说是一个事先难以界定的时间点），是否是在保险标的卸至保单所载的施工场地之后。损失工程是否已验收，如果工程虽未正式验收，但已投入使用，保险责任则告终止。如果工程在保单所载的终止日仍未完工，但又未办理延期手续，则保险责任自然终止。

此外，还需判断被保险财产损失或灭失的原因是否是除外责任以外的任何自然灾害和意外事故，工程险条款中对自然灾害和意外事故的概念有其明确的限定。

第二，损失发生的地点。即保险事故发生时保险标的的地理位置是否在保单列明的工地范围内。我国的工程保险通常仅承保工程或财产在施工场地所发生的损失以及因为建筑工程而造成的第三者赔偿责任，对工程原材料放置场所不在施工场地时，要在保单上注明其存放地点，才能列入承保责任范围。对在施工场地和原材料存放地之间运输过程中所发生的损失，保险公司一般不负责赔偿，因为它不是保单上约定的地点，除非保单另有承担这种运输风险的特别约定。

第三，损失发生的原因。建筑（安装）工程一切险除责任免除事项外，任何突发的、不可预料的意外事故导致的工程损失（包括有形财产的损失和相关费用的支出）及第三者人身伤害或财产损失均属于承保责任范围。另外，还要看附加条款或特约条款，是否将某些除外责任划入承保责任范围，在哪些方面扩展或缩小了保险责任范围。同时需要检查的是风险变更通知，若被保险人没有及时履行通知义务，就可能使保险单失效而不能获得保险赔偿。

第四，损失的具体项目。审核损失物是否包括在保险标的的范围之内。对保单及批单承保的工程明细表所载财产的损失，保险公司应负赔偿责任；对保单及批单中除外的财产及被保险人未投保的财产，则不负赔偿责任，尤其是对那些选择性投保的工程，更要注意严格审查。具体做法是：一看保单上是否载明此损失物为保险项目，如果明确载明，它就是被保险财产；二看保险金额构成中是否包含损失财产的价值，如果包含在内，它就是被保险财产。至于如何判断是否属于被保险财产，其基本法则是：凡以自身形态构成工程组成部分的物质类财产，就是保险财产，如已形成的工程、原材料、工程中包含的各种设备等；凡以费用形态进入工程的物质类财产，就不是保险财产，如施工设备以费用形态（不是以工程合同价）进入工程造价的，若要获得保险保障，则需另外投保。

五、损失评估

损失评估，就是通过各种方法弄清楚保险标的的损失金额，也就是通常所说的定损。如果说责任确定是决定赔与不赔的问题，那么损失评估就是决定赔多还是赔少的问题。

1. 按市场价格评估

这是一种常见的评估实际损失的方法，多用于原材料和机器设备。如果保险标的遭受损毁，保险公司可以按同等类型物品在市场上的价格来确定保险标的的实际损失，作为赔偿依据。一般以被保险人的购置发票价为准，如果市场价格低于购置发票价，则以市场价为准。

2. 按恢复原状所需费用评估

在保险标的遭受部分损失时，多数情况下可将其修复。恢复原状所需的费用，应视为被保险人遭受的实际损失。恢复至受损前的原状是指合理及可能范围内与原状相似或类似，并非是说与原状丝毫无异。当市场无法购到必需换置的材料、零件、配件时，可以其他品牌代替。恢复费用可以包括修理或重建所需的材料、工资、运费、设备使用费等，如果在工程量清单中列有明确价格的，则以工程量清单中的价格为准。遭受保险事故的保险标的在修复或重置过程中，由于改变样式、改良性能以及变更规格、设计和工艺方法等所增加的费用，则不在保险公司的赔偿之列。

3. 按保险标的全部损毁的损失评估

受损的保险标的不能修复或修复费用超过保险标的的实际价值，即为全损或推定全损。损毁的如果是工程，应以工程的实际完成投资为损失金额；损毁的如果是施工设备和已竣工的工程，应以其保险金额为损失金额。但是，有的工程项目保险金额与实际造价是有区别的，如材料价格下跌、新技术的应用、偷工减料等都有可能造成实际造价下跌，所以一定要认真调查，按实际情况确定损失金额。

4. 按被保险人的货币损失评估

在评估责任保险的损失时，可以被保险人的货币损失（即赔偿的货币支付）来确定损失，但被保险人的货币损失必须在保险责任范围之内。

通过以上方法，弄清损失保险标的的名称、数量、程度、价格等，列出明细表，确定整个损失金额，从而为赔款理算打好基础。

六、赔款理算

（一）赔偿原则

1. 物质损失部分

（1）赔偿标准

① 可以修复的部分损失。对于可以修复的部分损失，以修复保险财产至受损前状态的实际所需费用为限。如果有残值存在，则应在赔款中扣除。

② 全部损失或推定全损（不可修复的损失）。不能修复或修复费用超过保险标的在毁损瞬间之前的实际价值时，赔偿额以其实际价值（但不得高于保险金额）为限，并应扣除相应的残值。在推定全损的情况下，保险人有权不接受被保险人对受损财产的委付。

③ 任何成对或成套设备项目发生损失。保险人的赔偿责任不超过该受损项目在所属整对或整套设备项目保险金额中所占的比例。

④ 施工机具设备使用费及损耗。如果施工机具设备的损耗费、使用费或租金等已包含在工程总价中，保险人应按照受损承保工程应分摊的此项费用金额给予赔付。施工机具设备本身未作为保险标的的，不论其使用费用是否列入工程建设合同中，保险人对该机具设备的毁损或灭失不负责赔偿。

⑤ 合理的施救费用。本项费用与物质损失赔偿金额之和以受损的被保险财产的保险金额为限。这是与财产损失保险的最大不同之处（后者则按另一个保额计算）。

⑥ 临时修复费用。临时修复如果能作为正式修复的一部分，在不增加正式修复费用的情况下，其发生的费用由保险公司赔偿。

⑦ 不足额保险的比例分摊。在发生本保险物质损失项下的损失时，若受损被保险财产的分项或总保险金额低于对应的应保金额（即对应工程部分的造价），则按保单明细表中列明的保险金额与应保金额的比例赔偿。

2. 第三者责任部分

根据保险合同中第三者责任部分的约定，保险公司在第三者责任项下对被保险人的最高赔偿责任不得超过保单明细表中列明的累计赔偿限额。

（二）赔款计算

1. 保险损失金额的确定

保险损失金额是指被保险工程或财产因保险事故造成属于保险责任范围内的实际损失，它既不是被保险人的全部损失金额，也不是保险人的赔偿金额。因为被保险人发生灾害事故，并不是他所遭受的全部损失都无一例外地属于保险损失，保险损失可能仅仅只是被保险人所承受的重大损失中的一部分；而保险赔偿金额是保险人在确定损失属于保险责任范围内的前提下，依据保险合同的规定支付给被保险人的货币价值。工程保险赔偿金额的计算除受保险金额、保险价值、实际损失金额、免赔限度、损余物资价值等因素的影响外，还与保险合同中约定采用的赔偿方式关系极大。总之，任何情况下保险赔偿金额只能小于或等于保险损失金额，而不可能超过损失金额。

在从被保险人遭受的损失中确定保险损失金额时，保险公估师要遵循两个步骤。一是定性分析，即确定哪些损失属于保险责任范围，哪些不属于保险责任范围。在定性分析中，可以分为标的除外、期限除外和责任除外，即损失的标的不属于保险标的、损失发生的时间不属于保险期限以及损失的原因不属于保险责任范围。二是定量分析，即对损失进行具体的理算。

在损失金额的理算过程中，对于全部损失，应以受损标的的保险价值（重置价值）扣除残值后的数值作为损失金额；对于可以修复的部分损失，则以将保险标的恢复至损失前状态的费用扣除残值后的数值作为损失金额。

对于施工用机械设备而言，由于施工机器一般是按重置价格进行承保的，所以施工机具的赔偿原则也应按重置方式进行赔偿。当发生全部损失时，应按受损设备的重置价值扣除折旧和残值后确定损失金额或者按受损设备的实际市场价格确定损失金额；当发生部分损失时，应采用从受损部分的“重置价值”中扣除残值的方法确定损失金额。

工程保险在事故发生后对保险标的的修复和处理与财产险也有明显的区别。对财产险保险事故，事故发生后的施救过程往往要延续一段时间，例如对水湿物品的整理和处理，对火灾后部分受损财产的清理费用，应列入施救费用；但在工程险中，事故发生后的处理过程实际是对受损标的的修复而不是施救，修复费用应列入保险的直接损失而不是施救费用，因为损失和施救费用使用的是两个保险金额的概念。因此，这一点对保险理赔有明显的影响，在公估工作中应给以足够的重视。另外，施救费用的合理性和必要性也是公估工作中值得注意的一个问题。例如，某项工程本身的价值为20万元，在受到暴雨事故时，被保险人为了抢救该项工程耗费了大量的人力物力，并花费资金20万元，但最终该项工程全损。在该次事故中，被保险人确实尽了施救义务，但其施救费用的支出显然是不合理和没有起到减少损失的作用，故在理赔的时候只能按赔付金额不超过保险金额为限的原则赔付其实际工程本身的损失，至于施救费用是不赔付的。

2. 比例赔偿的计算

如出现不足额保险或重复保险的情况，则应进行比例分摊。此时不只是保险标的要进行比例分摊，其施救费用以及残值也要进行相同比例的分摊。

3. 限额责任赔偿的计算

（1）免赔限度赔偿计算方式。工程保险免赔额的运用与其他保险一样，是在扣除不足额保险、不属于赔偿范围的费用及残值等因素的基础上，再另行扣除免赔额；

有分项规定免赔额时，按对应的分项约定扣减；若多个保险项目同时发生损失，则只扣除最高的一个免赔额；若免赔额与免赔率同时适用，应以较高者为准；若损失金额超过保险金额，应首先从损失金额中扣除免赔额，而不是先以保险金额封顶，之后再扣除免赔额。

例如，某桥梁工程价值为500万元，承包商在工程开始时分别以同一保险项目向甲、乙两个保险公司分别投保，保险金额分别为300万元和400万元，未投保施工机械和清理费用，每次事故免赔额分别为1万元和2万元。在保险期限内，施工过程中发生保险事故，导致工程受损，经过被保险人积极施救，事故损失300万元，其中机械设备损失50万元，清理费用支出20万元，受损标的无残值，同时为抢救保险财产支出施救费用30万元。对该事故的理算，我们按如下方法进行：在该事故中，首先应确定保险范围内的损失金额。由于被保险人未投保施工机械和清理费用，因此这两项损失应从保险事故损失金额中扣除，其保险范围内的核损金额为：

核损金额 = 事故损失金额 − 机械设备损失 − 清理费用 + 施救费用

= 300 − 50 − 20 + 30

= 260（万元）

该工程价值为500万元，被保险人虽然是向两个保险公司投保，但由于保险标的相同，故属于重复保险。如果甲乙两家保险公司不知道该桥梁已重复保险，且各自根据条款按比例赔偿，则甲乙两家公司的赔款分别为：

甲公司赔款 = 核损金额 × 承保比例

= 260 × 300/500

= 156（万元）

乙公司赔款 = 核损金额 × 承保比例

= 260 × 400/500

= 208（万元）

二者赔款合计为364万元（156 + 208），超过其保险责任范围内的损失金额260万元，显然属于被保险人的不当得利，故这种计算方式是错误的。

正确的计算方法是：剔除超过保险价值以上部分的保险金额，然后在甲乙两家保险公司之间按承保比例分摊保险赔款。

方法一：

① 计算超过保险价值的保险金额。

300 + 400 − 500 = 200（万元）

② 分别计算甲乙两家保险公司超过保险价值承保的保险金额。

甲：200 × 300/700 = 85.7143（万元）

乙：200 × 400/700 = 114.2857（万元）

③ 计算甲乙两家保险公司有效的保险金额。

有效保险金额 = 各家保险公司承保金额 − 超过保险价值承保的保险金额

甲：有效保险金额 = 300 − 85.7143 = 214.2857（万元）

乙：有效保险金额 = 400 − 114.2857 = 285.7143（万元）

④ 计算甲乙两家保险公司有效保险金额与保险价值的比例。此比例亦即赔款分摊比例。

赔款分摊比例 = 各家保险公司有效保险金额/保险价值

故甲乙两家保险公司赔款分摊比例为：

甲：214.2857/500 = 42.86%

乙：285.7143/500 = 57.14%

⑤ 计算甲乙两家保险公司应分摊的赔款。

赔款 = 核损金额 × 分摊比例 − 免赔额

甲公司赔款：260 × 42.86% − 1 = 110.4286（万元）

乙公司赔款：260 × 57.14% − 2 = 146.5714（万元）

⑥ 被保险人得到赔款合计为 257 万元（110.4286 + 146.5714）。

方法二：

由于甲乙两家保险公司承保金额合计为 700 万元，大于保险价值 500 万元，属足额保险，故只需将核损金额（260 万元）在甲乙两家保险公司之间进行比例分摊即可。

赔款 = 核损金额 × 承保比例 − 免赔额

甲公司赔款 = 260 × 300/700 − 1
= 110.4286（万元）

乙公司赔款 = 260 × 400/700 − 2
= 146.5714（万元）

赔款合计：110.4286 + 146.5714 = 257（万元）

（2）限额赔偿计算方式。主要适用于工程保险中附加的责任、费用等保险，在计算中应掌握以下几点。

① 规定有每次事故赔偿限额的，最高赔付不能超过每次事故赔偿限额；

② 在赔偿限额内，损失多少赔偿多少；

③ 有免赔限度的，要考虑免赔限度的扣除。

4. 总赔款金额的计算

根据保险合同的约定，在分别确定物质损失部分及第三者责任部分的保险损失金额的基础上，按照具体情况进行比例分摊、扣除残值、免赔限度后，即为保险人的最后赔付金额。

七、条款争议处理

（一）保单明细表问题

在保单明细表中对应保险项目列明的分项保险金额十分重要。这是由于在建工程的特点决定了工程保险的许多被保险财产只有在工程施工结束时才能全部形成工程本体的一部分，而在工程施工结束前，它们以原材料或设备等形式存在于工地或仓库中。但是，不管它们在保险期限内以何种状态存在于工地上，只要其将会形成被保险工程的一部分，它们即都属于被保险财产，它们的损坏应该得到保险公司的赔偿。另外，对于受损工程部分和原材料的造价及保险金额是否只有在保险单明细表中详细对应列出才能获得保险赔偿，我们认为工程概算价是确定保险费及保险责任的基础，保险单明细表分项列明的部分只是对工程概算的一个简单划分，保险单明细表不可能列得非常详细，只要受损工程部分和原材料属于被保险财产，就应按其在工程总造价中所占的份额或实际投入情况在分项保险金额范围内予以赔付，其分项保险金额就是其在工程总造价中所占的份额。

（二）被保险财产的认定

建筑（安装）工程一切险物质损失部分的被保险财产或保险标的包括以下四类：（1）合同工程；（2）临时工程；（3）施工机具及设备；（4）工地上已存的建筑物或其他财产。

一般来说，工程保险的投保人不是业主就是承包商，但他们在选择保险标的时往往会有所不同。当业主投保合同工程和工地上已存的建筑物及财产时，通常不包括施工机具及设备的保障；而承包商投保时，可能对施工机具及设备投保，但没有对工地已存建筑物或其他财产投保（除非工程承包合同提出要求）。为准确界定被保险财产或保险标的的范围，下面进行简单的讨论。

1. 合同工程

合同工程，包括“所有属于被保险人的或被保险人负责的，位于施工场所或其他保险单适用的场所，如运输（非经海运或空运）或储存中的，履行工程合同形成的永久的和临时的工程以及即将形成工程的材料”。

（1）工地。虽然工地看起来似乎只具有很小的风险，但工地也可能遭受损坏，如“初步的施工场地平整开始后，附近一条河流的河水越过岸堤，冲入合同工地，冲刷了工地表面，留下一片泥泞，并且带来了石块以及树木等残余物”，再如“一场风暴后一棵大树躺倒在未平整的土地上”等。如果被保险人需要，可以通过申请保险单特别扩展，以便对在合同工程的损失或损坏没有发生的情况下发生的工地清除残渣费用提供保障。

（2）变更或整修工程。当被保险人的工程合同是对工地已存建筑物或其他财产进行变更或整修时，合同工程仅指新工程及材料，不包括已存的建筑物或结构，即使工程包括对已存财产的支持或支撑。当对已存建筑物实施工程（如部分拆除或开凿孔洞）时，拆除或开凿费用是工程的一部分，但是此建筑仍然是一座已存建筑物。

当工程包括将建筑物的一部分（如屋顶瓦块或装修木材工程）移走并在工程后期再移回或修复时，即应就此达成特别协议，而将此财产的重置价值计入合同总价值中。由于此项并非属于工程合同中的购置材料，故对承包商来说是免费的，如果要将它们作为保险项目，应该特别声明。实际上，在确定的工程保险中包含免费的材料是相当正常的，只要其价值在声明中被包含。

（3）“免费材料”。在道路建设合同中，当建设的道路要通过存在山丘的波浪形地面时，通常的做法是挖去凸出地面的部分并把挖出物填进沟壑，这样就使道路形成一个平面。假如被储存起来而准备再利用的挖出物因承保风险（如滑坡或洪水）而发生损失，重新回填就不得不以额外的成本从其他地方购买土方。这种原料因其会在未来形成工程的一部分而属于被保险财产，承包商为此工作而付出的代价包括挖掘成本、存储成本、装运成本及填充成本，但不包括原料费用。保险人和被保险人都应认识到，由于免费原料的作用，发生保险责任范围内的损失后，修复工程会涉及工程总造价外的“免费材料”的购买费用。考虑到这些“免费材料”会发生损失，双方可以通过特别条款达成协议，由保险公司对此费用进行赔偿，但保险费率应该合理地增加一部分，或者将这个因素包含在保险金额内。

（4）机器修理工程。当合同工程是修理机器时，必须决定机器是否属于合同工程。被保险工程的价值通常会包括人工费、安装和重置零部件的费用，但不包括机器本身的价值，依据合同价格确定的保费也只反映了要进行的修理工程，并不反映机器本身的各个方面。如果被保险人的工程合同条款要求在保险责任范围内包含对整个机器由任何原因引起的损坏的责任，则机器价值应包含在保险金额中并需要缴纳额外的保费。

总之，工程保险中的物质损失并非专指某件或某些物品发生的有形损失，而是泛指被保险工程或其他保险项目遭受了损失，这种损失是物质的、实际的，而非精神上的损失。例如，被保险财产——一台推土机滑入沟壕，虽然其本身没有发生变形和损坏，但合同工程则因此意外事故而遭受了起重机雇佣费用等的损失。又如，暴雨可能并未给工程造成财产损失，但会使工程的某些部分暂时停工，从而造成该合同工程的损失。再如，工程材料或设备被盗，被盗窃的材料或设备本身并未发生损坏，而是其盗窃给工程造成了必须重新购买的费用损失。所以我们认为，工程保险中所指的合同工程的物质损失或损坏并非专指施工过程中我们肉眼所能看到的逐渐成型的构筑物或安装的机器的损失或损坏，也可能是某些自然灾害或意外事故造成的工程量增加、工程费增加或工程被迫短暂停工甚至延期等的损失，虽然未造成财产本身的损坏。也就是说，合同工程的损失是一个广义的概念，包括有形的物质损失，也包括仅仅增加了工程量和工程费的损失、停工损失等，只是在工程保险的物质损失部分通常将间接损失作为除外责任而已。

2. 临时工程

临时工程是指专门为方便永久工程的施工而设计和建造的工程，其造价通常包含在合同总造价中，但不会将完工后仍可再使用的临时保险项目足额包括进工程造价中。有时，会存在将非机械设备如脚手架及模板确认为临时工程还是施工机具及设备的争论。解决这种分歧的最好方法就是通过协议来约定这些保险项目的性质，但参与方通常会同意——确定是否属于临时工程依赖于此设备是否能在其他工程上继续使用。脚手架工程、滑动模板和其他形式的专为方便永久工程施工并不再以相同形式使用的工程，通常被视为临时工程。

3. 施工机具和设备

在保单中，施工机具和设备被描述为："被用来履行合同的施工成套设备、机具和装备，它们都属被保险人所有或由被保险人负责，并且位于合同工地或保险单适用的其他处所，如处于运输（非指海运或空运）或临时存储中。"施工机具和设备可以在工程保险单中作为一个单独的保险项目投保，也可以由承包商单独投保。在国外，施工机具与设备保险一般由承包商负责，因为这些设备通常为承包商拥有或租借。

施工机具与设备风险因其类型和用途的不同而不同。例如，在隧道施工中的压缩机与在码头施工的同样设备所面临的风险不同。当施工机具与设备作为项目保险单中的一个保险项目被承保时，承保工程将会定义风险区域，如施工场地。施工机械设备包括：起重机、挖掘机、打桩设备、压缩机、隧道钻孔设备、翻斗车等，其价值从几千元到几千万元不等，保险人应掌握保险设备的最大价值、工地上某一时间设备的最大价值以及处于风险中的设备平均值。

4. 工地上已存的建筑物或其他财产

（1）部分拆除工程的残留结构。当工程合同涉及拆除已存建筑物的内部结构或仅拆除建筑表面装饰或墙体时，业主常常要求承包商为残留结构的损坏承担责任，并且就此责任风险投保直至施工期限结束。此时，已存建筑物的残留结构将作为合同工程保险单项下的一个单独保险项目。通过这种方式，双方可以避免因残留结构损坏而引发的责任纠纷，在业主具有投保年度财产保险的习惯时，此种安排也有利于业主，因为业主的年度财产保险人可能不愿继续承保已被部分拆除或将要被拆除的财产。另外，工程和已存财产间的区别及定义问题也因此而被大部分解决了。

（2）扩建或改造工程。当合同工程是对大型已存结构进行扩建或改造，且工程施工完全不影响业主对已存结构的占有及使用时，由于工程保险单可以扩展承保已存建筑物，所以可由业主对工程（以一切险为基础）及已存结构（针对"特别风险"）

以承包商和业主的名义联合投保。当然，也可以对扩建改造工程和已存结构分别投保。但是，如果业主已对已存结构投保了年度财产保险，工程保险单应将已存年度保险单承保的风险除外。

（三）受损工程修复费用的赔偿范围

在发生保险事故后的工程重置或修复过程中，常会出现修复工程所用的原材料价格上涨或下降，重置或修复方案与原设计方案有较大的出入，所需要的修复费用与受损工程原来的造价不尽相同等情况。在全损或推定全损的情况下，当重置或修复费用小于原受损工程保险金额时（由于原材料价格下降），保险人会按照重置价格进行赔偿；当重置或修复费用大于或等于原受损工程保险金额时（由于原材料涨价或工程量增加等），通常保险人会以保险金额或分项保险金额作为赔偿标准，其不足部分由被保险人承担。这样的处理常会因以下两个原因引起被保险人的不满：其一，在投保时是以工程概算价格作为保险金额计算；其二，保险费最终将根据工程造价予以调整，保险是足额的。

发生此类争议的概率是很高的，应该作为一个普遍问题来对待。其关键要看重置或修复费用高出原投入费用的原因，或原材料价格上涨，或方案的变更致工程量增加，或二者兼有。如果是因为原材料价格上涨的原因，保险人应予赔偿，因为保险合同约定分项工程的保险金额应随与工程有关的物价变化而进行调整；如果是因为方案的变更或工程量增加，按照我国现行的保险条款约定则不应赔偿；如果出现两种因素兼有的情况，就需要分清哪些修复费用是由原材料价格上涨造成的，哪些修复费用是由方案变更造成的，然后分别进行相应处理。

关于原材料价格上涨的问题需要说明的是，由于工程所用的材料通常由业主或承包商按照设计用量进行批量采购，这就使得建造时使用的材料价格较低。但在恢复受损工程时，业主或承包商所进行的少量材料采购多为市场零售价格，再加上物价上涨因素，所以修复工程往往会有造价上升的情况。

另外，在高速公路路基工程中经常遇到某些合同段的同一区域或部位（几个桩号之间）发生多次事故损失，一般处理原则是，若为暴雨等自然灾害造成的，其多次赔偿的总金额以不超过该合同段的保险金额为限（高速公路保险合同多以合同段为分保险项目，且约定同一地点发生多次损失者从第二次开始依次进行赔付比例递减）；若为隧道塌方，则由此造成的直接损失（即清理、加固、塌方现场费用以及塌方前后各100米范围内的加固、监测费用）由保险人负责赔偿，但以不超过该隧道原设计预算金额为限；若为滑坡（边坡滑塌），则以《清除滑坡土石方特别除外条款》为准，仅对滑坡造成工程地区重新开挖的费用在不超过原开挖费用（不含排水、绿化等防护费用）的范围内负责赔偿，而不负责赔偿被保险人清除滑坡土石方的费用。

（四）保险金额的限制

按照目前我国使用的《建筑工程一切险条款》保险金额的确定方法，被保险人可以工程合同规定的工程概算总造价投保，且只要尽到"涨价通知"、"精确记录"、"造价申报"的义务，保险人通常即认为该保险是足额的。在保单的赔偿处理条款中通常规定："对被保险财产遭受的损失，保险公司可选择以支付赔款或修复、重置受损项目的方式予以赔偿，但对受损财产在修复或重置过程中发生的任何变更、性能增加或改进产生的额外费用，保险公司不负责赔偿。"在财产保险中，只要是足额投保，赔偿中不论是修复、重置或直接以市价赔偿，被保险人都可以基本恢复到受损前的状况。但建筑工程保险则有所不同，在工程部分或全部发生损失的情况下，重建或重置时由于原有的位置不能使用、原施工方案已不适用、重置价格上升等而得不到保险公司的足额赔偿，因为按照现行的保险条款，保险公司仅按工程受损部分的保险金额（即受损部分的原来投入费用）进行赔偿。这样，被保险人就难以通过按工程概算价格投保的足额工程保险提供的保障使自己基本恢复到受损前的经济状态。

以国内某跨海大桥为例，大桥非通航孔桩基部分采用沉入钢管桩，因为外来船舶的意外撞击导致桩基偏位而失去使用功能，经测试后宣布报废，报废的钢管桩将切除至泥面以上（若把桩基整体拔除，不但费用惊人，而且原有位置也不能使用）。原设计的桩基位置为最优方案，已考虑到包括海流影响在内的各种受力情况，因碰撞事故失去这一位置后，要实现其原有功能须进行补桩，而补桩方案（是与其他方案比较后优选的）在没有"增加性能和改进"的情况下，其费用已大大超过原来钢管桩基投入的费用。如果保险人按推定全损只赔付原来投入的费用，不负责恢复时增加的费用，那多出来的费用只能由工程业主承担。

我们认为在工程保险中，对于损失补偿原则，即使被保险人恢复到受损前的经济状况是决定可否通过保险得到相应赔偿的标尺，但恢复到受损前的经济状况并不意味着无任何变更，而主要指功能上的恢复。这样，依据损失补偿原则，保险人可以对被保险人必需的按变更方案进行修复的费用给予赔偿，关键是应该审查这样的变更是否为必需的、最经济的恢复受损部分功能的修复方案。对于变更方案的审查，保险人可以请设计单位、监理单位、业主、公估公司和独立的工程专家来共同确定。由于修复方案的变更往往引起工程费用的大量增加，保险公司的承保风险显著增大，并且容易引起道德风险。保险人既可以通过对恢复费用增加额（指恢复费用超出原来投入费用的部分）设立单独的赔偿限额和较高的免赔率，并增加相应的保险费，也可以根据具体情况而予以拒保。

（五）保证期责任与扩展保证期责任

建筑工程一切险的保险期限一般为多年，且分为建设（施工）期及保证期两个阶段，保证期一般约定为两年，从工程完工（验收合格或交付使用）之日起计算。

保证期的保险责任同建设（施工）期。

在现行的部分保单中，《物质损失部分》“除外责任”项下列明：“除非另有约定，在本保险单保险期限终止以前，被保险财产中已由工程所有人签发完工验收证书或验收合格或实际占有或使用或接收的部分。”也就是说，保险人不用承担保证期内的原有保险责任了，而只考虑“另有约定”——扩展责任保证期条款。

扩展责任保证期条款，约定扩展承保列明在保证期内（一般为15个月）的两项责任：一是被保险的承包人因履行工程合同进行维修保养而造成保险工程的损失；二是因受损部分完工证书签发前的建造期内的施工原因引起的、在保证期内发生的保险工程的损失。

【案例】 天汕高速公路广福隧道塌方案

2004年12月20日，广东天汕高速公路有限公司（含该项目的合法承包人、贷款银行）将天汕高速公路广东段建设项目向某财产保险广东省分公司投保建筑工程一切险及第三者责任险，保险期限五年（2004年12月29日至2009年年底止），包括三年施工期（2004年12月至2007年年底止）及两年保证期（工程完工之日起），保险金额为1 763 826 607.00元，保险标的地址为广东省梅州市粤境蕉岭广福至梅县城东段。

2005年10月26日凌晨5:30时左右，广福隧道右洞发生塌方事故。当时，值班人员首先发现K7+573～K7+539段出现塌方，于是立即逐级向上报告至项目部。项目部管理人员速派“紧急情况专用车”直奔事发第一现场，经初步认定洞内右侧12名施工人员被困。随即向监理工程师及业主汇报情况，同时向人保财险广东省分公司报案。

该塌方事故发生后，省、市及交通集团领导和技术专家立即赶到现场，组织二十多个部门的技术及施工人员进行施救。经采取右洞加固（从距塌方掌子面出口方向30m范围内的初支进行加固）、左洞打洞救援（自左洞掌子面里程K7+562.8沿左洞法线方向向右线进口偏角36.6度开挖救援通道）等一系列措施后，至10月27日15点35分，将被堵的12名施工人员全部救出，未造成人员伤亡。

2005年10月29日，广东君和泰保险公估公司接受委托后，即派出4名保险公估及工程技术人员前往出险现场进行勘查取证工作。当时现场所见，隧道右线K7+573～K7+539发生塌方，而K7+600～K7+101段初期支护受塌方影响有不同程度的变形和开裂。该隧道高9m，底宽12.5m，塌方地段形成了一个底长40m、顶长22m的塌陷带，泥石将整个隧道的出口全部封闭，仅上部在施救时挖有可供单人进出的狭窄口。塌方段 K7 +580 离出口约 463m，离工作面约 80m。

[工程概况]

广福隧道位于广东省梅州市蕉岭广福镇和文福镇之间，隧道轴线近似南北向；北端位于广福镇，南端紧临文福镇，隧道所穿越的高山及山体的山脊线近东西走向，基本与线路走向垂直。山脊最高处标高约 480.0m，属于低山丘陵地貌。北端洞口外地势比较平坦，为一山间小盆地；南端地处山间沟谷，地势较为复杂。

该隧道设计为分离式双洞隧道，左线起止里程（洞门）K5 +932 ～ K8 +046，全长 2114m；右线起止里程（洞门）K5 +942 ～ K8 +043，全长 2101m，左右线共计 4215m。为保护生态及美观，龙岩端采用削竹式洞门，梅州端采用端墙式洞门。

该隧道所穿越山体为燕山五期的花岗岩体，岩性以粗粒花岗岩为主，呈块状、巨块状，整体岩性较好。山体表层以第四系的坡、残积形成的硬塑—坚硬状的亚粘土、含砾亚粘土及砾石，进、出洞口位置主要以硬塑状的亚粘土及全、强风化花岗岩为主。其山体受后期（喜山期）的构造运动影响比较严重，断层发育，小断层较多。隧址区地表水及地下水均不发育，受季节性气候控制显著，地层内均以孔隙潜水、基岩裂隙水为主。根据隧道附近野外取水化验，参照分解类腐蚀评价标准，隧道所在区的地表水及地下水均无侵蚀性。

该隧道工程建设属于天汕高速公路第二合同段，施工段全长 4.1km，起始桩号为 K5 +00 ～ K9 +100；工程工期为 16 个月，合同价为 181 996 102.00 元。

[隧道施工情况]

2005 年 10 月 3 日进行开挖，当月 10 日顺利通过该段施工。经查施工日志，该单位严格按照新奥法设计理论施工，充分考虑设计图纸并按照业主和监理批复的监控量测方案进行操作，采用光面爆破、锚喷支护（拱部锚杆垂直岩面）的方法，每开挖一环支护一环（每环开挖进尺控制在 1.2m 范围内），经监理检验合格后再进行下环的开挖。

据现场施工人员观察，没有在 K7 +590 ～ K7 +550 段发现任何异常现象，而且从监控量测的结果来分析，此段开挖支护过程中也没有出现围岩突然加剧收敛和拱顶加剧下沉的现象，围岩的收敛和拱顶的下沉的相对位移量小于规范允许值。

截至 2005 年 10 月 26 日，广福隧道右线出口掌子面里程为 K7 +500，累计进尺 453m；洞身二次衬砌出口里程为 K7 +701，累计长度为 342m。

经查原设计图纸、设计变更文件及施工日志等记录，确定 K7 +650 ～ K7 +590 原设计为 S4 类开挖支护形式，当开挖至 K7 +650 段位置时，施工及监理单位发现掌子面围岩为灰白色 ～ 肉红色弱风化花岗岩，岩体呈碎石状压碎结构，节理裂隙很发育，围岩较破碎，掌子面分布有若干与隧道轴线交角较小的不同宽度软弱夹层，围岩总体稳定性较差，其设计单位中交公路规划设计院会同业主、施工及监理单位，现场确认 K7 +650 ～ K7 +590 段由 S4 类开挖支护变更为 S3 -2 型衬砌（设计变更文件从 2005 年 9 月 8 日、9 月 12 日、9 月 16 日、9 月 19 日、9 月 23 日、9 月 27 日分次分段下发）；而 K7 +590 ～ K6 +475 段原设计为 S5 类开挖支护形式，在开挖至 K7 +590 段位置时，发现掌子面围岩极差，岩性呈软硬岩分布不均，岩体成镶嵌结构且有夹层，地质构造影响较重，部分存在强风化岩，经四方现场确认 K7 +590 ～ K7 +539 段由 S5 类开挖支护变更为 S3 -2 类型衬砌（设计变更文件从 2005 年 9 月 30 日、10 月 8 日、10 月 10 日、10 月 15 日分次分段下发），并在锚、喷、网的强支护前提下稳妥开挖且支护相对稳定（总收敛量 1.2cm，相对收敛 0.1）。

[事后处理及施工经过]

2005 年 10 月 28 日下午，广东省交通集团召集广福隧道设计（中国交通规划设计院）、施工、监理、业主并邀请国内隧道专业权威专家（重庆公路研究院等）就其塌方处治及整改方案召开专家讨论会，并形成如下决议：(1) 对塌方段后方初期支护已出现明显裂缝路段尽快采用型钢支撑临时加固；(2) 对紧靠初期支护出现明显裂缝段后方初期支护未出现明显裂缝段采用锚杆加固；(3) 型钢临时支撑完成后，在确保安全的前提下对塌方上方塌腔及塌方体进行喷射混凝土封闭；(4) 二衬应抓紧施工；(5) 在对塌腔进行喷射混凝土稳定一段时间后，在确保施工安全的前提下对塌腔岩体进行进一步锚杆或套拱、管棚等措施加固，同时对塌方体进行分段逐步清理；(6) 塌方段前方待上述处理方案完成后确定施工方案再施工。2005 年 12 月 5 日、2006 年 3 月 15 日、2006 年 3 月 23 日，广东省交通集团又多次主持召开了专家会议，对其处置及整改方案进行局部调整及完善。

根据塌方段施工方案及施工单位的报告，其清理、加固施工从 2005 年 10 月 28 日开始，到 2006 年 10 月 20 日塌腔灌注完成，历时一年。

经查设计方案、施工图纸及施工日志，施工单位在出险后严格按照新的设计变更要求施工，并增加监测频率，确保了施工的安全。

[事故原因调查分析]

广东省交通集团 2005 年 10 月 28 日的《会议纪要》对塌方腔体形态描述为：塌方范围内上部明显形成空腔，空腔大致由三个切割面形成一个上小下大的近似锥体，锥体节理非常发育，锥体内有角砾物质填充，并夹有 0.4 ×0.4m ～ 2.5 ×4.0m 孤石，地下水丰富（图 7 -3）。

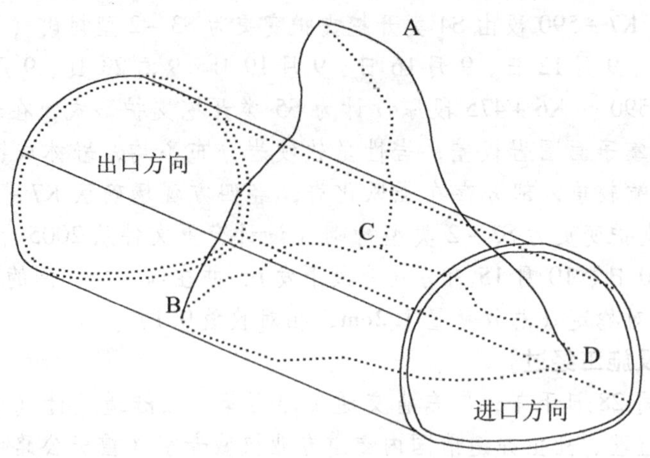

图7-3 塌方腔体切割面示意图

说明：

1. 正交隧道的垂直面ABC，此面大致通过目前存留的初期支护切割面，或者说初期支护破坏正是由于平面ABC切割而成。ABC面揭示的是填充性的角砾石（土）。

2. 近似垂直的ACD面，此面岩层较完整，表面光滑。

3. 岩层理斜面ABD，此面基本与层理方向一致，层理发育，有夹层填充物，较薄。此面斜切隧道左侧偏拱处。当时在塌方体的支承下，此面下方近左侧偏拱位置仍会有塌落，但数量有限。

从已探明的腔体形态及构造面物体进行分析，开挖前锥形体是稳定的。当开挖进入锥体下方时，对锥体虽造成一定的扰动，但由于及时进行了初期支护，加上未开挖的锥体部分对已扰动的部分具有牵制作用，故锥体相对稳定。通过隧道监控量测工作，该处变形量在设计允许范围之内，没有出现异常情况。当开挖通过全部锥体下部时（锥体下部逐步被切断），锥体只能依靠三个接触面的粘结力和初期支护来承载压力。随着时间的推移，粘结力随水的进入及开挖爆破施工扰动而降低，锥体重量分配在初期支护的力逐步增加，当分配到初期支护上的锥体重力超过初期支护承载力时，锥体发生突然滑动，初期支护被破坏，夹持在锥体面间的孤石、砾石等首先流塌下落，随后整个锥体塌落（锥体岩体部分主要是层理状岩体，其崩塌是分层阵发的），从而造成该段塌方事故。

综上所述，本次塌方是由于施工过程中隧道顶部出现三个节理面切割成的巨大锥体（近似三棱锥体），重力直接作用在初期支护上，当初期支护所受压力超过其强度所能够承受的范围时，锥体出现突然失稳，巨大的作用力破坏初期支护所致。这种情况非常偶然，且出现在隧道拱顶开挖线以上，以目前的量测及探测手段无法预测也无法抗拒。所以，本次塌方属于不可预见的突发性地质灾害，不存在人为过失。

通过对事故现场的勘察和调查了解后，公估人员认为：现场情况分析和调查结果与天汕高速公路有限公司二标段提供的各级隧道技术专家的鉴定结论基本一致，即不可预见的突发性地质灾害是造成此次隧道塌方的根本原因。

[损失核定及理算]

由于隧道塌方工程处理的特殊性及不可预见性，实际损失无法一次确定完成；且因塌方处理进度缓慢，从而给此次事故理赔带来很大困难。虽经公估人员十余次到现场核查并催促被保险人提供索赔资料，但直到2006年7月5日，被保险人才提交较为完整的索赔报告（索赔金额10 547 836.40元）。

根据天汕高速公路（粤境蕉岭广福至梅县城东段）工程项目保险合同、第二合同段工程量清单（隧道）、广东省交通集团2005年10月28日《会议纪要》及多次设计变更文件要求，公估人员通过对事故现场的勘察、核实、分析，计算得出本次事故各项损失费用如下：

1. K7+580～K7+539段塌方段清理费用

隧道高9m，底宽12.5m，塌方形成一个底为40m、顶为22m的塌陷带。据了解，该地段土、石比为2∶8，故清除土方体积为1 039.5m^3（5 197.5×0.2），清除石方体积为4 158 m^3（5 197.5×0.8），按照土方6.98/m^3、石方22.97/m^3计算，其清理费用为102 764.97元。

2. K7+650～K7+600段加固费用

根据设计变更02字59号文件，计算该事故段变更后增加的工程量及合同单价，确定加固费用为539 653.78元。

3. K7+600～K7+580段加固费用

根据设计变更02字62号文件，计算该事故段变更后增加的工程量及合同单价，确定加固费用为233 702.08元。

4. K7+580～K7+573段加固费用

根据设计变更02字69-1号文件，计算该事故段变更后增加的工程量及合同单价，确定加固费用为243 209.11元。

5. K7+573～K7+563段衬砌作业加固费用

根据设计变更02字76号文件，计算出每延米的工程量及合同单价，确定该隧道施工段每延米新增加的费用为59 023.43元。

按照《天汕高速公路（粤境蕉岭广福至梅县城东段）合同段工程量清单》规定，该合同段隧道施工平均单价为47 925.31元/m（隧道总造价100 930 695元/全长2 106m），隧道施工平均单价视为保险财产单位保险金额。因此，该隧道施工段每延米新增加的费用以47 925.31元/m为限。该事故段加固10m，则加固费用为479 253.10元。

6. K7+563～K7+539的增加费用

根据塌方段复合式衬砌断面设计图（图号 S6－46G－5）文件，计算出每延米的工程量及合同单价，确定该段每延米新增加的费用为 58 833. 46 元。

按照《天汕高速公路（粤境蕉岭广福至梅县城东段）合同段工程量清单》规定，该合同段隧道施工平均单价为 47 925. 31 元/m。因此，该隧道施工段每延米新增加的费用以 47 925. 31 元/m 为限。该事故段加固 24m，则加固费用为 1 150 207. 44 元。

7. 塌腔填注费用

根据设计变更 02 字 76 号文件，计算出增加的工程量及合同单价，得出塌腔回填的费用为 780 951. 76 元。

8. K7＋539 ～ K7＋500 段加固费用

根据设计变更 02 字 62 号文件，计算出该事故段变更后增加的工程量及合同单价，其加固费用为 111 776. 84 元。

9. 监测费用

所报增加的监测费用 200 000. 00 元，因无专项发票，不计。

综上所述，本次事故物质损失部分处理费用及各项加固费用合计为 3 641 519. 08 元。

鉴于本次事故主要是对被困隧道内的工人进行抢救，而物质损失部分没有产生施救费用。其用于临时支撑的钢构件，在加固后是可以拆除、重复使用的，因此应扣除相应钢构件的残值（26 458. 56 元），其他定损项目主要是隧道塌方后新增的加固费用，用于隧道永久使用，不考虑残值因素。

根据保单约定：保单生效后，被保险人按本工程 2007 年度预估保险费（被保险人根据项目当年的计划投资额测算的保险费）的 90% 支付给保险人，本年底被保险人根据项目当年的实际完成的计算投资额计算保险费，扣除年初支付的保险费后支付给保险人。因此，该保单按照足额投保处理。

经过理算，保险人最终赔付 3 434 307. 49 元结束此案。

评析：按照施工合同协议书规定，该合同段隧道施工平均单价为 47 925. 31 元/m。本次隧道塌方事故修复段为 150m，而其赔付金额没有超过 47 925. 31 元/m × 150m（视为保险金额）的额度。另外，塌方后各加固段的加固费用都是在原设计图纸的基础上新增项目和新增加固材料，部分段的加固量超过隧道原造价，是设计变更后必须投入的，也是必要的、合理的，但公估人员在计算损失金额时已扣除隧道正常施工需要加固的部分，或对超过隧道原造价的部分均以原造价（或原单价）为限额。

附：广福隧道塌方处理增加费用示意图

第八章　船舶保险概述与保险公估

第一节　船舶保险概述

船舶保险属于财产保险范畴，分为远洋船舶保险和沿海内河船舶保险。

一、船舶保险的特征

（1）船舶保险以承保水上风险为限；
（2）船舶保险所承保的风险相对集中，损失金额大；
（3）船舶保险事故的发生频率高；
（4）船舶保险属于定值保险；
（5）船舶保险的保险单不能随船舶的转让而自动转让；
（6）船舶保险的法律适用面广、政策性强。

二、远洋船舶保险

远洋船舶保险又称海洋船舶保险，是海上保险的主要险种之一。其以远洋船舶为保险标的，远洋船舶可在无限航区航行。

1. 保障范围

（1）对财产的保障。主要负责船舶的物质损失，即船壳、机器（包括主机、副机、发电机）、导航设备、燃料等。凡属于船舶本身以及附属于船上的财产，并且为船东所有的，均可承保。对财产的保障是船舶保险的主要内容。

（2）对费用的保障。负责船舶的财产损失以外的利益损失。一旦船舶发生事故，除了船只本身遭受部分或全部损失外，还会因其停航、修理而使船东遭受各种利益损失，如营运费用、运费、贷款利息、利润、保险费损失等。这些利益和费用损失保险人均可赔偿。

（3）对责任的保障。包括碰撞责任、法律责任和契约责任。保险公司可保障的是碰撞责任，法律责任和契约责任主要由船东保赔协会承担，保险公司只承担这类责任中很小的一部分。

① 碰撞责任。作为船舶保险的基本承保责任，在国际上碰撞责任只负责船舶发

生碰撞事故后造成对其他船只以及包括货物的船上财产损失的赔偿责任。英国的远洋船舶保险碰撞责任，保险人只负责3/4，另外的1/4则留给船东自己负责；而船东应承担的1/4的碰撞责任可转嫁给船东保赔协会来承担。

② 法律责任。船舶失事以后被保险人在法律上应承担的义务，其中包括因被保险人的侵权行为应承担的损害赔偿责任。

③ 契约责任。即船东对货主或者租船人对出租人应负的赔偿责任。

远洋船舶保险还可附加船舶战争险，以承保海上发生战争或类似战争行为所造成的船舶损失。

2. 责任范围

（1）全损险的保险责任。全损险是指被保险船舶遭受承保风险的损害后，只有发生全损时，保险人才负责赔偿。若只发生部分损失时，则不给予赔偿。

（2）一切险的保险责任。船舶一切险除承保全损险责任范围内的风险所致被保险船舶的全部损失外，还负责因这些风险造成的船舶部分损失，以及碰撞责任、共同海损分摊、救助费用和施救费用等。

3. 保险期限

（1）定期保险。定期保险是指以时间作为保险责任起讫期限的保险。定期保险的责任期限一般为一年，最短为3个月。责任起讫时间以保单上注明的日期为准。

（2）航程保险。航程保险是指以船舶自启运港到目的港为保险责任起讫期限的保险。航程保险的责任期限按保单上载明的航程为准。保险责任的起讫时间规定如下：①不载货船舶的起讫时间自启运港解缆或起锚时开始，到目的港抛锚或系缆完毕时为止。②载货船舶的起讫时间自启运港装货时开始，到目的港卸货完毕时终止。但自船舶抵达目的港当日午夜零时起，最多不得超过30天；即使事先征得保险人同意，加付保险费后保险合同继续有效，其最长期限为90天。

4. 免赔额

（1）免赔额的适用范围。船舶保险规定的免赔额适用于对保险风险所造成的部分损失的赔偿，而对于被保险船舶的全部损失、共同海损、碰撞责任、救助费用或施救费用的赔偿均不适用免赔额的规定。

（2）免赔额按每次事故扣除。

（3）恶劣气候造成两个连续港口之间单独航程的损失索赔应视为一次事故。

三、沿海内河船舶保险

沿海内河船舶保险与远洋船舶保险比较，在承保范围、保险责任、除外责任、保险金额的确定、索赔等方面均存在着不同，简介如下。

1. 保险标的的承保范围

（1）航行区域的不同。远洋船舶属无限航区航行，航行类别为一类；而国内船舶限制在沿海二、三类航区，内河 A、B、C、J 航区以及湖泊、水库内航行。

（2）索具、燃料、物料的区别。远洋船舶保险规定，燃料、物料的损失，属于保险标的的承保范围；而沿海内河船舶保险则明确规定不属于保险范围，也不予承保（可通过附加险形式，承保舵、螺旋桨、桅、锚、锚链及子船的单独损失）。

2. 保险责任

（1）全损险。沿海内河船舶保险规定的保险责任范围内自然灾害或意外事故均为列明的（18 项）；而远洋船舶保险的责任范围，则是任何自然灾害和意外事故。

（2）一切险。第一，碰撞、触碰责任。主要区别为：沿海内河船舶保险承担碰撞、触碰责任的物体是列明的，主要包括对方船舶、对方船载货物、码头、港口设施及航标；由于碰撞、触碰责任所造成的直接损失和费用；仅承担 3/4 碰撞、触碰责任；发生多次碰撞、触碰责任，赔偿要累计，以不超过船舶的保险金额为限；承保非机动船在由本公司承保的拖船拖带时，发生的碰撞、触碰责任。第二，共同海损、救助及施救。沿海内河船舶保险将其三项费用的赔偿，在每次事故中按累计以一个保险金额为限，作为最高赔偿额。这种做法与远洋船舶保险对每一项费用分别以不超过保险金额为限，具有明显区别。

虽然沿海内河船舶保险采用列明承保方式确定保险人的责任范围，但为避免各种纠纷，另增加了一款除外责任："凡未在保险责任范围内列明的原因而造成船舶的损失和费用，本保险一概不负责赔偿。"

3. 保险金额

（1）新旧船舶的界定。沿海内河船舶保险明确了新旧船舶的界线：舶龄在 3 年（含）以内的船舶视为新船，而舶龄在 3 年以上的船舶则视为旧船。

（2）新旧船舶保险金额的确定。沿海内河船舶保险不是定值保险的概念，在确定保险金额和保险价值时带有不定值保险内容，这和远洋船舶保险有着重大区别。新船的保险价值按照重置价值确定，旧船的保险价值按照实际价值确定，新旧船舶的保险金额可由保险双方协商确定。

4. 索赔

沿海内河船舶保险将被保险人索赔时需要提供的各种单证罗列出来并强调提供单证的真实性及有效性。

第二节　船舶保险公估

一、船舶的基本状况与船舶价值的判定

在船舶保险公估中，船身的价值或其修理规模及费用的确定，均与船舶的种类、吨位、用途直接相关，而船上机器、设备、锅炉、引擎、发电机、导航装置等也有其专业要求，故保险公估师必须了解船舶的基本状况及船舶价值判定的基本知识。

1. 船舶的基本状况

（1）船龄。船舶的建造日期以及地点。

（2）船型。根据不同的分类方式，可以把船舶分为不同的类型。

按照基本用途，可以分为运输船舶、渔业船舶、工程船舶、工作船舶、特种船舶和水泥船等。

按其运输对象的不同，运输船舶又分为客船、货船和客货船。

按装运货物的不同，货船可分为普通货船和冷藏货船；普通货船还可分为干货船、油轮（液货船）和气体货船；而干货船又有杂货船与散装货船之分；此外，还有集装箱船、滚装船、载驳货船（子母船）、海蜂船等。

（3）适航证书与船级。船舶合法投入营运必须持有中国船舶检验主管机构 CCS 签发的适航证书，此乃船舶航行安全的必要保证，一些技术质量状况较高的船舶还拥有船级社的入级证书（船级）。入级船舶的船级表征一艘船舶的综合技术状况。投保船舶必须具备适航证书。

（4）船舶吨位。船舶吨位分重量吨位和容积吨位。

船舶重量吨位用来表示船舶大小和运输能力。重量吨位可分为排水量吨位和载重吨位两种。

排水量吨位是指船舶在水中排开同体积水的重量，也就是船的全部重量。因此，排水量吨位相应有空船排水量吨位、满载排水量吨位和实际排水量吨位等。排水量计算方式如下：

排水量吨位（公制）＝船入水部分的长×宽×深×船型系数（m^3）/0.9756m^3（海水）或1m^3（淡水）

注：①船型系数＝船舶入水部分的体积与同等长、宽、深的长方形体积之比率（一般为0.6～0.75，因船型而定）；②海水每吨体积为35ft^3（英制）或0.9756m^3，淡水每吨体积为36ft^3或1m^3。

载重吨位是船舶在营运中能够使用的载重能力。载重吨位分为总载重量和净载重量。

总载重量＝满载排水量－空船排水量

净载重量＝总载重量－所需储备的淡水、燃料、供应品等载重量

船舶容积吨位是为船舶登记而规定的一种以吨为大量计算单位，也称为登记吨位。船舶容积吨位可分为总登记吨和净登记吨。

总登记吨（公制）＝［内部容积－免除丈量容积（m^3）］/2.84（m^3）

净登记吨＝总登记吨－应予扣除的吨位

(5) 船体状况。船舶必须符合稳性、浮性、快速性、抗沉性、适航性和操纵性的基本性能要求。

船体结构由主船体部分和上层建筑构成。其中，主船体部分又由船底结构、舷侧结构、甲板结构、舷边结构、水密舱壁结构、船端结构等部分组成（主船体结构如图 8－1）。若投保船舶的预定航线要经过冰区，还应进行冰区加强的措施。

按照其功用，船舶总体结构可分为机舱（动力来源，包括主机、副机等）、驾驶室、货舱、甲板机械与属具、舱室（船员或旅客居住只所）、管系（维持全船水、电或吸、放压载水的管道）、电气系统（包括通讯、导航、控制电路、照明电路）等。

(6) 设备状况。船舶设备所包含的范围极其广泛，有用柴油机或燃气轮机作为主机的动力装置，此外还包括起货设备、舵设备、锚泊设备、拖曳设备及救生设备等。以起货装置为例，要注意起货装置的类型、数量、安置地点、吊杆数量、每杆重量及舷边跨度、起卸货速度与货舱口大小等。

(7) 船员配备状况。这是指船员整体队伍的状况，包括人数和人员适任资质构成是否符合航行的需要，这也是船舶适航性的最基本要求之一。

2. 船舶价值的判定

我国《海商法》第 219 条规定，船舶的保险价值是保险责任开始时船舶的价值，包括船壳、机器、设备的价值，以及船上燃料、物料、索具、给养、淡水的价值和保险费的总和。可见，船舶的价值对船舶保险价值的确定具有决定性的作用。

一般情况下，远洋船舶应当以船舶投保时在国际船舶市场上的实际价值作为船舶的保险价值。沿海内河船舶中，船龄在 3 年（含 3 年）以内的视为新船，新船的保险价值按重置价值即市场新船购置价确定；船龄在 3 年以上的船舶视为旧船，旧船的保险价值按实际价值即投保时的船舶市场价格确定。

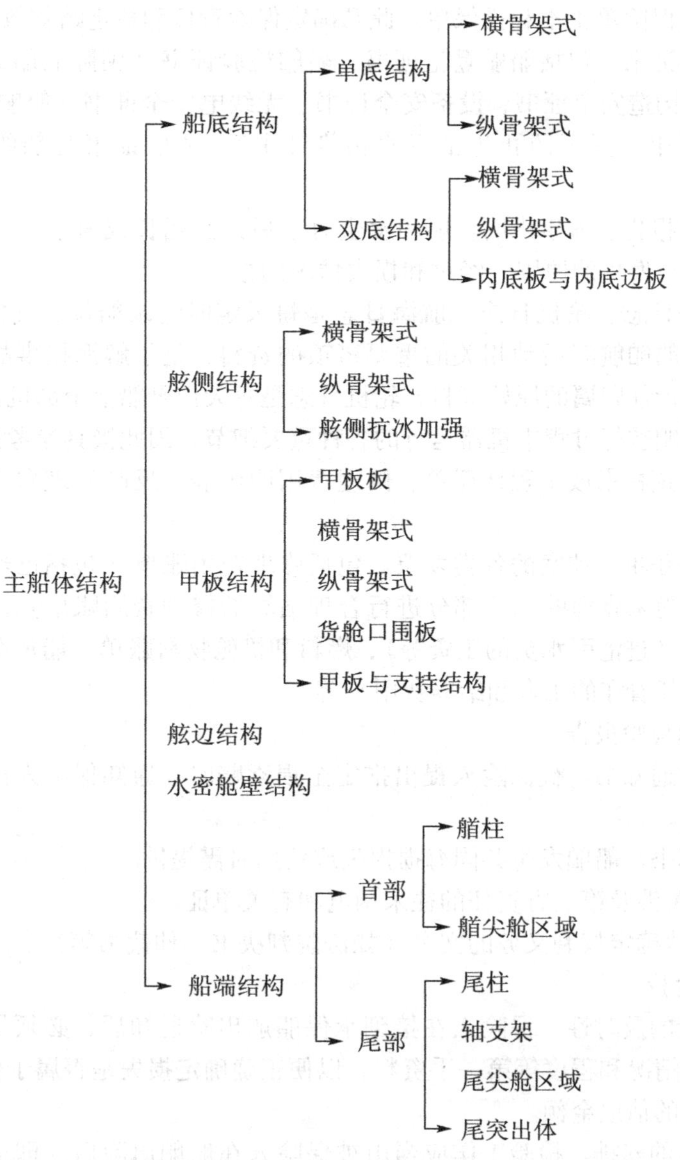

图 8－1　主船体结构示意图

二、船舶保险的理赔公估

船舶保险的理赔公估过程相当复杂，大致分为以下几个步骤。

1. 单证收集

（1）船舶保险单正本和投保单。此乃确定保险责任和核定赔款数额的依据。

（2）船舶证书。包括船舶登记证书、船舶检验证书（国际船舶载重线证书、吨位证书、货船构造安全证书、设备安全证书、无线电安全证书、船舶起货设备证书、国际防油污证书、国际防止生活污水污染证书）、适航证书与船级证书、船员证书等。

（3）海事报告、海事声明。船舶发生海事后，由船长或海事主管机构签署的旨在说明海损事故发生的原因、经过和损失情况的报告。

（4）航海日志、轮机日志。航海日志是每天定时记录船位、气象、海况，并随时记载各种与船舶航海活动相关的重要事项的资料，是了解海损事故发生地点和时间，以及明确责任归属的原始资料；轮机日志是每天记录船上全部机器运转状况的资料，可反映船舶航行过程中机器运行的各种重要细节，因此极具参考价值。

（5）修理招标书或工程计算单、修理费用明细表。反映修理费用的高低，以及是否合理。

（6）费用账单、涉案的各类发票。包括修理费用账单（包括已经修理的费用账单和验船师对尚未修理的损坏部分进行合理估算的修理费用账单）、拖带费用账单、引水费用账单（进港引水员的工资等）、燃料和机舱物料账单、船员服务费账单（船员留在船上担任看守的工资和给养费用）等。

（7）船舶检验报告。

（8）委付通知书。被保险人提出推定全损索赔时，通知保险人按照全损支付赔款的书面形式。

（9）理算书。船舶发生共同海损损失或费用时需提供。

（10）有关涉及第三方责任的往来函电和有关单证。

（11）其他确定权利义务的文书（如法院判决书、仲裁书等）。

2. 查勘检验

（1）检验的及时性。保险人在接到承保船舶出险通知后，必须尽快掌握船舶受损原因、损失情况和程度等第一手资料，以便正确确定损失是否属于保险责任范围以内和相对准确的估损金额。

（2）检验的安排。检验工作应当由被保险人在船舶出险后立即通知保险人派员进行，或者由被保险人通知保险人指定的当地代理人或检验人进行。若出险地点没有保险代理人，则可委请当地公认的合格检验人员进行检验。

被保险船舶在海上航行中发生事故损失，船长要迅速做好事故报告和海事声明。当船舶抵达避难港后，被保险人应立即委托其港口代理人向有关港务局递交海事声明，并通知保险人派员前来对船舶损坏状况进行检验。

（3）检验的目的。船舶检验应着重查明的问题包括以下内容。

① 损失原因。船舶发生损失，有些是船舶不具备适航引起的；有些是船舶机件的自然磨损引起的；有些是意外事故或自然灾害引起的。因此，必须通过检验来明确事故原因，以界定是否属于承保范围。

② 损失程度。要查明哪些是由于被保险人未采取应有救助措施而扩大的损失，哪些属于自然磨损性质及不属于保险责任范围内的损失等。

③ 损失责任。船舶发生海损事故，可能为船长或船员的疏忽或过失，也可能是无法控制的外界因素所致，或者是被保险人或其他方的疏忽或过失引起。

④ 海损金额。检验报告应对船舶海损金额做出估算，对修复费用给予预测或对实际修复费用进行审核，以便下一步定损。

（4）检验的方法。对凹陷、弯曲及其他变形程度的检查，一般利用直尺或样板进行测量；对锈蚀的深度，则选取能代表每块钢板平均厚度的至少两个部位进行测定，腐蚀不均匀时，还需在钢板腐蚀最严重的肋距内，沿板宽方向选取三点，测量厚度以求其平均值。钢板测厚时要采用超声波测厚仪，并用标准厚块进行校核，必要时可进行钻孔测厚校对，而且板厚应取孔周围厚度的平均数值。

检验应有所侧重。从船舶保险理赔的角度看，检验的种类主要有单独海损检验、共同海损检验、碰撞责任损失检验等。

3. 损失鉴定

船舶保险公估师在将上述单证收集齐全并到现场对船损情况进行查勘之后，就要对损失进行鉴定。首先要确定是否属于保险人的承保范围，其次要审核船舶损坏的修理费用、施救费用、救助费用以及与船损相关的其他费用。若被保险船舶发生碰撞事故，则要鉴定其损失与责任。

（1）审核船舶保险单是否有效。根据被保险人提交的保险单，保险公估师要检验海损事故是否发生在保险单有效期限之内、被保险人是否已经履行了其应承担的责任和义务。例如，在船舶定期保险中，于保险期限届满时，若该艘船舶仍在海上航行，被保险人是否将这一情况通知了保险人并按日比例加付了保险费。如果被保险人没有通知保险人或没有加缴保险费，则保险人不赔偿该船在剩余航程中所发生的损失；反之，保险人即应负责。

（2）审核船舶发生的海损事故损失是否属于保险人的承保责任范围。保险公估师要对海事声明、航海日志、轮机日志等资料所列出的出险原因和事故经过，验船师出具的检验报告所列出的损失原因、范围和程度进行反复研究，认真分析，以便明确事故发生的根本原因。保险人在保险单中明确列出承保范围的，保险公估师应将这一范围与所确定的事故原因相对照，以明确保险人是否需要承担赔偿责任。例如，若因船身有裂缝导致船舶在航行过程中海水进舱造成沉没，后经检验查明，这是在开航前由合格的检验人员按照正常的检验方法无法发现的瑕疵所致，则是船壳的潜在缺陷，属于保险事故；相反，若查明船舶在开航前船身就有裂缝，据此可审定船舶沉没原因是船舶在开航前处于不适航状态，不属于保险事故，保险人不予负责。

（3）审核船舶损坏修理项目和费用是否合理。在确定保险责任之后，保险公估师应对船舶损坏修理项目和费用逐项仔细审核，以防止不属于保险损失的修理项目和费用混入整个损失修理费用之中。以前面所说的船壳的潜在缺陷为例，保险人只负责由潜在缺陷引起的被保险船舶的损失，而不负责潜在缺陷本身的损失和修换费用。因此，要区别哪些是潜在缺陷本身的损失，哪些是潜在缺陷所造成的船舶其他部位和设备的损失。同时，还要核对修理单，掌握修理的范围与性质。要清楚全船各部分设备与结构的修理范围及修复方法，以判断哪些项目可以接受，哪些项目应作出修改。

（4）审核船舶的施救费用和救助费用是否合理。对于保险事故损失所引起的施救费用和救助费用，应当仔细审核。既要审核它们的支出是否合理，还要将两者进行区别。施救费用必须是被保险人或其代理人、雇佣人等为避免或减少保险船舶损失，且事先经过保险人同意所采取合理措施而支出的合理费用；救助费用是保险双方之外的第三者主动对遇难船舶提供救助服务所支付的报酬。同时，救助报酬的取得与救助效果相互依存，而施救费用的赔付则不然，即只要施救费用产生，不论施救成功与否，保险人都应赔付（船舶即使遭到全损，合理的施救费用还可在另一个保额限度内赔偿）。由于施救费用可在船舶保额之外再支付一个保额，而救助费用却要和船舶损失一起在同一个保额之中进行支付，因此必须分清这两种费用。

实践中遇到船舶碰损船坞、码头或堤坝等固定设施，若为在船厂维修时脱缆所致，则为船厂责任；若为航行途中或停泊脱缆（因台风等灾害事故），则为保险责任。

（5）审核船舶的碰撞损失和碰撞责任。如果被保险船舶与他船发生碰撞事故，则要根据船东所提交的仲裁机构的裁决或法院判决的书面文件，确定被保险船舶应承担的过失责任比例，并了解双方船舶的损失详情。若被保险船舶还有清除航道或清污责任，还要掌握相应的费用情况。此外，若被保险船舶享受所有人责任限制，应要求被保险人及时提交法院对此的判决。

（6）审核共同海损。如果被保险船舶发生共同海损，则保险公估师要根据海事声明和航海日志审核所申报的共同海损行为的过程，确定其是否构成共同海损的事实。共同海损必须是在面临危及船、货或其他关系方的自然灾害或意外事故时，由船长下令采取的合理的人为措施所引起的特殊牺牲和额外费用。根据理算规则，凡列入共同海损范围内的费用均应赔偿，而不管它们按照保险条款的规定是否为除外责任，但其前提条件是引起共同海损事故的原因属于承保风险。

（7）审核在船舶修理招标期间的补偿金额。如果对船舶损失的修理是按照保险条款的规定采用招标或重新招标的方式进行的，则应审核给被保险人在招标期间的补偿金额是否超过船舶当年保险价值的30%。

（8）审核第三方责任。在船舶碰撞责任中，涉及第三方责任的问题；在发生共同海损时，涉及向其他受益方分摊损失的问题。因此，公估师要根据海事声明、航海日志等判定确切的第三方责任，有时也可通过法院判决来明确。在保险人向被保险人支付赔款之后，保险人即从被保险人处取得了代位求偿权。

4. 确定损失赔偿数额

在确定被保险船舶的投保范围、损失程度和责任范围之后，即应根据船舶全损、部分损失、碰撞责任和共同海损分摊等不同情况，逐项计算赔款。

（1）全损赔偿。船舶的全损可分为实际全损和推定全损。

① 实际全损。船舶险的实际全损，通常可分为如下类型：A. 船舶完全损毁和灭失，如船舶遭遇风暴倾覆而沉入深海并无法打捞；B. 船舶失去原有的性质和用途，如油船因爆炸火灾而烧毁；C. 船舶的所有权丧失，并无法追回，如船舶被海盗劫走；D. 船舶失踪达6个月者，可视为实际全损。

如果保险人赔偿金额的责任已经确定，其赔偿金额就是全部保险金额。船舶保险很少发生部分全损的情况，但若投保时将船体和机器的价值分项载明于保险单上，即使以单独海损索赔条件承保，保险人对于其中任何一项因承担危险所致的全损，仍需赔偿。保险人对实际全损赔偿后，其船舶所有权应转移给保险人，但出险航次中应收的运费，按照惯例则不予追究。

② 推定全损。船舶险的推定全损，通常可分为如下类型：A. 船舶的实际全损已经无法避免；B. 海难船舶需要施救及救助费用将超过预计的获救价值；C. 受损船舶的修复费用将超过其保险价值。

对于推定全损，保险价值（而不是保险金额）是判断其成立与否的标准。

如果保险人接受委付，就应按全损状态支付赔款，同时取得与船舶相关的一切权利与义务；如果保险人拒绝委付，则应按照部分损失进行赔偿，这时保险人要在其赔款中扣除免赔额，赔偿后并不取得受损船舶剩余部分和其他权利。

（2）部分损失赔偿。被保险船舶遭受保险责任范围之内的部分损失，由保险人在保险金额限度内按照对损失所作修理支付的费用扣除免赔额后进行赔偿。船舶修理费用的项目很多，主要如下。

① 临时修理费用。受损船舶临时停靠港若没有正常的修复条件，只能进行临时修理，使其适航开往具有修理能力的港口。此为合理的修理费用，可按实际支出赔付。若被保险人仅仅是为了自己的方便而进行临时修理，则保险人不予赔付。

② 加班修理费用。为了减少船舶坞修时间，或使受损客货轮保持原定船期，或因共同海损行为而在避难港修理的船舶加快修理等合理原因而加班，保险人应予赔付。若仅仅为被保险人方便而加班是不合理的，理赔时应予剔除。

③ 坞修费用。船舶遭遇海难事故后必须进入船坞修理，则所发生的使用船坞的相关费用由保险人负责。若船舶进坞的同时还进行特检，一般按比例分摊；如坞修涉及单独海损和共同海损，则应在二者之间平均分摊。

④ 因推迟修理而增加的修理费用。船舶遭遇一般危险而受损，但并未影响船舶的继续运营，通常是过了一段时间后才进行修理。若推迟修理的费用比损坏刚发生时增加很多，则增加的部分是不合理的。但若此种推迟修理的做法有利于保险人时（例如船舶在受损时并没有修理，一直到船舶按原定检修计划进坞），则保险人应按比例赔付。

⑤ 转移港口费用。船舶受损所在港口无法修理时，需要移往可以修理该受损船舶的港口，由此所发生的合理而适当的费用由保险人承担。必要时，保险人还负责从修理港返回原港口的费用。倘若船舶转港是为了一举两得，既修理船舶在保险责任范围内的损坏，又修理船舶在保险责任范围外的损坏或对船舶进行正常的检修，则由此产生的费用应按比例分摊。

⑥ 船舶搁浅后的船底检验费用。对船舶搁浅后专门为检验船底而产生的合理费用，即使在检验中未发现任何损失，保险人都必须按规定负责赔付。根据我国船舶保险条款约定，对此也不扣除免赔额。

⑦ 清除易燃气体费用。有的港口当局规定受损船舶在接受修理之前，必须将船舱或油槽作一番清理以保证安全。为清除易燃气体而发生的费用（出具证明），应作为修理费用的一个组成部分由保险人负责。

⑧ 船底除锈、喷漆费用。保险人只承担承保风险所致的海损修理中的船底除锈和喷漆费用，凡与保险事故无关的船底除锈和喷漆费用则由船东自行负责。如果船底的此项费用是由共同海损和单独海损共同造成的，甚至夹杂着应由船东自负的因素，那么该项费用应在这几者之间分摊。

⑨ 燃料和物料费用。受损船舶在修理过程中，为了修理而耗费的燃料和物料费用，或者为转移到修理港口所耗费的燃料和物料费用，都可以视为合理的修理费用支出，由保险人承担。

⑩ 船员的工资和给养费用。这种费用属延迟所引起，一般不予赔偿。但若是船员被雇担任修理期间的船上看守或作为一般修理工参加修船，则其合理的费用应由保险人负责。此外，若为了保险人应承担费用的转港而发生的船员工资和给养费用，同样由保险人负责。

⑪ 修理招标或重新招标期间的补偿。被保险人等候保险人要求招标时所花费的时间损失，即从发出招标邀请时起，到接受投标时止的这段时间内，被保险人所支付的燃料、物料、工资、给养等维持费用由保险人负责，但最高不得超过船舶当年保险价值的30%。

⑫ 代理佣金。保险人同意被保险人委请的代理处理保险事故所支付的佣金和费用（如聘请保险公估师、验船师处理案件），由保险人负责。若被保险人为委托代理人承办共同海损担保所支付的佣金，则不属于保险人负责补偿的代理佣金范围。

⑬ 船监业务员费用。在船舶修理期间，被保险人往往要派船监业务员前往修船厂监管船舶修理工作。由此发生的费用（监管修理和参与海损检验），可合理列入检验费或修理费中。

对船舶部分损失应付的赔偿不作以新换旧扣减（折旧）。尽管有此规定，但并未赋予被保险人要求使用新材料的权利。被保险人出售损坏的旧材料所得款项，应从修理费中打折扣或相应扣减赔款。

对于未做修理船舶部分损失的赔偿计算，可按下列办法处理：①以检验人出具的检验报告损失金额为据，扣减免赔额赔付；②以部分损失未曾修理的合理估算费用进行折扣为据，但最高不超过对损坏作全部修理的费用（折扣可理解为船舶完好价值减去受损的合理估算费用后再除以船舶完好价值）；③以保险合同终止时船舶保险价值为限进行赔付。

（3）碰撞责任。

① 碰撞责任类型。

A. 无过失责任碰撞。可分为不可抗力导致的碰撞、原因不明的碰撞。此类碰撞并不存在人为的过失因素，而纯粹由于客观原因或不明原因所造成。理赔时无须考虑对方的责任，也无法向对方追偿。

B. 过失责任碰撞。可分为单方过失责任碰撞、双方过失责任碰撞、因双方过失而碰撞第三船。单方过失责任碰撞情形下，肇事方要承担损失的全部责任，理赔时应考虑损失项目、范围、金额及合理性问题。对于另两类事故，既要考虑被保险船舶的损失，又要考虑可能承担的对第三方所需负责的法律上的碰撞责任。

② 赔偿。

A. 确定碰撞责任的因素。责任的划分主要集中于以下三个方面：a. 有关避碰规则违反方面的过失，如港章、港口惯例、《国际海上避碰规则》等可能适用的规则；b. 哪方造成了紧迫局面，造成紧迫局面的一方应承担主要责任；c. 碰撞前后的航向、航速，碰撞前后所采取的措施。

B. 按过失比例承担责任。第一，由于不可抗力或者不能归责于任何一方的原因或者无法查明的原因造成的，碰撞各方互不负责；第二，单方过失由过失方承担赔偿责任；第三，双方都有过失的，按各自过失比例负赔偿责任。

C. 损失分类。船舶碰撞造成的损失分为两部分：一为费用损失，如运费、租金、救助费用等；二为物质损失，指船舶及属具、货物及其他物体的损害和灭失。

③ 碰撞责任计算。如果是被保险船舶一方具有过失责任，则由该被保险船舶的

保险人负责赔偿该船对对方所负的碰撞责任。如果碰撞双方均有过失责任，则双方保险人要承担各自承保的船舶对对方船舶所应负的碰撞责任，并且只要一方或双方依法享受船东责任限制，那么船舶碰撞责任就应按单一责任方法计算，否则采用交叉责任制。单一限制责任中哪部分是修理费，哪部分是船期损失就不明确了。总之，限制责任的适用一定要在单一责任原则确定之后。

A. 单一责任计算方法。船东之间通常按“单一责任”方法处理。

[例] 假设甲、乙两船相撞，甲船损失 20 000 元，乙船损失 15 000 元，甲船责任比例 80%，乙船责任比例 20%。那么

甲船对乙船的责任为：15 000 ×80% =12 000（元）

乙船对甲船的责任为：20 000 ×20% =4 000（元）

各自的责任冲抵后，甲船赔付乙船的单一责任为 8 000 元。如果甲船责任限制至 5 000 元，则甲船只需赔付 5 000 元而非 8 000 元，法律上不承认分别由甲船赔付乙船 12 000 元，然后再由乙船赔付甲船 4 000 元。此时，甲船保险人承担的碰撞责任为 5 000元，乙船保险人无碰撞赔付责任。

B. 交叉责任计算方法。船舶碰撞责任保险的赔偿，一般按“交叉责任”方法处理。因为单一责任原则对保险人不公平，一方面掩盖了保险人实际享受对保险船舶船期损失的代位求偿权的事实，另一方面掩盖了保险人实际上很难主张法定除外责任和约定除外责任的事实。

在船舶碰撞双方均有责任且没有任何一方依法限制责任的情况下，根据保单条款约定，本船保险人所负的碰撞责任按交叉责任原则计算，犹如各船东被迫按各自的责任互相赔付一样。如上例中视为甲船要赔付乙船 12 000 元，乙船要赔付甲船 4 000 元，分开来赔而没有冲抵。

C. 船舶碰撞责任中的姐妹船条款。船舶碰撞常常发生于同属一个船东或同一个经营人所有的姐妹船之间。在双方互有过失的情况下即会产生在同一个法人下互相起诉自己的法定代表人，这就违反了民事诉讼的基本原则，故是法律所不允许的。而船舶保险合同中的姐妹船条款，则将同一法人的两船视为两个不同法人所拥有的船舶，就克服了上述困难。

④ 几个值得注意的问题。

A. 碰撞责任限制。船舶保险合同项下的船舶碰撞责任仅限于非合同项下的侵权行为所造成的损失，不适用于船舶之间具有拖带合同等形式下的碰撞损害。

B. 碰撞责任与碰撞损失。保险人承担对其他船及船上财产和约定的被碰撞物体损失的赔偿责任是保单中的碰撞责任。由于碰撞造成保险船本身及船上财产的损失属于海上危险，涵盖在风险条款以内，乃属于单损的碰撞损失。

C. 被撞船舶及物体的延迟或丧失使用。这些责任属于碰撞责任，船舶险保单一

般只涵盖被撞船舶和物体等合理的滞期费用。同样需要注意的是，对于碰撞或触碰的另一方的延迟或丧失使用的费用（如码头营运利润的损失），保险人在碰撞责任中是不赔的。

D. 关于连续发生两次以上碰撞事故的责任限制问题。被保险船舶有时会在较短时间内连续发生碰撞，特别是在较拥挤的航道内。如果引起首次碰撞事故的原因一直连续起作用而没有导致碰撞事故的其他原因插入，那么这样的几次碰撞只能算一个事故、一个限额。如果有另外连续导致碰撞的原因插进来，则为两个或多个限额。

E. 时效。在我国，船舶碰撞的请求权时效期间为两年，自碰撞事故发生之日起计算。而“互有过失的船舶，对造成的第三人的人身伤亡负连带赔偿责任”，一船连带支付赔偿超过责任比例的，有权向其他过失的船舶追偿。这一互有过失船舶之间互相追偿的请求权的时效期间为一年，自追偿请求权人连带支付人身伤亡的损害赔偿之日起计算。此与受伤害的第三人向船舶碰撞的双方或一方提出的损害赔偿的请求权的时效是不同的。

（4）共同海损。保险人在船舶一切险条款项下还承保共同海损牺牲、共同海损费用和共同海损分摊，即保险人负责赔偿被保险船舶共损损失和费用的分摊部分。

① 定义。共同海损牺牲是指因采取共同海损行为而使被保险船舶遭到的损坏或灭失，作为船东的被保险人可以直接向保险人要求全部赔偿。被保险船舶发生共同海损牺牲，视为单独海损处理。保险人先行赔付并取得被保险人的代位追偿权，待日后向其他关系方请求摊回。

共同海损费用是指因采取共同海损措施引起的费用或由共同海损行为直接后果所产生的相关费用，保险人负责被保险人名下应承担的那部分责任。

共同海损分摊是指在共同海损行为中产生的牺牲和费用，应由因共同海损措施而受益的各方按各自受益财产价值的比例分摊，作为受益一方的被保险人可将其应承担的共同海损分摊额要求保险人赔付。

② 理算步骤。共同海损的理算首先要确定哪些项目应列入共同海损而得到补偿，哪些人应当参加分摊，以及因采取共同海损措施而受益的财产价值有多少，再确定各方应摊付的金额和结算办法。

首先，确定共损项目。

A. 船舶共损分摊价值的确定。在船舶全损的情况下，按该船航程终止时的当地完好价值减去属于单独海损的损失金额及残骸，或者按该船航程终止时的当地实际价值（残值）加上共同海损补偿额来确定。如发生共损后，货物在中途港以其他方式被转运至目的港，则船舶的分摊价值应以其在中途港卸货完毕时的实际净值为基础加以确定。

在船舶部分损失的情况下，则为全部修理费用总额扣减单独海损的修理费用和在修理期间所发生的船员伙食费、物料费和修理船锚或锚链的费用，以及为修理船舶而发生的船坞费、船台费和移泊费等（船舶未修时则按修理估价核算）。

B. 货物共损分摊价值的确定。按卸货时的货物价值计算，一般以收货人的商业发票为准。若无发票，则按货物装运时的价值加上保险费、运输费以及共损补偿来计算。如货物在抵达目的港前出售，则按出售的净值加上共损补偿来计算。

C. 其他利益方分摊价值的确定。如运费等。

其次，确定共损分摊价值。共损分摊价值，是指由于共损措施而受益的财产价值与因遭受共损损失而获得补偿的财产金额的总和。共损损失金额是指因共损措施所造成的财产损失和支付的共损费用的总和。

再次，确定共损分摊人及各自分摊比例。分摊比例，因共损措施而受益的各方按各自受益财产价值的比例分摊。

最后，赔付共损分摊金额。保险人应按保险价值下的分摊价值与船舶共损分摊价值的比例，赔付共损分摊额。在共损损失和分摊价值等于或低于船舶保险价值的情况下，保险人可按共损分摊金额赔付。如共损损失和分摊价值高于船舶保险价值，保险人则按比例赔付，其差额由被保险人自己承担。若保险人已赔付被保险船舶共损牺牲，需在赔付共损分摊费用时扣除其他受益方应支付的共损分摊额。

需要说明的是，对船舶海损修理中的“以新换旧”，可不作扣减；赔偿共同海损牺牲和费用后则取得代位求偿权，但能享有的摊回金额仅以已经赔付的数额为限；且赔付船舶共损牺牲和垫付共损费用后应计收利息。因为共损的理算过程较长，若有关共损损失和费用已先行赔付给船方，则在理算结算时原应给被保险人的利息，应自保险赔偿之日起按年利率付给保险人。

例，假设某轮从上海载货驶往伦敦，在马六甲海峡搁浅，加足马力倒车脱浅未果，且主机因而受损。后经抛弃部分货物及雇用拖轮协助脱浅，抵达目的港后宣布共同海损。本案各有关方遭受的共损牺牲、费用补偿和分摊结算如下（货币：人民币）：

船舶主机修理费损失（属共损牺牲）	250 000 元
抛货损失（净值）	35 000 元
雇用拖轮及其他共损费用	50 000 元
船舶在目的港的完好价值	1 000 000 元
货物到岸价值（不含抛弃部分）	365 000 元
该轮投保（船舶一切险）保险价值与保险金额相同，均为	1 000 000 元

根据上述资料，船舶、货物和运费各有关方可获得的共损补偿和支付的分摊金额如下：

a）共同海损补偿金额

船舶主机修理费	250 000 元
被抛弃货物的到岸价值	50 000 元
共损费用	50 000 元
	350 000 元

b）共同海损分摊价值

船舶目的港完好价值	1 000 000 元
扣除主机损失	250 000 元
加共同海损补偿	250 000 元
	1 000 000 元
货物到岸价值	365 000 元
加共同海损牺牲	35 000 元
	400 000 元

c）船舶及货物共损分摊金额

1 000 000. 00 + 400 000. 00 = 1 400 000（元）

船舶：1 000 000/1 400 000 × 350 000 = 250 000（元）

货物：400 000/1 400 000 × 350 000 = 100 000（元）

350 000 元

d）船舶共损分摊金额的分析

船舶应支付共同海损分摊金额 250 000 元，其中属于船舶共损损失为 178 571. 43 元（1 000 000/1 400 000 × 250 000），船舶共同海损分摊为 71 428. 57 元（250 000 − 178 571. 43）。

综上，船舶保险单赔付金额为人民币 250 000 元。

在此案中，如果被保险人先行索赔船舶共损牺牲，保险人的赔付程序是：①先行赔付被保险人船舶共损牺牲（船舶修理费）250 000 元（+）；②共损理算结束后，保险人赔付货损、拖轮及共损费用分摊 71 428. 57 元（1 000 000/1 400 000 × 100 000）（+），并摊回货方应分摊的船舶共损牺牲 71 428. 57 元（400 000/1 400 000 × 250 000）（−）。这样，该船舶险保单项下保险人仍累计赔付共损分摊总额为人民币 250 000 元。

（5）船舶险救助费用。

① 救助成立的条件。A. 被救助船舶必须遭遇实际海上风险；B. 救助人的救助必须出于自愿而非法律义务；C. 救助必须有效果。

② 注意事项。A. 救助的起因必须是保单列明的承保危险所引起，对于非列明的风险或除外风险所引起的救助费用，保险人不负赔偿责任。B. 救助常与共同海损联

系在一起，救助费用作为一种共同海损损失，保险人仅赔付救助费用的分摊部分（以船舶保险价值为据）。C. 对于船舶不足额保险，保险人仅按保险金额与保险价值的比例承担救助费用责任。D. 船舶经救助仍发生全损，一般不需支付救助费用，但救助合同另有规定者除外。

（6）船舶险施救费用。作为一种特别费用，保险人对船舶施救费用的赔偿责任独立于保单其他条款规定的赔偿责任以外，目的是为鼓励被保险人积极采取必要的合理措施，尽力避免或减少保险事故造成的损失。

施救费用的计算：①在任何情况下，施救费用以船舶保险金额为限；②对于船舶不足额投保（船舶完好价值超过保险价值），其施救费用按比例赔付。

5. 沿海内河船舶保险的赔偿规定

（1）全损险的赔偿处理。船舶全损按照保险金额赔偿，保险金额高于保险价值（实际价值）的，计算赔款时以不超过出险当时的保险价值（实际价值）为限。

（2）一切险的赔偿处理。船舶全损的赔偿，按照前述全损险的方法处理；船舶部分损失的赔偿，需区分不同情况处理。

① 新船按照实际发生的损失、费用赔偿，但保险金额低于保险价值（实际价值）时，则按照保险金额与保险价值（实际价值）的比例计算赔偿。计算公式为：

实际赔偿金额 =（实际损失和费用 - 残值）×保险金额/保险价值 - 免赔额

② 旧船按照保险金额与投保时或出险时的新船重置价的比例计算赔偿，两者以价高者为准。旧船发生部分损失的赔偿处理采取扣除折旧的原则，该原则的计算方法以保险金额与重置价值的比例为依据。因此，旧船发生部分损失时，赔偿处理则存在两种情况：

当保险金额大于或等于保险价值时，其计算公式为：

实际赔偿金额 =（实际损失和费用 - 残值）×保险金额/重置价值 - 免赔额

当保险金额小于保险价值时，其计算公式为：

实际赔偿金额 =（实际损失和费用 - 残值）×（保险金额/保险价值）×（保险金额/重置价值）- 免赔额

部分损失的赔偿金额以不超过保险金额或实际价值为限，两者以低者为准。但无论一次还是多次累计的赔偿等于保险金额时（含免赔额），则保险责任即行终止。

（3）碰撞、触碰责任的赔偿。保险金额是碰撞、触碰责任事故的最高累计赔偿额。

（4）共同海损、救助及施救的赔偿规定。此三项费用之和的最高赔偿额以保险金额为限。对于不足额投保的船舶，其共同海损、救助及施救费用应按比例分摊。凡涉及船方、货方和运费方共同海损事故时，对施救、救助费用、救助报酬的赔偿，本保险只负责获救船舶价值与获救的船、货和运费总价值的比例分摊部分。其计算公式为：

实际赔偿金额 = 获救船舶价值/（获救船舶价值 + 获救货物价值 + 运费）×救助费用 - 免赔额

（5）船舶残值处理。保险船舶遭受全损或部分损失后，对于船体钢板、机器设备等尚有价值的剩余部分，应协商作价折归被保险人，并在计算赔款时予以扣除。如果船舶为不足额保险，则船舶的残值应按比例折归被保险人。

【案例】 穗顺航35号船舶碰撞事故案

2007年12月28日，深圳市海安顺船务有限公司就其所属船舶穗顺航35号向××保险公司投保了沿海河内船舶一切险，保险期限自2008年1月1日至2008年12月31日；保险金额为人民币1 050 000.00元。

2008年6月19日0:00时，“穗顺航35”从广州新会港启航开往香港，于2:00时经睦州水道与“惠海龙58”轮对驶相遇，由于水流急，航道狭窄，双方避让不及，发生碰撞，导致“穗顺航35”轮船头左舷波板、波柱、艏柱、主甲板、甲板横梁等凹入变形，“惠海龙58”轮船头左舷波板、波桥、波柱、主甲板、甲板横梁等凹入变形。

事故发生后，碰撞双方当事人经协商并签订协议书一式三份，同意各自损失各自负责修理，今后互不追究责任，并报新会海事处备案。由于碰撞双方船舶损失不是很严重，且已签订协议书，实际确认此次事故各承担50%的碰撞责任，故当地海事部门未再进行碰撞责任的判定工作。

接委托后，广东君和泰保险公估公司三名公估人员（含船舶保险专家）于2008年6月21日10:15时抵达江门外海货柜码头，进行登船勘查。

船长黄树轩陈述了事故经过：该轮2008年6月18日抵达新会市天马港装货，6月19日0:00时离港驶往香港；6月19日2:00时在西江下游睦洲水道转弯处与“惠海龙58”轮发生碰撞。发生事故时能见度较好，船速2节，船长黄树轩操舵，水手何荫良在驾驶台协助瞭望。在离江门码头约2海里时，发动机发生故障，经简单处理后驶抵码头。

现场所见，“穗顺航35”轮左前部有明显碰撞新鲜痕迹，左首部主甲板、6根肋骨、舷墙（甲板横梁、波板、波桥、波柱）凹入变形，左首部带缆桩底部断裂，甲板油漆出现部分损伤。发动机缸套磨损严重，未见明显伤痕。经检查，船体无漏水，货物未损坏。

经了解，被保险人深圳市海安顺船务有限公司（船舶所有人及经营人）成立于

2004年7月2日（注册号：440301102725859），公司所在地：深圳市南山区南油大道新保辉大厦22楼A座2房。公司类型：有限责任公司。经营范围及方式：船舶运输业。注册资本：100万元。主要经营港澳航线水路运输业务，从事广东省内河普通货船运输的国内商业、物资供销业务。该保险标的船名：穗顺航35。船舶类型：集装箱船。船旗：中国。船籍港：深圳。船舶建造地：浙江省温岭市凯利船舶修造有限公司；建造日期：2000年4月10日。船体材料：钢质。总吨：676。净吨：379。载重吨：600吨。总长：49.8米。宽：10.3米。型深：3.5米。航次：29。货物：集装箱。数量：12X40F，20X20F。抵港时水尺：F米A米。船速：2.5节。

被保险人提供资料包括：船舶国际证书、内河船舶检验证书簿（船舶主要项目、内河船舶适航证书、内河船舶吨位证书、内河船舶载重线证书、内河船舶防止油污证书）、内河船舶装运危险货物适装证书、船舶最低安全配员证书、内河船舶船员适任证书、航海日志等，以及企业法人营业执照复印件、维修发票及明细清单。

根据被保险人陈述、事故双方所签协议书内容以及现场查勘取证结果，经综合评价分析，保险公估人员认为此次事故是由于两船相向行驶而发生左前部碰撞所致。

本次船舶碰撞事故造成保险标的"穗顺航35"左首部主甲板等部件受损。核损主要考虑以下几个方面。

(1) 双方签订"协议书"，各自承担50%的碰撞责任。

(2) 现场查勘取证，所见碰撞痕迹及部位（损失项目、数量及程度），结合力学原理分析，确认两船乃相向行驶而同时发生左前部碰撞所致，其各自承担50%的碰撞责任比较符合现场实际，也有利于维护被保险人的权益。

(3) 修理单位江门市航运船舶修造有限公司符合专业维修单位资质条件。

(4) 经剔除发动机修理费用56 325.00元外，其余修理项目与损失项目相符，维修费用与其专业单位定价基本相符。

综上，确定本次事故的定损金额为46 553.00元。经与被保险人反复沟通协调，最终同意扣除约定的免赔额后结案（因两船碰撞致标的部件受损，未产生实际施救费用）。

评析：本案为船舶碰撞责任，损失金额不大，案情也不复杂，但在责任认定时，因无当地海事部门的责任判定书而产生分歧。后根据公估人员现场查勘及取证情况处理，并在理算时扣除非事故原因引起的发动机修理费用，既坚持理赔原则又进行灵活变通，从而有效地维护了保险双方的合法权益。

第九章　货物运输保险概述与保险公估

第一节　货物运输保险概述

货物运输保险是以各种运输货物作为保险标的，承保在运输过程中可能遭受各种自然灾害或意外事故造成的损失，由保险人承担赔偿责任的保险。

一、货物运输保险的特点

1. 保险标的的流动性

货物运输保险所承保的标的，为了实现其位移的目的，通常不受固定地点的限制，而处于不断地流动之中，其损失往往发生在保险人的异地。出险查勘工作一般由当地的保险公估人进行，故货物运输保险公估人的地位很重要。

2. 保险期限的双重性

货物运输保险作为运程保险，其保险期限一般不受时间限制（按照行为时间界限的方式确定）而以一次运程为准，同时按“仓至仓”条款规定办理，并受该条款约束。

3. 保险责任范围的广泛性

货物运输保险除了承保自然灾害和意外事故造成货物的直接损失外，还包括在发生意外事故时，为减少财产损失所支付的施救费用，以及按照国际惯例对海上发生的共同海损牺牲和应分摊的共同海损费用。

4. 保险标的与被保险人的分离性

被保险人为使货物达到有目的地位移，通常是委托承运人来实现的。在运输过程中，保险标的由承运人掌握与控制，与被保险人相分离。因此，承运人是货物运输保险中的重要关系人，也是保险人考虑货物运输保险防灾防损的重点。

5. 被保险人的多变性

按照惯例，货物运输保险单可经保险人空白背书同意保险权益随物权单据即货运提单的转让而随之转移。有时保险单几经辗转，难以确定保险对象，直到最后持有保单的收货人出现为止。这在其他财产保险中是极少见的。

6. 保险金额的定值性

货物运输保险一般采用定值保险方式承保，这是由运输保险标的的流动性、出险地点的不确定性以及货物的价格在各地的不一致性决定的。发生损失时，则依约定价值而按货物的损失程度来计算赔款。

7. 保险关系的国际性

由于许多海上货物运输保险涉及国际贸易经营活动，其经济关系、法律关系均具有明显的国际性。在保险实务中适用的法律内容，如司法管辖、仲裁和诉讼等，也具有广泛的国际性。

8. 保险利益的特殊性

由于货物运输的特殊性，从而决定了投保人在投保时往往不知道货物的实际情况。因此，在货物运输保险中，通常采用“不论灭失与否条款”作为对保险利益原则的例外。

二、货物运输保险的风险

1. 投保人及被保险人的资信

在承保前，调查投保人及被保险人的信誉与道德风险是至关重要的。其原因在于风险的发生在很大程度上与人的因素有关。不诚实、不道德的投保人、被保险人会给保险带来难以预料的风险。

2. 保险标的物的特性

在货物运输保险业务中，作为标的物的货物品种繁多，其本身的特性与发生损失的可能性及损失程度有着密切的关系。因此，应根据货物的特性，选择适用的条款，确定合理的费率，明确承保责任。

3. 运输工具及状况

对于公路运输，运载车辆应有合格的保险及年审，运载货物与车辆的载重吨位应相符，对于超大、超重的货物运输，更要取得公路路政管理局的可行性认可；对于水路运输，应核实承运船舶的建造年份、吨位及配备等各项性能，运输工具所有人公司的资信状况、是否单船公司等。

4. 货物的积载与包装

货物的积载与包装对危险产生的可能性有很大影响，散装货物易发生短量、玷污，则要求船舶隔舱设备齐全；易损、易碎工艺品是否具有良好、合适的隔垫包装；超大、超长、超重的货物有否相应的安全措施；货物是否装载在甲板上；等等。一般情况下，包装是否妥当、适合商品特性，主要从包装材料、外形分类、衬垫物及容量限制四个方面考虑。

5. 航程与港口

航程、运输路线的远近，有无中转地，是否转船、换柜及扩展内陆运输，港口的设施、管理等，对危险的产生与否均有较大影响。

6. 货物的运输季节

主要考虑货物启运期间的气候因素，诸如季风、寒流、雨季等对货物的影响。

7. 业务记录

高风险、高保额的货物要细致地分析该保险标的以往的损失情况，谨慎、从严承保，以防止发生逆选择。

另外，保险人亦应掌握各类大宗货物的损失率及适用的特殊条款。

三、货物运输保险的主要险种

货物运输保险为适应被保险人的具体需要，根据不同的标的及采用不同的运输方式（海上、陆上、航空和邮包）可能遭受的不同风险，分别规定了不同的险种，如海洋货物运输保险、陆路货物运输保险、航空货物运输保险以及邮包运输保险等。这里简单介绍海洋货物运输保险和国内水路、陆路货物运输保险。

1. 海洋货物运输保险

习惯上把它们分成基本险、附加险及专门险三种。基本险又称主险，分为平安险、水渍险和一切险三种。

（1）平安险（FPA）。其责任范围包括以下几方面：

① 被保险货物在运输过程中由于恶劣气候、雷电、海啸、地震、洪水等自然灾害造成整批货物的全部损失或推定全损。

② 由于运输工具遭受搁浅、触礁、沉没、互撞、与流冰或其他物体碰撞以及失火、爆炸等意外事故造成货物的全部或部分损失。

③ 在运输工具已经发生搁浅、触礁、沉没、焚毁等意外事故的情况下，货物在此前后又在海上遭受恶劣气候、雷电、海啸等自然灾害所造成的部分损失。

④ 在装卸或转运时由于一件或数件货物整件落海造成的全部或部分损失。

⑤ 被保险人对遭受承保责任内的危险货物采取抢救、防止或减少货损的措施而支付的合理费用，但以不超过该批被救货物的保险金额为限。

⑥ 运输工具遭遇海难后，在避难港由于卸货所引起的损失以及在中途港、避难港因卸货、存仓和运送货物所产生的特别费用。

⑦ 共同海损的牺牲、分摊和救助费用。

⑧ 运输契约订有“船舶互撞责任”条款，根据该条款约定应由货方偿还船方的损失。

（2）水渍险（WA 或 WPA）。它的责任范围如下：

① 平安险所承保的全部责任。

② 被保险货物在运输途中，由于恶劣气候、雷电、海啸、地震、洪水等自然灾害所造成的部分损失。

该险别的责任范围包括了由于海上风险（自然灾害或意外事故）所造成的全部损失（实际全损或推定全损）和部分损失（单独海损或共同海损），并不是仅对货物遭受海水水渍的损失负责，也不是仅对单独海损负责。

如果被保险货物因承保风险而遭受全部损失，则无论是水渍险还是平安险，保险人都是负赔偿责任的，只是在发生部分损失的情况下，两者才有所不同：水渍险对不论是自然灾害还是意外事故所造成的部分损失均予以负责；平安险对于由于意外事故所造成的部分损失负责，对由于自然灾害所造成的部分损失一般不予负责，但在运输过程中如运输工具发生搁浅、触礁、沉没、焚毁等情况，即使是自然灾害所造成的损失也予负责。

水渍险对单独海损负责，但对锈损、碰损、破碎以及散装货物的部分损失不负责任。

（3）一切险。其责任范围，除包括平安险和水渍险的责任外，还包括被保险货物在运输途中由于一般外来原因所造成的全部或部分损失。具体来说，一切险是平安险和水渍险以及一般附加险（含 13 个险别）的总和。

附加险承保的是由于外来原因引起的风险损失，分为一般附加险、特别附加险和特殊附加险三类。专门险是根据货物运输特性承保的专门险别，有海洋货物冷藏保险、海洋桐油运输保险等。

2. 国内水路、陆路货物运输保险

分为基本险和综合险两种。

（1）基本险。基本险承保货物在运输过程中因遭受自然灾害和意外事故造成的损失，现将部分保险责任（原因）注释如下。

① 保险人负责的火灾，包括意外失火（如押运人用火不慎、用火设备不良、运输工具发生火灾等）、货物自燃成灾、他人纵火、因救火致保险标的损失（如货物遭到水渍损毁、灭失的损失）、毗邻火灾波及被保险货物所造成的损失。

② 对未直接遭受洪水浸泡，但因受潮变质的被保险货物，保险人不予赔偿；然而有些货物如棉花等，底层被水淹泡，上层货物虽未浸水，但该货物因此而受潮变质，保险人则应予赔偿。

③ 运输工具所载货物的装载面积若越出运输工具，在不违反交通运输或航行规定并符合装载惯例的条件下，可按碰撞责任负责。但运输工具本身与所载货物的碰撞，运输工具所载货物与外界物体的碰撞及货物之间的碰撞，均不属于该项规定的责任。

④ 搁浅是指船舶搁置在浅滩上造成瘫痪停航 12 小时以上或受损从而造成保险货物的损失。

⑤ 船舶碰撞岸壁、码头、航标、桥墩、站台等固定物或沉船等水下障碍物造成

的损失可参照触礁责任。

⑥ 未构成船身沉没，但大大超过规定吃水标准，使应浮于水面的部分浸入水中无法继续航行而造成保险货物的损失也属于沉没责任。

⑦ 明洞、桥梁坍塌可参照隧道坍塌责任，塘坝、岸坍塌可参照码头坍塌责任。

⑧ 施救费用是指为了减少或避免被保险货物的损失所进行的前抢救、救助等行为所支付的费用，如沉船后打捞被保险货物的打捞费等；保护费用是指为了减轻保险货物的损失程度或为了防止损失继续扩大和趋于严重，或为了恢复其价值所进行的整理、加工、复制、翻晒、烘干等所支付的诸如运杂费、加工费、包装费、保管费等各项费用。

（2）综合险。综合险除承保基本险责任外，还负责包装破裂、破碎、渗漏、盗窃、雨淋及提货不着（铁路货运险）等危险。现将部分保险责任（原因）注释如下。

① 综合责任中的“碰撞”不同于基本责任中的“碰撞”，这里是指运输工具中所载货物或存放在车站、码头上的货物与其他物体碰撞造成的损失，如货物与运输工具、货物与货物之间的碰撞；包装破裂致使货物散失的损失，是指按照国家有关规定包装的货物在运输过程中因包装破裂而散失所造成的损失。需要对包装进行修补或调换支出的费用可记作施救费用。

② 本款所涉及的“盗窃”，不限于整件货物的被盗，只要有明显痕迹能够证明货物的一部分或整件被盗（包括抢劫），保险人即予以负责；所谓“整件”，是指按照运输部门的货物运输有关规定进行包装的、完整的一件货物，也即货物运输单上所列明的一个完整的包装件（集装箱除外）。

③ 雨淋所致的损失，是指货物在包装、堆放、苫盖等符合安全运输有关规定的情况下，遭受雨水（包括人工降雨、雪融等）而导致的湿损。在实务处理中，只要被保险货物有雨水湿损的痕迹，并有承运部门的货运记录证明或其他相关单位的证明，即可按照雨淋责任赔偿。

3. 保险期限

货物运输保险的责任起讫采用仓至仓条款（W/W）。

（1）保险责任的开始。保险责任开始，需同时具备“签发保险单”和“保险货物运离起运地发货人的最后一个仓库或储存处所”两个要件，缺一不可。

“运离”的含义是被保险货物从起运地发货人的最后一个仓库或储存处所，被装载于主要运输工具或辅助运输工具的过程。因此，当一件货物被装运上运输工具，这件货物即可视为“运离”；若货物虽未被装运上运输工具，但已经开始被搬动，也应视为“运离”，保险人同样需承担责任——“运离”一件负责一件，“运离”一批负责一批。所以，在货物运输保险中，保险人承担的风险是逐渐增加的，直至货物全部“运离”时风险最大。

所谓“起运地发货人的最后一个仓库或储存处所”，是指被保险人或其发货人将保险货物于起运地用运输工具（包括辅助性运输工具）外运前，或交付水路、陆路运输机构前，存放被保险货物的任何一个被保险人或其发货人所有、占有或租用的仓库或储存处所。

（2）中转。是指自保险责任开始后，被保险货物从一地运往另一地的过程，属于正常的中途转运，保险人对此仍然负责，被保险货物在中转地承运部门的车站、码头以及代办托运部门的仓库或储存处所停留候运期间发生的保险责任范围内的损失都可以得到赔偿，停留时间的长短不受限制。但对于非无法控制的情况引起的不合理的绕道及改道，以及由此导致的货物中转停留期间所遭受的损失，保险人不予负责。

（3）责任终止。保险责任终止于保险货物运至该保险单上注明的目的地的收货人在当地的第一个仓库或储存处所时。此指保险货物到达目的地收货人在当地的第一个仓库或储存处所后，从运输工具上卸载下来，并经过搬运进入仓库或储存处所（包括露堆）存放后，该件货物的保险责任即行终止。如果保险货物运抵目的地后，收货人未及时提货，则保险责任的终止期最多延长至以收货人接到到货通知单后的15天为限（以邮戳日期为准）。

4. 保险价值

作为定值保险单，可按起运地成本价（起运地货物的购进价格）、目的地成本价（货物运抵目的地的实际成本，即起运地的购进价或调拨价加上运杂费、包装费、搬运费等）或目的地市价（货物到达目的地的销售价，即目的地的实际成本价再加上合法利润在内）之中的任何一种标准确定。

第二节　承运人与承运人责任

一、水路承运人与承运人责任

1. 海运承运人与承运人责任

我国《海商法》规定，海上运输包括海江之间、江海之间的直达运输，但其中第四章关于“海上货物运输合同”的规定不适用于中华人民共和国港口之间的海上货物运输，其他各章则不受限制而普遍适用。中国港口之间的货物运输及有关的港口装卸、储存、驳运等作业适用《水路货物运输规则》（1995年）。

（1）承运人与实际承运人。承运人与实际承运人往往是追偿案中的当事人，即诉讼案中的主体之一。在海洋货物运输过程中，经常出现各种各样的参与人，如船舶代理人、船舶所有人、租船人、无船承运人、货物代理人等等，使人难以分清谁是真正的责任者，以致追错对象。

《海商法》第四十二条规定："承运人是指本人或者委托他人以本人名义与托运人订立海上货物运输合同的人。"这里的承运人，即契约承运人。船东或船长以雇佣他的船东的代理的身份签发提单时，船东是承运人；租船人、无船承运人签发提单时，必须注明"作为承运人"字样，以表明其契约承运人的身份。

"实际承运人是指接受承运人委托，从事货物运输或者部分运输的人，包括接受转委托从事此项运输的其他人。"构成实际承运人的条件有二：①接受承运人的委托包括转委托、不直接面对托运人的委托；②从事实际运输，可以是全部货物的全程运输、全部货物的部分运输、部分货物的全程运输、部分货物的部分运输。例如，当租船人与托运人签订运输合同时，船东即是实际承运人。

（2）承运人的责任。

① 责任期间。第一，集装箱货物责任。"承运人对集装箱装运的货物的责任期间，是指从装货港接受货物时起至卸货港交付货物时止，货物处于承运人掌管之下的全部期间。"如承运人拼箱，即从接货、拼装、码头存储、装船、运输、卸箱、开箱直至交货的整段期间都属于承运人的责任期间；若是满箱货，承运人只负责从接箱、运输到交箱的一段期间。第二，非集装箱货物责任。"承运人对非集装箱装运的货物的责任期间，是指从货物装上船（越过船舷）时起至卸下船时止，货物处于承运人掌管之下的全部期间。"

② 适航义务。第一，适航的时间。为"开航前和开航当时"。船舶在定期检验时适航，并不代表在开航前和开航时适航。第二，适航的能力。指船舶在设计、性能、构造等方面都处于安全航海状态。配备船长、船员人数齐全，法定文件（如船员证书、海图等）齐备，燃料、粮食、淡水、药品及各种装备齐全。第三，货舱适货责任。货舱、冷藏舱、冷气舱和其他载货处所必须清洁、干燥、无异味；各种附属设施如通风设备、测温设备等完好无缺、工作正常；船舱还要适宜装载所承运的货物。

③ 管货义务与责任。第一，在装、卸货物和配载期间。第二，在运输途中谨慎地照料和保管货物。

④ 不合理绕航责任。除船舶在海上为救助或企图救助人命或者财产而发生的绕航外，由于其他原因而绕航，属于不合理绕航。

⑤ 舱面货责任。除非是粗、笨、过大、船舱容不下的货物，或是习惯性放置舱面的货物如木材、集装箱等，一般货物都不能放置于舱面运输。如果承运人未经托运人同意擅自将货物放于舱面，除对货物损失负全责外，并不得享受提单条款中的免责和责任限制。

（3）承运人的免责事项。

①"船长、船员、引航员或者承运人的其他受雇人在驾驶船舶或者管理船舶中的过失。"管船过失如测定船位的错误、忽视瞭望、航行中避碰不当等，但因海图过时

造成的事故除外。

②“火灾，但是由于承运人本人的过失所造成的除外。”如船舶不适航、货舱不适货导致的火灾，承运人不能免责。

③“天灾，海上或者其他可航水域的危险或者意外事故。”可预见而未采取防范措施，则不能免责。

④“战争或者武装冲突。”

⑤“政府或者主管部门的行为、检疫限制或者司法扣押。”此司法扣押仅指政府行为，并不包括因商务原因引起的对船舶的扣押。如因财产保全或证据保全申请法院扣船，船上的货物在扣船期内由于未能及时卸下而长时间堆放舱内导致受损，承运人不得援引此条原因主张免责。

⑥“罢工、停工或者劳动受到限制。”

⑦“在海上救助或者企图救助人命或者财产。”

⑧“托运人、货物所有人或者他们的代理人的行为。”

⑨“货物的自然特性或者固有缺陷。”

⑩“货物包装不良或者标志欠缺、不清。”货物在装船时存在上述问题，承运人必须在提单上批注。否则，签发了“清洁提单”，就不能援引此条免责。

⑪“经谨慎处理仍未发现的船舶潜在缺陷。”承运人必须举证证明自己已经谨慎处理，使船舶适航、货舱适货，并已充分履行管货义务，排除造成货损的其他原因。证明货损的直接原因正是船舶该处的潜在缺陷，而且该缺陷是承运人在开航前和开航时不能发现的。

⑫“非由于承运人或者承运人的受雇人、代理人的过失造成的其他原因。”

(4) 承运人的赔偿限额。

参见《海商法》第五十六条、第五十七条、第五十九条规定。

(5) 索赔时效。

① 时效期间1年。要求赔偿的请求权，自承运人交付或者应当交付货物之日起计算；有关海上拖航合同的请求权，自知道或者应当知道权利被侵害之日起计算；有关追偿请求权，自当事人连带支付损害赔偿之日起计算；有关共同海损分摊的请求权，自理算结束之日起计算。

② 时效期间2年。有关船舶碰撞的请求权，时效期间为2年，自碰撞事故发生之日起计算；货方就碰撞事故造成的货损货差向对方船舶追偿的时效因而也是2年。

③ 时效中止。“在时效期间的最后6个月内，因不可抗力或者其他障碍不能行使请求权的，时效中止。自中止时效的原因消除之日起，时效期间继续计算。其中暂停的一段时间不计入时效期间内。

④ 时效中断。时效因请求人提起诉讼、提交仲裁或者被请求人同意履行义务而

中断。但是，请求人撤回起诉、撤回仲裁或者起诉被裁定驳回的，时效不中断。请求人申请扣船的，时效自申请扣船之日起中断。自中断时起，时效期间重新计算。

（6）关于国际上的提单公约。

①《海牙规则》（统一提单的若干法律规定的国际公约）。《海牙规则》是海上货物运输方面最重要的一个国际公约，于 1924 年经布鲁塞尔外交会议讨论通过，1931 年 6 月生效。其主要内容如下。

A. 规定了承运人的最低限度义务。提供适航船舶和管理货物的义务。我国《海商法》基本参照了这两条。

B. 规定了承运人的免责事项（共 17 项）。我国《海商法》参照制定了 12 项免责条款。

C. 适用范围。公约仅适用于在任何缔约国签发的提单。

D. 承运人责任限制。对货物的灭失或者损坏按每件或每计费单位 100 英镑或等值的其他货币赔偿。

②《维斯比规则》。《维斯比规则》是对《海牙规则》的修改，1968 年通过，1977 年生效。该规则对《海牙规则》的基本内容（即承运人义务、责任及免责范围等）没有修改，主要在下面几个方面作了改动，提出了禁止翻供原则：

A. 当提单已经转让给善意的第三者时，与此相反的证据不予接受，即承运人必须对提单所载明的内容向第三者负责。例如，货物在装船时已经破损，船方在接受了托运人提供的保函后签发了“清洁提单”，日后由此引起的一切损失仍由承运人向第三者（收货人）负责，不得要求第三者直接找托运人。

B. 提出协议延长诉讼时效的办法。如果当事人双方同意，一年诉讼时效可以延长。

C. 提高了货物灭失或损害的赔偿责任限额，放弃了以英镑作为赔偿货币的制度，改用法国金法郎。每件货物最高赔偿限额为 10 000 金法郎，增设每公斤货物的最高赔偿额为 30 金法郎，以高者为准。

D. 设置了集装箱货物的责任限制条款。如果提单上具体载明装在集装箱内的货物件数单位，则以提单所列的件数单位为准；如果提单上没有具体载明集装箱内装件数，则一个集装箱（托盘）视作一件货物。

E. 把船东的雇佣人员或者代理人纳入保护范围，使他们得以享受法律给予船东的限制责任权利和抗辩。

F. 责任限制适用于货物索赔的任何诉讼，包括违约和侵权。

G. 扩大了适用范围。本公约适用于：在缔约国签发的提单（同《海牙规则》）；起运港是一缔约国港口；提单首要条款规定该提单受本公约管辖，或者受本公约的某一缔约国法律约束。

③《汉堡规则》(联合国1978年海上货物运输公约)。本公约最大的特点是扩大了承运人责任，代表第三世界货主国的利益。主要修改内容包括如下几点。

A. 延长了承运人的责任期间。《海牙规则》、《维斯比规则》规定承运人责任期间为“钩至钩”,《汉堡规则》改为“货物在装货港、运输途中和卸货港处于承运人的掌管下的期间，即从收货到交货的整个期间”。

B. 取消了对承运人的17项免责，只有“火灾”一项有限度地保留。采取“推定过失”制，要求承运人举证证明自己为了避免事故的发生及其后果已采取了一切合理的必要措施，否则即要负责。

C. 提高了单位赔偿限额。每件改为853 SDR，每公斤2.5 SDR。

D. 延长了货损索赔的诉讼时效，从一年改为两年。

E. 扩大了适用范围。除了《维斯比规则》订明的三个条件外，增加“货物卸货港是一缔约国港口”一条。

2. 国内水运承运人与承运人责任

《水路货物运输规则》(1995年)适用于中华人民共和国沿海、江河、湖泊以及其他通航水域中一切从事营业性的货物运输及与其有关的港口装卸、储存、驳运等作业，船舶、货运代理业务。

(1)承运人的主要责任。

① 承运人应根据货物的性质、状态、数量，按合同订明的时间、地点，调派适航、适载的船舶装运，并备妥护货物料；

② 承运人责任期间，是指从货物装上船时起至卸下船时止，货物处于承运人掌管之下的期间；

③ 承运人在责任期间内应当妥善、谨慎地装载、搬移、积载、保管、照料和卸载货物；

④ 承运人交付货物时，应当检验运单(提货凭证)，核对有关证件，发现货损、货差的，应编制货运记录。

(2)甲板货。甲板货是指配装在船舶露天甲板、船楼甲板和通道等无固定遮蔽部位的货物。配装甲板货必须符合下列条件：

① 不适合在舱内积载的笨重、长大货物。笨重、长大货物的标准：沿海的，重量5吨以上、长度12米以上；长江、黑龙江干线的，重量3吨以上、长度10米以上。

② 按照运输习惯，可以配装在甲板上的货物，如集装箱、圆木等。

③ 经承、托运双方协商同意配装甲板的货物。

(3)港口经营人的责任。包括：港口经营人应按作业合同，根据货物性质、状态配备适合的设备和工具，并使之处于良好的技术状态；港口经营人对作业货物的责任期间，是指起运港从接收货物时起至装上船时止，到达港从货物卸下船时起至交付时止，货物处于港口经营人掌管之下的期间；港口经营人在责任期间内应当妥善地、谨慎地装卸、搬运、保管、驳运货物；港口经营人应当按作业委托单或货运单验收、交接货物，如发现记载事项不符或货损、货差，应当编制货运记录。

（4）承运人、港口经营人的除外责任。包括：不可抗力；货物的自然属性和潜在缺陷；货物的自然减量与合理损耗，以及托运人确定的重量不准确；包装内在缺陷或包装完整但内容不符；标记错制、漏制、不清；非责任海损事故造成的货物损失；除证明属于承运人责任造成的外，托运人自行押运的货物，因照料不当的损失以及有生命动植物的疾病、死亡、枯萎、减重和易腐货物的变质；免责范围内的甲板货物损失；其他非承运人或港口经营人造成的损失。

《水路货物运输规则》规定的承运人免责条款不同于《海商法》的规定在于：承运人不能就船长、船员驾驶船舶和管理船舶的过失免除责任。

（5）索赔时效。托运人向承运人和港口经营人要求货运事故赔偿时，应在收到货运记录的次日起 180 天内提交索赔书。超过时效提出索赔要求，则不再受理。

（6）承运人、港口经营人的赔偿限额。根据《交通部、中国人民保险公司水路货物运输实行保险与负责运输相结合的补偿制度的规定》（1987 年）第五条，承运人对每件货物价值在人民币 700 元以上（含 700 元）的，赔偿金额按实际损失最多不超过人民币 700 元（含 700 元）计算赔付；对每吨货物价值在人民币 500 元以上（含 500 元）的，赔偿金额按实际损失最多不超过人民币 500 元（含 500 元）计算赔付。但因责任海损事故造成的货物损失，按上述规定计算的赔偿总额不应超过海损事故赔偿最高限额的限定。

二、陆路承运人与承运人责任

1. 铁路承运人与承运人责任

规范铁路货物运输的主要法规是《铁路货物运输规程》（1991 年）。该《规程》是根据国家的有关方针、政策、法令，以《中华人民共和国经济合同法》、《中华人民共和国铁路法》和《铁路运输合同实施细则》的基本原则为依据制定的。

（1）承运人的责任。承运人从承运货物时起至将货物交付收货人止，对货物发生灭失、损坏负赔偿责任。

（2）承运人的主要义务。包括：按照货物运输合同约定的时间、数量、车种，拨调状态良好、清扫干净的货车；在车站公共装卸场所装卸货物，除特定者外，负责组织装卸；将承运的货物按照合同约定的期限到站，完整、无损地交付给收货人。

（3）承运人的赔偿限额。对不按件数只按重量承运的货物，每吨最高赔偿限额为人民币 100 元；对按件数和重量承运的货物，每吨最高赔偿人民币 2000 元；个人托运的搬家货物、行李，每10公斤最高赔偿人民币30元。实际损失低于上述赔偿限额的，则按货物的实际损失价值赔偿。若货物的损失是由承运人的故意行为或重大过失造成的，不适用赔偿限额的规定，应按照实际损失赔偿。

（4）索赔时效。承运人同托运人或收货人相互之间要求赔偿或退补费用的有效期为180天，由承运人交给货运记录的次日起算；货物全部灭失未编有货运记录的，为运到期限届满的第31日起算。

（5）铁路承运人的免责范围。包括：不可抗力；货物本身性质引起的碎裂、生锈、减量、变质或自燃等；货物的合理损耗；货物包装的缺陷；等等。承运时无法从外部发现或未按国家规定在货物上标明包装储运图示标志；托运人自装的货物，加固材料不符合承运人规定的条件或违反装载规定，交接时无法发现的；押运人未采取保证货物安全的措施；托运人或收货人的其他责任。

（6）铁路运输的主要单证。

① 货物运单。货物运单是承运人与托运人之间为运输货物而签订的一种运输合同。

② 货票。货票是铁路内部一种财务性质的货运票据。用于清算运输费用、确定货物运到期限、统计工作量等指标，同时也是托运人报销运费的依据。

③ 货运记录。货物在铁路运输过程中，发生货损、货差、有货无票、有票无货或其他情况需要证明铁路托运人或收货人之间的责任时，所编制的记录。

④ 普通记录。整车货物途中需要换装或整理，而货物本身未发生损失以及其他情况需要证明时，应编制普通记录。

⑤ 鉴定书。货物发生损坏或部分灭失，不能判明发生原因和损坏程度时，承运人在交付前，应邀请收货人或鉴定人进行联合检验、鉴定，并将检验结果编制成鉴定书。

2. 公路承运人与承运人责任

规范国内公路货物运输的主要法规是《公路货物运输合同细则》（1986年）。

（1）承运人义务。

①按合同约定的期限、数量、起止点，合理调派车辆，完成运输任务。

②负责装卸时，应严格遵守作业规程和装载标准，保证装卸质量。

③实行责任运输。安排装货的车辆，货箱要完整清洁，货物要捆扎牢固，苫盖要严密。运输途中需定时检查，如发现异常情况应及时采取措施，保证运输质量。

④装运鲜活、易腐等有特殊要求的货物，应承担专门约定的义务。

（2）承运人责任。

①由于承运人的过错，造成货物逾期到达，应按合同约定支付对方违约金；②从货物装运时起，至货物运抵到达地交付完毕时止，承运方应对货物的灭失、短少、变

质、污染、损坏负责，并按货物的实际损失赔偿。

（3）承运人除外责任。包括：不可抗力；货物的自然损耗或性质变化；包装不符合规定（无法从外部发现）；包装完整无损而内装货物短损、变质；托运方过错；有押运人员且不属承运方责任；其他经查证非承运方责任造成的损失。

（4）索赔时效。承、托运双方彼此要求索赔的时效，从货物运抵到达地点的次日起算，不超过180天。赔偿要求应以书面形式提出，对方需在收到书面赔偿要求的次日起60天内处理。

三、航空承运人与承运人责任

1. 国内航空承运人与承运人责任

规范我国国内航空货物运输合同的主要法规是《中国民用航空货物国内运输规则》（1996年）和《航空货物运输合同实施细则》（1986年）。

（1）承运人责任。承运人责任从承运货物时起，至货物交付收货人或依照规定处理完毕时止，承运方对由于承运人原因造成货物灭失、短少、变质、污染、损坏负责赔偿。

（2）承运人义务。对承运的货物精心组织装卸作业，轻拿轻放，严格按照货物包装上的储运指示标志作业，防止货物损坏；按照装机单、卸机单准确装卸货物，保证飞行安全；建立健全监装、监卸制度，货物装卸应当有专职人员对作业现场实施监督检查；在运输过程中发现货物包装破损无法续运时，承运人应当做好运输记录，通知托运人或收货人，征求处理意见；托运人托运特种货物、超限货物，承运人装卸有困难时，可要求托运人或收货人提供必要的装卸设备和人力；健全货物仓库保管制度，做好防火、防盗、防鼠、防水、防冻等工作，保证进出库货物准确完整。

（3）承运人的免责。包括：不可抗力；货物本身性质所引起的变质、减量、破损或灭失；包装方法或容器质量不良，但从外部无法发现；包装完整、封志无异状而内件短少；托运人或收货人的过错；等等。

（4）赔偿责任限额。货物没有声明价值的，按实际损失的价值赔偿，但最高赔偿限额为毛重每公斤人民币20元；已向承运人声明价值的，按实际损失的价值赔偿，如承运人证明托运人的声明价值高于货物的实际价值时，按实际损失赔偿。

（5）索赔时效。托运人或收货人要求赔偿时，应在填写“货运事故记录”的次日起180天内，以书面形式向承运人提出，并附有关证明。

（6）索赔手续。

① 托运人或收货人发现货物有丢失、短缺、变质、污染、损坏或延误到达时，收货人应当场向承运人提出，要求承运人填写“运输事故记录”并由双方签字盖章。

② 于签发事故记录的次日起，在法定时间内向承运人或其代理人提出索赔，填

写“货物索赔单”，并附有关单证如货运单、运输事故记录和能证明货物内容、价格的凭证或其他有效证明。

③ 索赔一般在到达站处理。承运人对托运人或收货人的索赔要求，应当在两个月内处理答复。

2. 国际航空承运人与承运人责任

规范国际航空货物运输的主要国际公约是《华沙国际航空运输统一规章公约》，即《华沙公约》（该公约曾多次修改和补充）。

（1）承运人责任。包括：承运人对交运的行李或货物在航空运输期间因毁灭、遗失或损坏而产生的损失承担责任。航空运输期间，是指行李或货物在承运人保管的期间，不论是在机场内、航空器上或机场外降落的任何地点，但不包括在机场以外的任何陆运、海运或河运，除非这种运输是为了装货、交货或转运以履行航空运输合同。

（2）承运人的免责。包括：货物的属性和本身缺陷；承运人或其受雇人以外的人包装不善；战争行为或武装冲突；公共当局采取的与货物入境、出境和过境的有关行为；由于受害人的过失所造成的损失，全部或部分免除承运人的责任；由于索赔人或拥有索赔权的人的过失所造成或促成的损失，全部或部分免除承运人的责任。

（3）索赔时效。

① 就行李损坏提出异议的时间，最迟应在行李收到后 7 天内提出；就货物损坏提出异议的时间，最迟应在货物收到后 14 天内提出。

② 应在航空器到达目的地之日起，或应该到达之日起，或从运输停止之日起 2 年内提出诉讼，否则即丧失诉讼的权利。

（4）承运人的赔偿限额。在货物运输中，承运人的责任以每公斤 17 特别提款权（SDR，即计算单位）为限。如果托运人在向承运人交运包件时，曾经特别声明在目的地交付时的利益，并缴付必要的附加费，承运人应按申明的金额赔付，除非承运人能证明声明的金额高于在目的地交付时托运人的实际利益。

第三节　货物运输保险公估

保险公估公司接受货物运输保险公估委托后，为了快速、准确、公正地完成理赔公估工作，必须按照合理的业务程序进行操作（图 9 –1）。

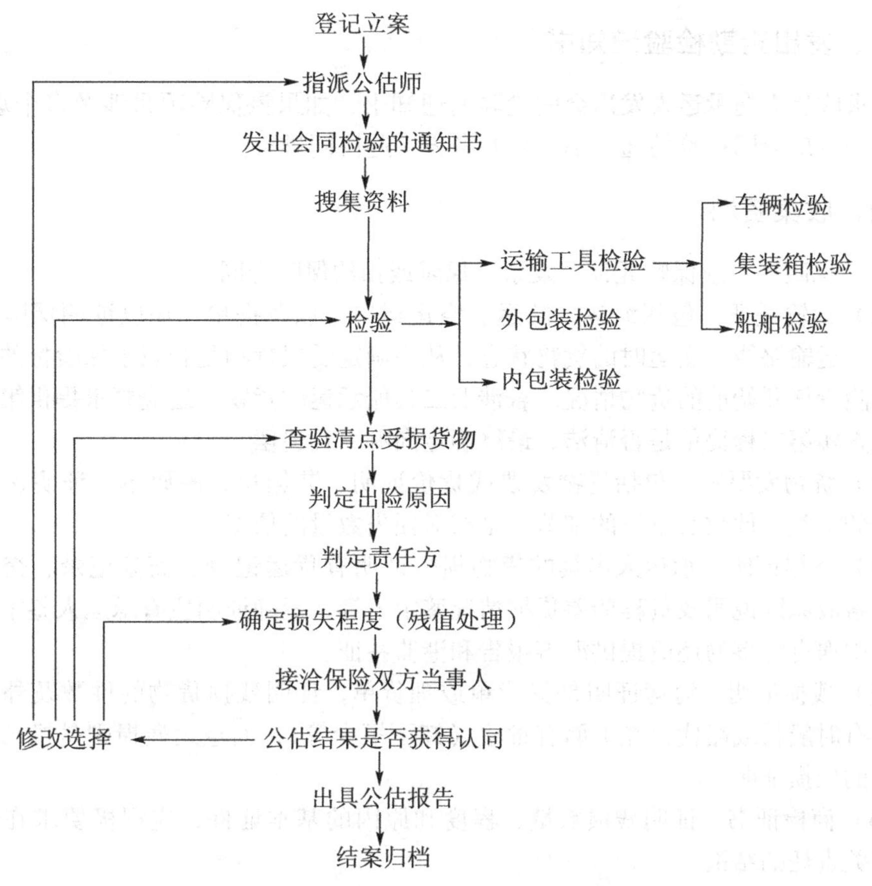

图 9-1　货物运输保险公估流程

货物运输保险理赔公估的工作步骤如下。

一、受理委托

接受委托时，保险公估公司先要根据保险单及委托人的叙述进行审查，决定是否受理。对决定受理的案件，应进行案件案情登记、委托人姓名登记等。

二、指派公估师

根据案件的具体情况指派公估师或组成公估小组，必要时还可聘请有关专家一同前往现场查勘、检验。

三、发出查勘检验通知书

要求收货人向承运人发出会同检验的通知书，如果该保险项目涉及多个承运人，则要一一发出会同检验的通知书，通知各方一起协同进行。

四、收集资料

（1）保险单。或保险凭证及发票、保函或预约保险合同。

（2）运输凭证。包括海运、陆运、空运运单，以及提单。用以证明保险货物承运件数、运输路线、交运时的货物状态，从而确定受损货物是否属于保险标的，便于了解保险责任开始前的货物情况。若涉及二程船承运的货物，还应要求提供第二程提单，以查实第二程提单是否清洁，最终确定向哪一程追偿。

（3）货物发票等。包括货物发票或货价证明、装箱单、磅码单，证明保险货物装运时的金额、件数及重量的细节，是核对损失数量的依据。

（4）货损证明。承运人出具的货物损失证明有货运记录、商务记录、交接验收记录、事故原因说明及货程船差货损情况鉴定书等，短卸证明应有承运人签字，船舶在运输中遇有海事的还应提供海事报告和港监签证。

（5）残损证明。海运证明是提货单或理货单，证明残损货物的件数及外表受损情况，有时船长或船代也在上面有批注（卸下短少等），而空运残损则是机场有关部门签发的残损证明。

（6）商检证书。证明残损数量、程度和原因的基本证件，应积极要求在证书上注明有关责任的结论。

（7）第三方责任证书。其他专业检验机构出具的证书包括船检证书、火灾鉴定报告、卫生或动植物检疫证书等。

（8）施救费用单据。如有施救、整理、修理及其他责任方索赔的费用，应提供有关单位进行施救的收费单据或索赔方的费用清单。

（9）向第三者责任方的索赔函。若涉及第三者责任方，应有被保险人向其索赔的信函或提出保留追偿权益的信函，以及被保险人、保险代理人与第三者责任方之间的往来函件。

（10）其他索赔单证。主要有：

①大宗物资的出库清单或磅码单，或能够代替清单的有关单证；收货人的验收单或入库单（卸货单），作为核对损失数量的依据。

②遭受盗窃的应提供铁路或港区或县级以上公安部门的证明，或由上述公安部门在相关损失证明上的签字。

③当索赔人或实际受益人与被保险人名称不符时，应有被保险人的权益转让

证明。

④自然灾害造成的损失，应提供受损地区的气象报告或有关灾情证明。

⑤涉及发货人责任的应提供货物供销合同或出厂证明，以审核货物质量、规格等是否符合供销合同规定；若涉及货物质量的应提供货物质检证明书等。

⑥中转货物应提供中转地的货物交接清单。

⑦陆运应提供承运单位的营业执照副本（包括名称、地址、联系方式）、行驶证（承运车辆的车号、载重吨位等）及驾驶证，承运单位（车辆）与货主的运输合同，交通事故报告或交警责任裁决书等。

⑧海运应提供船舶资料（船籍、载重吨位、建造年份等），相关证书（适航证书、安全证书、航海日志、轮机日志、机舱日志等），海损经过（海损时间、地点、致损原因如船舶碰撞、搁浅、触礁、失火、遇恶劣气候等以及船货损失情况，海事报告），载货资料（提单、发票、装箱单、仓单及合同，查明包装、唛头件数、重量、单价、总价、发货人、发货港、卸货港、收货人），救助情况（是否进行救助以及救助人、救助协议、救助担保或救助仲裁等），共损情况（船舶是否宣布共损、是否委请理算人、准备提供共损担保或签署不可分割协议书等）。

五、查勘检验

1. 查勘检验工作要点

（1）查明出险时间。根据货物运单承运与到达的日期记载，查明保险货物实际到达的日期，核实被保险人是否在规定日期报案，以明确货损是否发生在保险期限内。这里应注意两个问题：①运输部门签发的记录（货运记录、普通记录、商务记录）是否是在货物到达后24小时内编制的，否则只能作为参考；②对出险日与保险责任起始日接近的报案，应特别注意核实，防止发生先损后保的道德风险。

（2）查明出险地点。货损是否发生在运离起运地发货人的最后一个仓库或储存处所及运抵目的地收货人的第一个仓库或储存处所之间，以明确损失是否属于保险责任起讫范围之内。查勘时应注意区分以下三种情况：①在起运地出险的，应查明保险责任是否已经开始；②在目的地出险的，应查明保险责任是否已经结束；③在途中受损的，应查明是否属于正常的运输路线和时间段内。对已经转售或从车站、码头直接调拨的货物，保险责任自提货之时起终止。

（3）查明出险原因。应随时随地留意查看并掌握充分证据，以实事求是的态度，结合货物特性、损失情况以及装卸、配载、仓储、运输、内外包装等进行综合分析，作出合情合理、有根有据的判断，区分货物的原残、途残、短卸和短提等损失责任。根据近因原则了解货物损失究竟是什么原因造成，自然原因还是人为因素？按照所承保的险种，对照条款及条款解释，确认是否属于保险责任范围。

2. 查勘检验步骤

（1）确认承保标的。在进行货物运输保险公估时，公估人员应依据提货单、发票、包装明细等装载文件及有关资料，先行核对标的品名、唛头数量、各相关文件证号及船名等是否相符。若该标的以货柜为载运工具，则应查对货柜及封铅号码，以确认该批货物是否为保单承保标的。

（2）了解核实货物运输过程。了解核实承保标的的运输过程，是分析货物损害原因及提供改进建议的重要参考依据。如进行海洋货物运输保险公估业务时，应充分了解该批货物的运输过程（包括何时何地装船、是否有驳船接转或于中途港转船、何时抵达目的港、泊靠码头、储存仓库地点及环境状况、卸货情形、海关检验方式，甚至有关装卸货物及内陆转运时的天气情况、航程情况等）。

（3）检验内容。

① 检验运输工具。

A. 检验运输车辆。若为公路运输，应检验运输车辆的适运状况，货物在车厢中的放置位置、固定方式与牢固程度、损失情形，审验运输车辆与运输合同载明的车辆、行驶证是否一致，运输线路及作息情况，以及驾驶人员的合格情况等。

B. 检验集装箱。若货物的受损与盛装货物的集装箱有关，则要对集装箱进行检验。

首先，应检查其外观、封条状态等。若存在受到外力撞击的明显痕迹，则保险人对其损失应予以赔偿。若货物为精密机械，外包装及机械外部无损坏痕迹，但在目的地却无法使用，这时可用感应器测定机械受撞方向、大小，从而确定赔偿责任。

其次，查看封签号码是否与装运单证上所注相符。如封签完好，箱内货物发生货差货损，则归因于发货人、承运人或其代理人短装或积载不当所致，应由发货人或承运人负赔偿责任。如封签完好，但封签号码与装运单证上所注不符，证明曾在运输途中换箱，这时需根据承运人提供的换箱时对原集装箱货损情况的检验证书，查明货差货损究竟是发生在换箱前还是在换箱后，从而判定责任归属。

此外，不论是何种类型的货物损坏，都应全面检查集装箱的内部状况，包括集装箱的顶部、下部以及箱体的整体状况。在条件许可的情况下，应从打开集装箱门之时起，即监视并报告货物的堆垛状况及其结构，一直到卸货完毕时为止。

对于受损的货物而言，还要详细描述其损坏程度以及移动之前在箱中所处的位置。在处理水湿货物受损情况时，对货物在移动之前于箱内所处位置的记录尤为重要，因为可以据此判断损失是由运输期间外界渗入集装箱内的水所造成，还是在装入集装箱前就已存在或是由货物内在缺陷所造成。

C. 检验船舶。若为船舶运输且在港口装卸货物造成起货设备损坏或货物受损时，公估师要会同船检对船舶的结构进行检验，以查明货损原因，确定船方与货方的责任。当货物受损时，也可以通过对航海日志的回览，查找是否存在因海难或航行途中承运人未尽到管货职责而使货物受损的情形。例如，放置于甲板舱中的散装玉米遭受淡水水渍，若对其船舱进行检验后得出的结论为："玉米水湿是由于装货至舱顶，未留空间，通风孔被玉米堵塞，货舱未能顺利通风而产生大量汗水，汗水凝聚并滴在玉米上造成"，则可见货物湿损乃因承运人在装船时的疏忽或过失所致。

② 检查货物的外包装。因为包装外表的迹象是判断损失原因的重要依据之一。检验时一定要细致谨慎，连微小的或不明显的迹象也不能放过。

A. 核对包装唛头（商标记号）、商品名称、数量等是否与合同中载明的内容相符。

B. 核对包装的种类和质量是否符合合同要求，判断损失是否是由包装类型的改变或包装材料的缺陷所致。

C. 检验外包装上是否刷有"小心轻放"、"禁止倒置"、"堆码重量极限"等标记，判定损失是否能归因于没有这种标记，或者是否归因于装卸时未按标记要求操作。D. 检查包装是否适合商品性质，是否符合一般习惯，是否适应长途运输的要求。E. 将货物按包装受损程度进行大致分类，以便做进一步的抽样定损。

③ 检查货物的内包装。若货物受损严重，不仅造成外包装受损，还可能导致内包装或内装货物受损，因而还要对内包装进行检验。检验时，首先要注意内包装及衬垫是否能保护货物、符合习惯包装或合同规定；其次要看包装内部的排列、装置是否适当，这时要注意货物的损失是否是由于倒置、侧放或缺乏固定装置等所致，因为这些都是判定损失原因的线索和依据。

④ 检验鉴定受损货物。由于承保标的种类及形态复杂多样，损失情况各不相同，损失一般归纳为质的变化与量的损失两种形态。根据不同受损货物的品名、规格、型号、数量（重量）及残损程度等，确定不同的鉴定方法。

A. 数量短少的鉴定。在检验货物的数量时，要以发票和装箱单为依据，核对到货数量。如果有短少，则要按照不同的货物种类、规格或型号分别列明实有数量和短少数量。如果同一批货物分箱装运，那么在发现短少时，还要注意有无在发货时装错的可能。如果发现零配件短少，则要检查其是否已经安装在机器或仪器上了。

B. 货物短重的鉴定。包装货物的短重是以完好货物的到货重量与残包重量之间的差额进行计算的。之所以选用完好货物的到货重量而不选用其发票重量，是由于货物在长时间的运输途中会发生自然耗损，该自然耗损是完好货物的发票重量与到货重量之间的差额。

对于量的损失查勘较为简单，通常以过磅或计数方式核对数量是否短少，大宗散装货物则除过磅计数外，另以丈量或水尺核对之，明确损失数量、程度或比例，必要时应抽样检验。至于数量短少是否因原厂短装或自然耗损，公估人员查勘时应特别予以查明。

C. 设备（配件）残损的鉴定。运输货物为机器设备（配件）时，其残损鉴定的技术要求则较高。应根据不同的设备（配件）类型，按照其技术参数进行相关的检测（或运行实验）、鉴定（明确损失部位和程度），必要时聘请有关方面的专家协助。

在进行现场检验时，保险公估师要就上述事项拍照存档。检验完毕后，所做的检验记录要获得各有关方的签字认可。

（4）水尺测量。某些货物（如黄豆、玉米、糖蜜、硫磺、肥料、煤、铜、铁及矿砂等）由于装载数量庞大，通常以水尺测量的方法来进行货量计算，即以货船的吃水深度（或称排水量）计算出总载重量，再减去船体重量与非货物重量，以确定实际载货重量的计算方法。

卸货数量＝（卸货前总排水重量－非货物重量）－（卸货后总排水重量－非货物重量）

（5）减少并防止损失扩大。公估人员在现场勘验时，除了要以熟练的检验技术来勘查损失程度、以丰富的实践经验来认识标的特性外，更应当机立断，采取必要措施，以减少并防止损失扩大。例如夹板水漏受潮时，应尽可能立即打开包装并尽快烘干处理以防止损失扩大；再如纸袋包装的货物，常因包装破损流失，如能予以重新改装将可使损失程度控制在最小范围。又如对散装液态货物的公估，卸货前应先行检查各管道及承载器具（油罐车或岸上储槽）是否清洁且适于货品储存，卸货时要提取部分货品以确定货品及卸货管道是否遭受污染。

六、确定损失责任

在判定货损原因的基础上确定损失责任。以船舶运输为例，责任归属可分为下列几种情况。

1. 原残

原残是指在付运前已经存在的残损。原残属于发货人责任。原残包括以下几种情况：

①货物在生产、加工、装配、整理和包装过程中造成的货损；

②货物在装货港装船前堆存、转运过程中造成的货损，即提单、舱单和大副收据上已作批注的残损；

③货物包装或标志不符合同规定或国际惯例，或不适合海洋运输造成的货损。对于外包装表面有明显缺陷的货物，装船时大副收据都会有与此缺陷相关的批注或陈述。发货人凭借这种大副收据，只能从承运人处换取到“不清洁提单”。由于不清洁提单通常不能到银行领取信用证进行结汇，因此发货人常常采用“保函”的形式，声明承担货物残损短少与承运人无关的这部分损失的理赔责任，以便换取“清洁提

单”。

2．船残和短卸

船残是指货物在装船后至卸货前，在船上发生属于承运人责任的损失。船残包括：

第一，由船舶不适航、船舶设备不良或船舱设备条件不适宜运载货物等直接造成的货损；

第二，船方未适当而谨慎地装载、收受、配装、承运、保管、照料和卸装所运货物；

第三，船方已签发“清洁提单”，并在卸货港理货公司的“货物残损单”上签字认可的属于船方责任所造成的损失。

上述第一点属于保险除外责任范围，保险人不负赔偿责任；对于第二种、第三种类型的船残，保险人赔偿后即取得代位求偿权，可向船方追偿。

短卸是指船方已签发“清洁提单”，并在卸货港理货公司的“货物溢短单”上签字认可的属于船方责任所造成的整件货物短少。短卸一般属于保险责任。

3．工残

工残是指货物到达卸货港卸货时由于装卸机械和工人的粗暴搬运所导致的残损，包括工人违章操作、机械失灵、粗暴搬运、装卸不慎、使用工具不当等。工残的损失责任由卸货部门负责。工残的损失可先由保险人赔偿，而后向卸货部门追偿。

4．港残

港残是指属于港方责任范围的由卸货港码头、仓库、货场等处的货物堆放或保管不善等原因造成的残损。保险人可在赔偿港残损失后向港方追偿。

5．海损

海损是指在海上运输过程中由自然灾害、意外事故等造成的货物残损。海损可以分为单独海损和共同海损，二者区分如下：

（1）就火烧损失而言，那些本身已经遭受火烧的部分，不论其是否又遭受救火水湿，都属于单独海损，而仅受救火水湿的未着火部分则属于共同海损。

（2）就烟熏损失而言，因火灾而造成的烟熏、热损等，应属于单独海损；而因救火浇水所产生的浓烟熏烤的部分，则属于共同海损。

（3）不符国际惯例或规定所造成的货物损失属于单独海损。

（4）就谎报货物的损失而言，未得到承运人同意就装在船上的货物或者不以真实名称托运的货物所遭受的损失，不得享受共同海损的补偿；但若因获救而保存了它的价值，则应与其他货物一起分摊共同海损损失和共同海损费用。

（5）对于已丧失其原有使用价值的货物，若在发生海上风险后才被投弃于海中，其损失仍属于单独海损。

（6）在浮动状态中船舶机器损坏的损失应属于单独海损。例如船舶在航行途中遇到恶劣气候，与风浪搏斗，因加大马力而过度使用机器以致损坏，由于与风浪搏斗以确保航行安全是船方应尽的职责，故上述损失属于单独海损，由船方自己承担。

6. 霉变

粮谷饲料类（包括袋装或散装大豆、玉米、小麦、油茶籽、花生仁、豆粕、鱼粉等）极易吸收空气中的水分，使水分含量超过限额而引起霉烂；因海水浸入、淡水渗入、水管漏水等导致货物吸水霉烂；或船舶遭遇恶劣气候，封闭通风舱或气候骤变（温度突然上升或下降）而致发汗或水汽凝结（船舶汗水或货物汗水）、潮湿发热，从而为细菌和霉菌的生长发育提供良好的环境，其结果必然是货物腐烂变质。一般情况下，谷类商品安全水分含量的最大值不应超过15%，饲料类种子饼安全水分含量的最大值不应超过12%。由于此类商品蛋白含量高而易氧化，氧化产生热的速率大于失去热的速率，故会产生缓慢自热，自热则会加速或加重霉变。蛋白含量高的饲料如豆粕更易氧化变质，而鱼粉较之同类产品则风险更大，更易自燃、霉变或结块。霉变，多为保险责任。

7. 短量

很多运输包装为袋装或散装，袋装的商品因为水分的自然挥发而短量，散装的商品除了商品本身水分挥发造成短量外，还可能因装卸洒漏、散失等导致短量。另外，在运输过程中也存在一定数量的运输耗损。对于某些粉状的袋装货物而言，自然耗损不仅来自于干燥，而且来自于因磨蹭而形成的灰尘在装卸过程中失去；种子变轻可能是因为风干和从承载它们的包裹中渗漏而出；对于大多数植物货物而言，自然或固有耗损发生的概率较大，特别是坚果、根菜作物、种子、谷物等；在木桶中的油，因被木桶吸收而使净重有少许减少；某些水果的重量之所以减轻，是因为水分含量的减少；同样，木材的减重也归咎于水分的减少。大宗货物也可能存在少量损失，特别是在油箱和管道壁上留下沉积物的是各种凝结状态的石油，或挥发性的类似石油的货物或砂石时，这些货物不能从船舱中被完全收拾干净或在装卸抓取过程中易于损失。自然耗损或一定数量的运输耗损，则为除外责任。

8. 虫害

粮谷饲料类商品中出现某些昆虫（例如飞蛾或小虫等），则导致大量货物受损：因钻孔、轻咬与排泄物混合、织网；重量和热量的损失；水损害——货物生霉长菌或发芽；货物贬值。侵袭存储物资的昆虫来源主要有三：一是输入感染，即昆虫在装船前就已经以货物为家；二是交叉感染，即货物在运输过程中受到来自其他货物或已被感染的船舶的感染；三是残留感染，即同一船舱中完好无损的货物因紧靠受感染的部分，或因昆虫在货物装船前的前一次卸载受感染货物中存活并一直留存在船舱中而污染。虫害一般不属保险责任。

9. 锈蚀

锈蚀是钢铁产品在航运中损害的最主要形式之一。锈是货物与水（水汽、雨水、淡水、咸水、汗水等）接触使金属表面发生化学反应而在钢铁产品上留下红斑（硝酸银实验可对咸水水损提供证明）。在锈的形成过程中，必须有水、氧气以及二氧化碳等外来诱因，或在处理货物过程中或在它们的包装中所使用的化学品（直接接触或挥发出来的蒸气），或在制造木箱时使用潮湿的发绿的木材、或使用了潮湿的包装材料、或使用了来自于发绿的木材上的木屑，如罐装货物上的标签可能因锈损而剥落（有时锈损的原因可以追溯至装船前给罐装货物加贴标签时所使用的方法），锡器在标签上涂的胶水未干之前被装箱，因标签潮湿导致生锈而出现锡洞并使罐头渗漏等。除发生海损责任外，锈蚀一般不属保险责任。

10. 化学物品的技术指标发生变化（化学品颜色、pH 值规定等）

化学物品的技术指标发生变化，主要有以下几个原因：一是与船舱内其他容器中的化学物品混渗；二是与船舱内前次航运残留的化学物的混渗；三是与海水混渗（船舱内的管道、阀门或贮运罐等存在裂缝，易使海水渗漏或残存有少量用于清洁容器的海水）；四是与淡水混渗（容器中残存少量用于清洁容器的淡水）；五是聚合，即在部分单分子化合物中，可能发生分子之间的聚合而变成聚合体的高分子化合物（异物）。前四种情况可获得玷污险的赔偿，而后一种情况的发生则由货物本身的自然性质引起的（不是其他物质混渗造成），故不应成为赔付的对象。

七、确定损失程度

根据保险标的特性不同，分别查验损失后，应按其损失程度确定为全损、推定全损或部分损失。确定损失程度时，要注意下列几个问题。

（1）在检验货物受损情况的同时，要审阅一切与之相关的单证，如发票、保险单、装箱单、海运提单、转运单证、海事报告、外运到货通知书、订货合同等其他相关文件，以便查清损失原因并定损。

（2）对于货物短量或提货不着等能确定损失数量的，应根据合同、发票、装箱单等原始单证以及到货数量，确定实际短缺数量。

（3）对于不能确定损失数量或受损货物仍有部分完好或经过加工仍有价值的，应计算出一个合理的贬值率来确定其损失程度，防止贬值率过高与不合理利用残余货物。

贬值率 =（货物完好价值 − 货物残余价值）/货物完好价值 ×100%

当销售已经发生、折旧事项已经协商一致时，要确定货物完好价值，并将其载明于报告之中。

（4）对于影响货物使用效能、使用年限的受损生产设备、大宗原材料，可以根据使用效率的降低程度和使用寿命的缩短与用途的局限性估算贬值率。

（5）对同一批货物，若损失是由不同原因导致的，则应根据不同的原因和性质分别找出事故发生的近因，并确定、分别计算贬值率和损失数额，以便向不同的责任方索赔。

（6）对同一批货物，若损失程度各不相同，可分类估损。如果数量过大，则可分类抽样估损，但必须掌握分类的代表性。

（7）受损货物合理的修理、整理、加工费用，应按实际金额计算。经上述施救措施后仍有贬值的，应另外按照贬值率来定损。其中修理费用的掌握原则为：

① 人工费用应按照国内标准；

② 修理费用可参照国内同行业的工时费用标准；

③ 修配中所使用的进口原材料和零配件，应按 CIF 价格作价，一般不按国内市场价格估算；

④ 同一批商品分调至几个地区进行修理时，应根据合同约定的到货地点的合理修理费用予以估算。

（8）一笔贸易因货物受损而中断，保险人或承运人只补偿货物的直接损失，而不负责与货损相关的间接损失的责任。因此，保险公估师在估算贬值率时应仅限于直接损失，而不包括间接损失。

八、共同海损的审核

（1）造成共损的原因和性质是否构成共同海损的条件，有无船东的责任事故（特别要根据《海牙规则》，审核船舶是否适航）。

（2）船东采取的共损措施是否合理。

（3）共损船舶上的保险货物受损后，是属于共同海损还是单独海损。

（4）共损要求补偿的损失和费用合理与否：①船舶修理费项目是否全属共同海损措施所致的损失，修理费项目、费用是否合理；②船舶在避难港出入费用和港口费用是否合理；③船舶延长航程和避难港额外停留期的计算是否合适；④代理费用的支付是否节省了原来应支付的共同海损费用；⑤共同海损损失和费用的利息、手续费支付是否符合理算规则的规定；⑥同一条船承保的出口货物有几个目的港、进口货物有几个起运港的，要将发生共同海损时已经卸下或尚未装船的货物剔除。

（5）共损的分摊值和分摊金额方面：①货物的分摊值和补偿金额与理算清单是否相符；②船舶的分摊值是否偏低；③保险人承保货物分摊或应收的金额是否恰当；④理算时计算的货币换算是否准确。

（6）共损的摊回仅以已经赔付的数额为限。

九、残值处理

对于全损的货物或设备，应根据不同情况确定相应的残值，并折归被保险人所有。

十、第三者责任

损失原因归结于第三者责任的，如承运人责任、仓库管理人员责任及装卸工人不良作业等，应以书面通知第三责任人会同现场勘验，并将双方签字的现场查勘记录附于公估报告书上，以便保险人或被保险人进行追偿。

十一、赔付理算

（1）货物本身损失。审核要求赔付的损失数量和检验报告所列的数量是否相符；不同性质的损失是否分别计算；净重、毛重是否分开计算；自然耗损是否扣除，扣除的标准是否正确；损失程度或贬值率是否合适；损余价值是否合理等。

（2）施救整理费用。费用的支付是否必要、合理，需要分摊的是否分摊、比例正确与否。

（3）检验鉴定费用。费用的支付是否合理。若损失不在承保责任范围之内，则检验鉴定费用由被保险人自负。

（4）代理费用。若是代理人经手的案件，其代理费用是否按照代理协议的规定办理。

（5）残值扣除。若有残值，应如数扣除。

（6）免赔额扣除。按照损失的实际情况扣除综合免赔或单项免赔。

（7）重复保险分摊。若存在重复保险，即应按比例分摊。

总之，最后的赔付款不能超过保险金额，因为货物运输保险为定值保单。

十二、出具保险公估报告

由于保险公估报告是保险人和其他关系方判断其责任程度与范围的重要资料，故不仅要包括在公估过程中所发现的客观证据，而且还应包括与货物相关的运动过程。如使用船舶运输时，应尽可能提供从装运港、转运港开始运送货物的船舶名称，抵达卸载港的日期，在这些码头卸货的日期和往驳船上装载与卸载的日期（如果是以此种方式装载的）。如果是用其他运输工具将货物从卸载港发送到公估地，则还要包括运输工具的性质以及出发与抵达日期、进关或入库与出库日期。如果出现延期现象，要在报告中明确写出延期原因，同时还应提供卸货或进关或入库时的损失程度。

在公估报告中，保险公估师不仅要对损失进行详细描述，还要分析损失原因，明确损失的时间与经过。例如，货物水湿可能来自于多种原因，如与淡水或咸水相接触、衬板潮湿等，有时可出现物品凝结等情况，特别是装在箱内的金属物品用潮湿的包装材料包装后放在锡衬垫或牛皮纸等隔水层里的情况。

公估报告要详细提供与托运相关的所有细节，例如特征、数量、货物等。即使只对其中的一部分进行了检验，也应在报告中写明被检查的受损货物中完好货物的件数和品名，以及受损或灭失货物的数量，同时还需载明所检查货物损失的详细情况，而不应只提及在一堆货物中有多少箱破裂、多少箱灭失等。只要箱包具有可以识别的商标和数量，那么每一个都应该作为一个单独的单位进行处理，由此确定其完好无损、受损或灭失。

说明：保险公估师在进行货物运输保险公估时，既要熟悉货物运输保险公估的有关内容和程序，同时还应掌握财产损失、机器设备损失的相关知识与定损原则和技能。

【案例】 LGCN 货物运输受损案

2008 年 6 月 24 日，乐金化学（南京）信息电子材料有限公司与××保险公司签订货物运输预约保险（包括内陆运输）。保险期限：从 2008 年 6 月 25 日 0 时起至 2009 年 3 月 31 日止。运输工具：飞机、火车、汽车、船舶等，运输船龄不得超过 25 年。运输范围：进出口运输—世界范围内，内陆运输—中国境内。保险标的：电池、偏光板成品及相关半成品、原材料以及设备。

2009 年 3 月 17 日，该保险公司签发国内水路、陆路货物运输保险单（综合险），投保人为乐金化学（南京）信息电子材料有限公司，被保险人为 LG Chem（Nanjing）I&E Material（LGCN）。启运地：南京。启运日期：2009 年 3 月 12 日。运输方式：公路。车（船）号码：苏 A57055。货物名称及件数：ICP（聚合物锂电池）411 箱。目的地：天津。特别约定：(1) 车内装货信息如下：ICP 463945L1（NPB463937AP）150K 16 托 375 箱，单价 1.76USD，共计 264 000.00USD，ICP 563937L1（NPB563937AP）18K 2 托 36 箱，单价 1.77USD，共计 31 860.00USD。(2) 本保险单提单号：07497808。(3) 本保险单每次事故免赔额为 RMB1 000.00。

据了解，2009 年 3 月 12 日，乐金化学（南京）信息电子材料有限公司根据业务需要，将一批 ICP 由南京运往天津。该次运输业务委托于民航快递有限责任公司江苏分公司，承运人又委托南京龙腾运输实业有限公司运输本批货物。

2009 年 3 月 12 日，南京龙腾实业有限公司的司机于××驾驶车辆苏 A57055 承运本批货物于南京出发前往天津市。3 月 13 日 0 时 30 分，司机驾车沿苏 236 线由南向北行至苏 236 线 110km + 200m 处时，撞击停在路右侧的由孟春翔驾驶的苏 G78226、苏 G9912（挂）号重型半挂牵引车的尾部，造成于××、刘××（苏 A57055 乘车人）受伤，两车及苏 A57055 车发生货物损坏之道路交通事故。事故发生后，投保人即向保险人报案。经当地交警处理后，司机于××即驾驶承运车辆继续前往目的地。

3 月 14 日，本批货物到达收货人天津朋洲电子有限公司厂区内卸货时，收货人发现货物受损，再次向保险人报案，××财险天津开发区支公司曾派查勘员黄××到现场取证。

广东君和泰保险公估公司接受委托后，即派公估人员于 2009 年 3 月 17 日一早赶往货物存放地天津市塘沽区天津港保税区物流园内海滨路十号的收货人处。

现场所见，其受损电池堆放于该厂二楼“资材待检区”一角，共三托及一散托 20 余箱。托板为木质结构，高约 10 公分，每托上码放 24 纸箱，用白色透明塑料膜包裹固定。其四托外包装塑料均出现不同程度破损，多个纸箱损坏变形。纸箱内成排平放着银白色 LG 聚合物电池，ICP463945L1 每箱 400pcs，ICP563937L1 每箱 500pcs。抽查部分电池明显变形，外观凸凹不平，插头部分受损比较严重。

经清点核实，受损电池共有 95 箱。其中，ICP463945L1 93 箱共计 37 200 片，ICP563937L1 2 箱共计 1 000 片。

公估人员经现场查勘检验后，即要求被保险人将所有受损的电池进行测试，并提供正规的检测报告。

[检测报告]

该批电池事故，经 LGCN 电池外观检查，性能（容量 0.2C）、振动、高温高湿、Thermal shock 等测试数据，显示电池外观不良、信赖性检查（性能）不良，结果为报废。

[损失原因分析]

1. 按照相关资料显示，上述货物于 2009 年 3 月 12 日至 3 月 14 日由南京运往天津。2009 年 3 月 13 日 0 时 30 分，由于司机于××未安全驾驶承运上述货物的车辆苏 A57055，致使该车在沿苏 236 线由南向北行至苏 236 线 110km + 200m 处时，撞击了停在路右侧的由孟××驾驶的苏 G78226、苏 G9912（挂）号重型半挂牵引车的尾部，该碰撞造成两车不同程度受损，司机受伤。

2. 前述货物装载于由海关封签的集装箱内，按照海关的相关规定，该类由海关封签的集装箱货物必须到达指定地点才能开箱检验。

3. 根据受损货物的检测情况，这些电池明显变形，外观凹凸不平，电池性能均已丧失，此并非电池本身的原因，应是外因所致。

4. 经调查核实，除前述交通事故外，上述货物在运输途中并未发生其他意外情况。

综上所述，上述货物受损的原因为货物在运输途中，由于承运货物的车辆发生交通事故，两车相撞时的巨大冲击力使集装箱内的电池受到挤压、碰撞，致使部分受力严重的电池变形、报废。

[损失核定]

本次事故造成被保险人4托95箱聚合物电池芯（ICP）受损。根据现场清点认可的损失项目和数量、LGCN检测报告及对有关行业进行调查咨询后，公估人员确定其定损意见如下：

1. 根据现场查勘所见，部分电池外观变形严重，凹凸不平；LGCN检测报告提出该次受损电池部分外观不良，检测性能不良，只能做报废处理的意见，故确定本批受损电池做报废处理。

2. 按照保单约定，其投保时以裸装电池作为标的计价，故包装物不是保险标的，不在赔付之列。

3. 聚合物电池技术含量较高，对于受损电池进行检测是必要的程序和手段，公估人员在现场已提出要求，故检测费用列为定损范围；但两种电池的数量不同，其检测费用也应不同，所以ICP563937L1的检测费用应按相应比例得出。

4. 受损电池为高辐射、高污染产品，由厂方自己运回韩国销毁处理，故考虑残值为零。

综上，本次受损电池的定损金额为RMB460 971.50。经扣除免赔额后顺利结案。

[代位追偿]

根据灌南县公安局交通巡逻警察大队出具的《道路交通事故认定书》（灌公交认字［2009］第54号），于××未安全驾驶，违反《中华人民共和国道路交通法》第二十二条一款“机动车驾驶人应当遵守道路交通安全法律、法规的规定，按照操作规范安全驾驶、文明驾驶”之规定，应承担此次事故的主要责任。

在本案赔付过程中，公估人员即要求乐金化学（南京）信息电子材料有限公司向民航快递江苏分公司发出《财产追偿书》，并将该保险标的项下相应向第三者（民航快递江苏分公司、南京龙腾运输实业公司及于××）追偿的权益转让给保险人，并积极协助追偿。经多方努力，历时半年，该案追偿终得成功。

评析：本案公估的重点有三：一是受损电池的质量问题，除现场检验外，还必须进行专业检测才能确定其损失程度；二是代位追偿，虽然公估人员从一开始即十分重视此项工作，但仍历经曲折，耗时半年才获成功；三是处理受损电池既没有残值且需要费用，经协商由厂方运回韩国销毁处理，从而比较圆满地解决了这一棘手问题。

第十章　机动车辆保险概述与保险公估

第一节　机动车辆保险概述

一、机动车辆保险的概念、特点

1. 机动车辆保险的概念

机动车辆保险是以机动车辆保险本身及机动车辆的第三者责任为保险标的的一种运输工具保险，国外称为汽车保险。保险条款有基本险和附加险两种。

机动车辆保险基本险一般分为车辆损失险和第三者责任险。车辆损失险（又称车身损失险，简称“车损险”）是指保险车辆遭受保险责任范围内的自然灾害或意外事故，造成保险车辆本身的损失，保险人依照保险合同的约定给予赔偿；第三者责任险（简称“三者险”）是指保险车辆因意外事故致使他人遭受人身伤亡或财产的直接损失，保险人依照保险合同的约定给予赔偿。

机动车辆保险附加险包括全车盗抢险、玻璃单独破碎险、自燃损失险、新增加设备损失险、车辆停驶损失险、车上责任险、车载货物掉落责任险、无过失责任险、不计免赔特约险等。

2. 机动车辆保险的主要特点

（1）机动车辆保险属于不定值保险；

（2）机动车辆保险的赔偿方式主要是修复；

（3）机动车辆保险赔偿中采用绝对免赔方式；

（4）机动车辆保险采用无赔款优待方式；

（5）机动车辆保险中的第三者责任保险为自愿保险，其强制保险方式已由“交强险”取代。

二、机动车辆保险的保险责任

（一）车辆损失险的保险责任

车辆损失险条款的保险责任采用列举式，未列举的不属于保险责任范围。

按风险种类，其保险责任由意外事故、自然灾害和施救、保护费用构成；按风险成因，也可分为碰撞责任和非碰撞责任两大类。目前，各保险公司所负机动车辆损失险的责任分为以下两个方面。

1. 意外事故或自然灾害造成保险车辆的损失

（1）对条款两个重要概念的理解。

①“被保险人允许的合法驾驶人”。有两个限制条件：一是被保险人允许，即指被保险人委派、雇用、认可驾驶保险车辆的人员；二是合法，即上述驾驶员必须持有中国的有效驾驶执照，并且所驾驶的车辆与驾驶执照规定的准驾车型相符。只有允许和合法两个条件同时具备的驾驶人在使用保险车辆时发生保险事故造成损失，保险人才予以负责。

②“使用车辆过程”。车辆作为一种生产资料或生活资料而被运用的整个过程，包括行驶、停放、作业的过程。

（2）碰撞责任（车损险特定的主要风险）。

碰撞，指保险车辆车体与外界静止的或运动中的物体意外撞击，也包括保险车辆按装载规定载运的货物与外界物体的直接接触。碰撞有两类情况：第一，保险车辆撞击火车、汽车、畜力车等运动中的物体或撞击建筑物、树木、电线杆等静止的物体所造成本身的损失；第二，外界运动中的物体撞击保险车辆使其遭受的损失。

碰撞责任一般不追究被保险人的责任。但保险车辆车体结构之间的撞击，以及车上载货因未捆紧固定而撞击保险车辆造成车辆自身的损失，或者人为划痕，则不属于碰撞责任。

（3）非碰撞责任。

自然灾害责任包括雷击、暴风、龙卷风、暴雨、雹灾等天气现象风险，以及洪水、海啸、地陷、冰陷、崖崩、雪崩、泥石流、滑坡和载运保险车辆的渡船遭受自然灾害（只限于有驾驶员随车照料者）等地表体现风险。

意外事故责任包括倾覆、火灾、爆炸、外界物体倒塌、空中运行物体坠落、行驶中平行坠落等。

倾覆：指保险车辆由于自然灾害和意外事故，造成本身纵向或横向倾斜翻倒，车体触地，从而失去正常状态和行驶能力，不经施救不能恢复行驶。构成倾覆必须同时具备五个要件：车身倾斜翻倒、车体触地、失去正常状态、失去行驶能力、不经施救不能恢复行驶。雨季保险车辆陷入泥坑，虽然不经施救不能恢复行驶，但车体并未触地，所以不构成保险责任。

火灾：构成车辆损失险的火灾责任有两种情况：一是车辆本身以外的火源造成保险车辆的火灾损失；二是因各种自然灾害或意外事故发生所引起的燃烧造成保险车辆的火灾损失。包括：①用汽油擦拭保险车辆引起火灾；②导线通电或无意用铁螺丝刀搭铁而产生瞬间高温电弧，将汽油混合气点燃，引起火灾；③保险车辆上的各种通电导线接头松动、脱落和短路产生电火花，引起火灾；④保险车辆由于临近火灾现场，车身虽未被殃及而发生燃烧，却因受到熏烤所造成的损失；⑤保险车辆由于临近火灾现场使建筑物倒塌所造成的损失。需注意的是，对保险车辆上的电器设备因老化短路或超负荷引起自身发热烧毁，不属于保险责任。但如果发生燃烧并有蔓延扩大趋势的，则构成火灾，保险人对电器设备以外部件的损失予以负责赔偿。至于保险车辆因人工直接供油或明火烤车等严重违章行为引起的火灾，显然不能列入车辆损失险的火灾责任。

爆炸：车辆损失险负责的爆炸责任包括以下几种情况：①保险车辆因油箱爆炸所造成的损失；②保险车辆因经交通管理部门批准而装载在车上的易燃易爆物品发生爆炸所造成的损失；③外界爆炸殃及保险车辆的损失。需注意的是，保险车辆的发动机因其内部原因发生爆炸或爆裂所造成的损失，以及保险车辆在行驶中发生的轮胎爆裂，均不能列入爆炸责任。

2. 合理的施救、保护费用

保险车辆在遭受保险事故时，被保险人或其驾驶员为了减少损失，采取施救、保护措施所支出的必要的、合理的费用，保险人在保险金额限度内给予赔偿。

（二）第三者责任险的保险责任

对于依法应由被保险人承担的损害赔偿责任（侵权的民事责任），保险人负责事故损害赔偿。包括人身损害赔偿和财产损坏赔偿（直接损失）。

第二节　机动车辆保险公估

车险公估一般包括现场查勘、损失鉴定、理算三个主要环节。按照公估对象不同，又可分为车损公估、物损公估和医疗核损三种。具体公估流程见图 10－1。

一、公估前准备

（1）工具、仪器准备。包括：查勘包、照相机（或摄像设备）、卷尺、手电筒、杆规、砂纸、铅印码、签字笔、安全警示标志衣牌、交通工具、相关证件等。

（2）资料准备。包括：该案文件，如委托公司的《机动车辆保险索赔须知》、《出险通知书》、《车险公估现场查勘记录》、《车辆损失核定表》、《车辆型号核实表》、《人员伤亡情况调查表》及地图、备用纸张等，联系人姓名及电话。

（3）技术准备。包括：灾害事故相关知识、相应车型的汽车技术资料（如《零件目录》、《维修手册》、《碰撞估价指南》等）、损失物品的技术资料、相关市场信息、类似公估案例等。

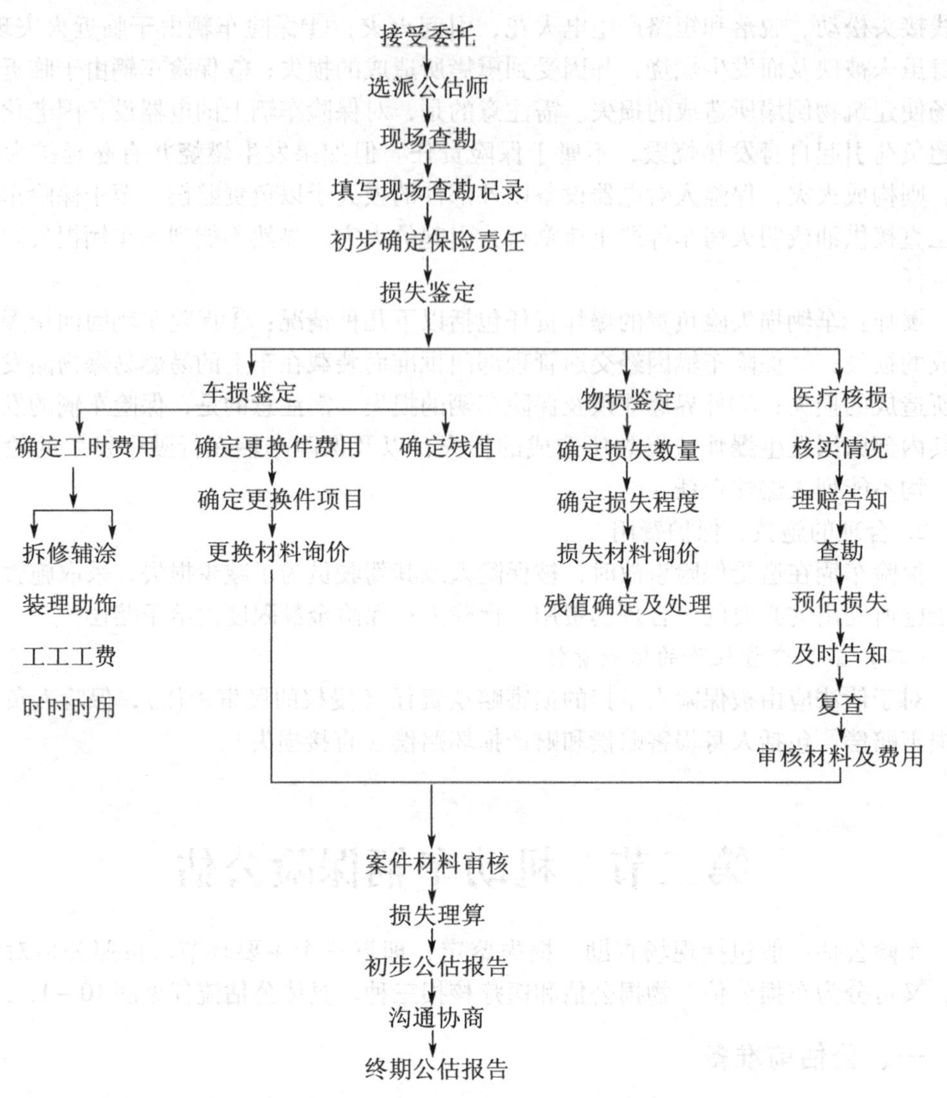

图 10－1　机动车辆保险公估流程

二、现场查勘检验

现场查勘分为第一现场查勘和第二现场查勘。第一现场（原始现场），是指事故发生后，在现场的车辆和遗留下来的一切物体、痕迹，仍保持着事故发生后的原始状态而没有任何改变和破坏的出险现场。第二现场（移动现场），是指由于自然或人为的原因，致使出险现场的原始状态发生改变的事故现场，包括正常变动现场、伪造现场、逃逸现场。

（一）道路交通事故的查勘

（1）查明出险时间。了解出险时间是否在保险期限内，并通过对肇事司机、目击者、伤者和其他当事人的询问核实出险的真实时间。对于接近保险期限起讫时间的案件，必须仔细核对公安部门的证明与当事人陈述的时间是否一致，要详细了解车辆启程或返回的时间、行驶路线等。

（2）查明出险地点。通过核对报案人通报的出险地点、肇事司机指证的出险地点、出证单位证明的出险地点，核对现场痕迹和遗留物，确认出险地点的真实性，查看是否超出保单所列明的行驶区域或责任免除地点（如营业性修理场所）。

（3）查明出险车辆的基本情况。核实肇事车辆的车牌、车型、发动机号和车架号（VIN码）、行驶证、安全防盗装置、核定载荷等信息是否与保单内容相符。查看证件的真伪及年审情况，车辆是否存在超载、改装或加装，对于不具备安全行驶技术状态的，应抓紧时间收集有关证据。

（4）查明车辆的使用性质。常见的使用性质有：党政机关用车、企业自备用车、个人私用车、租赁用车、出租用车、营业性用车等。主要核查出险时使用性质与保单、批单是否相符，对于不符之处应尽量收集有关证据。

（5）查明驾驶员情况。核对驾驶员姓名、性别、年龄，驾驶证的真伪、准驾车型、年审及初次领证时间等，看是否存在无效驾驶证的情况，准驾车型与标的车型是否相符，出险驾驶员与报案记载的驾驶员是否相符。

（6）查明出险原因。通过查访、询问、观察、取证、鉴定等方法，对造成事故的直接原因进行分析，从而得出正确结论。一般情况下，应依据公安、消防部门的证明来认定出险原因。

（7）事故现场笔录或录音。重大交通事故应进行现场笔录或录音，包括：事故发生的时间、地点，乘车人数及载物名称、数量；发生事故时的道路交通状况；双方车辆（人）在道路上各自行驶（行走）的方向、位置及速度；发生事故前当事各方发现自己与对方及关系方的距离，发现险情后采取的措施；当事人自述发生事故的经过；车、人碰撞、碾压部位，车、人损失情况；在行车中是否发觉车辆机件有异常现象；当事人陈述发生事故的具体原因及其对事故的看法等。

（8）确定损失情况。查明车损部件名称（如桑塔纳等普通型轿车的碰撞损失项目可分为33项）、损伤面积（长度、宽度、凹陷深度）与损失程度（部件损坏、断裂、变形情况）、财物损失及人员伤亡情况等。

现场查勘的基本方法与步骤：范围较小的现场，肇事车辆和痕迹相对集中，可以肇事车辆和痕迹集中的地点为中心，采取由内向外查勘的方法；范围较大的现场，肇事车辆和痕迹、物证相对分散，为防止远处的痕迹被破坏，可以从现场外围向中心即由外向内查勘；对车辆痕迹比较分散的重大事故现场，可以从事故发生的起点向终点分段推进勘察或从痕迹、物证容易受到破坏的路段开始勘察。现场查勘的重点是搜集和提取能够判明事故发生原因和责任的痕迹、物证，如现场的各种擦划痕迹、制动痕迹、事故发生的第一接触点，肇事车辆和物体上的痕迹、附着物等物证，也包括事故发生后车辆及尸体的状态、姿势及抛出的物品等。对上述痕迹、物证，应首先拍照固定，然后进行必要的测量。其中重要的痕迹、物证，在拍照时应加放比例尺，再小心提取，以备日后进行技术检验分析。

肇事机动车前部痕迹一般反映在前保险杠、前照灯、散热器、风窗玻璃和翼子板等处；侧面痕迹的重点是在翼子板外侧、后视镜、车门、轮胎侧面、挡泥板等处；底盘痕迹的重点是在转向横竖拉杆、前后轴、曲轴箱外壳、排气管等处。对肇事车辆进行查勘时，应重点查勘上述部位有无新鲜擦蹭痕迹，并进行细目拍照，详细记录痕迹的部位、形态、面积、距地面的高度。对于条状痕迹应记录其长度和宽度、起始部位，以便认定肇事瞬间双方接触位置、运动方向。对车辆驾驶室内的查勘，应重点记录车辆挡位、车钥匙位置、灯光开关挡位及是否有效、制动气压表的刻度，必要时应对肇事车进行全面的检测，检验其安全性能是否合格。

逃逸事故现场，应提取现场遗留的所有与交通事故有关的痕迹、物证。现场物证是证明保险事故发生的最客观依据（确定事故时点），提取物证是查勘第一现场最核心的工作之一。主要包括收集散落车灯、玻璃碎片、保险杠碎片，提取各种油料痕迹、轮胎痕迹等。

（9）绘制现场草图。通过绘制简单草图再现现场状况，它实质上是一张保险车辆事故发生地点和环境的小范围地形平面图。它所表现的基本内容为：能够表明事故现场的地点和方位、现场的地物地貌及交通条件；表明各种交通元素以及与事故有关的遗留痕迹和散落物的位置；表明各种事物的状态；根据痕迹表明事故过程以及车、人、畜的状态等。

绘图的一般要求：现场记录图是记载和固定交通事故现场客观事实的证据材料，应全面、形象地表现交通事故现场的客观情况；绘制各类现场图需要做到客观、准确、清晰、形象，图栏各项内容填写齐备、数据完整、尺寸准确、标注清楚；交通事故现场图的各类图形应按实际方向绘制，可按实际情形在现场图右上方用方向标标注，难以判断方向的，可用“←”或“→”直接标注在道路图例中，注明道路走向通往的地名；图线宽度应在0.25～2.0mm之间选择，在同一图中同类图形符号的图线应基本一致；绘制现场图的图形符号应符合《道路交通事故现场图形符号》标准（GB11797—1989）的规定。

（10）拍摄现场照片。拍摄第一现场的全景照片、痕迹照片、物证照片和特写照片。为了记录事故的发生地，拍摄照片要求有事故现场远景及附近固定目标；拍摄好两个45°的照片（前45°的照片反映侧面和前牌照，后45°的照片反映另一侧面及后牌照），防止损失扩大；拍摄现场中心和物体分离痕迹、物体表面痕迹、路面痕迹（滚印、压印、拖印、侧滑印）、人体衣着痕迹以及现场遗留物；拍摄车辆零部件的损坏情况及局部损失的特写照片，包括碰撞痕迹、刮擦痕迹、机件断裂痕迹；拍摄车架号（VIN码）及驾驶证、行驶证等；照片应注明拍摄日期；单方事故应拍摄被撞固定物的碰撞痕迹。

（二）非道路交通事故的查勘

（1）非道路交通事故原则上应查勘第一现场，并注意调查取证工作。

（2）核对事故证明的原始凭证，一定要注明处理机关的名称。

（3）对于责任不明确、当事人对事故描述不准确的，应寻访目击证人，做好询问笔录。

（4）对责任不能准确划定的，可向公安交通部门请求协助。

（三）水灾事故的查勘与评估

构成水灾事故责任的，必须是大面积发生的自然灾害，应以当地气象部门的报告或当地新闻媒体公告为准。对水灾受损车辆的查勘，应以“快速处理”为先，避免因时间拖延而造成电器元件损失扩大。

1. 汽车水灾事故的查勘

（1）记录水的种类、水淹高度及水淹时间。

① 水的种类。在对汽车的水淹损失评估中，通常将水分为淡水和海水两种。

② 水淹高度。这是确定水淹损失程度的一个重要参数，它通常不以高度的计量单位米或厘米为单位，而以重要的具体位置作为参数。以轿车为例，水淹高度通常分为6级：

1级：制动盘和制动鼓下沿以上，车身地板以下，乘员舱未进水；

2级：车身地板以上，乘员舱进水，而水面在驾驶员坐椅坐垫以下；

3级：乘员舱进水，水面在驾驶员坐椅坐垫面以上，仪表工作台以下；

4级：乘员舱进水，仪表工作台中部；

5级：乘员舱进水，仪表工作台面以上，顶篷以下；

6级：水面超过车顶。

③ 水淹时间（H）。也是水淹损失程度的一个重要参数。水淹时间的计量单位常以小时为单位，通常分为6级。

1级：$H \leq 1h$　2级：$1 < H \leq 4h$

3级：$4 < H \leq 12h$　4级：$12 < H \leq 24h$

5级：$24 < H \leq 48h$　6级：$H > 48h$

（2）对被水淹熄火的汽车，一般严禁水中再次启动，以免造成发动机部位的损失进一步扩大。正确的方法是采用硬牵引方式拖车，或将汽车前轮托起后进行牵引，并将变速器置于空挡，以免车轮转动时反拖发动机运转，导致活塞、连杆、汽缸等部件的损坏；对于自动变速器的汽车，注意不能长距离的被拖曳（通常不超过20公里）。

（3）汽车在行驶过程中遭遇水灾事故，应重点检查发动机部分，区别是正常机械损坏还是事故损坏。当水位低于发动机的进气口时，通常不会造成发动机损伤。但其他车辆行驶所搅动的波浪、飞溅的水花也有可能被正在行驶的车辆吸入汽缸，并造成发动机部件的严重受损。

（4）对在停放过程中遭遇水灾或遇到水灾停止发动的车辆，应采取牵引的方式将车拖至高处或拖回修理厂检测、清洗。此时发动机未运转，不会导致发动机内部的损伤。若拆解后发现发动机内部的机件产生了机械性损伤，如连杆弯曲、活塞破碎、缸壁捣坏，可界定为操作措施不当所造成的损失扩大。

整车被拖出水域后，应尽快把电瓶的负极线拆下来，以免车上的各种电器因进水而发生短路。容易受损的电器（如各类电脑模块、音响、仪表、继电器、电机、开关、电器设备等）应尽快从车上拆下，进行排水清洁，电子元件用无水酒精清洗（忌长时间清洗，否则易腐蚀电子元件）晾干，避免因进水引起电器短路。某些价值昂贵的电器设备，如果清洗晾干及时，完全可以避免损失。

（5）对水灾中严重泡损的车辆，应及时检修电气元器件。汽车电脑最严重的损坏形式就是芯片损坏。及时疏通前风窗玻璃处的排水孔，避免因积水危及汽车电脑，导致电控系统发生故障甚至损坏，或者线路因为沾水，使其表皮过早老化，出现裂纹，引起金属外露，最终导致电路故障。安全气囊的保护传感器有时与电脑做成一体（装于车的中间），维修时只要更换了安全气囊，就无需再额外更换保护传感器。低档车的安全气囊传感器的插头为镀铜，水浸后发绿，可用无水酒精清洗，并用刷子刷，再用高压空气吹干。一般而言，如果电脑仅仅是不导电，还可以进行修理；如果是芯片出现毛病，就需要更换新的电脑了。

处理电动机进水。对于可以拆解的电机，可以采用“拆解—清洗—烘干—润滑—装配”的流程进行处理，如马达、发电机、天线电机、步进电机、风扇电机、座位调节电机、门锁电机、ABS 电机、油泵电机等；对于无法拆解的电机，如雨刷电机、喷水电机、玻璃升降电机、后视镜电机、鼓风机电机、隐藏式大灯电机等，进水后即使当时检查是好的，使用一段时间后也可能会发生故障，一般来说应考虑一定的损失率（通常为20%～40%）。

检查发动机。先检查发动机汽缸有无进水，若进水可导致连杆被顶弯，损坏发动机；检查机油是否进水，若进水可致其变质，失去润滑作用而使发动机过度磨损。

检查变速器、主减速器及差速器。如果上述部件进水，会使其内的齿轮油变质，从而造成齿轮磨损的加剧。对于采用自动变速器的汽车，还要检查控制电脑是否进水。

检查制动系统。对于水位超过制动油泵的被淹汽车，应更换全车制动液。否则，会使制动油变质，致使制动效能下降甚至失灵。

检查排气管。若排气管进水，要尽快排水，以免水中的杂质堵塞三元催化器、损坏氧传感器。

清洗、脱水、晾晒、消毒及美容内饰。可采用高温蒸气对汽车内的真皮坐椅、车门内饰、仪表盘、空调风口、地毯等进行消毒，同时清除车内的烟味、油味、霉味等各种异味。

保养汽车。及时擦洗外表，防止酸性雨水腐蚀车体；进行二级维护，全面检查、清理进水部位，通过清洁、除水、除锈、润滑等方式，恢复汽车的性能。

（6）记录汽车的配置情况。要对被淹汽车的配置情况进行认真记录，特别注意电子器件的配置情况，如ABS、ASR、SRS、PTS、AT、CVT、CCS、CD、GPS、TEMS等，对水灾可能造成的受损部件一定要做到心中有数。另外，要对真皮坐椅、高档音响、车载DVD及影视设备等配置是否为原车配置进行确认。

（7）填写水灾损失现场查勘报告（如下表）。

水灾损失现场查勘报告

<table>
<tr><td rowspan="12">标的车辆情况</td><td>车牌号码：</td><td colspan="3">车架号码（VIN）：</td></tr>
<tr><td>车辆类型：</td><td colspan="2">厂牌型号：</td><td>初次登记时间：</td></tr>
<tr><td>行驶证车主：</td><td colspan="2">驱动形式：□前驱□后驱□四驱</td><td>行驶里程：</td></tr>
<tr><td colspan="4">出险时车辆状态 □静止 □运动 □其他（ ）</td></tr>
<tr><td rowspan="2">发动机种类</td><td>□汽油</td><td>□化油器 □电喷□单点喷射□多点喷射</td><td rowspan="2">变速器类型：□手动□自动□手自一体□CVT</td></tr>
<tr><td>□柴油</td><td>□非增压□增压</td></tr>
<tr><td>电控动力转向（EPS）：
□有□无</td><td colspan="2">防抱死装置（ABS）：
□有□无</td><td>驱动防滑（ASR）：
□有□无</td></tr>
<tr><td>电控悬架（TEMS）：
□有□无</td><td colspan="3">安全气囊（SRS）：□有□无
□单气囊□双气囊□多气囊</td></tr>
<tr><td colspan="2">倒车镜种类：□电动 □手动
□一手一电</td><td>电动坐椅：
□是□否</td><td>真皮坐椅：
□是□否</td></tr>
<tr><td colspan="2">内饰：□真皮□桃木
□CD□DVD□GPS
□车载电话</td><td colspan="2">油漆种类：（ ）
是否受损：□是□否</td></tr>
</table>

<table>
<tr><td colspan="4">水质情况：□海水□淡水□泥水□污水□油水</td></tr>
<tr><td rowspan="7">水浸高度</td><td colspan="3">1 级□制动盘和制动鼓下沿以上，车身地板以下，乘员舱未进水。</td></tr>
<tr><td colspan="3">2 级□车身地板以上，乘员舱进水，而水面在驾驶员座椅座垫以下。</td></tr>
<tr><td colspan="3">3 级□乘员舱进水，而水面在驾驶员坐椅坐垫以上，仪表工作台以下。</td></tr>
<tr><td colspan="3">4 级□乘员舱进水，仪表工作台中部。</td></tr>
<tr><td colspan="3">5 级□乘员舱进水，仪表工作台面以上，顶篷以下。</td></tr>
<tr><td colspan="3">6 级□水面超过车顶。</td></tr>
<tr><td colspan="3">□其他（ ）</td></tr>
<tr><td colspan="4">水淹时间：□$H\leqslant 1h$ □$1<H\leqslant 4h$ □$4<H\leqslant 12h$
□$12<H\leqslant 24h$ □$24<H\leqslant 48h$ □$H>48h$</td></tr>
<tr><td>查勘时间：</td><td>（1）
是否第一现场：</td><td>（2）</td><td>（3）</td></tr>
<tr><td>查勘地点：</td><td>（1）</td><td>（2）</td><td>（3）</td></tr>
<tr><td colspan="2">出险时间：</td><td>出险地点：</td><td>保险期限：</td></tr>
<tr><td colspan="4">出险原因：□暴雨□洪水□其他（ ）</td></tr>
<tr><td colspan="4">事故涉及险种：□车辆损失险□第三者责任险□附加险（ ）</td></tr>
<tr><td colspan="4">事故经过：</td></tr>
<tr><td colspan="4">施救情况：</td></tr>
<tr><td colspan="4">备注说明：</td></tr>
</table>

被保险人签字： 查勘人签字：

2. 汽车水灾损失的评估

（1）水淹汽车的损坏形式。

① 静态进水损坏。汽车在静态条件下进水，会造成内饰、电路、空气滤清器、排气管等部位的受损，有时发动机汽缸内也会进水。在这种情况下，即使不启动发动机，也可能会造成内饰浸水、电路短路、电脑芯片损坏，空气滤清器、排气管和发动机泡水生锈等损失。对于采用电喷发动机的汽车来说，一旦电路遇水，极有可能导致线路短路而造成整车无法着火；若强行发动，则可能导致更严重损坏。就机械部分而言，汽车被水泡过之后，会使内部的运动机件锈蚀加剧，极易变形，严重时致发动机报废。

② 动态进水损坏。汽车在动态条件下，由于发动机仍在运转，汽缸内因吸入了

水会使发动机熄火。在这种情况下，除了静态条件下可能造成的全部损失外，还有可能导致发动机的直接损坏（如连杆折断、活塞破碎、气门弯曲、缸体被严重捣坏等）。

（2）水淹后的损失评估。

① 水淹高度为1级时的损失评估。可能造成的受损零部件主要是制动盘和制动毂。损坏的形式主要是生锈，其程度取决于水淹时间的长短以及水质的好坏。通常情况下，无论制动盘、制动毂的生锈程度如何，所采取的补救措施主要是四轮的保养。

② 水淹高度为2级时的损失评估。除造成1级水淹高度时的损失外，还会造成以下损失：四轮轴承进水；全车悬架下部连接处因进水而生锈；配备ABS的汽车的轮速传感器的磁通量传感失准；地板进水后，车身地板如果防腐层和油漆层本身有损伤就会造成锈蚀；少数汽车将一些控制模板置于地板上的凹槽内（如帕萨特B5）则会造成一些控制模板损毁（若水淹时间过长，则可能彻底失效）。

损失率通常为0.5%～2.5%。

③ 水淹高度为3级时的损失评估。除造成2级水淹高度时的损失外，还会造成以下损失：座椅潮湿及污染；部分内饰潮湿及污染；真皮座椅和座椅内饰损伤严重。一般来说，如果水淹时间超过24小时，还会造成：桃木内饰板分层开裂；车门电机进水；变速器、主减速器及差速器可能进水；部分控制模板被水淹；启动机被水淹；中高档车行李仓中CD换片机、音响功放被水淹；等等。

损失率通常为1.0%～5.0%。

④ 水淹高度为4级时的损失评估。除造成3级水淹高度时的损失外，还可能造成以下损失：发动机进水；仪表台中部分音响控制设备、CD机、空调控制面板受损；蓄电池放电、进水；大部分坐椅及内饰被水淹；音响的喇叭全损；各种继电器、保险丝盒可能进水；所有控制模板被水淹；等等。

损失率通常为3.0%～15.0%。

⑤ 水淹高度为5级时的损失评估。除造成4级水淹高度时的损失外，还可能造成以下损失：全部电器装置被水泡；发动机严重进水；离合器、变速器、后桥可能进水；绝大部分内饰被水泡；车架大部分被水泡；等等。

损失率通常为10.0%～30.0%。

⑥ 水淹高度为6级时的损失评估。此时汽车所有零部件都受到损失。

损失率通常为25.0%～60.0%。

（四）火灾事故的查勘与评估

1. 汽车起火的分类及原因

第一，自燃。自燃是指在没有外界火源的情况下，由于本车电器、线路、供油系统等车辆自身原因发生故障或所载货物自身原因起火。

汽车自燃的原因，涉及油路、电路、装载、停车以及违章作业等方面。包括：①漏油；②漏电，分高压漏电和低压漏电；③接触电阻过大；④化油器回火；⑤明火烘烤柴油油箱；⑥车载易燃物引发火灾；⑦超载，分汽车部件高温自燃（制动器超负荷工作、轮胎摩擦过热等）和超载货物摩擦自燃；⑧停车位置不当；⑨维修保养不当；⑩车主的故意行为；等等。

第二，引燃。引燃是指车辆被其本身以外的火源引起的、在时间或空间上失去控制的燃烧（即有热、有光、有火焰的剧烈的氧化反应）。

第三，碰撞起火。碰撞起火是指车辆与外界物体直接接触并发生意外撞击所引起的起火。

第四，爆炸。爆炸是指车内所载物品或车体上安装的爆炸物本身发生爆炸所引起的汽车爆炸起火。

第五，雷击。雷击是指在雷雨天气、露天停放的汽车因遭遇雷击而引发的击穿或燃烧。

2. 与汽车自燃有关的几个问题

（1）汽车上的主要易燃物。汽车上的主要易燃物品有燃料、润滑油、导线、车身漆面、内饰、塑料制品、轮胎等，若一旦遇火，即会助燃。

（2）发动机熄火后的自燃。由于失去风冷条件，车体温度反而会有所上升，可能导致临近燃点的某些物品起火燃烧。

（3）车厢内部是否会起火燃烧。因车内没有明显的火源，加之其内饰品多有一定的阻燃功能，故一般不会自车内起火燃烧。

（4）晒爆的打火机与自燃。晒爆的打火机可能打坏仪表盘，若将仪表盘上的火线打断了，所产生的火花则可能引燃驾驶室内的气体。

（5）防盗报警器与自燃。对于在汽车上擅自安装的防盗报警器来说，一方面可能未对线路进行功率复核，另一方面防盗报警器又始终在通电，如果导线偶然断开或因电流过大而烧焦时，即容易成为汽车上一个自燃火源点。

（6）自燃后的轮胎。由于风向的原因，车身两侧及前后轮胎燃烧的程度并不一致；且因地面与轮胎之间没有空气流通，故轮胎的接地点也不会燃烧。

（7）拆卸油管可能引起自燃。对于装有电喷式发动机的汽车来说，当发动机熄火后，油管中仍然会有一定的残余汽油压力，若此时马上动手拆卸有关油管，则可能导致汽油喷射而出并引发火灾。

（8）自燃与油箱爆炸。由于油箱内并无空气，燃烧着的火焰无法被引入到油箱内部，故油箱中的汽油只能因烘烤挥发而出，快速燃烧直至烧光。

3. 汽车火灾损失的查勘要点

（1）火损事故必须查验本车，注意检查记录事故车辆发动机号码、车架号码，以便确定是否属于保险责任车辆。

（2）车辆起火燃烧的，首先应查明起火点。如与外界物体相撞，查看是否有碰撞痕迹，特别是车辆底盘油管、油箱有无被撞击的痕迹，行车路线上有无石块等妨碍安全行车的凸起物，以及车上的起火点与火势蔓延方向，其碰撞点是否有引起火灾的可能；单车燃烧的，是否属于线路老化或其他自身原因引起的。

（3）对于老旧车辆、淘汰车型、右舵车辆、低价值高保额车辆，应作为调查核实的重点，认真查勘分析，防止道德风险的发生。

4. 汽车火灾损失的评估

（1）火灾对车辆损坏情况的分析。火灾对车辆损坏，一般分为整体燃烧和局部燃烧。

① 整体燃烧。整体燃烧（一般情况下损坏较严重）时间，机舱内线路、电器、发动机附件、仪表台、内装饰件、坐椅烧损、机械件壳体烧熔变形，车体金属件（钣金件）脱炭（材质内部结构发生变化），表面漆层大面积烧损。

② 局部烧毁。局部烧毁分三种情况：

——机舱着火造成发动机前部线路、发动机附件、部分电器、塑料件烧损；

——轿壳或驾驶室着火，造成仪表台、部分电器、装饰件烧损；

——货运车辆货箱内着火。

（2）火灾车辆的评估处理方法。

对明显烧损的项目进行登记。

对机械件进行测试、分解检查，一般是转向、制动、传动部分的密封橡胶件。

对金属件（一般是车架、前后桥、壳体类）考虑是否因燃烧而退火、变形。

对于因火灾使保险车辆遭受损害的，分解检查工作量很大，且检查、维修工期较长，一般很难在短期内拿出准确的估价单，只能是边检查边定损，反复进行。

（3）火灾汽车的评估。

若汽车的起火燃烧被及时扑灭了，可能只会导致一些局部的损失，损失范围也只是局限在过火部分的车体油漆、相关的导线及非金属管路、过火部分的汽车内饰。只要参照相关部件的市场价格，并考虑相应的工时费，即可确定损失金额。

若汽车的起火燃烧持续了一段时间之后才被扑灭，虽然没有对整车造成毁灭性的破坏，但也可能造成比较严重的损失。凡被火“光顾”过的车身外壳、汽车轮胎、导线线束、相关管路、汽车内饰、仪器仪表、塑料制品、外露件的美化装饰等可能都会报废，定损时按需更换件的市场价格、工时费用等确定损失金额。

若起火燃烧程度严重，外壳、汽车轮胎、导线线束、相关管路、汽车内饰、仪器仪表、塑料制品、外露件的美化装饰等肯定会被完全烧毁。部分零部件，如控制电脑、传感器、铝合金铸造件等，可能会被烧化，从而失去任何使用价值。一些看似

"坚固"的基础件，如发动机、变速器、离合器、车架、悬架、车轮轮毂、前后桥等，在长时间的高温烘烤作用下，会因"退火"失去应有的精度而无法继续使用，此时离完全报废的时机已不远了。

(五) 盗抢事故的查勘与处理

1. 盗抢事故的现场查勘

盗抢险赔案的现场查勘和调查取证十分关键，不论第一现场是否有痕迹，都必须到事发地点查勘拍照，到有关部门（如公安交警部门）调查了解，尽可能取得依据。

(1) 到达现场后，应立即指导与案件直接关联的当事人填写《索赔申请书》及《被盗抢车辆立破案表》。

(2) 向被保险人及驾驶员详细询问有关出险、报案情况；了解车辆的来历（一手车还是二、三手车，车辆购价，是否改装，是否经过交易及交易价格），有否超额投保的情况等。做好询问笔录和录音，并请当事人签字、按手印。

(3) 对盗抢现场进行拍照，核实出险现场有无遗留作案痕迹或作案工具；对于因保险车辆被抢导致司乘人员受伤的，亦需要对受伤人员进行拍照。

(4) 调查、走访现场有关人员，调查车辆停放、保管、被盗抢的情况；调查报案人所言自相矛盾之处（如停车地点周围环境、当时的天气、时空等），分析有无可疑的地方。做好询问笔录和录音，并请有关人员签名确认。

(5) 调查保险车辆平时的使用、借用、停放（固定停放场所）、维修情况（维修保养的汽修厂，最后一次修车与丢车在时空上有无关联），车辆的防盗装置等。对于保险车辆在停车场所停放被盗的，原则上要求取证停车记录（如停车牌和停车费收据）及停车场看管车辆人员的有关书面材料。

(6) 调查了解被保险人的财务状况、最近动态、是否存在法律和经济纠纷等。

(7) 根据需要对被盗车钥匙进行鉴定，判明是否使用了后配的钥匙，被盗车驾驶员和其他车钥匙拥有者的情况。

(8) 对盗抢险案件，在后期的侦破过程中应主动和当地公安刑侦部门联系，并积极协助侦破。

(9) 提供《被盗抢车辆索赔指南》，指导客户办理相关手续。

2. 索赔时需提供的单证（物件）

(1) 出险通知书；

(2) 保险单（原件）；

(3)《机动车行驶证》（原件）；

(4) 车主证件（单位需营业执照，个人需身份证）；

(5)《机动车辆登记证书》、购车发票、购置费缴费凭证和收据（原件）；

(6) 养路费收据（原件）；

（7）汽车钥匙（二把）；

（8）机动车丢失证明（公安部门提供）；

（9）机动车停驶证明（交通部门提供）；

（10）权益转让书。

3. 赔偿处理

（1）全车损失：在保险金额内计算赔款，并实行20%的绝对免赔率。

（2）部分损失：当保险车辆全车被盗窃、被抢劫、被抢夺过程中及其以后发生事故造成保险车辆、附属设备丢失或损失需要修理的合理费用，在保险金额内按实际修复费用计算赔款。

（3）失车找回：尚未支付赔款的，归还车辆；已经支付赔款的，归还车辆，同时收回相应赔款；若被保险人不愿收回原车，则车辆所有权归保险人，车主协助办理有关手续。

（六）物产损失事故的查勘与评估

物产损失事故，可分为固定物产损失事故和非固定物产损失事故两类。物损公估与财产保险公估相近，主要区别在于机动车辆保险中的物损均为责任险（车上责任险或第三者责任险）项下赔偿范围，有固定的保险赔付限额，保险理赔上的法律关系和具体规定不同。

1. 非固定物产损失事故

包括第三者车辆所载货物损失和标的车辆所载货物损失（投保车上责任险者）。

对于车上货物损失事故的查勘，应对损坏的货物进行项目分类、数量清点并确定其受损程度等，了解生产厂家与厂址、发运地点和终点等信息，并收集运单、货单、发票等资料，对于损失较大的案件应委请专家或财产公估师支持。

在对车上货物损失进行评估时，应注意掌握以下几个原则。

（1）由于诈骗、盗窃、丢失、走失、哄抢造成的货物损失，保险人概不负责。

（2）对于易变质、易腐烂（如食品、水果类）物品，在征得保险人同意后，应尽快进行现场变价处理。

（3）对机电设备损坏程度的确定，应进行严格的技术鉴定或返厂鉴定。坚持以修复为主的原则，可更换局部零部件的不得更换总成件。

（4）对确实已达报废程度的物品，可作报废处理，但必须计算残值并折归被保险人。

（5）保险人只对造成第三者或被保险人实际损坏部分的直接损失进行赔偿，超出部分（如间接损失费用、处罚性质费用以及第三者无理索要的部分费用）应由被保险人与第三者协商处理，或被保险人自己承担。

2. 固定物产损失事故

固定物产损失事故，可分为房屋建筑物损坏、市政设施损坏、电力和水利设施损坏、通讯设备和设施损坏、道路及道路安全设施损失、农作物损失和牲畜伤亡等。

在查勘中，应根据报案情况进行现场勘验、拍照，认真做好丈量、清点工作，对公路设施及电线的高度、损坏长度、制成材料、房屋结构及损坏面积、货物类别等，要分门别类、逐项核实，记录行道树、防护桩、桥栏等固定物上痕迹的长度、宽度、深度及距离地面的高度等。注意合法财产与非法财产的区别，如晾晒在公路上的谷物、乡村非法拉设的电线、违章建筑等均属非法财产。

对于房屋建筑物、市政设施损坏的，应根据成本和费用造价进行损失评估，准确掌握和收集当地有关损坏物体的制造成本、安装费用及赔偿标准（如市内绿化树木及草坪等），注意剔除间接费用、处罚费用或扩大维修部分的费用。

对于电力和水利设施、通讯设备和设施的损失评估，根据相关部门出具的损失清单和现场核实资料以及当地的定价标准确定，注意剔除间接损失或扩大损失部分的费用。对于不符合国家规定高度架设的线路及未按规定架设的设施，应按照责任来区分是否属于保险责任赔偿范围。

对于道路及道路安全设施损坏的评估，应掌握道路维修及设施修复费用标准，其范围仅限于直接损坏的部分。对于路基路面塌陷，应视情况确定是否属于保险责任范围：若在允许的载重吨位下，车辆通过所造成的路基路面塌陷，则不在赔偿范围之内；若在严重超载的情况下造成路基路面塌陷，则不在保险人的赔偿范围之内。

对于车辆倾覆造成的道旁农作物损失，根据当地政府相关部门提供的损失报告，或由公估人、车主与农民共同确定损失范围，参照当地同类农作物正常单位产量及国家收购价格计算赔偿金额，并扣除残值部分。

对于伤亡的牲畜，应依据当地兽医院或牲畜交易管理机构的证明或鉴定，未失去使用价值的就地治疗，已失去使用价值的折价赔偿。若牲畜在无人管理的情况下造成死亡，则不在保险人的赔偿范围之列。

总之，按照《交通事故处理程序规定》，对于交通事故造成的财、物损失应赔偿其直接损失，方法是修复或折价处理，而修复费用、折价赔偿费用则按实际价值或评估机构的评估结论计算。

（七）人身伤亡事故的查勘

（1）及时对事故现场进行查勘取证，询问当事人、周围目击者或知情人，核实事故相关情况，确认伤亡者是否因标的车事故所致。

（2）详细了解伤亡人数、姓名、性别、年龄、伤情以及抢救、治疗、住院情况；哪些属于本车人员，他们与被保险人、驾驶员的关系；哪些属于第三者车上人员或非车上人员。

（3）掌握公安交警部门的事故责任认定情况，了解事故原因及责任分析，排除非保险因素所致伤害。

（4）对伤势较重的，通过提前介入、走访医护人员，了解伤者救治情况（包括救治经过、当前诊断、物理检查项目、化学检查项目、急诊手术项目、药品应用情况、治疗时间、特殊治疗、目前费用、需否转院、会否残疾等），得出初步结论及预估损失（治疗费用及后续费用），并注意事中、事后的跟踪服务（核实医疗费用情况），并填写《车险公估案件人员伤亡情况调查表》。

（5）对于事故死亡者，则需确认死者身份（查阅交通警察部门记录及户籍地派出所资料，核实死者身份、收入、家庭人员构成及抚养遗属人数、年龄、有否工作、收入情况等）、死亡原因（查阅死亡证明书所载死因及死亡日期，现场查勘、走访调查等途径落实，确认是否标的车所致）及事故责任（交警部门责任认定书所定责任，向当事人及目击者核实），核实有无抢救、治疗费用等。

（八）施救处理

保险车辆发生保险责任范围内的事故，往往存在保护现场、组织施救的要求。查勘人员到达现场后，如有尚未施救的车、物，应协助被保险人及时对事故进行处理，以防损失进一步扩大。要根据现场的实际情况，提出合理的施救方案、采取有效的施救措施，确定相应的施救费用。如果已经进行施救，应了解施救的工具（如拖车的吨位、行驶里程，吊车的吨位大小等）及过程、有无扩大损失，哪些车、物被施救，施救费用及看守费用等。

三、损失核定

（一）车损鉴定

车损鉴定，就是一个对事故定量的过程，包括损失项目和价格的确认及损余物资的处理。

1. 车辆定损的基本原则

要根据事故损失情况，正确区分保险事故和非保险事故的损失范围，准确确定损失项目的名称、数量、规格及型号。在公估过程中，必须坚持“双人查勘，修复为主”的原则。

（1）修理范围仅限于本次事故中所造成的车辆损失（包括车身损失、车辆的机械损失）。

（2）能修理的零部件尽量修复，不要随意更换新的零部件。

（3）能局部修复的不能扩大到整体修理（主要是对车身表面漆的处理）。

（4）能更换零部件的坚决不能更换总成件。

（5）根据修复工艺难易程度，参照当地工时费用水平，准确确定工时费用。

（6）准确掌握汽车零部件价格。

（7）注意本次事故造成的损失和非本次事故造成的损失、正常维护与事故损失的界限。

2. 车辆定损的技术依据

(1) 了解出险车辆的总体结构及整体性能。

(2) 了解受损零部件拆装难易程度及相关拆装作业量。

(3) 掌握受损零部件的检测技术，了解修理工艺及所需工装器具。

(4) 掌握修理过程中所需的辅助材料及用量。

(5) 了解出险车辆修竣后的检查鉴定技术标准。

3. 汽车碰撞损坏

(1) 汽车碰撞损坏分类。

汽车碰撞事故，可分为单车事故和多车事故。其中，单车事故又可细分为翻车事故（如正向坠崖翻车、侧向坠崖翻车、高速转弯翻车等）、与障碍物碰撞事故（可分为前撞、尾撞、侧撞，表现为与刚性墙正碰、与刚性墙斜碰、与护栏正碰、与护栏斜碰、与刚性柱碰撞、与行人碰撞等碰撞情形）。多车事故的车辆变形模式虽然千变万化，但与单车事故比，则具有两个明显的特征：一是在多车事故中，一般没有来自上、下方向的冲击载荷；二是给事故车辆施加冲击力的均为其他车辆，尽管不同车辆的刚性不一样，但没有单车事故中障碍物的刚性变化大。

按汽车碰撞行为分，汽车碰撞损伤可分为直接损伤（或一次损伤）和间接损伤（或二次损伤）。直接损伤是指车辆直接碰撞部位出现的损伤，其直接碰撞点为车辆左前方，推压前保险杠、车辆左前翼子板、散热器护栅、发动机罩、左车灯等导致其变形，称为直接损伤。间接损伤是指二次损伤，损伤离碰撞点有一段距离。它是因碰撞力传递而导致的弯曲变形和各种钣金的扭曲变形等，间接损伤的部件如车架横梁、行李箱底板、护板和车轮外壳等。

按汽车碰撞后导致的损伤现象不同，汽车碰撞损伤可归纳为五大类，即侧弯、凹陷、折皱或压溃、菱形损伤、扭曲等。

(2) 汽车碰撞损伤鉴定步骤。

① 了解车身结构的类型。

② 以目测确定碰撞部位。

③ 以目测确定碰撞的方向及碰撞力大小，并检查可能有的损伤。

④ 确定损伤是否限制在车身范围内，是否还包含功能部件或零配件（如车轮、悬架、发动机及附件等）。

⑤ 沿着碰撞路线系统地检查部件的损伤，直到没有任何损伤痕迹的位置。例如，立柱的损伤可以通过检查门的配合状况来确定。

⑥ 测量汽车的主要零部件，通过比较维修手册车身尺寸图表上的标定尺寸和实际汽车上的尺寸来检查汽车车身是否产生变形量。

⑦ 用适当的工具或仪器检查悬架和整个车身的损伤情况。

（3）汽车碰撞损伤的定损内容。

车辆损失的公估鉴定，包括确定更换件费用、工时费用和残值评估三项主要工作，其中工时费用又包括修理费用、拆装费用、更换费用和涂饰费用等四类。

① 确定更换件费用。

A. 确定更换项目。一般来说，需要更换的零部件可归纳为以下几种：无法修复的零部件，如灯具的严重损毁、玻璃的破碎等；工艺上不可修复使用的零部件，主要有胶贴的各种饰条，如胶贴的风窗玻璃饰条、胶贴的门饰条、翼子板饰条等；安全规定不允许修理的零部件，如行驶系中的车桥、悬架，转向系中的所有零部件（如方向横位杆的弯曲变形等），制动系中的所有零部件；无修复价值的零部件，指修复的费用接近或超过更换费用；一次性使用的零部件，这些零部件拆下后即不能再继续使用了。

B. 确定拆装项目。有些零部件或总成并没有损伤，但是更换、修复、检验其他部件需要拆下该零部件或总成，然后再重新装回。

C. 确定修理项目。一般保险事故车辆均以修复为主，在性能不受影响的情况下，能够修复的零部件应尽量修复。

D. 确定更换零配件的材料价格。根据评估学原理以及保险学原理，应以出险时间为评估基准时，以出险地点为评估基准地，以重置成本法为评估基本方法，如此即可得到一种比较合理的价格。进行市场询价，并参考相关保险公司的定价标准。

② 确定工时费用。

工时费的确定，参照评估基准地的《汽车维修工时定额与收费标准》或相关保险公司的定价标准。

A. 确定拆装工时费。拆装工时费一般包括拆装项目工时费和更换项目工时费两种。

B. 确定修理工时费。修理工时费包括钣金、机修、电路等几部分，分项核定工时数量与工时费标准后再汇总计算。

C. 确定辅助工时费。在汽车修理作业中，除拆装工时、更换件工时、修理工时外，还应包括辅助作业工时等。

在确定工时费用时，如果各损失项目在修理过程中出现重叠现象，必须考虑将劳动时间减少。

D. 确定涂饰作业费。按面积乘以漆种单价作为计价基础，或参考相关保险公司的定价标准。

E. 修理费用估价。在上述工作结束后，应将材料费、工时费、涂饰费用汇总，再加上材料管理费、税金等，即可得到修理总费用。

③ 确定车辆损失残值。按下列步骤进行：列出更换项目清单；将更换的旧件分类；估定各类旧件重量；根据旧材料价格行情确定残值。

（二） 物损核损

物损核损方法，基本同企业财产保险。

（三） 医疗核损

医疗核损，主要是指对车险事故中人员伤亡的公估，包括车上人员和第三者的伤亡两类。按照严重程度，医疗核损又可分为人身伤害公估和死亡公估两类。根据一般伤害、致人残废、致人死亡的不同后果，按照当地事故赔偿项目及标准、事故处理的法律规定及保险条款约定属于赔偿范围的项目及金额，计算具体的理赔金额。重点在于审核赔偿项目的合法性、医疗费用的合理性、收费单据的真实性等。

1. 一般伤害

需要提供医院入、出院诊断及小结、出院医嘱，每日治疗用药清单及发票；收入证明、交通、住宿发票等资料。

（1） 医疗费用。包括住院期间及出院一段时间内的检查及治疗费用。审核时一般分三类进行甄别：一是因伤（外伤或内伤）引起的检查及治疗费用；二是因伤致并发症需要的检查及治疗费用；三是其他检查及治疗费用。一、二类应剔除自费药物及部分检查项目的比例分摊，三类为免除部分，即与伤或并发症无关的检查及治疗费用，如高血压病、糖尿病等的检查及治疗费用。

（2） 护理费用。住院期间及出院一段时间内的护理，费用标准按有关规定或当时当地水平。

（3） 交通、住宿费用。遵循需要、合理、据实原则。

（4） 误工补助。具有工作能力的人，根据提供的收入证明，参考有关行业当时当地的水平考虑（天数为住院期间及出院一段时间内，以医嘱为准）。

2. 残废

需要提供医院的伤残诊断证明或法医的伤残鉴定证明，按有关规定赔偿生活补助费、假肢安装费用等。

3. 死亡

按有关规定支付丧葬费和死亡赔偿金（财产损失及精神损失）。

四、公估理算及赔付

由于主体不同，车险理算与一般财产保险理算在理算程序、法律关系、理算效力和责任追偿等方面有较大的不同。

（1） 索赔资料的收集。一般来说，被保险人索赔时，应当向保险人提供与确认保险事故的性质、原因、损失程度等有关的证明和资料，以及保险单、损失清单、有关费用单据、行驶证和驾驶证等。属于道路交通事故的，被保险人应当提供公安交通管理部门或法院等机构出具的事故证明、有关的法律文书（判决书、调解书、裁定书、裁决书等）和通过机动车交通事故责任强制保险获得赔偿金额的证明材料。属于非道路交通事故的，应提供相关的事故证明。

（2）保险责任的确定。根据现场查勘取证及相关资料，确定此次事故属于车损责任、附加险责任，抑或第三者责任（物损、人伤）、除外责任；负全部责任、主要责任、50%责任、次要责任或无责任。

（3）保险金额与责任限额的确定。

（4）损失理算。《损失理算表》要项目齐全、录入详细、数字正确；损失计算要分险别、分项目并列明计算公式。车损理算包括车辆全损的确定、修复费用的核定、施救费用的审核、不足额保险的比例分摊、残值的扣减等；物损计算基本同企业财产保险。医疗核审计算注意发现下列情况：损失有无扩大或者虚构，例如进行不合理的治疗、增开不合理的药品、虚开医疗费发票、提高定残等级等，证明材料（如抚养证明文件等）是否虚假。

需要说明的是，车险施救费用与财产险略有不同：车辆损失险的施救费是一个单独的保险金额，但第三者责任险的施救费与第三者损失金额相加不得超过第三者责任险的责任限额；施救费应根据事故责任、对应险种的有关规定扣减相应的免赔率。

五、撰写公估报告

车险公估报告的内容由于案件类型的不同而存在某些差异，但其基本内容应该是相同的，需要增加的内容包括保险车辆的基本情况、驾驶人员的基本情况等。

【案例】 莒县机电设备公司汽车（鲁L22573）追尾案

2005年3月7日，山东莒县机电设备有限公司将重型半挂牵引车鲁L22573（厂牌型号：解放CA4161P11K2A80。发动机号：50509329。车架号：3AA41238。车辆种类：货车。核定载质量：12 000.00千克。使用性质：营业性货运）、鲁LA816挂（厂牌型号：万事达916。车架号：840001368。车辆种类：挂车。核定载质量：12 000.00千克）向××保险莒县支公司分别投保机动车辆险、第三者责任险及不计免赔额特别约定条款（M1）等，其中车辆损失险保险金额/责任限额分别为150 000.00元、70 000.00元，第三者责任险保险金额/责任限额分别为500 000.00元、50 000.00元，车上货物责任险保险金额/责任限额为80 000.00元；保险期限1年（2005年3月8日0:00时至2006年3月7日24:00时止）。

2006年2月28日8时5分许，司机楚×（男，34岁，住址：莒县店子集乡店子集村；驾驶证：372826197202174610；准驾车型：A2）驾驶鲁L/22573号车沿深圳市横岗惠盐公路由北往南方向行驶，途经盐田检查站路段时，该车车头前部与停车等候由董××驾驶的粤B/23918号重型半挂牵引车（车主：深圳市海达威实业有限公司）车尾发生碰撞，粤B/23918号车车头再与由赵××驾驶粤A/Q2995号大型牵引车（车主：番禺市宏联货运有限公司）车尾发生碰撞，粤A/Q2995号车车头再与由何×驾驶的粤B/GW765号轻型厢式货车（车主：深圳市安通达货运有限公司）车尾相撞，造成董××受伤、四车损坏的交通事故。经当地交警处理后，标的车上货物被转运，其受损车辆及第三方车被分别拖放到深圳一汽深圳服务站、深圳市宝安区龙华亿通汽修厂，伤者董××被送往深圳市盐田港医院治疗。

接委托后，广东君和泰保险公估公司于2006年3月8日选派三名公估人员赶往深圳，分别对停放在深圳一汽深圳服务站、深圳市宝安区龙华亿通汽修厂的受损车辆进行逐一勘验、拍照与定损，于10日晚基本结束。

标的车鲁L/22573，前保险杆严重变形，整个驾驶室缩进20～40 cm，前挡风玻璃、雨刮、前挡板、左右大灯、总成等全损，驾驶室左右底梁变形，发动机中缸及四配套组件等损坏。

第三者车粤A/Q2995，前保险杆、前中网、前挡板、雨刮连动杆、方向机臂总成、左右雾灯总成、后保险杆、左右后尾灯等损坏。

第三者车粤B/23918，车头外壳全损、水箱、冷气泵、进排气支管、气泵、仪表台、发动机及变速箱部分损坏。

第三者车粤B/GW765，已由深圳龙华汽车定损中心定损9 025.00元。

董××（第三者车粤B/23918司机）因左腓骨骨折在深圳市盐田区盐港医院外科（三楼）治疗，经整复石膏固定，其情况良好。经了解，当时已花费6 000余元，后续治疗主要是拆除石膏固定并做对症处理，出院需休息一段时间。

根据深圳市警龙岗大队出具的《交通事故认定书》，认定“楚×驾驶安全设备不全或者机件不符合技术标准等具有安全隐患的机动车，违反《中华人民共和国道路交通安全法》第二十一条规定，是导致此事故的过错；无证据证明董××、赵××、何×有导致事故发生的过错。依据《交通事故处理程序规定》第四十五条第一项之规定，楚亮承担此事故的全部责任，董××、赵××、何×不担事故的责任”。据此，该追尾碰撞事故由保险标的车鲁L/22573承担全部责任。

本次事故同时造成车身受损、人员受伤及车上货物受损等多项损失。

(1) 车身受损：根据车辆零部件更换、修理项目的确定以及深圳、广州地区维修市价，剔除不合理部分，确定四车定损金额为113 637.80元（含粤B/GW765），残值1 850.00元。

（2）车上物损：按照复合板的受损数量及程度，定损金额为8 560.00元。

（3）医疗费用：包括医疗费、误工费、护理费、交通费、住院伙食补助费、营养费等，计为12 895.00元。

至此，本次事故导致车辆损失险赔付36 138.00元，第三者责任险赔付88 544.80元（其中财损75 649.80元、人伤12 895.00元），车上货物责任险赔付8 560.00元。

评析：本案为标的车鲁L/22573追尾造成连环碰撞事故，导致多部车身受损、人员受伤及车上货物受损等多项损失，涉及车辆损失险、第三者责任险（同时存在物损及人伤）及车上货物责任险等多个险种，且承担全部事故责任。经逐车逐项核损，并与被保险人、第三者车主及多家修理厂反复沟通，参照当地市场价格和保险人的定价标准，充分协商后确定损失金额，达到多方满意而顺利结案。

第十一章　责任保险概述与保险公估

第一节　责任保险概述

一、责任保险的含义

责任保险是一种以被保险人对第三者依法应承担的民事损害赔偿责任，以及在一定约定下的合同责任为保险标的的保险。它以损害后的责任赔偿而区别于人身保险的伤害或身故给付，属于广义的财产保险范畴。

1. 民事损害赔偿责任的性质

（1）民事损害赔偿责任是致害方对受害人承担的责任；

（2）民事责任具有财产性质；

（3）民事损害赔偿责任具有补偿、恢复原状的性质。

2. 民事损害赔偿责任的成立条件

（1）损害事实的客观存在。

（2）行为的违法性。一是违法的“作为”，属于法律所禁止的行为，如酒后驾车伤人；二是违法的“不作为”，属于法律规定义务不履行的行为，如马路施工未设路障而伤人等。

（3）违法行为与损害事实之间存在因果关系。

（4）行为有过错。民法上的“过错”包括故意与过失两种情况。

二、责任保险的保险标的

责任保险的保险标的是被保险人在法律上应负的民事损害赔偿责任，主要包括侵权的民事责任（即侵权责任）和违反合同的民事责任（即合同责任或违约责任）两种。

三、责任保险的承保方式

一种将责任保险作为各种损害赔偿保险的组成部分或将其作为附加险来承保，不签发专门的责任保险单；另一种以单独的责任保险方式，签发专门的保险单来承保。

四、责任保险的保险期限

其一，期内发生式。以损失发生的时间为承保基础，即保险人负责赔偿发生在保单有效期间内应由被保险人负责的损失，保险人不考虑责任事故（损失）发现的时间或提出索赔的时间。按这种承保基础承保的业务须随时准备处理那些保单早已到期，但因发现损失较晚而刚报来的索赔案件。

其二，期内索赔式。以索赔提出的时间为承保基础，即保险人负责赔偿在保单有效期间内受害人向被保险人提出的索赔。以这种方式承保的保单，可以赔偿在保单起保日期以前发生的责任事故引起的损失。

五、责任保险的赔偿对象与范围

责任保险的直接赔偿对象是被保险人，间接赔偿对象是第三者，即受害人。当保险事故发生后，受害人有权向被保险人索赔，被保险人有权向保险人索赔。保险人既可以直接对受害人支付赔款，也可以在被保险人赔偿受害人后将赔款支付给被保险人。

责任保险的赔偿范围一般包括两个方面：其一，保险人负责赔偿被保险人对第三者造成的人身伤害与财产损失依法应负的赔偿责任。但是，保险人只对第三者财产的直接损失和人身伤害负责赔偿，对于间接损失一概不予负责。其二，因赔偿纠纷引起的诉讼、律师费用及其他事先经保险人同意支付的费用。

六、责任保险的赔偿限额与免赔额

责任保险承保的是被保险人的经济赔偿责任，而不是有固定价值的资产。因此，保险单均不规定保险金额而仅规定赔偿限额，即保险人所承担赔偿责任的最高限额。通常有以下几种类型：

(1) 每次责任事故或同一原因引起的一系列责任事故的赔偿限额，它又可以分为财产损失赔偿限额和人身伤害赔偿限额；

(2) 保险期内累计的赔偿限额，它也可以分为累计的财产损失赔偿限额和累计的人身伤害赔偿限额；

(3) 在某些情况下，保险人也将财产损失和人身伤害两个赔偿限额合成一个限额，或者只规定每次责任事故和同一原因引起的一系列责任事故的赔偿限额而不规定累计赔偿限额。

责任保险的免赔额通常采用绝对免赔额，即无论受害人是否死亡或者财产是否全部损失，免赔额内的金额均由被保险人自己负责赔偿。责任保险人承担的赔偿责任是超过免赔额之上且在赔偿限额之内的那一部分赔偿金额。

七、责任保险的主要险别

责任保险的主要险别包括产品责任保险、雇主责任保险、职业责任保险、公众责任保险和第三者责任保险等。由于我国目前法律等相关环境的制约，只有产品责任保险、公众责任保险和第三者责任保险开展较多。第三者责任保险已在有关章节中介绍，此仅限于产品责任保险、公众责任保险的讨论。

（一）产品责任保险

1. 产品责任保险的概念

产品责任保险，是指以产品生产者或销售者等的产品责任为承保风险的责任保险。

2. 产品责任保险的保险责任

（1）在保险有效期内，被保险人生产、销售的产品或商品在承保区域内发生事故，造成用户、消费者或其他任何人的人身伤害（包括疾病、伤残、死亡）或财产损失，依法应由被保险人负责赔偿时，保险人在保单约定的赔偿限额内予以赔偿。

产品责任保险承担赔偿责任以产品有缺陷为前提，而该缺陷必须是在产品离开生产者、销售者控制以前就已存在。它主要体现在以下三个方面：

① 设计上的缺陷，如结构设计不合理、材料选择不恰当、数字计算有错误等；

② 制造上的缺陷，如在制造过程中未按设计要求制作或产品的零部件在组装中不符合质量要求，存在危及人身和财产安全的危险；

③ 指示上的缺陷，如产品的警示说明未清楚地告诉消费者应注意的使用方法，或使用不真实甚至虚假的说明危及人身和财产的安全。

在上述三种缺陷中，任何一种缺陷都可能存在导致产品潜在危险的因素。因产品存在缺陷造成他人的损害，保险人才负责赔偿。因此，“缺陷”的概念是产品责任及产品责任保险成立的关键。同时，保险人承担缺陷产品损害赔偿责任是有一定限制条件的。第一，造成用户损害的责任事故，必须具有“意外”、“偶然”的性质，而非被保险人事先所能预料的，保险人承保的是偶然的而不是必然的产品缺陷所引起的索赔。第二，事故必须发生在被保险人制造或销售场所以外的地方，而且产品的所有权已转移至用户。如果造成伤亡、损失的有缺陷的产品仍在被保险人的生产场地内，产品责任险则不承担责任。这是保险人是否承担责任的两个先决条件。但是，承保餐饮、旅馆等行业的产品责任保险，不要求满足后一条。

（2）被保险人为产品责任所支付的诉讼、抗辩费用及其他经保险人事先同意支付的费用，保险人也予以赔付。发生产品责任后，是否应由被保险人承担赔偿责任以及赔偿数额的高低，通常都通过诉讼由法院判定。

（二）公众责任保险

1. 公众责任保险的概念

公众责任保险，又称普通责任保险或综合责任保险。它是指以损害公众利益的民事赔偿责任为保险标的的责任保险。公众责任保险承保的民事赔偿责任可以是侵权责任，也可以是合同（契约）责任。公众责任保险承保的合同责任通常需要特别约定。

2. 公众责任保险的保险责任

公众责任保险的基本责任是保障被保险人在保单有效期间从事所保业务活动因意外事故对第三者造成的人身伤害（包括疾病、伤残、死亡）和财产损害（或灭失）或有关的诉讼费用。

公众责任保险还可以保障妨碍通行、阻塞道路、失去舒适环境和非法侵入等原因造成的第三者责任。

第二节　产品责任及公众责任保险公估

一、现场查勘取证

（1）调查。了解事故发生的时间、地点、原因以及造成第三者损害的详细情况，是否为第一现场等。

（2）拍照。既要对现场整体概貌拍照，更应对受损的财产或受伤人员进行拍照（若受伤人员不在现场时，需随后到医院取证）。

（3）绘制现场草图。一般以平面图、立面图绘制，从空间距离、范围大小进行直观反映，并注意标明方向以及标的物与建筑物之间的距离（公众责任险一般约定商场建筑物周围30米范围内为保险责任有效范围）。

（4）清点核实受损财产（包括名称、型号、单位、数量及损失程度等）。

（5）记录医疗费用支出情况。首先，要调查伤者救治的医院，核对伤者身份及病情，了解伤者救治经过，确定是否需住院、转院；其次，要定期回访医院，复勘伤者病情，修订治疗方案；再次，调查核实病历与住院费用明细表等。

（6）收集理赔资料。包括：受害人索赔申请、保险单复印件、事故证明书、损失清单、裁决书、医疗证明、伤残证明、死亡证明等。

二、保险责任审核

根据现场查勘记录和有关证明材料，依照保险条款的相关约定，全面分析主客观原因，确定事故是否属于保险责任范围。属于保险责任的，应进一步确定被保险人对事故承担的责任，有无向第三者追偿的问题。

对于产品责任保险，应确认肇事产品是否为保险人承保的标的，注意了解受害人是否有使用产品不当的过错，产品事故是否发生在产品保质期或安全使用期以内。对于公众责任保险，重点是认定是否属第三方所致。

三、核定损失

1. 财产损失核定

财产损失是指物质财产的损坏和灭失，不包括由此引起的丧失使用的间接损失与其他费用，也不包括非物质的、无形的财产如版权、专利权、设计权、商标、商号等方面的损失。按民法的有关规定，保险人只对造成第三者实际损坏部分的直接损失费用进行赔偿（如恢复原状、修复费用、折价赔偿费用），超出部分（如间接损失费用、处罚性质费用以及第三者无理索要的部分费用）应由被保险人与第三者协商解决。

根据现场核实的受害人财产损失清单，以及费用支出原始单据，进行逐项核定。

经法院或政府有关部门裁定的事故，其损失金额按依法裁定的金额为准，但与人身伤亡的赔偿金额、诉讼费用之和不得超过保险单明细表中列明的每次事故赔偿限额。

保险期内发生多次事故的，其累计赔偿额不得超过保险单明细表中列明的累计赔偿限额。

2. 人身伤害的损失核定

人身伤害，不仅指受害人身体上的伤残、疾病、死亡，还包括受害人的精神损害。

（1）对一般伤害的赔偿。所谓一般伤害，是指经过治疗可以恢复健康、尚未造成残废或死亡的伤害。根据《民法通则》的规定，对一般伤害应赔偿“医疗费、因误工减少的收入”。

医疗费一般包括下列费用：①因直接治疗伤害而支出的全部必要的医疗费用，包括检查费、医药费、治疗费、住院费、手术费等；②必要的交通费和住宿费；③必要的伙食补助和营养费；④护理费。根据医疗保险目录规定，注意剔除自费药物以及与本次伤害治疗无关药物的费用支出。

因误工减少的收入，一般按受害人的工资标准（实际收入）或一定期限内的平均收入的数额计算赔偿。

（2）对致人残废的赔偿。伤害后果是否属于残废，应根据医疗单位的诊断证明或法医鉴定来确认。其赔偿的生活补助费、假肢安装费等，按有关规定执行。

（3）对致人死亡的赔偿。按有关规定支付丧葬费和死亡赔偿金（生命遭受侵害之后的财产损失及精神损失）。

3. 诉讼及有关费用的核定

保险事故发生后，被保险人（受害人）为防止或减少损失所支付的必要的、合理的费用由保险人承担。

事先经过同意的诉讼抗辩费用，由保险人负责（在赔偿限额以外支付）。

四、赔付注意事项

第一，以受害人向被保险人提出有效索赔并被法律认可为前提。若受害人未提出索赔，被保险人没有赔偿责任，保险人自然不用赔偿。

第二，以赔偿限额为损害赔偿的最高限额，超过部分由被保险人自行承担；条款分别约定财产损失、人身伤害赔偿限额的，则赔偿不能超过各自的相关约定。

第三，如有其他承保同样责任或其中任何一部分责任的保险存在，保险人将对有关赔偿按比例责任赔付。

第四，按照合同约定扣除绝对免赔额。

第五，对法律费用以及经保险人同意支付的其他合理费用，可根据保险合同的约定进行处理。

【案例】 广州市自来水公司机场路爆管案

2007年6月9日，广州市自来水公司向××保险公司投保公众责任险，保险标的为经营的市辖自来水供水管道。保险期限：12个月（自2007年6月10日零时至2008年6月9日24时止）。赔偿限额：每次事故赔偿限额RMB 3 000 000.00元。累计赔偿限额：RMB 10 000 000.00元，其中每人每次事故赔偿限额RMB 200 000.00元。免赔额：每次事故绝对免赔RMB 100 000.00元或损失金额的10%，以高者为准。保险区域范围：广州市（包括市属区、县）并扩展到顺德西海取水泵站到广州两条原水管道（单程26.5公里）；其中自来水管道以住宅单元外墙入户点为责任终点。

2008年1月21日凌晨4时许，位于广州市白云区机场路49号（机场路西侧）门前的机场路行车道地下–5米处的1.2米直径自来水输水管道突然爆裂，喷涌而出的巨大水流将机场路路面冲出一个约12m×7m×5m的大坑，大量的自来水挟泥浆冲入机场路49号（机场路西侧）附近的商铺区，瞬间淹没了当地三元里村6个经济合作社（2、4、6、10、11、18社）放租的约200间商铺，水浸高度30～100cm不等，造成商户部分库存商品、装修和办公设备等被水浸而受损。

约30分钟后，该路段供水管道被关闭，市自来水公司工程人员立即进行抢修工作。至当日下午18时许，爆裂的输水管道基本修复，晚上21时恢复供水。

直至1月24日，在三元里村经济合作社人员及商户的努力下，商场的污水、污泥基本清理干净。受损商户提出索赔金额为18 922 232.10元。

事故发生后，广东君和泰保险公估公司立即派出6名公估人员赶赴现场，会同保险公司代表和自来水公司多名员工，一同对事故现场进行了摸查。

由于事故发生在凌晨，波及商铺近200家，各种商品种类繁多，大部分商铺尚未完成受损财物的清理工作，且现场走道及部分商铺内仍有大量积水及泥浆，从而给现场查勘取证工作增加了很大的难度。公估人员即通知各社区社长，立即组织各商铺按社区划分进行报损。经多方商议，后在社区负责人的带领下进行逐家逐户的清点核实工作。

鉴于挂历、贺卡等属于季节性商品，事发时部分商铺的经营者不在广州，为照顾其利益，公估人员后又数次去现场进行清点核查工作。随后，又多次派人到受损商铺进行后续资料的催收、“索赔须知”的分发及签收，以及大量的沟通协调工作。

本次受损的商品种类主要包括各类挂历、利士封、贺卡、贴花、合格证、笔记本、汽车配件、电器、办公设备及家具、食品、印刷机械及制板、消防电机、发电机、电梯等等。特别是靠路面的第一栋商铺，由于喷涌而出的巨大水流夹着泥浆直接冲向各商铺店内，导致其放置于垫板之上的各类挂历、笔记本等纸类商品水浸污损严重（有的已多本粘连在一起），自用设备（如电脑、空调、冰箱等）受到水浸约60cm，有的达到1m，黄色泥浆沾污外表或充塞于内，办公桌椅、货架、床、柜等木质脚（腿）浸泡后开裂变形，被服等污损发霉；位于后街位置的商铺仓库、部分汽车配件商铺由于地势低洼，水浸高达80cm至1m且停留时间长，大部分印刷机械及制板开始出现锈点，放置于垫板之上的各类汽车配件沾满污水污泥，部分开始出现锈点；社区的消防电机、发电机、电梯等受水浸后而不能使用，一楼的装修木柱开始轻微变形，两处工地因大量积水而需要抽水、清淤，部分设备水浸后需要修理，等等。

经调查分析，造成机场路行车道地下1.2m直径自来水输水管突然爆裂的原因为：第一，当时广州市正处于50年来罕见的连续低温天气，昼夜温差大，热胀冷缩的物理作用造成输水管道爆裂；第二，该1.2m直径自来水输水管属钢筋混凝土管（即砼管），使用时间较长，其管道腹壁爆裂处正位于机场路行车道地下，长期处于动荷载的作用下易产生裂隙。综上，本次事故为供水管自然爆裂引起。

根据本次“2008.01.21”机场路自来水管道爆裂水浸受损的物品分类，确定核损细则如下：

一、汽车配件类

1. 电器、电子类，按进货价的50% ～55%定损（整机按20% ～30%）。

2. 非电器、电子类，按进货价的10% ～15%定损。

其中，汽油格、机油格、空气格、风格，电化铝，以及缸垫、VS垫、V5垫、纸垫、气垫、管垫、油底垫、汽罐垫等，按进货价的15%定损。

机油、波箱油、刹车油、金杯油、齿轮油、三凌油，玻璃水、全能水、机铁水、电池水、水箱水、水箱宝，以及各种空调管、胶管等，按进货价的5%定损。

3. 旧件或翻新汽配件，所有商户均未提供进货发票，且规格型号繁多的品种也未按要求逐一列明，参照新汽配件比例考虑一定折旧因素，其电器、电子类按20% ～25%定损，非电器、电子类按5% ～8%定损。

4. 汽车修理工具类，按进货价的10%定损；有修理发票者按发票金额的60%计算（修理价格超过市价）；无修理发票者按每台100 ～200 元定损。

二、月历等纸质品

1. 月历、笔记本皮等，按成本价的30%定损；

2. 利士封、贺卡、贴花、合格证等，按成本价的50%定损；

3. 传真纸、打印纸、印刷品、说明书、纸盒纸箱等，按成本价的60%定损；

4. 笔记本、笔记本芯，按成本价的80%定损。

三、电器、办公设备及家具等

1. 电脑（主机）、手机、照相机、电视、空调、冰箱等，有修理发票者按发票金额的60%计算；无修理发票者，按每台（部）200 ～300 元定损；

2. 打印机、传真机、切纸机、扫描仪、饮水机等，有修理发票者按发票金额的60%计算；无修理发票者，按每台（部）100 ～200 元定损；

3. 电话机、电饭煲、电磁炉、风扇、碎纸机等，按每台（部）50 ～ 100 元定损。

4. 办公桌椅、货架、床、柜以及被服等，因所有商户均未提供进货发票，且规格型号繁多的品种也未按要求逐一列明，考虑一定的折损因素，按报损金额的15%定损。

四、印刷机械及制板等

1. 印刷等机械，有修理发票者按发票金额的60%计算；无修理发票者按每件200 ～300 元定损。

2. 制板、模板、锌板等，按购置价的10%定损；有修理发票者按发票金额的60%计算；无修理发票者按每件150 ～200 元定损。

3. 消防电机、发电机、电梯等，有修理发票者按发票金额的60%计算；无修理发票者按每件300 ～500 元定损。

五、其他

1. 食品、大米等，按进货价的60%定损。

2. 清洁卫生，报损的社区按每社1 000 元进行补偿。

3. 香烟、茶叶潮湿，非直接水浸所致，不予考虑。

4. 误工损失，非本公众责任险保障范围。

按照上述核损细则，经过逐户逐件核实，最终核定6个社区157户的财产损失为2 365 110.00元。

评析：本案由于受损商户较多且均为个体经营者，一般没有完整的财务报表、规范的财务账目及价格证据，公估人员经数月调查取证，与保险双方确定核损细则，和受损商户逐一沟通协商，最终核定各受损商铺的损失金额（其总定损金额在保单约定的每次事故赔偿限额 RMB 3 000 000.00 元内，而每人赔偿限额也未超过 RMB 200 000.00 元）。除个别商铺另由被保险人给予适当的误工补助外，其余均按公估人的定损金额予以补偿，历时10个月而结案。

参考文献

[1] 吴定富. 保险原理与实务 [M]. 北京：中国财政经济出版社，2005.10.

[2] 吴定富. 保险公估相关知识与法规 [M]. 北京：中国财政经济出版社，2005.10.

[3] 吴琼，等. 保险公估原理与实务 [M]. 武汉：武汉大学出版社，2000.8.

[4] 尤德新. 保险成功学（上、下）[M]. 海口：南方出版社，2001.12.

[5] 郝演苏. 财产保险学 [M]. 北京：中国金融出版社，2002.2.

[6] 乔林，王绪瑾. 财产保险 [M]. 北京：中国人民大学出版社，2004.4.

[7] 陈伊维. 财产保险 [M]. 天津：南开大学出版社，2006.1.

[8] 付菊. 财产保险 [M]. 上海：复旦大学出版社，2005.9.

[9] 应世昌. 新编财产保险学 [M]. 上海：同济大学出版社，2005.6.

[10] 许谨良. 财产保险原理和实务 [M]. 上海：上海财经大学出版社，2004.8.

[11] 张洪涛，王国良. 财产保险案例分析 [M]. 北京：中国人民大学出版社，2006.8.

[12] 徐常梅. 利润损失保险学 [M]. 上海：复旦大学出版社，2007.10.

[13] 郭振华，等. 工程项目保险 [M]. 北京：北京经济科学出版社，2004.8.

[14] 乔林. 建筑工程施工风险与保险 [M]. 上海：上海科学技术文献出版社，1998.10.

[15] 本书编委会. 建设工程质量保险与风险管理培训教材 [M]. 北京：中国建筑工业出版社，2006.8.

[16] 李培根. 机械工程基础 [M]. 北京：机械工业出版社，2006.12.

[17] 张士炯. 新型五金手册 [M]. 北京：中国建筑工业出版社，2001.7.

[18] 张洪涛，王和. 责任保险理论、实务与案例 [M]. 北京：中国人民大学出版社，2005.9.

[19] 张晓明，欧阳鲁生. 机动车辆保险定损培训教程 [M]. 北京：首都经济贸易大学出版社，2007.6.

[20] 王永盛. 车险理赔查勘与定损 [M]. 北京：机械工业出版社，2008.1.

[21] 孙小金. 保险索赔与理赔实用手册（1－3）[M]. 北京：光明日报出版社，2002.11.

[22] 张洪涛，王国良. 保险核保与理赔 [M]. 北京：中国人民大学出版社，2006.2.

